GW00786308

Breandán Delap

# ar an taifead

## fís, fuaim, focal

Cois Life Teoranta
Baile Átha Cliath

Saothair eile leis an údar céanna

**Mad Dog Coll: an Irish gangster**
*(Mercier 1997)*

**Úrscéalta stairiúla na Gaeilge**
*(An Clóchomhar 1993)*

Tá Cois Life buíoch de Bhord na Leabhar Gaeilge agus den Chomhairle Ealaíon as a gcúnamh.
An chéad chló 2007

ISBN 978-1-901176-77-3
Clúdach agus dearadh: Alan Keogh
www.coislife.ie
Printed and bound in Great Britain by William Clowes Ltd, Beccles, Suffolk

# Clár

# Buíochas

Ba mhaith liom mo bhuíochas a chur in iúl do na hiriseoirí uilig a bhí sásta páirt a ghlacadh sa saothar agus a gcuid eolais a roinnt liom. Tá mo bhuíochas tuillte fosta ag na daoine seo a leanas a chuidigh liom an leabhar seo a chur le chéile agus a chuir grianghraif ar fáil: Seán Ó Cuirreáin; Pádhraic Ó Ciardha; An Dr Antain Mac Lochlainn; Michael Lally; Gráinne Ní Ghillín; Seán Ó Mainnín; Éamonn Kennedy, AS; Antain Delap; Bob Quinn; Glen Mulcahy; Máirín Mhic Dhonnchadha; An Dr Eithne Ní Ghallchóir; Éamonn Ó Dónaill agus an Dr Caoilfhionn Nic Pháidín a thug cuireadh dom an leabhar a scríobh.

# Réamhrá

I 1960, le linn díospóireachta Dála faoin Ghaeilge, dúirt an Teachta Jack McQuillan gur chrá croí agus céasadh é a bheith ag éisteacht le cláir Ghaeilge ar Raidió Éireann:

> I have listened to Raidió Éireann, particularly in the last twelve months, in order that I would be in a position to discuss it from experience. I must confess that to listen to the productions night after night was one of the greatest penances I ever had to impose on myself. I was often tempted to give way to the feeling that takes possession of a person and to put a sod of turf through the radio. *(Díospóireachtaí Dála, Imleabhar 160)*

Thuigfeá dó. Mar dhuine atá ag treabhadh ghort na hiriseoireachta Gaeilge, is iomaí uair a bhí cathú orm féin dul i muinín an fhóid mhóna chéanna ach measaim go bhfuil iriseoirí na Gaeilge ag cur barraíocht brú ar acmhainní nádúrtha mar atá.

Mar is beag gearb nach bhfuil dóite againn faoin tráth seo, ná clocha móra nach bhfuil curtha ar phaidríní, tairní nach bhfuil crúite ná luganna nach bhfuil tite ar laganna. Tá muin na muice i mbaol a briste, tá béal na bearna líonta le sceacha agus tá an trá fholamh beagnach lán le daoine a fágadh uirthi le blianta beaga anuas. Tá strus damanta chomh maith ar obrádlanna na tíre agus dochtúirí ar a seacht ndícheall ag iarraidh an gad is giorra don scornach a bhaint amach agus an t-ualach ar an mhéar fhada a laghdú.

Tá cuótaí iascaireachta an Aontais Eorpaigh curtha in aimhréidh ag an ghliomach bocht a bhíonn ar fáil in áiteanna fánacha anois. Is beag faoiseamh a bhíonn ag an aimsir fiú agus muid ag súil gur foinse gach eolais í a neosfaidh gach rud dúinn.

Bíodh sin mar atá, tháinig an t-athrach ar an athrach ón uair a bhí an Teachta McQuillan ag comhlíonadh a bhreithiúnas aithrí. Tá borradh suntasach tagtha ar na meáin Ghaeilge, idir mheáin fhíse agus mheáin chlóite, le tríocha bliain anuas. Tá ár stáisiún teilifíse féin againn anois, rud nach raibh ina aisling fiú tríocha bliain ó shin. Tríocha bliain ó shin ba stáisiún páirtaimseartha é Raidió na Gaeltachta a bhí ag craoladh ar feadh dhá uair is ceathrú in aghaidh an lae. Tá sé ar fáil anois ceithre huaire fichead sa lá. Bíonn ailt rialta agus colúin seachtainiúla dúshlánacha in *The Irish Times*. Tá conradh bronnta ar *Lá Nua* le nuachtán laethúil a sholáthar agus tá iris idirlín den chéad scoth againn.

Ach d'fhéadfá a rá gurbh é 1996 *annus mirabilis* na meán Gaeilge. Laistigh de choicís i nDeireadh Fómhair na bliana sin, tháinig TG4 ar an aer den chéad uair agus foilsíodh an chéad eagrán de *Foinse*. Ní haon áibhéil a rá gur athraíodh iriseoireacht na Gaeilge ó bhonn i mí Dheireadh Fómhair 1996 agus gur cuireadh tús le ré órga, úr sa chumarsáid. Tá i bhfad Éireann níos mó deiseanna fostaíochta ann anois d'ábhar iriseoirí Gaeilge agus méadú dá réir tagtha ar scóip na hoibre agus ar an éileamh atá uirthi.

Ach in ainneoin na bhforbairtí seo uilig, níor mhór a admháil go bhfuil cúlú tagtha fosta. Óir tá iriseoireacht na Gaeilge ar ais sa gheiteo anois. Tríocha bliain ó shin bhíodh ailt rialta i nGaeilge in *The Irish Press* agus ó am go chéile, fiú in *The Irish Independent* agus bhíodh tuilleadh clár Gaeilge á gcraoladh ar Raidió Éireann agus ar RTÉ. Is é an comhthoradh is mó a bhaineann leis an bhorradh atá tagtha ar na meáin Ghaeilge ná go bhfuil ról níos imeallaí ag an teanga sna meáin Bhéarla.

Níor mhór a admháil fosta nach gá go mbeadh an caighdeán ardaithe de réir an mhéid a tháirgtear. Mar a dúirt an té a dúirt: 'Never mind the quality, feel the Gaelic.' Is minic nach mbíonn na meáin Ghaeilge chomh géarchúiseach nó imscrúdaitheach is ba cheart dóibh a bheith agus bíonn neart buaileam sciath ar siúl faoin mhéid blianta torthúla atá curtha isteach acu. Is annamh iad ag feidhmiú san áit ar thibhe buillí agus ar thréine teagmháil. Ní haon strainséir í an tsluasaid sa Ghaeltacht agus b'fhéidir go bhfuil sé in am anois ag iriseoirí na Gaeilge níos mó ama a chaitheamh ag tochailt agus ag salú a gcuid lámh.

Tuigim go bhfuil sé thar a bheith deacair tabhairt faoin chineál seo oibre mar go bhfuil saol na Gaeilge is na Gaeltachta chomh beag sin agus go bhféadfadh go mbeadh aithne phearsanta ag go leor de na hiriseoirí ar na pearsana a bheadh á bhfiosrú acu. Is doiligh, dá bharr sin, léirmheas macánta a dhéanamh ar eagraíochtaí Gaeilge agus araile. É sin ráite, ní féidir a bheith de shíor ag cuimilt boise agus níor mhór na fiacla a dhrannadh nuair is gá. B'fhíor don iriseoir

Miriam Lord nuair a dúirt sí nach bhfuil d'úsáid ag preasráitis ach le nótaí a bhreacadh ar a gcúl.

Ach an oiread le gnéithe eile den saol comhaimseartha, áfach, níl aon díolúine ag cúrsaí iriseoireachta ó ghalar na lagmheasarthachta. Nuair a thruaillítear an margadh le hearraí d'ísealchaighdeán is minic a bhrúitear an táirge maith amach ar an imeall; ach is mó a shantaítear é dá bharr. Is ar an imeall atá iriseoireacht na Gaeilge ag feidhmiú le fada ar ndóigh mar is dual do shaothair i dteanga neamhfhorleathan. Ach níor mhiste an t-ionad sin a chaomhú go cruinn aireach de réir mar a phlódaítear an t-imeall le rogha shíoraí agus uileláithreacht na nuachta.

Óir de bharr dul chun cinn sa teicneolaíocht dhigiteach agus satailíte, thig linn anois a bheith ag amharc ar imeachtaí te-bhruite ó thíortha aduaine, nár chuala muid iomrá orthu riamh, de réir mar a bhíonn siad ag titim amach. 'An sráidbhaile domhanda,' a thug an tráchtaire Marshall McLuhan ar an dóigh gur féidir an domhan mór a laghdú go scáileán bídeach!

Is i gConamara atá 'sráidbhaile domhanda' chumarsáid na Gaeilge. Bhí léargas soiléir, don té a mbeadh amhras air, le fáil ag ócáid bhronnta dhuaiseanna cumarsáide an Oireachtais ag Féile na Bealtaine i dTrá Lí i 2006, faoin éifeacht atá ag an bhorradh faoi na meáin Ghaeilge anois ar iarthar na hÉireann. Bhí rith an rása ina iomláine nach mór ag Gaeltacht na Gaillimhe ag an bhronnadh mar gurb ann a bhí ochtar den naonúr a scuab leo an chreach. (Mar a tharlaíonn sé, ba chlár a rinneadh faoi bhean as Conamara – Caitlín Maude – a bhí i gceist leis an aon eisceacht amháin!) Cruthúnas ab ea caithréim Chonamara sna duaiseanna cumarsáide an oíche úd don rath atá ar na meáin Ghaeilge san iarthar anois agus gur beag d'anáil na hardchathrach atá le sonrú orthu.

Óir tá TG4, Raidió na Gaeltachta agus *Foinse* lonnaithe in achomaireacht sé mhíle dá chéile. Tá Telegael, 'Ros na Rún' agus Gael Media soir an bóthar uathu. Ciallaíonn sé sin go bhfuil iriseoirí agus craoltóirí ag fámaireacht thart i gConamara ag lorg líon teoranta scéalta. Tá rian na d*tripods* le feiceáil ar thaobh an bhóthair agus, mar a dúradh in 'Ar Son na Cúise' in *Foinse*, tá an baol ann go mbeidh níos mó iriseoirí i gConamara ná mar atá clocha!

I ngarbhchuntas a rinne mé le déanaí b'fhacthas dom go raibh cuid mhaith os cionn trí chéad duine ag obair i réimse na cumarsáide ó Bhearna go Carna – idir TG4, Raidió na Gaeltachta, *Foinse*, Telegael, 'Ros na Rún' agus Gael Media, mar aon le saoririseoirí agus foireann eile. Ní dócha go bhfuil mórán le cois ochtar dochtúirí, deichniúr gardaí nó cúig shagart déag lonnaithe sa stráice céanna. Seans fosta, go mbíonn níos mó iriseoirí ag ól i dTigh Hughes ar an Spidéal ná mar a bhíonn i Doheny and Nesbitts san ardchathair! Is maith an rud é go bhfuil na meáin Ghaeilge díláraithe ó Bhaile Átha Cliath ach tá cás anois ann go ndéanfaí iad a dhílárú ó Chonamara. B'fhéidir go bhfuil sé in am 'súil eile' a aimsiú laistigh den tsúil eile.

Níl mé ag séanadh gurb iontach an rud é go bhfuil borradh faoi na meáin Ghaeilge agus go bhfuiltear ag cruthú fostaíochta sa Ghaeltacht. Is sampla iontach iad de thionscal teangalárnaithe. Lena chois sin, níl aon dabht ach go bhfuil íomhá iontach tarraingteach agus óg agus gnéasach ag an teanga anois le hais mar a bhí deich mbliana ó shin. Ní míbhuntáiste é suíomh na meán Gaeilge ach a mhalairt. Tá ré na hiargúltachta thart, agus is maith sin. Cé gur geisfhocal margaíochta í an tsúil eile is geall le ráiteas misin é fosta. Ach ní hionann 'súil eile' agus *vox pop* a dhéanamh ar an Fhaiche Mhór seachas ar Shráid Ghrafton. Níl ansin ach aistriú suímh. Ba cheart go mbeadh sé i bhfad níos réabhlóidí ná sin. Is léir nach fiú *D Four* a mhalartú ar *G Four*!

Agus ainneoin an rath atá ar *Foinse* agus *Lá Nua*, níl sé cruthaithe go fóill go bhfuil aon traidisiún láidir léitheoireachta ar ábhair Ghaeilge fréamhaithe i measc bhunadh na Gaeltachta. Tá bearna sa mhargadh aimsithe go cinnte ag na nuachtáin Ghaeilge ach mar a mheabhraigh Tony O'Reilly tráth, ní léir i gcónaí go bhfuil margadh sa bhearna!

Dá bharr sin, is saol uaigneach é a bheith ag treabhadh ghort na Gaeilge scaití agus is iomaí iriseoir a bhraitheann gur fáidh san fhásach é atá ag sracadh leis gan aitheantas. Amanna, tagann amhras orthu an bhfuil duine ar bith amuigh ansin ag éisteacht leo nó ag léamh a gcuid alt. Ach níor cheart go ndéanfadh an t-iriseoir Gaeilge beag is fiú riamh dá ról ná dá thábhacht. Is iomaí pobal teanga ar fud an domhain a bheadh in éad leis na cúinsí faoina bhfeidhmíonn na meáin Ghaeilge.

In Eanáir 2007 thionlaic os cionn céad míle duine corp an eagarthóra Hrant Dink, a dúnmharaíodh sa Tuirc, go dtína uaigh. B'fhear é Dink a shaothraigh i mionteanga ar mhaithe le pobal mionlaigh den chuid is mó agus ní dheachaigh sé ar chúl sceiche lena chuid barúlacha riamh. B'iomaí duine ar chuir sé olc air lena chuid iriseoireachta, é géarchúiseach, imscrúdaitheach. Gearradh pianbhreith fionraithe air i 2005 de bharr alt a scríobh sé faoin chinedhíothú a bhí ar siúl ag na Turcaigh san Airméin i rith an chéad Chogaidh Mhóir. Ní airsean amháin a scaoileadh an t-urchar mar sin, ach ar an daonlathas agus ar an tsaoirse cainte i gcoitinne. Ach léargas ab ea an scaifte mhór a bhí i láthair ag a thórramh, mar a bhí ag ceann Veronica Guerin in Éirinn i 1996, ar thábhacht na ceirde agus ar a luachmhaire is a chontúirtí atá an dea-iriseoireacht. Tobar eolais é an nuacht, b'fhéidir, ach is iomaí duine a rachas i ndeabhaidh lainne leis an iriseoir a bhíonn dílis dá ghairm.

Glactar leis go forleathan, áfach, nach dtig leis an chóras daonlathach feidhmiú i mbarr a mhaitheasa mura mbíonn teacht fhorleathan againn ar eolas. Ba ghnách leis an nuacht a bheith chomh rialta le d'aiste bia; nuachtán ag am bricfeasta is príomhfheasachán teilifíse an lae ag am tae. Anois, áfach, bíonn greamanna gasta is smailceacha ar fáil saor in aisce ag am ar bith den lá pé áit ina mbíonn tú. Dá thairbhe sin, tá an nuacht chomh fairsing anois le gaineamh na trá.

'An chéad dréacht gharbh den stair,' is ea an sainmhíniú a thug Ben Bradlee ar nuacht. Tá bunús maith leis an léamh seo ó tharla go raibh Bradlee ina eagarthóir ar *The Washington Post* sna 1970í nuair a d'fhoilsigh an nuachtán sraith scéalta faoin bhuirgléireacht a rinneadh ar cheanncheathrú an Pháirtí Dhaonlathaigh in Watergate. Bhí mar thoradh ar na tuairiscí nach raibh an dara suí sa bhuaile ag Uachtarán SAM, Richard Nixon, ach éirí as oifig.

Is geall le seamsán smolchaite é an sainmhíniú ní ba áiféisí a bhí ag an iriseoir clúiteach ón naoú haois déag, Charles A Dana: 'When a dog bites a man, that is not news, but when a man bites a dog, that is news.' Níl aon chinnteacht ann, áfach, go nglacfadh an t-eagarthóir nua-aoiseach leis mar shainmhíniú bailí. Bheadh tuilleadh sonraí de dhíth; cérbh é an fear agus cér leis an madra? Más duine a bhí gann i gcéill a bhain an phlaic, seans maith nach dtuillfeadh an scéal níos mó ná paragraf beag ar leathanach uaigneach éigin ar chúl an nuachtáin. Seanscéal is meirg air, a déarfadh an t-eagarthóir tablóideach, mura bhféadfaí a chruthú gur hamstar seachas madra ar baineadh plaic as! Chuirfeadh sé go mór leis an scéal ar ndóigh dá mba dhuine aitheanta é an fear a bhí i gceist. (Samhlaigh, mar shampla, dá ligfeadh Roy Keane racht feirge amach ar a labradóir dílis *Triggs* !) Ba mhó i bhfad an scéal é dá mba mhadra clúiteach a bhí ann – Bran nó Sceolan nó *Master McGrath* cuir i gcás nó fiú Pangur Bán i gcás an eagarthóra a mheasann nár cheart go dtiocfadh na fíricí idir tú agus scéal maith. Dhéanfadh sé scéilín deas tánaisteach don nuachtán nó 'kicker' do dheireadh an fheasachán teilifíse dá mb'amhlaidh gur tháinig lucht athbhreithnithe na staire ar fhianaise úr faoin chúis gur athraigh Setanta a ainm. Agus ábhar príomhscéil a bheadh ann do na meáin Ghaeilge seans, dá mbeadh líofacht teanga ag an fhear nó dá mba chuid de chuain coileán as Carna é an madra!

Ní lia iriseoir ná tuairim, mar sin, faoi céard is nuacht ann. Bíonn an éiginnteacht seo le sonrú go minic i meáin chraolta agus i nuachtáin na hÉireann, agus gan aon cheann acu ar aon fhocal faoi phríomhscéal an lae. Ach is féidir a rá go mbíonn an-éifeacht ag nuacht ar an ghnáthdhuine sna saolta deireanacha seo. Ón uair a clóbhualadh na nuachtáin ba bhunúsaí anall go dtí na feasacháin teilifíse a bhíonn ar siúl ar ala na huaire 24 uair an chloig sa lá, bhain na meáin chumarsáide buntáiste as forbairtí teicneolaíocha le heolas a scaipeadh ar an domhan mór.

Ní haon eisceacht iad na meáin Ghaeilge, a bhfuil aistear fada siúlta acu ón phaimfléad cúise, monacrómach go seirbhís shnasta atá fréamhaithe i bpobal gníomhach. Cinnte, tá mionathruithe tagtha ar an bhiachlár agus tá comhábhair úra aimsithe le tuilleadh blais a thabhairt do scéalta. Tá luas an tseachadta níos gasta agus caighdeán na seirbhíse níos prasa. Ach is beag athrú atá tagtha ar theocht na cistine agus an pobal ag dréim go ndéanfaí nuacht te-bhruite a shluaisteáil amach de réir mar a éilítear é.

Tugann an leabhar seo spléachadh don léitheoir fiosrach ar an phróiseas sluaisteála úd agus ar an dóigh a fheidhmíonn meáin Ghaeilge na linne seo, idir laincisí is bhuanna, idir shuáilcí is dhuáilcí. Sna caibidlí atá le teacht ríomhfar an obair shíoladóireachta ba chúis leis an bhláthú atá tagtha faoi iriseoireacht na Gaeilge le dornán blianta anuas. Cíorfar cad is nuacht ann agus cad as a dtagann sé mar aon leis an phróiseas táirgíochta a bhaineann le halt nuachta a scríobh, le hagallamh raidió a chur ar dhuine agus le tuairisc theilifíse a chraoladh. Amharcfar fosta ar iriseoireacht pholaitiúil, ar an chreatlach dlí is eiticiúil trína bhfeidhmíonn na meáin Ghaeilge agus ar an dúshlán atá na meáin úra ag tabhairt don tionscal fadbhunaithe. Tugann na hagallaimh i ndeireadh na gcaibidlí léargas ar mhodhanna oibre roinnt iriseoirí atá i mbarr a maitheasa mar aon le treoir don té a bheadh ag smaoineamh a bheatha a bhaint i dtír sa cheird.

*Breandán Delap*

*Lá Bealtaine 2007*

# 1

## Cúlra stairiúil na meán Gaeilge

> Telefis na Gaeilge is a sick, expensive folly. Set up in Galway, staffed by Irish-speaking 'nutters', to feed fantasies about cultural purity to a constituency that won't register on the TAMs, this monument to political conceit will cost £20m A YEAR. Until it is closed.
>
> *(Eamon Dunphy, **The Sunday Independent**, 7 April 1996.)*

Tá sé lasmuigh de scóip an leabhair seo anailís chuimsitheach a dhéanamh ar chúlra stairiúil agus ar fhorbairt gach eilimint de mheáin chumarsáide na Gaeilge. Fós féin, tabharfar léargas ginearálta sa chaibidil seo ar na príomhimreoirí agus ar staid reatha na himeartha i ngort na hiriseoireachta trí Ghaeilge.

## Cúrsaí raidió

Ar an 30 Samhain 1926, d'fhógair an tAire Poist agus Telegrafa, James J. Walsh, don Dáil go raibh rún aige stáisiún raidió a bhunú do phobal na Gaeltachta. Ag an am sin ba í an tseirbhís raidió ar a dtugtaí 2RN an t-aon chóras craolta a bhí sa stát, an stáisiún as ar fhás Radió Éireann agus, níos déanaí, RTÉ. Ba i mBaile Átha Cliath a bhí an stáisiún lonnaithe ach beartaíodh go mbunófaí dhá cheann eile – ceann i gCorcaigh agus ceann sa Ghaeltacht. I bhfocail an Aire:

> The third station that we intend to provide is the one for the Gaeltacht. I believe it will be agreed that we cannot reconcile ourselves to a programme, largely in English, circulating in that district, seeing that we have set our minds to the maintenance of the Gaeltacht area. We have, therefore, decided to put up a station for that particular district. It will not cost a great lot of money, and the intention is that it should provide a programme in keeping with the language of the people.
>
> *(Díospóireachtaí Dála, 30 Samhain 1926, 356-7)*

Gealltanas polaitiúil ab ea é seo a thóg chóir a bheith dhá scór bliain a thabhairt chun foirfeachta agus ba shleamchúiseach go maith an soláthar a rinneadh ar riachtanais na Gaeilge is na Gaeltachta san idirlinn.

I 1943 cheap an Taoiseach, Éamon de Valera, coiste le ceist bhunú stáisiúin Ghaeilge a scagadh. Stáisiún a bheadh lonnaithe san iarthar agus a bheadh dírithe ar phobal na Gaeltachta a bhí ar intinn ag an Taoiseach de réir Maurice Gorham a bhfuil cur síos déanta aige air ina leabhar *Forty Years of Irish Broadcasting* (1967). Ar ndóigh, bhí an Dara Cogadh Mór ag réabadh na hEorpa ag an am agus ní dócha go raibh bunú sheirbhís Gaeltachta ar an ghad ba ghiorra don scornach ag an rialtas ag an am. D'fhiosraigh an coiste an scéal leis na máistrí poist sna ceantair Ghaeltachta éagsúla agus i 1945 cuireadh a dtuarascáil faoi bhráid an Taoisigh. Ba é an t-adhmad is mó a bhí le baint as ná gur beag suim a bhí ag pobal na Gaeltachta i gcláir Ghaeilge Raidió Éireann agus gur beag difear a bhí idir an cineál cláir a bhí de dhíobháil orthu agus mianta phobal na tíre trí chéile. Bheadh spéis acu i nuacht as Gaeilge, áfach, ach é a bheith ar fáil ina gcanúintí féin. Ach ba é an dris chosáin ba mhó a bhí le sárú ná nach raibh gléas raidió ag 90% de bhunadh na Gaeltachta.

Ní fál go haer a bhí ansin dar le de Valera agus mhol sé go mbronnfaí raidió beag saor in aisce ar gach teaghlach sa Ghaeltacht. Ba é an freagra a thug na státseirbhísigh air sin, áfach, ná nach bhféadfaí a chinntiú nach mbainfí leas as na gléasanna le héisteacht le cláir Bhéarla. A ghlanmhalairt d'éifeacht a bheadh mar thoradh ar an scéim dá scaipfí an Béarla sna ceantair seo, a mhaígh siad.

Ach is dócha gurb é argóint na státseirbhíse go mbeadh bunú an stáisiúin ró-chostasach, a chinntigh gur thug siad an svae leo sa díospóireacht agus gur cuireadh an plean ar an mhéar fhada. Mar a dúirt an Coimisinéir Teanga, Seán Ó Cuirreáin (2006), i Léacht Bhord na Gaeilge in Ollscoil na hÉireann Gaillimh, ba í fírinne an scéil gur éirigh leis an státchóras a dhóthain driseacha cosáin a chur i mbealach na tola polaitiúla a chiallaigh nár tháinig an tseirbhís raidió, a bhí geallta den chéad uair i 1926, ar an aer go dtí 1972:

> An chúis a luaim an cás seo ar chor ar bith ná go sílfeá go nglacfadh gach dream leis gur buncheart do phobal teanga ar bith é seirbhís chraolacháin a bheith acu ina dteanga féin, go háirithe más teanga í atá áirithe go bunreachtúil mar theanga náisiúnta agus mar phríomhtheanga oifigiúil.

Ba i Márta 1969 a tharla an chéad chor suntasach eile i mbunú na seirbhíse, tráth ar chuir eagraíocht nuabhunaithe darbh ainm Gluaiseacht Chearta Sibhialta na Gaeltachta picéad ar Theach Furbo (nó Óstán Chósta Chonamara mar atá air anois) i nGaeltacht na Gaillimhe. Eagrán den chlár tomhais iomráiteach *Quicksilver* a bhí á thaifeadadh ann, ba chionntsiocair leis an agóid. Maíodh gur mhór an náire do RTÉ clár a thaifeadadh go huile is go hiomlán i mBéarla i gceartlár na Gaeltachta. D'éirigh le ceathrar agóideoir ticéad isteach a fháil don chlár agus tharraing siad racán ann fad is a bhí an scaifte lasmuigh ag béicíl chomh hard is a bhí ina gcloigeann. 'Airgead Beo?' a chuir *The Evening Press* mar cheannteideal ar an eachtra.

Go luath ina dhiaidh sin cuireadh struchtúr foirmeáilte ar Ghluaiseacht Chearta Sibhialta na Gaeltachta agus ar an ochtú aidhm dá mbunreacht bhí an t-éileamh go mbunófaí 'Stáisiún raidió do Ghaeilgeoirí na tíre ar fad sa Ghaeltacht.' Is dócha gur mar fhéirín toghcháin seachas mar fhreagra ar an éileamh sin a gheall Taoiseach an ama, Jack Lynch, dhá mhí ina dhiaidh sin, go dtabharfadh sé tacaíocht iomlán do bhunú sheirbhís iomlán Gaeilge raidió.

Ach ba bheag foighid a bhí ag lucht na hagóide leis an chaint seo agus tháinig buíon acu le chéile chun stáisiún bradaíola – *Saor-Raidió Chonamara* - a chur ar an aer ó Ros Muc le linn seachtain na Cásca, 1970. 'Tá an tseirbhís á cur ar fáil de bharr gur soiléir nach fonn ró-mhór atá ar an Údarás Craolacháin ná ar an Rialtas seirbhís sásúil don phobal seo a bhunú,' a dúradh san iris *Tuairisc*. Tá cur síos beoga déanta ag

Risteard Ó Glaisne (1982) ina leabhar *Raidió na Gaeltachta* faoin chur is cúiteamh a tharla san fheachtas ina dhiaidh sin go dtí gur fhógair an tAire George Colley ar an 26 Samhain, 1970, go raibh sé i gceist seirbhís iomlán raidió a bhunú do phobal na Gaeltachta agus do lucht labhartha na Gaeilge ar fud na tíre.

## Raidió na Gaeltachta

Ar Dhomhnach Cásca, 3 Aibreán 1972, chuir dileagra réamhthaifeadta ón Uachtarán, Éamon de Valera, tús le craoladh Raidió na Gaeltachta. Ní chraoltaí ach cúpla uair an chloig in aghaidh an lae sna blianta tosaigh agus ceithre bliana i ndiaidh a bhunaithe, theip ar iarrachtaí Cheannaire nua an stáisiúin, Muiris Mac Conghail, athruithe bunúsacha a dhéanamh ar na hamanna craolta. I mBealtaine 1976, mhol sé gur ar maidin agus go luath san iarnóin a chraolfadh an Raidió an samhradh sin seachas um thráthnóna. B'amhlaidh a bhí Mac Conghail den tuairim gur chosúil i bhfad na cláir a bhíodh á gcraoladh do 'the work of the Irish Folklore Commission than to a radio service purporting to serve a living community.' (John Mulcahy in *Hibernia*, 16 Nollaig 1977).

Ghlac Ceannasaí RTÉ leis an pholasaí a bhí beartaithe aige ach bhí Comhairle Raidió na Gaeltachta, Conradh na Gaeilge, Gluaiseacht Chearta Sibhialta na Gaeltachta agus formhór na n-éisteoirí go mór ina choinne. Dúradh nach mbeadh sé ar a chumas ag go leor de bhunadh na Gaeltachta éisteacht le cláir ag an am sin den lá ó tharla iad a bheith ag obair. Thug baill den Chomhairle le fios gur cuireadh dallamullóg orthu faoin amchlár a bhí beartaithe. Ghéill an Ceannaire agus níorbh fhada ina dhiaidh sin gur éirigh sé as a phost i mí an Mheithimh 1976. Is léir anois go raibh Mac Conghail chun cinn ina chuid smaointe mar gur tháinig an tuar faoina thairngreacht ó thaobh an claonadh éisteachta a bheith ag dul i dtreise i rith an lae seachas sa tráthnóna.

Cuireadh le hamanna craolta an stáisiúin agus le réimse na gclár de réir a chéile sna blianta tar éis na conspóide sin agus i 1986 thosaigh an clár cúrsaí reatha *Adhmhaidin* ag craoladh as Casla ag a hocht ar maidin. Bíonn an stáisiún ar fáil anois ceithre huaire fichead sa lá le raon leathan de chláir nuachta, cúrsaí reatha, ceoil, spóirt is siamsaíochta. Tá stiúideonna faoi leith ag RTÉ RnaG i gCasla, i nDoirí Beaga, i mBaile na nGall agus i gCaisleán an Bharraigh agus tá fáil acu fosta ar áiseanna de chuid RTÉ ó cheann ceann na tíre, an phríomhchathair san áireamh. Craoltar é ar chóras an-ardmhinicíochta (VHF) ar fud na tíre, ar an chóras digiteach satailíte Sky agus ar an idirlíon ar fud na cruinne. Tá tuairim is ceithre scór duine fostaithe go lánaimseartha ag an Raidió agus roinnt mhaith sa bhreis ag obair ar bhonn páirtaimseartha.

Bhí éiteas faoi leith agus stádas speisialta i saol na Gaeltachta ag RTÉ RnaG ón tús. Chan ionann is bunús na meán Gaeilge eile, bhraith pobal na Gaeltachta, seachas pobal na Gaeilge trí chéile, go raibh úinéireacht acu ar an raidió. Cinnte, rinneadh freastal ó am a bhunaithe ar Ghaeilgeoirí eile ach ba mar fhuinneog do shaol na Gaeltachta seachas mar scáthán dá saol féin a tharla sé seo. De bharr gurbh ó éileamh an phobail a bunaíodh RTÉ RnaG, bhí cur chuige sainiúil aige ón tús. Ba ag cur in éadan coilíneachas cultúrtha na hardchathrach a bhí an scaifte úd a chuir picéad ar Theach Furbo i 1969 agus bhí rún ag foireann an stáisiúin úir seasamh go láidir leis an dearcadh sin.

Braitheadh gur deis a bhí anseo lena léiriú go raibh teacht aniar ag an phobal a bhíothas ag brú siar chun na farraige ó bunaíodh an Stát. Mar a deir Fachtna Ó Drisceoil (1996: 98) in *Oghma 8*:

> Toisc gur fhás an t-éileamh don raidió as míshastácht le ról comhshamhlaithe RTÉ sa gcéad dul síos, ní nach ionadh gur frithghníomh iomlán i gcoinne gach rud a bhain leis an chraoltóir náisiúnta a bhí i gceist acu.

Ach cítear d'Éamon Ó Ciosáin go mbíonn RTE RnaG de shíor á tharraingt idir dhá fhórsa – 'raidiciúlacht na gluaiseachta ba chúis lena bhunú agus coimeádachas an bhunachais ar chuid de é ar shlí.' *(Ó Ciosáin 1998: 20)*

I 1996, fógraíodh athrú treo ar pholasaí eagarthóireachta an raidió nuair a rinneadh iarracht freastal ar phobal níos leithne lasmuigh den Ghaeltacht. Mhaígh an raidió ag an am go raibh níos mó dá n-éisteoirí ag cur fúthu taobh amuigh den Ghaeltacht agus nár mhiste tuilleadh ábhair náisiúnta a sholáthar. Bhí feachtas chrochadh póstaer ar bun i gConamara le cur i gcoinne an pholasaí seo ach ba ghearr go ndeachaigh sé i ndísc, de cheal tacaíochta ar bhonn leathan ó phobal na Gaeltachta.

Ba mhacalla é an polasaí náisiúnta seo ar an mhéid a bhí le rá ag an Aire Poist agus Telegrafa, Conor Cruise O'Brien, i 1973 tráth ar cuireadh ar chumas daoine ó cheann ceann na tíre éisteacht leis an stáisiún ar an an-ardmhinicíocht:

> Ní ag cúléisteacht a bheidh siad ach ag éisteacht le cuid éigin dá n-oidhreacht. Caithfear tarrac as gach aon oidhreacht chun teacht ar chomhréiteach buan idir gach aon dream...Tá súil agam go mba thairbhe don dá aicme teanga go mbeidh deis acu araon éisteacht lena chéile agus an tseirbhís seo á fhorleathnú agam anocht. *(Ó Glaisne 1982: 167)*

Tháinig an t-athrú polasaí seo ag am nuair a bhí brú ag teacht ar fhigiúirí éisteachta an raidió de bharr rogha i bhfad ní ba leithne stáisiún a bheith ar fáil ag an phobal. Thug leithéidí Highland Radio, Galway Bay FM agus Radio Kerry dúshlán Raidió na Gaeltachta siocair nach raibh 'cearta' eisiacha acu a thuilleadh ar sholáthar nuachta réigiúnda. Lena chois sin, léirigh bunú Raidió na Life i mBaile Átha Cliath i 1993 nár bhraith pobal Gaeilge na hardchathrach go rabhthas ag fáil a dhóthain airde ar RnaG. Athraíodh ainm an stáisiúin go RTÉ RnaG sa bhliain 2003, ar threoir ón mháthaireagraíocht a rinne athbhrandáil iomlán ar gach gné dá seirbhís ag an am.

Níl aon amhras ach gur glór sainiúil i gcraoltóireacht na hÉireann é RTÉ RnaG. Ní chraoltar aon fhógraí tráchtála ar an tseirbhís, mar shampla, rud a chiallaíonn nach bhfuil aon teacht isteach dá cuid féin aici agus gurb é RTÉ a íocann an costas iomlán. Ach is i gcaighdeán ard na Gaeilge a chraoltar is mó a d'fhág an stáisiún a rian ar shochaí na hÉireann. Chan amháin go mbíonn saibhreas teanga le cluinstin ar RTÉ RnaG ó mhoch maidine go hoíche ach tugtar suntas do stíl nádúrtha craolta na foirne. D'éirigh leis an Raidió féiniúlacht na gcanúintí éagsúla a chosaint agus iad a tharraingt níos gaire dá chéile ag an am céanna le focail choiteanna a úsáid. Tá ról nach beag fosta ag an stáisiún i gcumadh agus in úsáid na nuathéarmaíochta.

Ó bunaíodh an stáisiún tá cartlann chuimsitheach curtha le chéile aici a thugann léargas maith ar stair na Gaeltachta, béaloideas, ceol agus amhránaíocht ach go háirithe. Seans nach mbeadh go leor den ábhar sin ar fáil a thuilleadh murach obair cheannródaíoch fhoireann an raidió. Is furasta a aithint go bhfuil gaol gairid idir craoltóirí RTÉ RnaG agus an pobal ónar eascair siad.

Mar a bheifeá ag súil leis, is é cultúr na Gaeltachta príomhchúram RTÉ RnaG go fóill. Is léir seo ón raon clár a chraoltar a bhaineann go sonrach leis na pobail Ghaeltachta – idir thráchtaireacht ar chluichí peile áitiúla mar aon le Comórtas Peile na Gaeltachta, an freastal a dhéantar ar fhleánna ceoil agus ar an Oireachtas, agus an clúdach a dhéantar ar thoghcháin Údarás na Gaeltachta. Ach thug an borradh faoi na stáisiúin réigiúnda a tháinig chun tosaigh sna nóchaidí, mar aon le bunú TG4, dúshlán don chur chuige seo, mar a léirigh Éamon Ó Ciosáin (1998: 20) ina léacht fíor-spéisiúil in Ollscoil na hÉireann, Má Nuad:

> Is léir gur ceistíodh fealsúnacht chraoltóireachta an stáisiúin agus an consensus a bhí ann faoi luachanna na gclár: an pacáiste úd de

cheol Gaelach, creideamh caitliceach, béim mhór ar chluichí Gaelacha, coimeádachas áirithe sa tuairisceoireacht a deir gan dul in aghaidh stuif (mar shampla an chaoi a seachnaítear scrúdú ar an athrú teanga sna ceantracha Gaeltachta ar an stáisiún, agus géarchéimeanna sóisialta eile atá buailte leis na ceantracha seo).

Is minic a cháintear an stáisiún fosta as an easpa soláthair d'aos óg na Gaeltachta. Lárnach sa díospóireacht seo tá ceist chigilteach an cheoil. Is ar an cheol traidisiúnta is mó a bhíonn an bhéim ag RTÉ RnaG, cé go seinntear ceol tíre, popcheol trí Ghaeilge agus ceol clasaiceach fosta. Tearc go maith atá amhráin phopcheoil i nGaeilge, áfach, cé gur chuir an comórtas Réalta, a d'eagraigh an Raidió ar feadh traidhfil mhaith blianta, go mór lena líon.

Ainneoin go mbíonn le popcheol le liricí Béarla á sheinm go flúirseach i dtithe Gaeltachta ó mhaidin go faoithin, bhí sé mar pholasaí riamh anall ag RTÉ RnaG gan ach amhráin trí Ghaeilge agus i dteangacha iasachta a sheinm. Cor coise ab ea an cosc seo ar liricí Béarla dar le láithreoirí áirithe. Ní raibh cead, mar shampla, 'Orinoco Flow' le hEnya a sheinm ar an Raidió, ainneoin í a bheith ar bharr na gcairteacha sa Bhreatain ar feadh trí seachtaine i nDeireadh Fómhair na bliana 1988 – an chéad uair riamh a bhain duine de bhunadh na Gaeltachta a leithéid de ghradam amach!

Rinneadh maolú beag ar an pholasaí seo nuair a seoladh seirbhís nua don óige – ANOCHT fm – i mí na Bealtaine 2005. Bíonn an tseirbhís ar an aer seacht lá na seachtaine, idir 9pm agus 1am. D'admhaigh an Raidió ag am a seolta gur léir ó thaighde a rinneadh i measc daoine óga le blianta beaga anuas, go raibh bearna sa fhreastal a bhí á dhéanamh ar an aos óg. Maíodh gurbh athrú nuálaíoch ar pholasaí RTÉ RnaG ab ea seoladh ANOCHT fm sa mhéid is go dtig leis an aos óg éisteacht lena rogha ceoil ina rogha teanga.

## Stáisiúin eile

Bhí rogha cheana féin ag pobal na Gaeilge i mBaile Átha Cliath ó thosaigh Raidió na Life 106.4 fm ag craoladh ó cheannáras Bhord na Gaeilge (Foras na Gaeilge mar atá anois) sa bhliain 1993. Chaith an coiste a bhí ag plé le bunú an stáisiúin ceithre bliana i mbun feachtasaíochta le haghaidh seirbhís raidió lán-Ghaeilge do Bhaile Átha Cliath agus don cheantar máguaird. Faoi dheireadh, rinneadh cinneadh gur cheart ceadúnas craolta trialach a lorg. Tharla an t-éileamh seo i dtréimhse ina raibh aeráid fhónta pholaitiúil ann ó thaobh cumarsáid na Gaeilge, agus an tAire Máire Geoghegan Quinn agus a comharba Michael D Higgins, ag réiteach an bhealaigh do bhunú TnaG. Go luath ina dhiaidh sin, bronnadh ceadúnas craolacháin ar Raidió na Life.

Is féidir a rá gurb ann a fuair go leor d'fhoireann TG4 a gcéad bhlaiseadh den chraoltóireacht. Tá an oiread sin de cháil air mar naíonra a thug oiliúint áirithe do chraoltóirí Gaeilge go bhféadfaí an cheist a chur an mó de sheirbhís í do na hiriseoirí féin ná do phobal éisteachta na hardchathrach? Is ar bhonn deonach a bhíonn na craoltóirí ag feidhmiú den chuid is mó agus is deis iontach dá réir sin é do dhaoine óga uaillmhianacha a bhfuil suim acu a mbeatha a bhaint i dtír sna meáin Ghaeilge amach anseo. Ach mar a bheifeá ag dréim leis ó sheirbhís den chineál sin bíonn éagsúlacht mhór le brath ar chaighdeán na gclár.

Is ionann an cás do Raidió Fáilte a chraoltar ar 107FM. Is sa chultúrlann ar Bhóthar na bhFál, Béal Feirste atá an stáisiún lonnaithe ó thosaigh sé ag craoladh i Meán Fómhair, 2006. Ach oiread le Raidió na Life, bíonn meascán mór clár á gcraoladh – nuacht, cúrsaí reatha, díospóireachtaí faoi cheisteanna sóisialta agus eacnamaíochta, na healaíona agus ceol. Tá dlúthcheangal idir an stáisiún agus iarrachtaí eile atá ar bun sa chathair leis an teanga a chur chun cinn.

Go deimhin, thiocfadh leat a rá gur i 1984 a cuireadh na síolta don stáisiún atá ann san am i láthair. Sa bhliain sin thosaigh bunaitheoirí an nuachtáin *Lá* ag craoladh seirbhíse óna gceannáras ar a dtugtaí 'Raidió Feirste'. Bhíodh sé ag teacht is ag imeacht ar feadh tamaill de bhlianta ina dhiaidh sin go dtí go ndearnadh iarrachtaí é a athbheochan i dtús an chéid úir. Ach bhí neamhchinnteacht ann faoina stádas, cionn is nach raibh aon reachtaíocht ag an am chun raidió pobail a cheadú. Ansin i mí an Mheithimh 2006, bronnadh ceadúnas cúig bliana ar an stáisiún.

Bíonn sé á chraoladh anois ó mhoch maidine go hoíche (beochraoladh 7.30am – 10pm agus athchraoladh ina dhiaidh sin.) Tá beirt fostaithe go lánaimseartha leis an stáisiún agus bíonn leathchéad eile ag soláthar ábhair go rialta. Bíonn feascháin nuachta acu ar bhuille na huaire agus is é duine de bhunaitheoirí an stáisiúin, an t-iriseoir Eoghan Ó Néill, a chuireann na scéalta le chéile i gcomhar le foireann bheag mac léinn.

## Na meáin chlóite

Nuachtáin chúise seachas scáthán ar a raibh ag titim amach go náisiúnta nó go idirnáisiúnta ab ea na céadiarrachtaí a foilsíodh i nGaeilge. Ba i nGàidhlig na hAlban a bhí an chéad fhoilseachán dá leithéid – *An Teachtaire Gaidhealach* – iris spioradálta a bunaíodh i 1829. Ó shin a leith cuireadh an t-iliomad foilseachán Gaeilge i gcló, ach rachadh sé dian ort a bhformhór a mheas mar nuachtáin in aon chor ó tharla gur beag béim a cuireadh ar an nuacht iontu. Ba mhó de thréimhseacháin go leor acu, go fiú nuair a tháinig siad amach ar bhonn seachtainiúil.

Bhí na Gaeil i gcéin chun tosaigh ar a mbráithre in Éirinn sa réimse foilsitheoireachta seo. I nDeireadh Fómhair 1881 bhunaigh Micheál Ó Lócháin an iris mhíosúil dhátheangach *An Gaodhal* i mBrooklyn, Nua-Eabhrac agus é d'aidhm aige an Ghaeilge a chosaint is a shaothrú. Cúrsaí léinn is saíochta is mó a bhíodh faoi chaibidil ann agus ba é a bhí mar mhúnla ag go leor de na foilseacháin Ghaeilge a bhí le teacht ina dhiaidh. Breis is bliain ina dhiaidh sin, cuireadh a mhacasamhail d'iris dhátheangach eile – *Irisleabhar na Gaedhilge* - i gcló i mBaile Átha Cliath. Ardán ab ea é d'Eoin

Mac Néill agus do dhaoine eile a gcuid tuairimí maidir le slánú is athréimniú na Gaeilge a chraobhscaoileadh.

Bolscaireacht teanga a bhíodh ar bun den chuid is mó ag an nuachtán seachtainiúil, dátheangach *Fáinne an Lae* (1898-1900) agus i bpáipéir Chonradh na Gaeilge a foilsíodh ina dhiaidh sin faoi theidil éagsúla ó 1899 ar aghaidh go dtí 1932 - *An Claidheamh Soluis* agus *An Claidheamh Soluis agus Fáinne an Lae*, *Misneach* agus *An Claidheamh Soluis agus Fáinne an Lae* arís ina dhiaidh sin. Regina Uí Chollatáin (2004) is fearr a thugann léargas ar an tréimhse sin.

Obair mhaslach, ar bheagán cúitimh, a bhí in eagarthóireacht na dtréimhseachán úd. Le linn a thréimhse eagarthóireachta ag deireadh na 1920í ba ghnách do Shéamus Ó Grianna, mar shampla, *Fáinne an Lae* ar fad a scríobh agus is beag fonn molta a bhíodh air. In áit a bheith ina fhoinse eolais nó anailíse ar ghnóthaí an tsaoil, b'uirlis cancair is fonóide a bhíodh ann le linn an ama sin:

> Is minic ó shin a smaoinigh mé nach raibh leath mo sháith céille agam nuair a bhuair mé mo cheann leis na rudaí seo ar chor ar bith. Os a choinne sin, b'fhéidir nach dtiocfadh liom an páipéar a líonadh ar chor ar bith mura mbíodh aon duine le fearg a chur orm. *(Ó Grianna 1981: 257).*

Le cois na seachtanán sin, bhíodh corr-iarracht Ghaeilge nó dhátheangach á foilsiú sna réigiúin, ar nós *An Lóchrann* (1907-13) i gceantar Thrá Lí agus Chorcaí, *An Stoc* (1917-20 agus 1923-31) i nGaillimh, agus *An Crann* (1916-24) i nDún na nGall. Saolré gairid a bhí ag an pháipéar bolscaireachta, *An Barr Buadh* (1912) agus ag an phaimfléad frith-óglach, *Ná Bac Leis* (1915). Iarracht fhónta go maith a bhí sa tréimhseachán míosúil *An Tír* (1928) i dtús ama ach chuaigh sé i léig go mór go dtí gur thit an tóin as go hiomlán i 1934, de cheal airgid.

Ábhar tur agus drochdhearadh na príomhchomharthaí sóirt a bhain leis na hiarrachtaí sin. Is bocht an fhoinse staire iad ar shaol sóisialta na linne, a bhí suaite go maith ag an am, seachas don té a bheadh i mbun staidéir ar dhíograiseoirí teanga na tréimhse. Is beag forbairt a bhí le sonrú ar aon fhoilseachán seachas a chéile sa chaoi is gur dhóigh leat gur dhiúil siad an chíoch lochtach. Cúrsaí teanga a bhíodh ar thús cadhnaíochta iontu; chan amháin gurb í an Ghaeilge meán na hinste, ach ba í croílár na tráchtaireachta leis. Blas caolaigeanta atá ar an tseanmóireacht thuirsiúil faoin Ghaelachas don té a léifeadh iad trí lionsa na freacnairce. Ghlacfá iad a mheas, áfach, i gcomhthéacs ghluaiseacht athbheochan na Gaeilge agus na nithe ar tugadh tosaíocht dóibh ag an dream a bhí gníomhach. Ba í athréimiú na Gaeilge seachas gnóthaí mór an tsaoil an chloch ba mhó ar a bpaidrín. Rinneadh neamart a bheag nó a mhór i saol na Gaeltachta iontu agus diabhal blas a fhaightear ar na fadhbanna móra sóisialta a bhain leis an imeallbhord thiar le linn an ama sin. Guth na díograise seachas guth láidir Gaeltachta a cluineadh uathu.

Níorbh amhlaidh do *An t-Éireannach* (1934-37), nuachtán raidiciúil, spreagúil ina mbíodh an tríú cuid de curtha ar leataobh do nuacht áitiúil ó na ceantair Ghaeltachta éagsúla. Pléadh cúrsaí an tsaoil mhóir náisiúnta agus idirnáisiúnta ann fosta agus bhíodh claonadh chun sóisialachais le sonrú sna hailt tuairimíochta ann. Sheas sé go tréan in éadan an fhaisisteachais a bhí ag teacht chun cinn ar fud na hEorpa ag an am agus rinne sé nasc idir cúis an lucht oibre agus cearta phobal na Gaeltachta. Bhíodh sé á léamh go féiltiúil sa Ghaeltacht agus bhíodh caint fhorleathan ar a raibh ann.

Ba faoi choimirce an eagrais 'Glúin na Bua' a foilsíodh *Inniu* (1943-84), an páipéar Gaeilge ab fhaide a mhair. Nuachtán náisiúnach, díograiseach ab ea é, lonnaithe i mBaile Átha Cliath. Chuir sé béim faoi leith ar mhargadh an oideachais agus ar shaothair chruthaitheacha. Fad is a bhí *Inniu* faoi lán seoil, bunaíodh nuachtán seachtainiúil eile, *Amárach*, i gConamara. Bhíodh an-tóir ar an leagan athsheolta den nuachtán sin i gConamara sna 1970í agus sna 1980í. Go deimhin, ba é an foilseachán Gaeilge ba mhó ráchairt i measc ghnáthphobal na Gaeltachta ó aimsir *An t-Éireannach* i leith. Bhí an dara leagan den pháipéar fréamhaithe go huile is go hiomlán sa ghluaiseacht raidiciúil chultúrtha a tháinig chun tosaigh i gConamara i ndeireadh na 1960í agus tús na 1970í.

Bhain conspóid nach beag le cinneadh Roinn na Gaeltachta i 1984 deireadh a chur leis an deontas a bhíodh *Inniu* ag fáil. Ainneoin gurbh léir nach raibh an nuachtán ag dul i ngleic leis an saol nua-aimseartha agus go raibh a splanc chor a bheith múchta, bhraith go leor de phobal na Gaeilge nár caitheadh go cuí le daoine a bhí ag saothrú chomh fada sin ar son na teanga ar bheagán airgid. Ar an chúis chéanna, thit an tóin as *Amárach* i dtrátha an ama seo fosta, rud a réitigh an bealach do nuachtán láidir amháin le deontas méadaithe ón státchiste.

Ba bheag rath a bhí ar *Anois*, áfach, a tháinig i gcomharbacht ar *Inniu* agus *Amárach* trí chomórtas oscailte, mar nuachtán státurraithe na Gaeilge sa bhliain 1984. Rinneadh iarracht i dtús ama léitheoirí úra a aimsiú agus bhíodh corradh le 17,000 cóip á scaipeadh sa tseachtain nuair a bhí sé in ard a réime. De réir a chéile shíothlaigh an tóir a bhí air agus é ag titim idir dá stól – luachanna tablóideacha leagtha amach i gcruth fadálach, foclach a d'fhóirfeadh níos fearr do nuachtán mórbhileogach. D'fhógair Bord na Gaeilge i 1996 go mbeidís ag lorg tairiscintí poiblí do nuachtán seachtainiúil agus bronnadh an conradh agus an deontas ar fhear gnó as Conamara, Pádraig Ó Céidigh. Bhí ionad áirithe sa saol tráchtála bainte amach ag an Chéideach ag an am, cé gurbh ina dhiaidh sin a tháinig rath ar a chomhlacht aerthaistil Aer Árann. Mhaígh sé ón chéad lá riamh nach ar son na cúise a bhí sé ag foilsiú *Foinse* ach gur mhian leis brabach a dhéanamh aisti.

## *Foinse*

Ba gheall le puth gaoithe é bunú *Foinse* le hais spleodair is búis TnaG coicís ina dhiaidh sin. Ar an Aoine an 13 Deireadh Fómhair, 1996, a chuaigh an chéad chóip de *Foinse* i gcló -

dáta gan rath más fíor do lucht na bpisreog. Go deimhin tháinig an nuachtán nuabheirthe ar an saol i dtrátha an ama chéanna leis an chaora 'ghin-chumtha' Dolly. Ach oiread leis an chaora clúiteach úd, bhí rian na réamhtheachtaí ónar shíolraigh siad le sonrú ar *Foinse*, ach gur mhúnla úrnua a bhí ann fosta.

Cuireadh níos mó béime ón tús ar thuairisceoireacht seachas ar thuairimíocht. Ba í an fhealsúnacht a bhí ag an fhoireann, agus an scríbhneoir seo ina chéad eagarthóir air, nárbh fhiú a bheith ag cur i gcéill agus ag ligean orthu féin go raibh an nuachtán in iomaíocht leis na mórmheáin Bhéarla. Níorbh fhiú ach an oiread seirbhís aistriúcháin a sholáthar ar a raibh sna nuachtáin sin. Thuig bunaitheoirí *Foinse* go gcaithfí rud éigin a thairiscint nach raibh ar fáil áit ar bith eile. Cuireadh an-bhéim ar imeachtaí Gaeltachta agus Gaeilge agus ar iarthar na hÉireann ann dá bharr.

Thuill leagan amach snasta an pháipéir moladh mór i dtús ama agus bhuaigh colúnaithe ar nós Cathal Mac Coille, Póilín Ní Chiaráin agus Mártan Ó Ciardha gradaim iriseoireachta ar a gcuid colún dúshlánach. Bhí cáil fosta ar chuid den iriseoireacht imscrúdaitheach a cleachtaíodh agus ar na scéalta te-bhruite a scaoileadh ó am a bhunaithe. Tá ráchairt mhór fosta ar an leathanach scigmhagúil *Ar Son na Cúise* mar aon leis an fhorlíonadh speisialta ealaíon – *Faobhar*. Tháinig fás agus forbairt ar an nuachtán faoi eagarthóireacht Sheáin Thaidhg Uí Ghairbhí. Cé gur chuir na leathanaigh oideachais go mór leis na figiúirí díolacháin, mheas go leor daoine go raibh sé de cheart ag *Foinse* fad a chur idir an nuachtán agus an córas scolaíochta. Ina theannta sin, cáineadh córas dáiliúcháin *Foinse* agus an easpa margaíochta a rinneadh air. Breis is deich mbliana ó bunaíodh é, is i dtuilleamaí fógraí stáit agus deontas seachtainiúil atá an nuachtán go fóill.

Is ar an Cheathrú Rua atá ceannáras *Foinse*, ach seoltar na leathanaigh ar líne ardchumhachta chuig clólann sheachtrach. Seachtar atá fostaithe go buan ag an chomhlacht ach tá an iliomad saoririseoir ó cheann ceann na tíre ag soláthar dó fosta. Go deimhin, is ó na daoine seo a thagann bunús maith den ábhar.

Cúis bhróid d'fhoireann *Foinse* go bhfuil sé ar an pháipéar nuachta is faide siar san Eoraip. Ní raibh aon leisce orthu riamh buntáiste a dhéanamh den rud a bhí brúite air – a bheith ar an imeall.

## *Lá Nua*

Mura bhfuil margadh mór millteanach ann do nuachtán seachtainiúil Gaeilge cén seans go mbeadh tóir ar cheann laethúil? B'in an cheist a cuireadh go forleathan nuair a bheartaigh *Lá* an dúshlán mór a ghlacadh sa bhliain 2003 agus díriú ar an táirge laethúil. Agus tá freagra na ceiste sin le fáil anois: táthar ann go fóill. Ba dá stuaim féin, seachas mar fhreagra ar chomórtas eile ó Fhoras na Gaeilge, a bheartaigh lucht bainistíochta *Lá* athrú ón spriocIá seachtainiúil go ceann laethúil.

Cé gur éacht mór ab ea bunú *Lá*, ba mhionsamhail é d'éachtaí den chineál céanna i réimsí eile den saol poiblí a bhí á dtionscnamh ag pobaltheanga beag dílis Iarthar Bhéal Feirste. Ní thig forbairt an nuachtáin a scarúint ó na trioblóidí a bhí ag réabadh an cheantair ó dheireadh na 1960í i leith. Chuir a ndílseacht don chultúr Gaelach le féinmhuinín an phobail náisiúnaigh sa cheantar agus bhunaigh baicle bheag teaghlach Gaeltacht Bhóthar Seoighe ar imeall na cathrach. As sin a d'eascair an spreagadh do bhunscoil agus do mheánscoil lánGhaelach sa cheantar mar aon le Cultúrlann Mhac Adaim Ó Fiaich ar Bhóthar na bhFál. Tá fás as cuimse tagtha ar an phobal Gaelach sa chathair ó shin i leith.

Ba mar chuid den réabhlóid chultúrtha úd a cuireadh *Lá* i gcló den chéad uair ar 13 Lúnasa 1984, an lá tar éis don RUC Seán Downes a mharú le linn léirsithe in iarthar Bhéal Feirste. 'BÁS' a bhí mar cheannteideal ar an chéad eagrán agus bhí tuairisceoireacht ar na trioblóidí ar thús cadhnaíochta sa nuachtán ó shin i leith. Deascfhoilsitheoireacht bhunúsach, a bhí ag brath ar dheathoil scríbhneoirí a bhí sna céadiarrachtaí ach ba mhór an gaisce é foilsiú nuachtáin laethúil dá chineál nuair a chuirtear san áireamh nach rabhthas ag fáil pingin rua de thacaíocht ón stát.

Ba mar thoradh ar fhís agus allas bheirt iriseoirí Gaeilge aitheanta – Gearóid Ó Cairealláin agus Eoghan Ó Néill – a tháinig bláthú air mar pháipéar seachtainiúil sna blianta ina dhiaidh sin go dtí gur cuireadh struchtúr níos foirfe air nuair a cheannaigh an grúpa *Andersonstown News* é i 1999. Ó 1 Aibreán 2003 i leith, tá sé á fhoilsiú cúig lá sa tseachtain – le tacaíocht ó Fhoras na Gaeilge – gníomh a mheas go leor a bheith dodhéanta ag an am. Cuireadh le forbairt an nuachtáin nuair a d'oscail siad fo-oifig i nGaoth Dobhair. Ar aon dul le *Foinse*, tugtar an-suntas do scéalta a bhaineann le saol na Gaeilge agus na Gaeltachta ann agus bíonn meascán de thuairiscí náisiúnta, idirnáisiúnta, colúin, gné-ailt siamsaíochta agus ealaíon, léirmheasanna agus ábhar do scoláirí is foghlaimeoirí ann.

Rinneadh athbhrandáil ar an pháipéar i dtús 2007 agus chuir *Lá Nua* an-bhéim ar phodchraoltaí agus ar bhlagadóireacht. Ach ní thig an foilseachán a scarúint ón tréimhse chorrach ónar eascair sé. Tá claonadh neamhleithscéalach Poblachtánach ag an nuachtán agus cuirtear ina leith go minic go mbíonn blas bolscaireachta is feachtasaíochta le sonrú ann.

## Beo.ie

Tugtar breis agus 40,000 cuairt sa mhí ar an iris idirlín www.beo.ie agus meastar gurb as an iasacht dá leath díobh. Bunaíodh an iris sa bhliain 2001 chun ábhar suimiúil léitheoireachta agus áis foghlama teanga a chur ar fáil do na mílte daoine in Éirinn agus ar fud an domhain atá ag foghlaim agus ag labhairt na teanga. Feidhmíonn sé mar a bheadh cibearGhaeltacht ann, ag cothú nasc idir lucht na Gaeilge sna tíortha éagsúla. Tá an bhéim seo ar eachtrannaigh agus ar fhoghlaimeoirí intuigthe ó tharla saineolas a bheith ag eagarthóir agus ag úinéir na hirise sa réimse sin – Éamonn Ó Dónaill, atá ina stiúrthóir ar Gaelchultúr, agus Liam Ó Cuinneagáin, Stiúrthóir Oideas Gael. Go deimhin b'fhoghlaimeoir Gaeilge ón iasacht – Michal Boleslav Mechura ó Phoblacht na Seice – a chuir an teicneolaíocht go léir ar fáil don suíomh agus a rinne go leor den fhorbairt cheannródaíoch ar an ghréasán. Mar a bheifeá ag súil leis ón ainm is iris bheomhar, ildaite é le meascán eicléicteach ábhair agus neart deiseanna idirghníomhacha. Níl aon lároifig ag an iris agus tá sé ag feidhmiú mar a bheadh comhlacht fíorúil ann.

## Foilseacháin eile

Nuachtán míosúil saor in aisce is ea *Saol* a dhéanann tuairisceoireacht neamhchriticiúil ar imeachtaí Gaelacha ó cheann ceann na tíre. Foras na Gaeilge a fhoilsíonn é agus tugtar ardán ann agus deis poiblíochta d'ócáidí nach mbeadh ag fáil mórán suntais dá uireasa. Bíonn ábhar ann d'fhoghlaimeoirí agus cuirtear fáilte roimh ghrianghraif ann agus scéalta ón phobal Gaelach.

Lena chois sin, tá roinnt irisí míosúla á bhfoilsiú le fada cé nach bhféadfaí á rá go bhfuiltear uilig faoi bhláth i láthair na huaire.

B'as an Comhchaidreamh, eagraíocht idirollscoile, a shíolraigh an iris *Comhar*. Mar mhíosachán faoi chruth nuachtáin air a tháinig sé amach i dtús ama i 1942. Cuireadh cruth irise air go luath ina dhiaidh sin agus pléann sé le cúrsaí reatha is liteartha den chuid is mó. Dhá shruth iad seo nach raibh i gcónaí ag réiteach lena chéile agus bhíodh eagarthóirí éagsúla ag cur níos mó béime ar ghné amháin thar an ceann eile. Thug an iris ardán do chuid de mhórscríbhneoirí cruthaitheacha na Gaeilge sa dara leath den fhichiú haois agus ba ar leathanaigh *Comhar* tráth den saol a tharla formhór an dioscúrsa liteartha faoi chúrsaí teanga. Lena chois sin, ghlac sé seasamh cróga in éadan na hEaglaise sa chonspóid faoin Dr Nollaig de Brún agus Scéim na Máthar agus an Linbh i 1951 agus b'ann a céadfhoilsíodh go leor de na sonraí faoi chainteanna Hume/Adams i dtús na 1990í.

Iris liteartha mhíosúil is ea *Feasta* a bhunaigh Conradh na Gaeilge tríd an chomhlacht foilsitheoireachta, Clódhanna Teoranta, i 1948. Bíonn ailt ann faoi chúrsaí polaitíochta is Gaeilge mar aon le léirmheasanna liteartha agus ceoil. Iris oifigiúil Chomhaltas Uladh de Chonradh na Gaeilge is ea *An tUltach* atá ar an fhód le breis is ceithre scór bliain. Ba é an tAthair Lorcán Ó Muireadhaigh a bhunaigh an tréimhseachán agus ba ann a tháinig go leor de mhórscríbhneoirí an Chúige ar nós Chlann Fheilimí Mhic Grianna, an Cairdinéal Ó Fiaich agus an tAthair Réamoinn Ó Muirí chun solais.

Iris Ghaeltachta go smior a bhí in *Cuisle* (1998-2000). Bhíodh cóiriú slachtmhar, ildaite air agus ábhar suimiúil ann ach theip air áit a dhóthain a chruthú sa mhargadh. Éiríodh as de bharr cailliúint airgid ag tráth nach raibh Foras na Gaeilge sásta a dhóthain d'ardú a chur ar an deontas le go mairfeadh an foilseachán.

Cés moite de *The Irish Times*, Is beag ábhar Gaeilge a fhoilsítear anois sna mórnuachtáin náisiúnta ach dhéantaí soláthar ní b'fhearr san am a chuaigh thart. Cé gur loic Éamon de Valera ar ghealltanas a thug sé do Chonradh na Gaeilge gur i nGaeilge a bheadh eagrán amháin de *The Irish Press / Scéala Éireann* in aghaidh na seachtaine, rinne an nuachtán sin an-fhreastal ar phobal na Gaeilge go dtí an lá ar druideadh é i 1995. Ainneoin líon na nGael cáiliúil a bhí fostaithe ag *The Irish Independent*, is fada an lá ó d'éirigh an páipéar as ábhar Gaeilge a chur i gcló. Is amhlaidh an cás do *The Examiner*, cé gurbh ann ba thúisce a cuireadh cuid den úrscéal *Séadna* leis an Athair Peadar Ó Laoghaire i gcló.

Is é *The Irish Times* an meán Béarla is mó a dhéanann an soláthar is leithne ar lucht léitheoireachta na Gaeilge. Foilsítear trí cholún in aghaidh na seachtaine sa nuachtán. Is é an colún *Tuarascáil* croílár na seirbhíse agus bíonn meascán de nuacht, anailís agus tuairimíocht faoi scéalta teangabhunaithe ann. Spriocmhargadh níos leithne b'fhéidir a bhíonn ag *Beocheist*, ina dtugtar ardán do scríbhneoirí ailt anailíse is plé a fhoilsiú faoi chúrsaí an tsaoil. Ina theannta sin, foilsítear colún rialta ó pheann duine de mhórscríbhneoirí na Gaeilge (Alan Titley faoi láthair). Bíonn na trí cholún agus ábhar eile le fáil in *An Teanga Bheo* ar shuíomh idirlín an nuachtáin – www.ireland.com. Bíonn cnuasach alt ag *The Irish News* gach seachtain fosta agus tá comhpháirtíocht idir é agus *Foinse* ó thaobh soláthar ábhair.

Ar ndóigh tá tábhacht nach beag le hábhar mar sin a bheith ar fáil sna mórnuachtáin náisiúnta ó tharla go bhfuil go leor daoine ann a mbeadh de shuim agus de chumas iontu alt amháin sa teanga a léamh in aghaidh na seachtaine ach nach mbeidís ag baint na sála dá chéile riamh ag ceannach nuachtán Gaeilge. Is amhlaidh an scéal i gcás na bpáipéar áitiúil. Foilsítear ailt rialta i nGaeilge i gcuid de na nuachtáin réigiúnda ar nós *The Galway Advertiser, Glór Chonamara, The Donegal Democrat* agus *The Donegal Post*. Is fiú cuimhneamh gurbh i nuachtáin logánta ar nós *The Derry Journal* agus *The Galway Sentinel* a fuair macasamhail Seán Bán Mac Meanman, Máire, Seosamh Mac Grianna agus Pádraig Ó Conaire a gcuid deiseanna foilsitheoireachta i dtús ama, mar a luann Mac Congáil (2005).

## Teacht na teilifíse

Má ghlac sé corradh le dhá scór bliain seirbhís raidió Gaeilge a bhaint amach ó mhol ball den rialtas é don chéad uair, níor mhór a admháil nár mheil muilte na teilifíse mórán ní ba ghasta. I measc na n-iarratas a cuireadh faoi bhráid an rialtais i 1959 do bhunú na seirbhíse teilifíse náisiúnta, bhí ceann láidir ó Ghael Linn. Bhíodh an comhlacht, faoi stiúir Dhónaill Uí Mhóráin, ag soláthar nuachtscannán ag an am agus meastar gur tugadh an-suntas dá n-iarratas cé gur theip air i ndeireadh thiar thall. Cé nach dócha gur seirbhís iomlán Ghaeilge a bheadh i gceist dá n-éireodh leo seilbh a ghlacadh ar an tseirbhís teilifíse a bhí le teacht, is cinnte go mbeadh an teanga ard go leor san ord tosaíochta acu.

Deich mbliana ina dhiaidh sin, gheall Taoiseach na linne, Jack Lynch, go mbunófaí stáisiún teilifíse Gaeilge. Ag cruinniú de chuid Choiste na Gaeilge d'Fhianna Fáil i gCorcaigh i mBealtaine 1969, thug Lynch a lántacaíocht phearsanta do bheartas chun seirbhís iomlán raidió agus teilifíse a bhunú. Bhí olltoghchán ar na bacáin agus ní fios an caint san aer polaitiúil a bhí ag an Taoiseach an oíche úd, ach thig a rá go cinnte gur ghlac sé 27 mbliana eile sula bhfíorófaí an dara cuid den fhís.

Deir an tráchtaire cumarsáide, Colum Kenny, gur mó duine anois a mhaíonn go raibh baint acu le forbairt agus le seoladh TG4 ná mar a bhí in Ard-Oifig an Phoist i 1916. Ar aon dul le bunú na seirbhíse raidió Gaeltachta, ba mar thoradh ar fheachtas poiblí, a fíoraíodh aisling na teilifíse Gaeilge. Craoladh bradach eile ó Ros Muc a chuir dlús leis an fheachtas, cé gur glúin eile ar fad a bhí lárnach ann, a bheag nó a mhór.

Fuarthas inspioráid agus spreagadh don fheachtas ar charraigeacha sceirdiúla na Scigirí, leath bealaigh idir tuaisceart na hAlban agus an Íoslainn. I Meitheamh na bliana 1987 thug an gníomhaire teanga Donncha Ó hÉallaithe agus dornán dá chairde cuairt ar stáisiún teilifíse i dTorshavn, na Scigirí, a bhí ag freastal ar 50,000 duine ar chostas beagnach €2m sa bhliain. Ba mar stáisiún bradach a thosaigh sé ag craoladh i dtús ama ach faoin am ar thug muintir Chonamara cuairt air bhí sé á mhaoiniú ag ceadúnas teilifíse na Danmhairge. Foinse inspioráide ab ea sampla na Scigirí do lucht agóide na Gaeilge. Ba mhó an tionchar fosta a bhí ag bunú S4C sa Bhreatain Bheag i 1982, eiseamláir fhiúntach do chainéal miontheanga a bhí ag feidhmiú go héifeachtach ar leac an dorais.

Cé nach raibh cinneadh déanta ag an rialtas an mbeadh a leithéid ann in aon chor, bhí díospóireacht bheoga ar siúl i measc Gaeilgeoirí cé acu arbh fhearr seirbhís náisiúnta nó seirbhís Ghaeltachta a bhunú. I 1988, d'iarr an Taoiseach Cathal Ó hEochaidh ar Phádraig Ó Muircheartaigh ó BSL agus ar Phroinsias Mac Aonghusa, craoltóir agus iriseoir, moltaí a chur le chéile maidir leis an teilifís Ghaeilge. Dúirt siad nár cheart go ndéanfaí cúngú ar an tseirbhís agus gur cheart go mbeadh sé ar fáil do phobal uile na Gaeilge. Mhol siad gur i Ráth Cairn a bheadh ceannáras na teilifíse ach bhraith cuid mhór de lucht na hagóide go mbeadh sé sin róghar dá máistrí i nDomhnach Broc. Chuir an Taoiseach, a bhí ina Aire Gaeltachta ag an am chomh maith, leathmhilliún punt ón Chrannchur Náisiúnta ar leataobh faoi choinne scéim phíolótach teilifíse, ach ní dheachaigh sé chun cinn riamh.

Ba é an tátal a bhí le baint as tuarascáil idir-rannach a foilsíodh i 1985 ná gurbh fhearr go bhfágfaí cúram speisialta na Gaeilge faoi RTÉ 2. B'fhada pobal na Gaeilge ag clamhsán faoi sholáthar na gclár Gaeilge ar RTÉ, agus bhí feachtas láidir ar bun le cur lena líon. Snámh in aghaidh easa a bhí ann i súile roinnt acu, áfach: 'Bhí roinnt daoine sa Ghaeltacht den tuairim gur beag difir a dhéanfadh breis clár Gaeilge ar RTÉ d'aos óg na Gaeltachta agus gur teilifís pobail don Ghaeltacht a theastaigh.' (Ó hÉallaithe 1996).

Bhraith na daoine seo go bhféadfaidís sampla Chearta Sibhialta na Gaeltachta a leanúint agus an straitéis chéanna a ghlacadh an athuair. Ba le linn deireadh seachtaine Oireachtas na nGael i nDeireadh Fómhair 1987, a céadchraoladh an stáisiún bradach as Ros Muc. Díospóireacht bheo ar cheist na teilifíse agus coirmcheoil mhór a bhí i measc na gcéadchlár – réamhbhlaiseadh den mhéid a bhí le teacht ar TG4 b'fhéidir (gan na láithreoirí dóighiúla ar ndóigh!) De réir tuairisce, tháinig críoch thobann leis an chraoladh nuair a leag siota gaoithe an tarchuradóir ar Chnoc Mhordáin. Bhí deireadh leis an stáisiún bradach ach ní raibh an feachtas le haghaidh stáisiúin bhuain ach ina thús.

Scannánú le linn an chraoladh bradach teilifíse i Ros Muc i nDeireadh Fómhair 1987 *(Grianghraf: Bob Quinn)*

Norbert Payne ag fáil réidh don chraoladh bradach teilifíse i Ros Muc i nDeireadh Fómhair 1987. *(Grianghraf: Bob Quinn)*

Tá cur síos beacht ar thionchar an chraolta sin le fáil i véarsa a scríobh Micheál Ó Cuaig (1995) faoi theacht na teilifíse:

Nach mór an chliú is a chreidiúint

Atá ag dhul don dream,

A chuaigh go mullach Mhordáin
Is a chuir an fearas ina chrann.
Nuair a shroich an scéala
Na seomraí thuas sa Dáil,
Ní dhearna Máire ach díriú
Agus casadh a bhaint as an bpeann.

Crann cumarsáide bunúsach a úsáideadh le linn chraoladh bradach teilifíse i Ros Muc i nDeireadh Fómhair 1987. *(Grianghraf: Bob Quinn)*

Is í an Mháire atá i gceist sa líne dheireanach ná Máire Geoghegan Quinn, a bhí ina hAire Cumarsáide idir 1992-1994, tráth ar cuireadh dlús ag leibhéal rialtais le bunú seirbhíse teilifíse Gaeilge. Idir an dá linn, chuaigh Gaeilgeoirí aitheanta sa phríosún, mar chuid den Fheachtas Náisiúnta Teilifíse a bunaíodh i 1990, nuair a dhiúltaigh siad a gceadúnais a dhíol mar agóid i gcoinne chaighdeán na seirbhíse a bhí á cur ar fáil sa teanga. Bhí Conradh na Gaeilge an-lárnach san fheachtas fosta.

Ach bhí bearna mhór amhrais fós le sárú. Bhí géarghá an paisean agóidíochta a cheangal le faisnéis eolaíoch, neamhspleách. Choimisiúnaigh Údarás na Gaeltachta KPMG Stokes Kennedy Crowley le staidéar féidearthachta a dhéanamh ar an tionscadal ar fad agus foilsíodh a dtuarascáil siúd i Lúnasa 1989. Tuarascáil chuimsitheach a bhí ann ina ndearnadh costasú ar an choincheap, mar aon le hanailís ar an lucht féachana, ar chúinsí teicniúla, agus ar mheitheal foirne. Murab ionann is an Tuarascáil idir-rannach i 1985 chuir an staidéar féidearthachta seo cás na Gaeltachta chun tosaigh. Bhí ríthábhacht leis sa mhéid is go raibh sé ráite i scríbhinn ag sainchomhairleoirí neamhspleácha den chéad uair go raibh bunús earnála closamhairc sa Ghaeltacht, a bhféadfaí forbairt a dhéanamh air amach anseo. Bhí ról nach beag fosta ag na cúrsaí oiliúna a chuir Údarás na Gaeltachta ar bun ina dhiaidh sin lena chinntiú go mbeadh meitheal oibre oilte sa Ghaeltacht nuair a rachadh an teilifís ar an aer i 1996.

Ach ba léir i dtús na 1990í go raibh an díospóireacht ag bogadh ón imeall go dtí an lár. Faoin am ar tháinig olltoghchán na bliana 1992, bhí bunú sheirbhís teilifíse Gaeilge mar thiomantas i bhforógraí toghcháin fhormhór na bpáirithe polaitiúla agus bhí Uachtarán na hÉireann, Mary Robinson, luaite ar urraithe an Fheachtas Náisiúnta Teilifíse. Bhí go leor stocaireachta ar chúla téarmaí ar siúl i rith an ama sin fosta agus ról lárnach ag Pádhraic Ó Ciardha a bhí mar chomhairleoir speisialta ag an Aire Geoghegan Quinn agus ag a comharba Michael D. Higgins.

Ainneoin na tola polaitiúla, áfach, bhí dris chosáin suntasach le sárú. Tuairim is €14m a bheadh de dhíth le gréasán tarchuradóireachta náisiúnta a thógáil – agus giortach go maith a bhí suim den chineál sin sa tréimhse réamhthíograch. Chaithfí bealach cruthaitheach a aimsiú le teacht ar an airgead. Ón bhliain 1990 ar aghaidh, bhí uasteorainn leagtha síos ag Aire Cumarsáide an ama, Ray Burke, ar an teacht isteach fógraíochta a bhí ceadaithe do RTÉ. Ba i gcuntas reoite a cuireadh an farasbarr a tuilleadh, cé nach raibh aon chinneadh glactha fós faoi cad a dhéanfaí leis. Beart éagórach a bhí sa srian seo, dar le bainistíocht agus le ceardchumainn an stáisiúin, mar a fíoraíodh i mBinse Fiosraithe Flood traidhfil blianta ina dhiaidh sin. Nuair a rinne Pádhraic Ó Ciardha grinnanailís ar na figiúirí i 1992, chonacthas dó go raibh cothrom an mhéid a bheadh de dhíth le haghaidh gréasán tarchuradóireachta a thógáil don stáisiún teilifíse Gaeilge i dtaisce sa chiste seo. Nárbh fhearr i bhfad do RTÉ an t-airgead a chaitheamh ar an ghréasán ná é a thabhairt ar ais lom díreach don státchiste? *Eureka!*

Ghlac an tAire Geoghegan-Quinn go fonnmhar leis an mholadh seo ach thit an comhrialtas idir Fianna Fáil agus an Páirtí Daonlathach sula bhfuair sí deis tuilleadh a dhéanamh. Ba é a comharba, Michael D. Higgins, ó Pháirtí an Lucht Oibre, a chinntigh go dtiocfadh bláth ar an aisling ainneoin go leor cáineadh gur diomailt airgid phoiblí a bhí ann. Lean tuarascálacha ó choistí bunaithe agus teicniúla an stáisiúin agus neart díospóireachta poiblí go dtí gur tugadh treoir rialtais do RTÉ an gréasán a thógáil agus an tseirbhís a bhunú.

Bhí mioscais agus gangaid thar an choitiantacht sa séideadh a rinne go leor do lucht a cháinte ar a raibh beartaithe. Córas costasach cothaithe beatha do chorp a bhí chomh marbh le hArt an gnáthphort a bhíodh ag an cholúnaí iomráiteach de chuid *The Irish Times*, Kevin Myers. ('Teilifís de Lorean' a thugadh sé air in omós na hinfheistíochta poiblí a cuireadh amú sna 1970í ar dhéantúsóir carr gan bhunús maith gnó a mhealladh go hIarthar Bhéal Feirste!) Dúradh fosta gur beag éileamh a bheadh air. Ní foláir nó bhí an rosc catha céanna ag an Fheachtas Náisiúnta Teilifíse i leith lucht féachana is a bhí ag an fheirmeoir sa scannán *Field of Dreams* a thóg staid daorchluiche i bpáirc arbhair i gcúinne iargúlta d'Iowa: 'If you build it they will come!'

Ar Oíche Shamhna, 1996 las an tUachtarán, Mary Robinson, coinneal an dóchais agus saolaíodh Teilifís na Gaeilge le pléasc spleodrach. Chuir liúnna arda agus damhsa Ceilteach ó Mhacnas tús leis an siamsaíocht, buaicphointe ar bhlianta fada agóide agus stocaireachta. Ní raibh aon phicéad lasmuigh d'Óstán Chósta Chonamara an iarraidh seo, áit ar inis Ceannasaí an stáisiúin úir, Cathal Goan, dá raibh i láthair ag an seoladh nár bhrionglóid nó eilifint bhán a bhí ann ach ceart bunúsach daonlathach. 'An cor ba thábhachtaí i gcinniúint na Gaeilge ó aimsir an Ghorta anall,' ab ea an bhreith a thug eagarfhocal *Foinse* air.

Lean blianta fada streachailte, cáineadh, fadhbanna teicniúla agus go deimhin gradaim, go dtí an riocht ina bhfuil TG4 faoi láthair. Rinneadh athbhrandáil ar an stáisiún i 1999 d'fhonn a seilbh sa cheathrú háit ar na córais chábla a bhuanú, agus é neadaithe mar chuid lárnach den rogha féachana in Éirinn. Níor mhúch an solas dearg ó shin cé go raibh sciar den phobal Gaeilge sa tír faoi leatrom ar feadh i bhfad cionn is nach rabhthas ábalta comhartha craolta TG4 a ghlacadh ina gceantair chónaithe. Tá na bearnaí sa chlúdach tarchuradóireachta curtha ina gceart nach mór faoin tráth seo.

Níl aon dabht ach gur tréimhse chorrach, dhúshlánach ab ea blianta tosaigh TG4 agus cé nach rólíonmhar a bhí an dornán tráchtairí a d'fhreastail gach áiméar le caitheamh anuas ar an stáisiún, bhí siad thar a bheith glórach. Seo mar a rinne Leascheannasaí TG4, Pádhraic Ó Ciardha (2006), cur síos ar thús an ré órga úd:

> Bhíomar óg, bhíomar fuinniúil agus bhí an misean go láidir inár gcroíthe. Cé go raibh a fhios againn go raibh muid gann ar airgead, bhíomar cinnte nach raibh muid gann ar smaointe. Ba dheacair ceist a chur maidir le hábhair cláir gan rabharta moltaí a fháil ar ais ó chomhleacaithe agus ó chairde i ngach ceard.

Tugtar creidiúint do TG4 go minic as éacht níos leithne socheolaíochta a bhaint amach, bíodh sé tuillte aige nó ná bíodh. Maítear gurb é a thug muinín úr do phobal na Gaeilge agus a spreag suim sa teanga i measc daoine áirithe an athuair. Bronnadh stádas an tSlánaitheora ar chuid dá réalta fiú agus dar leis an iriseoir Alex Hijmans (2006) is í TG4 an ghrian a bhfuil domhan na Gaeilge ag timthriall uirthi:

> Bhí tionchar siceolaíoch nach beag ag TG4 ar chuile chainteoir Gaeilge sa tír sna blianta tosaigh. Ardú meanman a bhí ann do chuile dhuine. Go tobann, bhí postanna mar mhaoir chraolacháin, mar cheamradóir, mar iriseoir, ar fáil mar mhalairt ar phost i monarcha éisc. Bhí ciall úrnua le 'cailín aimsire!'

Os a choinne sin, is minic daoine ag gearán faoin mhéid athchraoladh a dhéantar ar an stáisiún. Mar is dual do stáisiún úr a bhíonn ag brath ar scannánaithe ar bheagán taithí, ní raibh na caighdeáin léirithe thar moladh beirte i dtólamh. Lena chois sin, bhí go leor de phobal na Gaeilge míshásta ón tús leis as a mhéid Béarla a bhí sa chlársceideal.

Teach foilsithe seachas teach léirithe é TG4 den chuid is mó. Ciallaíonn sé sin gur ábhar coimisiúnaithe ó chomhlachtaí léiriúcháin neamhspleácha is mó a chraoltar cé gur laistigh den stáisiún a dhéantar go leor de na cláir comhrá agus cúrsaí reatha atá á gcraoladh le dornán blianta anuas. Tá 75 duine fostaithe go díreach ag TG4 ach is iomaí comhlacht neamhspleách atá ag brath air fosta. Meastar go bhfuil an stáisiún ag soláthar oibre do thuairim is 350 duine eile; idir léiritheoirí, aisteoirí, agus fo-theidileoirí.

Tar éis bhreis is deich mbliana a bheith slánaithe ag TG4, glacadh an chéim ab uaillmhianaí i dtreisiú féiniúlachta an stáisiúin, nuair a cuireadh deireadh lena tréimhse altramais le RTÉ. Ar 1 Aibreán, 2007, thosaigh TG4 ag craoladh mar sheirbhís iomlán neamhspleách. Colscaradh achrannach seachas scarúint na gcarad a bhí ann ar bhealach. Ní raibh gach duine ar aon fhocal faoi fhiúntas an neamhspleáchais. Bhraith daoine áirithe nach mbeadh lá foráis ar an stáisiún go héag gan sreang an imleacáin leis an mhátharchomlacht a ghearradh. Ní fhéadfaí a n-iomaire féin a threabhadh nó a lorg a fhágáil ar chúrsaí craoltóireachta a fhad is a bhí sé faoi anáil eagraíochta eile. Os a choinne sin, dúradh nach raibh aon fhianaise ann go raibh an mhátharchomhlacht ag cur a ladar isteach i ngnó TG4 agus go bhféadfadh costais mhóra a bheith i gceist feasta as leas a bhaint as acmhainní nó as cartlann RTÉ, caiteachas arbh fhearr é a chur le táirgeadh clár.

# RTÉ

Nuair a bunaíodh TG4 i 1996, dúirt Aire Gaeltachta na linne, Michael D Higgins, nár cheart gur leithscéal a bheadh ann don chraoltóir náisiúnta loiceadh óna gcuid dualgas i leith na teanga. Is beag duine, áfach, nach ndéarfadh go bhfuil ról níos imeallaí ag an Ghaeilge ar RTÉ ó shin a leith.

Ach tá cartlann an chraoltóra náisiúnta breac le cláir Ghaeilge cheannródaíocha, idir raidió is theilifís, ó aimsir bhunaithe an stáisiúin i leith. I measc an ábhair sin, tá bailiúchán breá clár raidió a rinne Proinsias Ó Conluain, Seán Mac Réamoinn, Séamus Ennis agus Ciarán Mac Mathúna thar na blianta faoi shaíocht, cheol, bhéaloideas agus amhráin na Gaeilge is na Gaeltachta. Ina measc fosta tá cláir teilifíse dúshlánacha ar nós *Cúrsaí* agus *Léargas*. Níor mhór a lua chomh maith go bhfuil stádas barr an ranga bainte amach ag meitheal oibre *Féach* (Breandán Ó hEithir, Proinsias Mac Aonghusa, Eoghan Harris, Seán Ó Mórdha, Póilín Ní Chiaráin agus Éamonn Ó Muirí) i gcanóin iriseoireachta na Gaeilge. Clár bríomhar cúrsaí reatha, nach raibh faoi shotal ag éinne, ab ea *Féach* a mbíodh suas le 60,000 duine ag faire air nuair a bhí sé ina bhuaic. (Mac Con Iomaire 2000: 289).

D'fhág Pádraig Ó Gaora agus Liam Budhlaeir rian láimhe ar na feasacháin nuachta agus iad ag múnlú Gaeilge dhúchasach na Gaeltachta agus á cur i bhfóirstean do chúrsaí agus do chonspóidí an lae. Ba iad na daoine seo ceannródaithe na craoltóireachta Gaeilge agus a leag na potaí gliomaigh as a dtarraingeofaí fómhar fairsing.

Tá dualgas RTÉ i leith na Gaeilge beachtaithe sna hAchtanna Craolacháin agus léirithe sa Chairt um Chraolachán Seirbhíse Poiblí: 'I bhfianaise nádúr dátheangach phobal na hÉireann, tacóidh RTÉ go gníomhach le húsáid na Gaeilge sa ghnáthshaol trí léiriúchán ar chláir oiriúnacha.'

Ainneoin neamhspleáchas a bheith bainte amach ag TG4, tá sé mar dhualgas reachtúil ag RTÉ go fóill uair an chloig chraolta a sholáthar don stáisiún in aghaidh an lae. Is iad, mar shampla, a chuireann an tseirbhís nuachta ar fáil. Tá tuairim is 35 duine fostaithe ag Nuacht RTÉ/TG4 a bhformhór siúd lonnaithe i gceannáras TG4 i mBaile na hAbhann. Tá oifig eile ag *Nuacht* i gceannáras RTÉ i mBaile Átha Cliath. Dhá fheasachán nuachta teilifíse a chraoltar gach lá – ceann deich mbomaite ar RTÉ 1 agus ceann leathuair an chloig ar TG4. Ina theannta sin, soláthraítear feasacháin nuachta agus seirbhís cheannlínte do Raidió 1 agus do 2FM. Le cúpla bliain anuas, tá clár réigiúnda dátheangach á léiriú ag *Nuacht* do RTÉ 1 (*Seachtain/The Week* ar dtús agus *Pobal* ina dhiaidh sin). Craoltar buaicphointí na nuachta i gclár speisialta seachtainiúil – *Timpeall na Tíre* – ar TG4.

Sa bhreis air sin, tá tuairim is seacht nduine dhéag fostaithe ag RTÉ i Rannóg na gClár Gaeilge, Ilchultúir agus Oideachais – léiritheoirí agus tuairisceoirí go príomha. Soláthraíonn siad 26 leathuair an chloig de chláir as an nua sa bhliain do RTÉ le sraitheanna ar nós *Léargas* agus *Scannal*. Cuirtear 182.5 uair an chloig de chláir ar fáil do TG4 gach bliain. Léirithe neamhspleácha ó chomhlachtaí seachtracha cuid acu seo a choimisiúnaítear ó chiste RTÉ. Titeann dualgais speisialta orthu fosta ar ócáidí móra náisiúnta ar nós Lá 'le Pádraig agus tórraimh stáit. Lasmuigh de na sraitheanna rialta, déanann RTÉ cláir aonaracha i nGaeilge ó am go chéile. Craoltar cláir faisnéise ócáidiúla ar Raidió 1.

## An BBC

Thosaigh BBC Thuaisceart Éireann ag craoladh clár Gaeilge ar Radio Ulster i 1981 agus ar an teilifís deich mbliana ina dhiaidh sin. Ceathrú uair an chloig amháin d'ábhar in aghaidh na seachtaine a chraoltaí sna blianta tosaigh ach tháinig méadú air seo in imeacht ama agus cuireann Aonad na Gaeilge cúig huaire an chloig de chláir raidió ar fáil gach seachtain. Lena chois sin, léirítear 10-15 uair an chloig de chláir theilifíse i gcaitheamh na bliana. I measc an ábhar raidió a chraoltar tá *Blas* – clár cúrsaí reatha a bhíonn ar siúl cúig lá sa tseachtain. Déantar cúram speisialta fosta de dhaoine óga, d'ábhar foghlama agus de dhrámaí nuascríofa. Cláir cheoil a bhíonn mar chnámh droma ar sceideal an tsamhraidh.

I measc na gclár teilifíse Gaeilge a craoladh le deich mbliana anuas bhí ábhar faisnéise, drámaí, cláir oideachais, beochana agus sraitheanna staire. Léargas ar an éileamh atá ar a leithéid d'ábhar ab ea an corradh le 50,000 duine a bhí ag amharc ar chuid de na cláir sa mhórshraith foghlama – *Now You're Talking*. Bíonn raon leathan ábhar idirlín á chur ar fáil ag an BBC mar thaca don aschur raidió is teilifíse agus tuairiscítear an-ráchairt a bheith ar na seirbhísí idirghníomhacha leathanbhanda do scoláirí meánscoile.

D'ainneoin sin, léirigh taighde a rinne Price Waterhouse Coopers i 2004 gur beag eolas atá ag an phobal i gcoitinne faoi chláir Ghaeilge a chraoltar ar an BBC. Ina theannta sin, is minic na heagraíochtaí Gaeilge ag maíomh nach bhfuil an BBC ag comhlíonadh a ndualgas i leith na teanga, agus nach bhfuil an tseirbhís a chuirtear ar fáil inchurtha le líon na gclár a chraoltar i mBreatnais nó i nGàidhlig na hAlban. In aighneacht a cuireadh faoi bhráid Ofcom i dtús an chéid nua, dúirt Iontaobhas Ultach gur léirigh an neamart a dhéantar i seirbhísí teanga ar an BBC go bhfuiltear ag sárú a gcuid dualgas réigiúnda mar chraoltóir seirbhíse poiblí. Mhaígh an tIontaobhas gur thug 167,490 duine sa Tuaisceart le fios i ndaonáireamh na bliana 2001 go bhfuil méid áirithe Gaeilge acu. Foghlaimeoirí iad slam mhaith acu siúd agus dúradh nár mhiste don BBC freastal ar a gcuid riachtanas. Tá sé ráite ag an stáisiún go bhfuil rún acu cur le líon na gclár Gaeilge sna blianta beaga amach romhainn. Tá tuairim is seachtar fostaithe go buan in Aonad na Gaeilge, BBC Thuaisceart Éireann agus thart ar dheichniúr eile ar chonarthaí sealadacha.

Ní haon áibhéil a rá mar sin go bhfuil borradh mór faoi na meáin Ghaeilge i mblianta tosaigh na mílaoise úire. Tá baint nach beag ag an bhorradh seo leis an luach cultúrtha, eacnamúil agus polaitiúil a chuirtear ar sheachadadh eolais ar na saolta deireanacha seo. Tá an bóthar réitithe dó ag na gairis theicneolaíocha úra agus saora atá in úsáid anois leis an eolas úd a scaipeadh. Táimid ag druidim níos gaire do ré órga na meán Gaeilge ná mar a bhí riamh más aon fhianaise í méid agus éagsúlacht na rogha atá ar fáil. Is cinnte gur fada idir sinn agus iarrachtaí bunúsacha iriseoireachta lucht na luath-athbheochana! Tá súil eile á soláthar do phobal eile i ré eile. Ach cumann gach glúin a leagan féin den iriseoireacht. Ina ainneoin sin, is beag athrú a thagann ar bhunphrionsabail na ceirde. Ach is i ngastacht a bheas luas éabhlóide na meán Gaeilge san am atá le teacht, a bhuíochas do na gairis theicneolaíocha chéanna. Ceann de na dúshláin is mó a bheas le sárú acu ná a chinntiú go gcluinfear a nglór sainiúil i ré na hollrogha cumarsáide. Bheadh sciar mhaith de phobal na Gaeilge agus na Gaeltachta balbh dá uireasa.

# Foinsí

Díospóireachtaí Dála, 30 Samhain 1926, 356-7

Dunphy, E. 1996. *The Sunday Independent.* 7 April.

Gorham, M. 1967. *Forty Years of Broadcasting*. Talbot Press.

Hijmans, A. 2006. 'Gnéasúil, sea ach Riachtanach?' in Foinse, 5 Samhain.

Mac Congáil, N. 2005. 'The Derry Journal 1920-1922' in *Éigse Cholm Cille 2005*. Foras na Gaeilge.

Mac Con Iomaire, L. 2000. *Breandán Ó hEithir: Iomramh Aonair*. Cló Iar-Chonnachta.

Ó Ciardha, P. 2006. 'Tús maith, súil eile is todhchaí neamhspleách!' in *Foinse*, 5 Samhain.

Ó Ciosáin, É. 1993. *An t-Éireannach 1934-37 Páipéar Sóisialach Gaeltachta*. An Clóchomhar.

Ó Ciosáin, É. 1998. 'Scéalta i mBarr Bata agus Pictiúir as an Spéir' in *Léachtaí Cholm Cille XXVIII*. An Sagart.

Ó Cuirreáin, S. 2006. [Neamhfhoilsithe] Léacht Bhord na Gaeilge in Ollscoil na hÉireann Gaillimh.

Ó Drisceoil, F. 1996. 'Idir Radacachas agus Coimeádachas: Fealsúnacht agus Féiniúlacht Raidió na Gaeltachta' in *Oghma 8.* Foilseacháin Oghma.

Ó Glaisne, R. 1982. *Raidió na Gaeltachta.* Cló Chois Fharraige.

Ó Grianna, S. 1981. *Saol Corrach*. Cló Mercier.

Ó hÉallaithe, D. 1996. 'Craoladh Bradach' in *Foinse* 2-3 Samhain.

Uí Chollatáin, R. 2004. *An Claidheamh Soluis agus Fáinne an Lae (1899-1932)*. Cois Life.

Watson, I. 2003. *Broadcasting in Irish: Minority Language, Radio, Television and Identity.* Four Courts Press.

## Painéal

An fear a las an solas dearg

**Cathal Goan,**
Príomh-Stiúrthóir RTÉ

Cathal Goan, Príomhstiúrthóir RTÉ

**Is beag duine a bhfuil sé le rá faoi gurbh é a thóg stáisiún teilifíse náisiúnta ón bhonn aníos. Oíche Shamhna 1996, chonaic Cathal Goan agus an fhoireann a bhailigh sé timpeall air, an fhís a bhí acu seirbhís teilifíse lán-Ghaeilge a bhunú i gceartlár na Gaeltachta, fíoraithe.**

'Cuimhním ar an am mar thréimhse fhíorghnóthach agus an-taitneamhach a raibh dúshlán go leor ag baint léi agus sásamh iontach de thairbhe spiorad foirne agus fiontraíochta,' a deir sé.

**Bhí coincheap na seirbhíse Gaeilge á shíorionsaí sna meáin le dornán blianta sula ndeachaigh an stáisiún ar an aer.**

'B'iomaí sin cáineadh a rinneadh ar an tseirbhís tráth a bunaithe. Ar thaobh amháin, bhí fuath agus dímheas a léiríodh trí beag is fiú a dhéanamh den tionscadal nó cur amú coiriúil airgid a chur ina leith. Ar an taobh eile bhí amhras mór nach seirbhís cheart Ghaeltachta a bheadh inti agus nach mbeadh an bhéim ba ghá ar an dúchas agus ar ár bhféiniúlacht mar Ghaeil.'

**Cad é a déarfadh sé anois le lucht a cháinte?**

'Chonacthas dom ariamh gur tionscadal teilifíse go príomha seachas tionscadal teanga a bhí i mbunú Theilifís na Gaeilge. Ar ndóigh, mar thaca le teanga atá faoi bhagairt, tá tábhacht ar leith lena leithéid a dhealaíonn amach é mar chainéal teilifíse. Is beag a bheadh le rá agam le lucht a cháinte arb í an fhuath cúis na cáinte, óir ní léir dom go dtagann aon athrú ar an díospóireacht áirithe sin. I gcás lucht an amhrais, tá súil agam gur tháinig maolú ar an amhras. Ní bheinn ag súil go dtiocfadh athrú iomlán ar a ndearcadh.'

'Dála gach bealach teilifíse, bíonn thuas seal thíos seal i gceist. De réir mar a éiríonn an iomaíocht níos tréine, bíonn gá le sainiúlacht le go mbeidh tuiscint ar leith ag an phobal ar a bhfuil ar tairiscint ag na bealaí éagsúla teilifíse. Tá sin bainte amach ag TG4 i dtaca le cláir cheoil ghaelaigh, cláir faisnéise, cláir spóirt, nuacht agus, go pointe, le cláir do pháistí agus drámaí. Ábhar ceiliúrtha an tallann óg atá i ndiaidh teacht aníos ó bunaíodh an tseirbhís. Measaim gur lú tábhacht a bhaineann le cláir cheannaithe de réir mar a mhéadaíonn líon na gcainéal a bhfuil an t-ábhar céanna ar fáil orthu. Dúshlán ar leith é seo do na cainéil seirbhíse poiblí agus is mó an brú dá réir atá ar an bhealach Gaeilge nuair a áirítear costas leiriúcháin bhaile i gcoibhneas le hábhar ceannaithe.'

**Ba mar leabharlannaí cúnta a thosaigh Cathal ag obair le RTÉ sa bhliain 1979, agus cúram an cheoil Ghaelaigh air. Ceapadh é mar léiritheoir raidió i 1984 agus d'fhoghlaim sé a cheird ag plé le cláir ar nós *Today at Five* agus *The Pat Kenny***

**_Show_. D'éirigh leis post a bhaint amach mar léiritheoir teilifíse le _Today Tonight_ i 1988 agus i ndiaidh bliana tairgeadh post dó mar eagarthóir ar an chlár _Cúrsaí_. Ceapadh ina dhiaidh sin é mar eagarthóir ar chláir Ghaeilge an stáisiúin. Beag go leor a bhí na dúshláin sin uilig, áfach, i gcomparáid le bunú cainéal úr teilifíse mar ar thug sé faoi i 1994.**

**Tar éis sé bliana a chaitheamh ina Cheannasaí ar TG4, d'fhill Cathal go Domhnach Broc le post mar Stiúrthóir Teilifíse RTÉ a ghlacadh. Léargas ar an ardmheas a bhí ag údarás RTÉ air gur ceapadh sa phost craoltóireachta is sinsearaí in Éirinn é mar Phríomh-Stiúrthóir ar an stáisiún sa bhliain 2003. Feidhmíonn sé mar phríomh-fheidhmeannach agus mar phríomheagarthóir ar an eagraíocht agus é freagrach d'Údarás RTÉ as bainistiú éifeachtach na seirbhísí uile ar cuid iad de chúram an Chraoltóra Náisiúnta Seirbhíse Poiblí.**

'Mar áit oibre, sílim go bhfuil tacaíocht go leor ar fáil do lucht na Gaeilge i RTÉ. I bhfad roimh Acht Teanga, bhí béim ar chomharthaíocht dhátheangach ar fud na heagraíochta, ar fhoilsiú ábhair go dátheangach agus féachtar le foireann RTÉ a spreagadh chun an Ghaeilge a úsáid. Anuas air sin mar chraoltóir is é RTÉ an príomhfhoinse nuachta i nGaeilge ar raidió agus ar theilifís do phobal na hÉireann agus an solathróir is mó clár Ghaeilge do TG4. Cuireann RTÉ seirbhís raidió iomlán Gaeilge ar fáil 24:7 ar RTÉ Raidió na Gaeltachta agus is iad cláir Ghaeilge RTÉ ar bhealaí RTÉ is mó a mheallann lucht féachana, m.sh. _Léargas, Scannal, Talamh an Achrainn._'

**Áiríonn sé an bhearna mhór sa chumarsáid idir na meáin Ghaeilge agus na meáin Bhéarla, uaillmhian chun fáis agus dearcadh níos oscailte faoin dátheangachas ar na príomheasnaimh dar leis ar na meáin Ghaeilge faoi láthair.**

'Dá mbeifí á meas i dtéarmaí a líon agus an tacaíocht stáit a thugtar dóibh, d'fhéadfaí a mhaíomh go bhfuil siad níos folláine anois ná mar bhí riamh, idir raidió, teilifís, nuachtáin agus iriseáin. Tá borradh úr spreagúil i gcuid de na meáin sin. Smaoiním ar an dearcadh forásach atá léirithe ag RTÉ Raidió na Gaeltachta le roinnt blianta anuas mar shampla leis na hathruithe sa chlársceideal agus le bunú *Anocht fm*. Mar sin féin ní léir dom go bhfuil aon cheann de na meáin Ghaeilge (seachas TG4) mar chuid choitianta de thaithí na meán ag formhór mhuintir na hÉireann, agus i gcás TG4 féin beidh an seasamh sin leochaileach go maith. Ní drochrud é go mbíonn na meáin ar leith ag freastal ar phobal ar leith ach i gcás pobal teanga bíonn an baol i gcónaí ann gur isteach seachas amach a bheidh an bhéim agus gur ar chúrsaí teanga a bheidh iomlán an fhócais seachas ar réimsí leathana den eispéireas daonna. Sílim go mbaineann an claonadh sin leis na meáin chlóite go háirithe.'

# 2

## Foinsí nuachta

Tickle the public, make 'em grin

The more you tickle, the more you'll win,

Teach the public, you'll never get rich

You'll live like a beggar and die in a ditch.

*(File anaithnid i Sráid Fleet ón naoú haois déag, luaite in Engel 1996: 17)*

Is féidir a rá gur tráchtearra é an nuacht agus go mbíonn na meáin ag soláthar seirbhíse atá bunaithe ar éileamh an phobail. Is é an margadh a riarann an tionscal agus mar is dual i gcás mar sin bíonn próiseas táirgíochta i gceist. Tógtar imeachtaí na tíre is an domhain, déantar iarracht ciall a bhaint astu agus cuirtear i láthair iad i bhfoirm gur féidir leis an phobal iad a thuiscint.

Is sórt acmhainne nádúrtha é an nuacht fosta. Murab ionann is acmhainní nádúrtha eile, áfach, is féidir leis athghiniúint a dhéanamh air féin. Ach ar aon dul le hacmhainní nádúrtha eile, cailltear a bhlas má bhaintear an t-úr as! Is beag a éifeacht má imíonn an 'nua' as an nuacht. Cé gur mór a luach nuair a bhítear á bhailiú, á ullmhú agus á chur i láthair, ní fiú tráithín é nuair a bhíonn sé caite. Tar éis an tsaoil, baineann mangairí éisc úsáid as nuachtáin an lae inné lena gcuid earraí a bhurláil!

Níl i gceist le hiriseoireacht ach an córas atá forbartha ag an sochaí in imeacht na mblianta le nuacht a sholáthar. Ach ar a shon sin is uile, is annamh a mhúintear d'iriseoirí cad is nuacht ann. Meastar go coitianta gur ón chomhdhéanamh DNA a thagann 'an tsrón nuachta.' Tugann tú leat ó dhúchas í. Ach i ndáiríre, is trí aithris a dhéanamh ar nuacht an lae inné, na seachtaine seo caite, nó anuraidh, a fhaigheann formhór na n-iriseoirí a gcuid luachanna nuachta. Is beag anailís a dhéantar mar sin ar nádúr an scéal nuachta. Mar a deir an t-iriseoir Andrew Marr: 'Asking a proper reporter to define a story is like asking a teenager what lust is.' (Marr 2004: 57).

Ach dá mbeadh gach aon iriseoir ar chlár na cruinne ag obair gach aon bhomaite den lá, ní fhéadfaidís gach a bhfuil ag tarlú a thuairisciú. Is chuige sin a bhíonn gnáthaimh agus struchtúr de dhíth ar an dóigh a insítear an nuacht. Sa chaibidil seo, amharctar ar na nithe éagsúla a chuirtear san áireamh nuair a bhíonn scéalta nuachta á roghnú agus ar na huirlisí a úsáidtear sa phróiseas táirgíochta.

## Ábharthacht agus foisceacht

Baintear úsáid go minic as an cheannlíne magúil a maítear a d'fhoilsigh *Times* Shasana tráth den saol – 'Small Earthquake in Chile – Not Many Dead' – mar eiseamláir ar scéal leamh nuachta, nach fiú a léamh. Go deimhin, bhí a mhacasamhail de thuairisc ar Nuacht an Deiscirt ar RTÉ/RnaG ar 10 Márta 2007. Dúradh linn gur tharla mionphléasc an tráthnóna roimhe sin i monarcha ceimiceáin sna Déise ina raibh céad duine fostaithe ach: 'níor gortaíodh aon duine agus níor cuireadh isteach ar tháirgíocht na monarchan!'

Le go mbeadh éifeacht ag scéal, níor mhór go mbainfeadh sé le hábhar a chothódh suim sa léitheoir, breathnóir nó éisteoir. Dá ghaire don bhaile é, is ea is fusa suim a mhúscailt ann. Maítear gur lú i bhfad an tábhacht ó thaobh na nuachta de a bhaineann leis na fadhbanna móra a bhíonn ag daoine eile le hais na bhfadhbanna beaga a bhíonn agat féin! Mar a dúirt iriseoir amháin: 'A whole population might be destroyed in Peking or Macedonia, but it would not interest them [na léitheoirí] as much as a fight in a street in which their aunt once lived.' (Palmer, 1978).

Ní gá gur ábhar bróid é seo. Is minic a dhéantar neamart i scéalta tábhachtacha i bhfad i gcéin, nó nach dtugtar an suntas ceart dóibh. Seans maith go mbeadh buama sráide in Baghdad íseal go maith in ord reatha na nuachta, mar shampla, de bharr go meastar gur beag suim atá ag pobal na hÉireann ann. D'fhéadfadh go bhfágfaí ar lár go hiomlán é sna nuachtáin tablóideacha agus tús áite tugtha ina áit don bhéadán is déanaí faoi Posh Spice. Fiú níos gaire do bhaile, deirtear go raibh sé mar pholasaí neamhfhoirmeáilte ag go leor de nuachtáin an deiscirt nach mbeadh scéal a bhain leis na trioblóidí ó thuaidh le feiceáil os cionn an fhillidh.

Feictear do sheanfhundúirí áirithe nuachta go bhfuil claochlú chun donais tagtha ar thosaíochtaí na n-eagraíochtaí nuachta anois. Maítear gurb í an chloch is mó ar a bpaidrín ná cíocras lucht airdill a shásamh, fiú más dall ar mhórimeachtaí an tsaoil a bheidh siad:

> But while we ran for our lives in Mostar and Sarajevo, the audiences slid from the giddy peaks of the eighties, and 'boring Bosnia' began to be edged out off the screen in favour of gentler, more consumer-friendly items. Seen from the London newsdesk, in a world of distant wars and insoluble famine, priorities were different. Consumer affairs, money matters, crime, education, health and house prices – *your* life, *your* preoccupations – with a leavening of sport and a sprinkling of celebrity gossip. All presented in a more intimate manner – lots of Hello Mike and Thank You Debbie – Take Care Now! The reporter was to act the role of 'facilitator' of information, eager and chatty and occasionally earnest and concerned. Or moved. Or sombre. No longer a straight conduit of facts, but a flexible conveyor of impressions. *(Adie 2002: 414)*

Ní féidir a mheas i gcónaí cad iad na scéalta a léireoidh an léitheoir nó an t-éisteoir aonair suim iontu. Óir is rogha thar a bheith suibiachtúil é sin a bhíonn bunaithe ar thógáil, oideachas, taithí agus creideamh an duine mar aon le tosca eile nach beag. D'ainneoin sin, bheadh chor a bheith achan eagarthóir ar aon intinn faoi chritéir áirithe: dá mhéid éifeacht a bhíonn ag scéal ar bheatha, ar thuarastal agus ar mhothúcháin lucht a léite, éisteachta nó féachana is ea is tábhachtaí é i súile an phobail. Bíonn sé seo ar chúl a chinn ag gach eagarthóir nuachta agus é nó í ag cur ord reatha le chéile.

Cuirtear i leith na meán go minic mar sin go mbítear ag díriú i bhfad barraíocht ar mhianta an phobail is leithne seachas ar ábhar spéise mionlaigh. Deirtear fosta gur mó de shuim atá ag iriseoirí i ndrochscéalta agus gur leasc leo poiblíocht a thabhairt do nithe dearfacha. Tá ruidín den fhírinne sna líomhaintí sin. I dtús báire, níor mhór a áiteamh go mbíonn na meáin, ar aon dul le gnónna eile, i síoriomaíocht lena chéile agus go laghdóidh líon a gcuid éisteoirí, breathnóirí nó léitheoirí mura ndíreoidh siad ar mhianta an phobail i gcoitinne seachas ar théamaí mionlaigh. Lena chois sin, thiocfadh leat a mhaíomh gur mó d'éifeacht a bhíonn ag scéalta diúltacha, nuair a chuirtear an gnáthchóras maireachtála as a riocht, ar dhaoine ná mar a bhíonn ag dea-scéalta. Dá bharr sin, tugtar áit suntasach san ord reatha do scéalta a bhaineann le stailceanna, círéibeanna, agus drochaimsir mar go mbíonn drochthionchar acu ar bheatha dhaoine. Is faoin té a bhíonn ag scríobh na nuachta a thiteann sé a chinntiú go sásófar cíocras an éisteora, an bhreathnóra agus an léitheora agus iad a chur ar an eolas faoi na sonraí cuí.

## Suíomh an scéil

Bíonn daoine den bharúil go minic go mbíonn iriseoirí san áit a mbíonn scéalta. Ach is amhlaidh gur minicí a bhíonn scéalta san áit a mbíonn iriseoirí! Diomaite de scéalta móra a ndéantar soláthar speisialta dóibh, níl aon dabht ach go mbíonn claonadh ag iriseoirí tabhairt faoin scéal is caoithiúla; agus is iondúil gur gar do bhaile a bhíonn sé sin. Bíonn iriseoirí teilifíse ag brath, mar shampla, ar phointe fothaithe lena gcuid pacáistí a sheachadadh síos an líne chuig an gceannáras. Déarfadh tuairisceoirí eile, gurbh fhearr tabhairt faoin scéal idir lámha ina bpaiste talún agus ina réimse eolais féin mar gur mó an teacht a bheadh acu ar fhoinsí ansin. Ní nach ionadh mar sin, go mbíonn blas an cheantair ónar eascair siad le sonrú ina gcuid tuairiscí. Tá iriseoirí eile ann ar ndóigh nach bhfágann tearmann cluthair an tseomra nuachta riamh.

Is i mBaile Átha Cliath atá formhór de mheáin chumarsáide na hÉireann lonnaithe cé go bhfuil fo-oifigí réigiúnda ag cuid acu. Is minic a chuirtear ina leith mar sin go mbíonn claonadh cathrach le feiceáil ina gcuid sceideal is ord tábhachta. Is i gConamara, áfach, atá sráidbhaile domhanda na Gaeilge mar gur ann atá a gceanncheathrúna ag TG4, RTÉ RnaG agus *Foinse*. Ar an dóigh chéanna, is minic a chuirtear i leith na meán Gaeilge go mbíonn siad ró-Ghaillimheach ina gcur chuige.

## Áitiúlachas nó uilíochas?

Dúshlán atá le sárú ag na meáin Ghaeilge mar sin ná an chothromaíocht chuí a aimsiú idir áitiúlachas agus an freastal is gá a dhéanamh ar an náisiún i gcoitinne. Deir daoine áirithe nach dtugtar dóthain airde ar an ghné logánta ach deir daoine eile go mbítear chomh háitiúil sin go dtig leat do theach a fheiceáil sna tuairiscí! Caithfear cuimhneamh gur dream ilghnéitheach iad pobal na Gaeilge agus na Gaeltachta agus go bhfuil suim acu i meascán mór ábhar, cosúil le haon phobal eile. Bheadh sé contráilte a rá nach bhfuil suim ag pobal na Gaeltachta ach i scéalta faoi dhrochstaid na mbóithre nó faoi chúrsaí séarachais.

Lena chois sin, níor mhór a rá nach gá go gcuirfeadh muintir Leitir Mór suim i scéal áitiúil as Indreabhán gan trácht ar scéal ó Ghaoth Dobhair nó ó Chorca Dhuibhne. Is cuimhin liom agus mé i m'eagarthóir ar *Foinse* gur mhol bean ón Cheathrú Rua mé as scéal a bhí sa nuachtán faoi spideog a bhíodh ag teacht isteach chuig siopa áitiúil gach lá. Thug sí comhairle dom cloí leis an chur chuige sin agus go ndíolfaí i bhfad níos mó cóipeanna dá bharr. Bhí mise breá sásta leis an mholadh agus shíl mé go mbeadh lúcháir uirthi a chluinstin go raibh scéal beag deas den chineál céanna againn ón Spidéal an tseachtain sin. Ach bhí dul amú orm. 'An Spidéal,' a deir sí. 'Ní shin áitiúil!' Mar a deirim, ní gá go gcuirfeadh muintir na Ceathrún Rua suim i scéal áitiúil as an Spidéal gan trácht ar scéal ó cheantar Gaeltachta eile.

Ó tharla go bhfuil formhór na meán Gaeilge lonnaithe sa Ghaeltacht, bíonn fuílleach scéalta acu a bhaineann le hiarthar na hÉireann. Is féidir scéal mór náisiúnta a chriathrú trí lionsa na Gaeltachta. Ar ndóigh, caithfear cothromaíocht a aimsiú agus gan a bheith ag clúdach scéil bhig gan úsáid ó iarthar na hÉireann fad is atá an saol mór ag titim as a chéile. Ach is féidir toise Gaeltachta a aimsiú i go leor scéalta.

Nuair a tharla tragóid an 11 Meán Fómhair, mar shampla, d'aimsigh na meáin Ghaeilge a gcuid scéalta féin a bhain go sonrach leis an iarthar agus leis an Ghaeltacht. Bhí scéal acu ar fad nach mór faoi chailín a rugadh i Ros Muc agus a bhí in ainm is a bheith ag obair mar aeróstach ar cheann de na heitleáin a fuadaíodh, ach gur athraíodh a sceideal oibre. Bhí scéal eile acu faoi na himpleachtaí móra a bheadh ag an ionsaí d'Éireannaigh a bhí ina gcónaí i Meiriceá go mídhleathach mar go mbeadh dianslándáil i bhfeidhm sna calafoirt agus sna haerfoirt agus go mbeadh ar fhostóirí cuntais chruinne a choinneáil ar gach duine a bhí fostaithe acu. Bhí cuntais acu fosta ó dhaoine le Gaeilge ó gach cearn den tír a chonaic cad a tharla ar an lá. Is sampla é seo den dóigh go bhféadfadh go mbeadh ciallachais thromchúiseacha ag eachtra mhór idirnáisiúnta do phobail bheaga Ghaeltachta in iarthar na hÉireann. Is beag a chreidfeadh fosta go mbeadh aon cheangal ag bás Yasser Arafat i 2004 le monarcha i gConamara. Ar ócáid a bháis, bhí tuairisc ag *Nuacht TG4* ar na scaireanna a bhí ag Údarás na Pailistíne agus baill de theaghlach Arafat i gcomhlacht as Ceanada a bhí mar phríomhaí ag an am sa chomhlacht Bioniche in Indreabhán!

## Nithe drámatúla agus siamsaíocht

Tugann nuachtáin agus stáisiúin raidió is teilifíse an-suntas go deo do nithe drámatúla ar nós léigir, coireanna foiréigneacha, agus eachtraí tarrthála. Dá dhrámatúla an scéal is ea is airde san ord tosaíochta a bheas sé. Is fíor seo ach go háirithe i gcúrsaí teilifíse, má bhíonn seatanna maithe ar fáil den eachtra. Ar ndóigh tá a mhalairt fíor fosta: is cuma cé chomh drámatúil is atá scéal ní fiú tráithín é do lucht teilifíse mura mbíonn pictiúir ann den mhéid a tharla.

Cé gur geall le heascaine é an focal 'siamsaíocht' i measc iriseoirí áirithe, ní gá go mbeadh sé ag teacht salach ar luachanna maithe nuachta. Bíonn léitheoirí, éisteoirí agus breathnóirí ag dréim le méid áirithe siamsaíochta ó na meáin agus níl an teorainn idir an dá choincheap chomh soiléir is a bhíodh. Ach ní gá go gcealódh ceachtar den dá sprioc a chéile. Is minic a chríochnaítear feasacháin nuachta le scéal éadrom pearsanta nó le nuacht faoi shaol na siamsaíochta nó na n-ealaíon. Is amhlaidh an cás i leith scéalta tánaisteacha ar chéad leathanach nuachtáin ar nós *Foinse* is *Lá Nua*.

Tá sé tábhachtach, áfach, nach ndéanfadh craoltóirí seirbhíse poiblí 'dumbing down' ar ábhar na nuachta ar mhaithe le scór féachana/ éisteachta níos airde a bhaint amach. Tá tuairimí láidre ag an iarláithreoir nuachta de chuid an BBC John Humphrys (2000: 202) faoi seo:

> But the temptation to chase the ratings by offering undemanding fare to an early evening audience has to be resisted. Of course there is room for lighter stories, for a smile at some of the sillier things that life has to offer, but when we deal with serious subjects we must do so in a serious manner. And when there is a choice between an important, though possibly dull, story and something a little frothier but with more 'punter appeal' we must err on the side of the serious. On that there should be no compromise, but I fear there has been. The forward march of entertainment values against news values has begun to encroach.

## An seomra nuachta

Is sa seomra nuachta a chuirtear formhór na nuachta i dtoll a chéile. Is ann atá bunáit na n-acmhainní agus is air a fhilleann go leor de na hiriseoirí le bailchríoch a chur ar a gcuid saothair. I gcroílár an tseomra bíonn deasc an eagarthóra nuachta.

I gcás Nuacht TG4 is é an Clár-Eagarthóir a roghnaíonn liosta scéalta, a chuireann iriseoirí ar an bhóthar agus a bhíonn mar idirghabhálaí leis an seomra nuachta in RTÉ. Coinníonn sé i dteagmháil leis na hiriseoirí i rith an lae maidir le forbairtí sna scéalta agus cuireann sé ord reatha le chéile don fheasachán nuachta.

Clár-reachtaire ag feidhmiú mar léiritheoir a shocraíonn ord reatha na gclár agus na bhfeasachán nuachta atá faoina gcúram ar RTÉ Raidió na Gaeltachta. Bíonn ról comhordaithe ag Eagraí an Lae le trasnaíl sa sceideal a sheachaint. Ról ilsciliúil a bhíonn ag an eagarthóir in eagraíochtaí beaga ar nós *Foinse* is *Lá Nua*. Ní mór dóibh eagarthóireacht a dhéanamh ar leathanaigh spóirt agus ealaíon chomh maith le súil a choinneáil ar nuachtscéalta. Mar a tharla le linn thréimhse eagarthóireachta Shéamus Uí Ghrianna ar *Fáinne an Lae* sna 1920í, is minic a bhíonn orthu leath den nuachtán a scríobh leis!

Namhaid an fhoclachais agus cosantóir stíl an tí é an fo-eagarthóir. Ní mór dó tuairisc a léamh, soiléire/doiléire na hinsinte a mheas, gramadach agus litriú a cheartú, ábhar míchruinn a aimsiú agus a fhágáil ar lár agus ailt a chiorrú nuair is gá. Is iondúil gurb iad a chumann na ceannlínte fosta i gcomhar leis an eagarthóir. Amanna leis bíonn duine faoi leith fostaithe ag na meáin Ghaeilge leis na profaí a cheartú ó thaobh litrithe is gramadaí de.

Ach is iad na hiriseoirí féin bun agus dúshraith an tseomra nuachta. Ba cheart gur uathu a thiocfadh formhór na n-ábhar scéil. Is cuidiú mór é má tá cónaí orthu sa cheantar ina mbíonn siad ag tuairisceoireacht. Ar an chaoi sin, is iad a gcuid súl agus cluas na huirlisí is éifeachtaí atá acu. Bhéarfaidh siad faoi deara, mar shampla, má bhíonn aon eastáit tithíochta á dtógáil sa Ghaeltacht gan choinníoll teanga a bheith leis, má bhíonn ingearán ag cuardach amuigh san fharraige, nó má fheiceann siad tuilleadh Gardaí ar dualgas i gceantar faoi leith ná mar is gnách.

## Leabhar teagmhálacha

Is é an leabhar teagmhálacha an áis is luachmhaire ag aon iriseoir. Is fiú foinsí maithe nuachta a spreagadh agus aire mhaith a thabhairt dóibh. Caithfidh an tuairisceoir caidreamh maith a chothú leo agus a chinntiú go bhfuil muinín acu as nach sceithfeadh sé aon eolas fúthu. Níor mhór cuimhneamh, áfach, go bhféadfadh go mbeadh aidhm folaigh acusan agus go bhfuiltear ag baint leasa as an iriseoir le clár oibre áirithe dá gcuid a chur chun cinn. Níor cheart ach an oiread go mbeadh iriseoir faoi chomaoin ag a fhoinse de bharr gar a rinne sé dó. Thiocfadh go mbeadh scéal diúltach le clúdach faoin fhoinse san am atá le teacht.

## Spriocamanna

Is é nádúr na hoibre é go mbíonn spriocam ag gach iriseoir. Maíonn an áisíneacht nuachta UPI go mbíonn orthu spriocam a shásamh gach aon bhomaite sa lá. I gcás dreamanna mar sin níor mhór oibriú go gasta agus faoi bhrú – nó caillfear scéalta.

Ach caithfidh gach iriseoir cloí leis an spriocam a thugtar dó. Cén mhaitheas é an t-alt géarchúiseach nach bhfoilseofar nó an tuairisc snasta nach gcraolfar? D'fhéadfadh poll mór a bheith i bhfeasachán nó i nuachtán dá n-uireasa. Lena chois sin, is iondúil gurb iad comhghleacaithe an mhoilleadóra a bheas thíos leis agus is beag buíochas a gheobhaidh sé uathu. Cuireann an té a bhíonn déanach ag scríobh ailt moill mhór ar obair an eagarthóra, an fho-eagarthóra agus an té a bhíonn ag léamh na bprofaí, mar shampla. Bíonn an seomra stiúrtha ina chíor thuathail agus imní ar eagarthóirí agus léitheoirí nuachta araon nuair a bhíonn moill ar fhothú phacáiste nuachta teilifíse. Is mó i bhfad an fheall é, má bhíonn impleachtaí dlí ag an tuairisc. B'fhearr i bhfad le heagarthóirí dá gcuirfí saothar nach bhfuil chomh snasta is a ba mhaith leis an iriseoir a bheadh sé faoina mbráid in am ná go gcuirfí an t-eagrán nó an clár nuachta ar fad i mbaol ar thóir na foirfeachta. Ceist ghairmiúlachta í ar deireadh!

## Foinsí nuachta

Is minic a chuirtear an cheist cad as a dtagann na scéalta nuachta nó cé a rianaíonn an raon ábhair a bhíonn faoi chaibidil ag iriseoirí? Bíonn laethanta ann nuair a bhíonn scéalta ag teacht sa mhullach ar a chéile agus nach mbíonn dóthain acmhainní ag an eagarthóir le hiad a chlúdach mar is ceart. Is giortach, easnamhach a bhíonn siad in amanna eile. I rith an tsamhraidh, mar shampla, bíonn na scoileanna druidte, urlabhraithe ina dtost, cúirteanna curtha ar atráth, an tOireachtas scortha agus foinsí an tseomra nuachta uilig nach mór imithe thar sáile. Seo é séasúr na háiféise agus bheifeá buíoch d'aon chogar mugar faoin drochbheatha a thugann mná tí do scoláirí Gaeltachta, faoi UFOnna sna spéartha nó faoin té is deireanaí a díbríodh ó Big Brother. Is í an chosaint is fearr a bhíonn ag eagarthóirí strusmhara i gcoinne séasúr na háiféise ná greadadh leo ar saoire chomh maith.

Is iondúil, áfach, nach mbíonn bailiú na nuachta chomh hachrannach sin. Ach le feoil a chur ar leideanna, caithfear a bheith sásta diantochailt a dhéanamh agus na lámha a shalú.

## An dialann

Bíonn ríthábhacht ag baint le réamhphleanáil i gcás aimsiú scéalta de. Gan sin, ní bheadh ach scáileán folamh ag an eagarthóir agus é ag iarraidh nuachtliosta an lae a chur le chéile gach maidin. Bíonn dialann á coinneáil in achan seomra nuachta, bíodh sí ar pháipéar nó mar fhillteán ar ríomhaire. Is ann a bhreacann iriseoirí nótaí faoi imeachtaí atá le teacht agus aon ní eile a bhaineann le hábhar. Cuireann sé go mór le cumas réamhphleanála an eagarthóra mar gur féidir socruithe a bheith déanta i bhfad roimh ré le hiriseoirí agus le ceamradóirí maidir le cásanna cúirte agus nithe eile.

Bíonn tábhacht faoi leith ag baint le nótaí dialainne i gcás mórimeachtaí náisiúnta agus idirnáisiúnta mar gurb iondúil go mbíonn córas creidiúnaithe ann d'iriseoirí. Ciallaíonn sé sin go gcaithfidh an seomra nuachta a chur in iúl i bhfad roimh ré cé a bheas ag déanamh iondaíochta ar a son ag an ócáid. Lena chois sin, bíonn eagarthóirí nuachta bodhraithe le ceisteanna ón phobal faoi imeachtaí carthanachta nó logánta a bhíonn á n-eagrú ó cheann ceann na tíre. Go minic ní bhíonn luachanna nuachta ag baint leo siúd agus ní thig iad a thuairisciú ar bhonn praiticiúil. Is féidir a insint don té a bhíonn ag fiafraí fúthu, áfach, go bhfuil nóta curtha sa dialann faoin imeacht agus go ndéanfar cinneadh faoi ar an lá.

Ach tá an baol ann go gcuirfeadh imeachtaí dialainne ceangal na gcúig gcaol ar an eagarthóir a bhíonn ag brath barraíocht air. Taca maith réamhphleanála é ach níor cheart go mbainfeadh sé ó chruthaitheacht an iriseora ná óna chumas tabhairt faoin iriseoireacht imscrúdaitheach.

## Na Gardaí

Is fiú i gcónaí scairt a chur ar an stáisiún Gardaí áitiúil nó ar sheirbhísí éigeandála eile lena sheiceáil an bhfuil siad ag fiosrú aon scéil faoi leith. Go hiondúil inseoidh siad don iriseoir faoi bhunsonraí timpiste ach níl siad chun eolas faoi fhiosruithe móra eile a scaoileadh amach. Más minic iriseoirí ag brath ar na Gardaí le heolas a fháil faoi eachtraí áirithe, is minic ar an lámh eile na Gardaí ag brath ar iriseoirí le heolas a scaipeadh nó comhoibriú an phobail a lorg. Caidreamh siombóiseach atá ann agus a gcuid aidhmeanna féin acu araon. Is iondúil gur plé foirmiúil a bhíonn ag iriseoirí le preasoifig na nGardaí i mBaile Átha Cliath ach thig caidreamh i bhfad níos neamhfhoirmeáilte a bheith acu leis an stáisiún áitiúil.

Níor mhór don Gharda is don iriseoir araon a bheith discréideach faoin eolas a sceitear nó a fhoilsítear. In Eanáir, 2007, bhronn an Ard-Chúirt suim €70,000 ar theaghlach a mhaígh gur inis na Gardaí do na meáin chumarsáide go raibh duine muinteartha leo, a ciontaíodh in éigniú, tagtha chun cónaithe leo i gCo. Chiarraí. Mhaígh an teaghlach go ndearnadh treascairt ar a gcearta príobháideachais agus gur chaith muintir an bhaile go holc leo ón uair gur chuir na Gardaí an scéal i mbéal an phobail.

Dhá mhí ina dhiaidh sin, maraíodh fear óg as Cluain Dolcáin, Derek O'Toole, nuair a leag carr é go moch ar maidin agus é ar a bhealach abhaile ó theach cara leis. Garda ab ea an tiománaí agus bhí triúr comhghleacaí leis ina theannta sa charr. Tuairiscíodh i roinnt nuachtán an mhaidin dar gcionn 'go raibh aithne ag na Gardaí' ar an té a maraíodh. B'ionann sin is a rá gurbh coirpeach aitheanta é. Go deimhin, dúradh i bhfoilseachán amháin gur ciontaíodh é san am a chuaigh thart i gcoireanna éagsúla. Ní raibh bunús ar bith leis na líomhaintí sin, áfach, agus cuireadh i leith na nGardaí gur thug baill den fhórsa faisnéis bhréagach do na meáin ar eagla go mbeidís ag ceistiú ról an cheathrair san eachtra.

Tháinig sé seo sna sála ar líomhaint a rinne Ian Bailey in éadan an fhórsa, an té a rabhthas in amhras faoi i ndúnmharú Sophie Toscan du Plantier in An Scoil sa bhliain 1996. Chuir sé i leith na Gardaí go raibh siad ag scaipeadh scéalta mailíseacha faoi sna meáin chumarsáide cionn is nach raibh dóthain fianaise acu lena chúiseamh.

Ar an drochuair, is 'foinsí anaithnid' a scaoileann go leor den eolas seo agus tá an baol ann go bhféadfadh dornán beag gardaí buntáiste a bhaint as na meáin ar aimhleas chearta sibhialta an tsaoránaigh. Mar a scríobh tuairisceoir amháin ag an am, Clifford (2007):

> The garda press office is peopled by polite, professional officers who give the impression that saying as little as possible is what they are employed to do. The resultant vacuum is filled by 'sources.' This method of public relations has the advantage of power without responsibility. The practice has largely served the gardaí well. Reporters are overly reliant on their sources and unlikely to ruffle feathers. The gardaí's agenda is followed without question.

## Na meáin eile

Bíonn formhór na meán cumarsáide ag iarraidh an ceann is fearr a fháil ar a gcuid iomaitheoirí ó thaobh scaoileadh nuachta de. É sin ráite, níor mhór géilleadh in amanna gur túisce a bhíonn scéalta ar leith ag eagraíochtaí nuachta eile. Is é an chéad dualgas a bhíonn ag an eagarthóir nuachta ar maidin ná na nuachtáin a léamh ó chlúdach go clúdach agus cluas a thabhairt do na feasacháin raidió. Roghnaíonn an t-eagarthóir roinnt scéalta gurbh fhiú a leanúint. Ní hionann sin le rá, gur cheart athscríobh scun scan a dhéanamh orthu. Níor mhór na fíricí a sheiceáil ar eagla go ndéanfaí athrá ar earráidí nó ar ráitis chlúmhillteacha. Ach níl aon chóipcheart ar smaointe ná ar fhoinsí iontaofa agus is minic a aimsíonn iriseoirí scéalta maithe trí leideanna a gcomhghleacaithe a leanúint. B'fhearr, áfach, iarracht a dhéanamh na scéalta seo a fhorbairt nó toise úr a aimsiú ina leith. Lena chois sin, ba cheart i gcónaí aitheantas a thabhairt don fhoinse bhunaidh.

## Áisíneachtaí nuachta

Bíonn formhór na n-eagraíochtaí nuachta a thagann faoi scáth RTÉ ag brath cuid mhór ar sheirbhísí sreinge agus ar áisíneachtaí nuachta le scéalta idirnáisiúnta a sholáthar dóibh. Is é *Reuters* an ceann is mó acu siúd; tá 70 oifig acu ar fud na cruinne agus cuireann siad nuacht ar fáil tríd an chóras satailíte de bhreis is 200 stáisiún cumarsáide éagsúil i gcorradh le 85 tír. I measc na n-áisíneachtaí móra eile tá: Associated Press (AP), Worldwide Television News (WTN) agus Press Association (PA). Lena chois sin, faigheann Nuacht RTÉ/TG4 seatanna agus scripteanna ó EVN a chuimsíonn mórscéalta idirnáisiúnta an lae.

## An tIdirlíon

Is féidir leas a bhaint as uirlisí idirlín ar nós leathanach pearsanta a chumadh leis an eolas is deireanaí agus tuairisc chun dáta a fháil faoi scéalta áirithe. Níor cheart a bheith ag brath barraíocht ar an idirlíon mar fhoinse nuachta, áfach, siocair nach dtig iontaofacht an eolais a phromhadh. I 2007, mar shampla, tháinig sé chun solais gur cur i gcéill a bhí i gcáilíochtaí duine de na heagarthóirí ba bhisiúla ar Wikipedia, Ryan Jordan. Seachas a bheith ina Ollamh i nDlí Canónda, mar a mhaígh sé féin, b'amhlaidh nach raibh aon chéim aige. Bhain an fear óg seo leas as leabhair bhunúsacha ar nós *Catholicism for Dummies* leis na hailt a cheartú. Ceacht é seo d'aon iriseoir a chreideann gach a léann sé ar an idirlíon!

## Saoririseoirí

Bíonn gach seomra nuachta ag brath ar leideanna ó shaoririseoirí áitiúla, go háirithe i gceantair nach mbíonn aon bhall foirne lonnaithe ann. Is minic gur iriseoirí leis na nuachtáin réigiúnda iad seo atá ag iarraidh cur lena n-ioncam trí chóip a dhíol le heagraíochtaí eile. Seans fosta gur saineolas a bheadh á sholáthar acu ar nós tuairiscí cúirte, gnó nó leighis. Ní íoctar iad ach de réir na scéalta a fhoilsítear nó a chraoltar agus is minic gur féidir iad a choimisiúnú le scéalta áirithe a thuairisciú. Is annamh gur cóip eisiach a chuireann na saoririseoirí seo ar fáil, áfach, mar go mbíonn siad ag iarraidh a gcuid scéalta a dhíol leis an uasmhéid eagraíochtaí nuachta. Bíonn an baol ann fosta go gcuirtear leis an insint le go mbeadh sé níos fusa an scéal a dhíol.

## Preasagallaimh agus comhdhálacha nuachta

Baineann An Garda Síochána úsáid as comhdhálacha nuachta nuair atá coir thromchúiseach á fiosrú acu agus iad ag iarraidh leas a bhaint as na meáin le teachtaireacht a thabhairt don phobal. Baintear úsáid as preasagallaimh fosta le fógraí tábhachtacha a chraobhscaoileadh. Is fiú freastal orthu, go háirithe más ceadmhach don phreas ceisteanna a chur i ndiaidh na cainte oifigiúla. Ach níor mhiste do lucht teilifíse cuimhneamh gur beag beocht a bhíonn sna seatanna a thagann as a leithéid.

## Preasráitis

Tugtar preasráiteas ar eolas a chuirtear ar fáil do na meáin chumarsáide ar bhealach a bhíonn furasta a úsáid. Nótaí bolscaireachta a bhformhór, ach baintear úsáid astu fosta le soiléiriú a dhéanamh ar scéal atá i mbéal an phobail cheana féin nó d'fhonn nóta a chur sa dialann faoi imeachtaí a bheas le teacht. Amanna bíonn cosc ar úsáid an eolais go dtí am a bhíonn sonraithe ar bharr an ráitis.

Ach níl gach iriseoir ar aon fhocal faoi thábhacht preasráiteas. Is le húinéir *The Daily Mail* sa chéad seo caite, an Tiarna Northcliffe, a luaitear an ráiteas cáiliúil: 'News is something somebody somewhere doesn't want printed. All the rest is advertising.' Is ráiteas é a thaitníonn go mór le hiriseoirí mar go dtugann sé le tuiscint gur sórt crosáidithe nua-aoiseacha iad a bhíonn ag streachailt leo go hionraic ar son an phobail leis an fhírinne a nochtadh dóibh. Is deas an teoiric í ach ní gá gur mar sin a fheidhmíonn na meáin.

'Flak catchers' a thugtar ar urlabhraithe oifigiúla i Meiriceá. Is líonmhaire iad anois i SAM ná iriseoirí agus meastar nach fada go mbeidh an claonadh céanna le feiceáil i dtíortha na hEorpa.

Iar-iriseoirí is ea cuid de na daoine is cumasaí atá ag obair mar oifigigh chaidrimh phoiblí in Éirinn agus tuigeann siad go maith mianta an tseomra nuachta. Níos minicí ná a mhalairt tuilleann siad níos mó airgid ná an gnáthiriseoir agus bíonn níos mó ama agus acmhainní acu le dul i ngleic le hábhar. Is minic fosta go mbíonn níos mó taithí acu ná ag na tuairisceoirí óga a bhíonn á gceistiú, agus gur giortach a bhíonn siad leis an eolas a roinneann siad leo. Tuigeann siad an brú ama a bhíonn ar na hiriseoirí seo agus cuireann siad eolas ar fáil dóibh i bhfoirm a dhéanfaidh an brú sin a laghdú. Amanna, fiú, bíonn na preasráitis scríofa de réir an stíl tí a bhíonn ag nuachtán nó ag stáisiún craolta áirithe, sa dóigh is nach mbíonn le déanamh ag an iriseoir ach gearradh agus greamú.

Ach caithfear a chur san áireamh gur ar mhaithe le poiblíocht a fháil a bhíonn formhór na ráiteas seo scríofa. Is faoin iriseoir féin atá sé a bhfiúntas a mheas. Ach is iomaí preasráiteas a bhíonn le léamh nó le cluinstin ar mheáin na hÉireann gach lá agus é curtha i láthair beagnach focal ar fhocal ón leagan bunaidh. Is measa an scéal nuair a fheiceann tú preasráiteas foilsithe faoi ainm iriseora amhail is da mba é a chum agus a cheap gach a bhfuil ann. Is mó den iriseoireacht leisciúil ná den bhrú ama is cúis leis seo. Cén t-ionadh mar sin go ndeir iriseoirí áirithe nach bhfuil d'úsáid ag preasráitis ach le nótaí a bhreacadh ar a gcúl!

## An tAcht um Shaoráil Faisnéise (ASF)

Ceann de na dúshláin is mó atá romhainn amach sna meáin Ghaeilge ná cultúr na hiriseoireachta imscrúdaithí a fhorbairt. Ar ndóigh is sórt paradacsa é an téarma seo sa mhéid is gur cheart go mbeadh sé de dhualgas ar gach iriseoir a bheith fiosrach.

Bhí spléachadh beag suimiúil den easnamh seo le fáil in alt nuachta a bhí ag *The News of the World* ar 9 Iúil, 2006. Rinne an nuachtán sin iniúchadh ar líon na n-iarratas a rinneadh faoin Acht um Shaoráil Faisnéise (ASF) ón uair a tháinig sé i bhfeidhm naoi mbliana roimhe sin. As an 10,000 iarratas a cuireadh faoi bhráid an 15 roinn rialtais éagsúla ó 1997 i leith, ní dhearnadh ach 42 acu trí mheán na Gaeilge. Fiú i gcás an Roinn Gnóthaí Pobail, Tuaithe is Gaeltachta ní raibh ach 33 as 202 iarratas déanta trí mheán na Gaeilge. Agus ní raibh i nGaeilge ach cúig cinn den 617 iarratas a rinneadh ar Chomhairle Chontae na Gaillimhe.

Tá dhá léamh ar na figiúirí seo: (a) nach bhfuil go leor muiníne ag iriseoirí na Gaeilge lena ngnó a dhéanamh leis an státchóras trí mheán na Gaeilge nó (b) nach bhfuil na meáin Ghaeilge ag baint úsáide as an Acht.

Tháinig an tAcht um Shaoráil Faisnéise i bhfeidhm sa bhliain 1998. Cuireadh ar bun é lena chinntiú go mbeadh oscailteacht agus trédhearcacht ag baint leis na cinntí a dhéantar sa státchóras. De réir an Achta, thig le baill den phobal teacht ar eolas oifigiúil a bhaineann le ranna stáit, ollscoileanna, boird sláinte, údaráis áitiúla, RTÉ, TG4 agus tuilleadh nach iad. Ó Feabhra na bliana 2006 tá Comhlachtaí Forfheidhmithe Thuaidh/Theas ar nós Foras na Gaeilge ag feidhmiú trí Chód Cleachtais um Shaoráil Faisnéise. Cód neamhreachtúil é seo a ullmhaíodh faoi réir ag na hAchtanna um Shaoráil Faisnéise, 1997 agus 2000 in Éirinn agus ag The Freedom of Information Act, 2000 sa Ríocht Aontaithe. Ní bhíonn aon bhunchostas ag baint le hiarratas faoin chód seo ach is leagan coillte é de na hachtanna agus níl aon dualgas ar na heagrais cáipéisí áirithe a scaoileadh.

I leabhrán a d'ullmhaigh an léachtóir le dlí in Ollscoil na hÉireann Gaillimh, an Dr Máire Mac Conghaíl, do Chumann Nuachtán Náisiúnta na hÉireann ar fheidhmiú an Achta, thug sí le fios gurb í a barúil gur cheart go mbeadh iriseoirí ar thóir eolais go rialta faoin ASF. Go deimhin, dúirt sí mura mbeadh iriseoirí ag seoladh iarratas rialta ar thóir eolais ó eagraíochtaí stáit faoin Acht nach mbeidís ag feidhmiú ar bharr a maitheasa.

Nach aisteach, mar sin, gur beag úsáid a bhain na meáin Ghaeilge as ó tharla é a bheith tagtha ar an saol mórán ag an am chéanna is a bhí iriseoirí óga cíocracha ag saothrú ghort na hiriseoireachta den chéad uair? Ní haon strainséir í an tsluasaid sa Ghaeltacht agus b'fhéidir go bhfuil sé in am anois ag iriseoirí na Gaeilge níos mó ama a chaitheamh ag tochailt agus ag salú a gcuid lámh.

Ach tá ísliú tagtha ar úsáid an Achta le dornán blianta anuas agus tá maolú mór déanta ar a chuid forálacha. Ón bhliain 2003 ar aghaidh tá táillí á ngearradh ar an phobal agus tá tionchar nach beag aige seo ar an titim. Dúirt an Roinn Gnóthaí Pobail, Tuaithe is Gaeltachta go mbeadh táille os cionn €2000 le díol agamsa as eolas a bhí á lorg agam i 2006 agus níor bhac mé leanúint le m'iarratas. Níl aon dabht ach go gcuireann an tAcht go mór leis an ualach oibre a bhíonn ar dhaoine áirithe sna ranna stáit. Mura ngearrfaí táillí ar na hiarratasóirí, d'fhéadfaidís a bheith ag cuardach agus ag fótachóipeáil go lá Sheoin Dic le hiarratais fhánacha, mhíréasúnta a shásamh. Ach bíonn cuid de na táillí as cuimse ard agus de réir mo bharúlsa baintear úsáid astu lena chinntiú go mbeidh drogall ar dhaoine tabhairt faoina mhacasamhail d'iarratas arís.

Níl aon amhras nach mbeadh sé d'acmhainn ag baill den phobal nó ag iriseoirí ó chomhlachtaí beaga táillí den chineál atá á n-éileamh anois a íoc. Tá a fhios go maith ag cuid de na feidhmeannaigh a bhíonn ag plé leis an Acht gurb amhlaidh an cás agus baintear leas as táillí in amanna lena n-ualach oibre a laghdú nó le heolas a cheilt!

Lena chois sin, tá cuid de na fiacla bainte den Acht. Ó 2003 anall, mar shampla, táthar ag diúltú eolas a chur ar fáil faoi chinntí a dhéanann airí rialtais. Anuas air sin, tugadh díolúine do bhreis agus leathchéad comhlacht poiblí óna gcuid dualgas i leith an Achta.

## An próiseas iarratais

Le hiarratas ASF a dhéanamh, ní mór achoimre a thabhairt i scríbhinn faoin eolas atá á lorg agat. Caithfear a lua gur faoin Acht atá tú ag lorg an eolais seo, do litir a shíniú agus seic €15 a chur leis. Tabharfar admháil ar do litir laistigh de chúpla lá. De ghnáth tabharfar cinneadh críochnaitheach duit laistigh de cheithre sheachtain ón lá a bhfuarthas d'iarratas. Níl aon chead ag an eagraíocht atá i gceist fiafraí díot cad chuige a bhfuil an t-eolas uait. Thig leo, áfach, soiléiriú a lorg uait faoi fhoclaíocht d'iarratais. D'fhéadfaí fosta go ngearrfaí táille cuardaigh agus aisghabhála ort. Cuireann éileamh dá leithéid 'stop' leis an tréimhse ó thaobh cinneadh a dhéanamh ar d'iarratas chun teacht a bheith agat ar na taifid. Tosaíonn an tréimhse arís nuair a íoctar an táille.

Má dhiúltaítear do d'iarratas, bíonn deis agat achomharc a dhéanamh chuig ball níos sinsearaí san eagraíocht. Níor mhór é a bheith déanta laistigh de cheithre sheachtain ó am a dhiúltaithe. Beidh trí sheachtain ann chun cinneadh a thabhairt ar d'achomharc. Mura mbíonn tú sásta leis an toradh sin is féidir é a chur faoi bhráid an Choimisinéara Faisnéise taobh istigh de shé mhí. Thig ina dhiaidh sin dul i muinín na hArd-Chúirte.

Ó am go chéile nuair a dhéanann iriseoir iarratas faoin ASF, déantar tairiscint an t-eolas a bhí á lorg aige a scaoileadh lasmuigh de réimse an Achta. Bíonn buntáistí áirithe ag baint leis seo sa mhéid is go mbíonn sé i bhfad níos gasta ná an gnáthphróiseas agus gurb iondúil nach ngearrtar táille ort. Ach tá sé de mhíbhuntáiste aige nach mbíonn aon deis achomhairc ag an iriseoir mura bhfaigheann sé a bhfuil uaidh.

Ba cheart a rá ag an staid seo nach dtugann an tAcht um Shaoráil Faisnéise aon cheart faoi leith d'iriseoirí thar ghnáthbhaill den phobal. Is uirlis mhaith í, áfach, le feoil a chur ar leid a thugann cara sa chúirt duit. Ach cuimhnigh má bhíonn aon eolas míchruinn nó clúmhillteach sna comhaid a thugtar duit, gurb ortsa a chuirfear an dlí má scaipeann tú é!

## Saintuairiscí

Ceann de na buntáistí is mó a bhaineann leis an iriseoireacht ná go bhfuil éagsúlacht iontach sna hábhair a chlúdaítear. Is minic a thugann tuairisceoirí maithe faoi deara go bhfuil luí faoi leith acu le hábhair áirithe. Ní gá go mbeadh aon cháilíocht ag iriseoir i gcúrsaí teicneolaíochta mar shampla, le go mbeadh scil faoi leith aige ábhar casta a scansáil agus a chur i láthair i dteanga shimplí, shothuigthe.

Bíonn sé mar nós ag na stáisiúin mhóra comhfhreagraithe a cheapadh a dhéanann speisialú i réimse faoi leith den saol. Níl a leithéid chomh coitianta céanna sna meáin Ghaeilge agus táthar ann a deir gur mór an gar é. D'fhéadfadh speisialtóirí i gcúrsaí sláinte nó i gcúrsaí dlí a bheith i dtuilleamaí cuid mhór ar na haltraí nó na Gardaí mar fhoinsí nuachta, mar shampla, ach ní bheidís ach ag fáil léamh amháin ar scéal conspóideach. Anuas ar sin, téann sé dian orthu iad a cháineadh nuair is gá.

Os a choinne sin, bíonn na meáin Ghaeilge ag brath cuid mhór ar shaineolaithe i réimsí áirithe. Is beag eagraíocht, mar shampla, nach bhfuil comhfhreagraí polaitíochta nó spóirt acu. Ina theannta sin, is minic a iarrtar ar iriseoirí áirithe sa seomra nuachta súil a choinneáil ar ábhair faoi leith, bíodh sé sin ina phaiste fisiciúil (nuacht ó na hoileáin, mar shampla) nó ina réimse saineolais (na húdaráis áitiúla, cur i gcás). Anuas ar sin, bíonn go leor oibre ar fáil do shaoririseoirí a bhfuil saineolais acu in ábhar faoi leith.

Is in earnáil an airgeadais, mar shampla, a tháinig cuid de na scéalta ba mhó agus ba shuimiúla a scaoileadh i meáin na hÉireann le dornán blianta anuas. Thig raon fairsing nuachta a aimsiú sa réimse seo idir caiteachas ranna stáit, rathúnas (nó a mhalairt) comhlachtaí áirithe, ríomhthráchtáil, agus an stocmhargadh. Bíonn tóir i gcónaí fosta ar ábhair a bhaineann le caidreamh tionsclaíochta agus dul chun cinn sa teicneolaíocht. Ní leor cruinneas agus saineolas sa réimse seo, áfach; caithfear a bheith ábalta ábhair chasta a ionramháil go simplí don léitheoir, don éisteoir agus don bhreathnóir.

Ní nach ionadh in Éirinn, b'fhéidir, gur annamh nach mbíonn scéalta talmhaíochta agus iascaireachta faoi chaibidil ag na meáin – ó chainteanna sa Bhruiséil, go cuótaí éisc, fóirdheontais talmhaíochta agus toghcháin uachtaránachta chumainn na bhfeirmeoirí is na n-iascairí. Bhí an ghéarchéim maidir leis an ghalar crúb is béil sa bhliain 2001 agus an cinneadh cosc a chur le hiascaireacht shruthlínte i 2006 ar na scéalta ba mhó a tharla in Éirinn le traidhfil de bhlianta anuas.

Beidh neart oibre ann i gcónaí d'iriseoirí a bhíonn in ann teacht ar eolas faoi choireanna móra. Bíonn go leor acu ag brath ar leideanna a thugtar dóibh as an taifead. Réimse chigilteach go maith é seo, a bhfuil ionracas agus breithiúnas tomhaiste i measc na bpríomhcháilíochtaí atá de dhíth. Nuair a sceitheadh eolas faoi ionsaí a rinneadh ar a mhac i 2005, chuir an tAire Michael McDowell i leith iriseoirí tablóideacha áirithe go raibh siad ag díol airgid le gardaí bradacha d'fhonn teacht ar scéalta suaracha. Rinne Pat Cox, a bhí ina Uachtarán ar Pharlaimint na hEorpa ina dhiaidh sin, líomhaint den chineál céanna i 1993 nuair a foilsíodh eolas go bhfacthas Emmett Stagg, a bhí ina Aire Stáit ag an am, agus fear homaighnéasach ina theannta. Caithfidh iriseoirí agus eagarthóirí teacht ar a mbreithiúnais shiosmaideacha féin faoi scéalta den chineál sin agus faoin idirdhealú a chaithfear a dhéanamh idir leideanna iontaofa agus ráflaí gan bhunús.

Réimse mór iriseoireachta eile is ea scéalta a bhaineann le cúrsaí comhshaoil is timpeallachta, idir aighnis faoi láithreacha dumpála, an scrios atá á dhéanamh ag róthógáil ar an tírdhreach, téamh domhanda, loiscneoirí, aschur carbóin, agus fuinneamh in-athnuaite. Ní fada scéalta leighis ón nuacht ach an oiread ar na saolta deireanacha idir liostaí feithimh, géarchéim sna hionaid Timpiste agus Éigeandála, an galar MRSA, agus an ilomad nithe nach iad.

Agus rath chomh mór agus atá ar gheilleagar na hÉireann, bíonn tóir mhór ar scéalta faoi thithe agus sealúchas, chan amháin sa tír seo ach thar sáile fosta. Is ionann an cás i leith gné-alt faoi chúrsaí taistil, faisin agus nósanna maireachtála. Bíonn ráchairt i gcónaí fosta ar scéalta is léirmheasanna a bhaineann le cúrsaí ealaíon, siamsaíochta, litríochta is bia.

## Spórt

Is cuid de dhlúth agus inneach mheáin na hÉireann é cúrsaí spóirt. Go deimhin, is i dtreise atá an méid spáis agus ama a thugtar dó anois le blianta beaga anuas, na meáin Ghaeilge san áireamh. Tá claonadh chun anailíse is chun colúin tuairimíochta sna meáin chlóite anois ó tharla an oiread sin craoltaí beo a bhíonn le feiceáil is le cloisteáil ar na meáin físe. Mar aon le go leor mórócáidí nuachta eile, is iondúil go mbíonn córas creidiúnaithe ann d'iriseoirí a bheas ag freastal ar chluichí nó ar imeachtaí spóirt eile.

Is minic leis gur ábhar mór nuachta a bhíonn i scéalta spóirt. Nuair a d'éirigh idir bainisteoir fhoireann sacar na hÉireann, Mick McCarthy agus a chaptaen Roy Keane ar thairseach an choirn dhomhanda sa bhliain 2002, bhí oiread achrainn faoin ábhar go rabhthas á chur i gcomparáid le Cogadh na gCarad ceithre scór bliain roimhe sin!

Ach is minic nach mbíonn meáin na hÉireann i gcoitinne dalba a ndóthain le scéal spóirt a chur ar bharr na nuachta. Nuair a d'éirigh Eric Cantona as an pheil sa bhliain 1997, mar shampla, bhí sé mar phríomhscéal in achan pháipéar agus ar achan feasachán nuachta nach mór sa Bhreatain. Mír spóirt ba ea cinneadh DJ Carey, an t-iománaí ab fhearr riamh b'fhéidir, éirí as an imirt i 1999, cé gur tháinig sé ar mhalairt intinne cúpla bliain ina dhiaidh sin. Níor cheart go mbeadh aon drogall ar na meáin Ghaeilge scéal láidir spóirt a chur mar phríomhscéal nó ar bharr an chlár nuachta ó am go chéile.

## Tuairisceoireacht idirnáisiúnta

Déanann eagraíocht nuachta cinneadh iriseoir a chur thar sáile nuair a bhraitheann siad go bhfuil gá le tuairiscí neamhspleácha ón láthair seachas a bheith ag brath ar áisíneachtaí idirnáisiúnta nó ar eagraíochtaí nuachta eile. Ní minic i gcás dá leithéid go dtugtar deis don iriseoir scíste a ligean nó dul i dtaithí ar a thimpeallacht úr. Mar sin féin, b'fhearr gan tuairiscí beo a dhéanamh sula mbíonn an t-iriseoir go hiomlán ar an eolas faoina bhfuil ar siúl. I gcás na teilifíse agus raidió, tá seans ann go mbeadh ar an iriseoir príomhscéal an lae a chlúdach agus go gcuirfí seatanna ó na háisíneachtaí idirnáisiúnta leis an tuairisc sa cheannáras. D'fhéadfaí díriú ar scéal duine aonair agus é mar eisleamláir ar a bhfuil ag tarlú ag leibhéal níos ginearálta. Is mór is fiú fosta toise Éireannach a aimsiú sa scéal, más féidir, trí labhairt le hoibrithe fóirthinte, na hoird eaglasta nó foinsí eile.

Is minic a fhanann tuairisceoirí san óstán céanna lena gcomhghleacaithe ó eagraíochtaí cumarsáide eile. Bíonn an baol ann i gcónaí mar sin go mbíonn na meáin uile ag leanúint an chlár oibre céanna. B'fhearr i gcónaí go ndéanfadh an t-iriseoir a dhícheall a chuid scéalta féin a aimsiú seachas a bheith ag déanamh athrá ar thuairisceoir Sky News. Is minic a fhóireann sé don bhunaíocht go mbeadh achan duine ar aon fhocal faoin scéal agus ag craobhscaoileadh chomhdhearcadh na coitiantachta.

Ba cheart don iriseoir blas na háite agus comhthéacs na heachtra a ríomh. Níor mhiste iarracht a dhéanamh samhlaíocht an breathnóra/éisteora/léitheora a ghríosadh agus a gcuid claontuairimí seanchaite faoin áit a chaitheamh i dtraipisí.

Tá an baol ann, áfach, go mbuailfí an t-iriseoir le dúlgar nó strus ar fhilleadh dó ó mhórimeacht uafásach ar nós cogaidh nó tubaiste nádúrtha. Cuireann RTÉ seirbhís chomhairleoireachta ar fáil dá fhoireann ach ba cheart d'iriseoirí in eagraíochtaí eile labhairt lena n-eagarthóirí má thiteann siad i ndroim dubhach.

Ainneoin an raon fairsing nuachta atá ar fáil sa lá atá inniu ann, níl aon fhianaise go gcaitheann an pobal níos mó ama leis. Is geall le tráchtearra rósholáthair é an t-eolas anois agus is baolach dá réir nach bhfuil sé níos fusa don phobal teacht ar fhaisnéis chruinn, ach a mhalairt. Ciallaíonn sé sin gur tábhachtaí ná riamh é ról fadbhunaithe na hiriseoireachta i mbeachtú chlár oibre. Is amhlaidh gur treise anois an dualgas atá ar iriseoirí treoir a thabhairt don phobal faoi na nithe tábhachtacha atá ag tarlú i saol na linne seo. Titeann sé orthu cinntí a dhéanamh i dtaobh na scéalta a bheas faoi chaibidil, na hacmhainní a chuirfear ar leataobh dóibh, an suntas a thugtar dóibh agus an iliomad breitheanna eile. Tá claochlú tagtha, áfach, ar an chaidreamh idir an pobal agus an t-iriseoir, ó tharla go bhfuil an próiseas trína mbailítear nuacht i bhfad níos trédhearcaí agus níos insroichte ná mar a bhí riamh cheana. Ach ní léir go bhfuil an cleamhnas i mbaol briste ná an seanreacht i mbaol díscaoilte.

## Foinsí

Adie, K. 2002. *The Kindness of Strangers*. Headline.

Clifford, M. 2007. 'A Young Man Killed, then Slandered, and a Police Force United in Silence' in *The Sunday Tribune*, 11 March.

Engel, M. 1996. *Tickle the Public: One Hundred Years of the Popular Press*. Gollancz.

Humphrys, J. 2000. *Devil's Advocate*. Arrow.

Marr, A. 2004. *My Trade*. Macmillan.

Palmer, M. 1978. 'The British Press and International News, 1851-99' in Boyce, G., Curran, J. agus Wingate, P. (eds.) *Newspaper History*, Constable.

***

## Painéal 1

Rogha le déanamh

**Seán Tadhg Ó Gairbhí,**
Eagarthóir *Foinse*

Seán Tadhg Ó Gairbhí, Eagarthóir *Foinse*
*(Grianghraf: Seán Ó Mainnin)*

**Ní dhearna *Foinse* leithscéal riamh as suntas a thabhairt do scéalta tábhachtacha Gaeilge agus Gaeltachta, dar le Seán Tadhg Ó Gairbhí.**

'Mura ndéanann na meáin Ghaeilge iad a chlúdach, glac leis nach bhfuil éinne eile chun bacadh leo. Ceann dos na dúshláin is mó atá ann ná cothromaíocht cheart a fháil idir scéalta teanga, scéalta Gaeltachta, agus scéalta eile náisiúnta agus idirnáisiúnta. Ainneoin a gcreidtear i mbólaí áirithe, níl aon teorainn le líon na rudaí go gcuireann Gaeilgeoirí suim iontu. Le beagáinín samhlaíochta, is féidir linn i gcónaí rogha eile a thabhairt do dhaoine i dteanga eile seachas mórtheangacha an domhain. Déanaim iarracht i gcónaí gan ach ailt a chur i gcló le daoine a bhfuil saineolas acu ar an ábhar. Ní fiú rud le rá a bheith agat; caithfidh rud a bheith agat gur fiú é a rá. Ní maith liom an nós, ach is fiú an cheist a chur i gcónaí; dá mba i mBéarla nó i bhFraincis a bheadh an t-alt, arbh fhiú é a léamh?'

**Thosaigh Seán Tadhg ag obair mar iriseoir faoi oiliúint le *Foinse* nuair a d'fhág sé Ollscoil na hÉireann, Gaillimh le céim sna healaíona i 2001. Fuair sé post lánaimseartha leis an nuachtán go gairid ina dhiaidh sin agus ceapadh ina eagarthóir é i 2004. Bíonn sé ag scríobh chomh maith d'fhoilseacháin eile i nGaeilge agus i mBéarla, *The Irish Times* ach go háirithe. Bronnadh gradam iriseoireachta Oireachtais air i 2007.**

'Baineann obair mar eagarthóir ar nuachtán le roghanna a dhéanamh. Cad ba cheart a chur isteach? Cad ba cheart a fhágáil amach? Sin iad an dá phríomhcheist, agus is as na ceisteanna sin a eascraíonn gach aon cheist eile, idir cheisteanna leagan amach agus cheisteanna eitice agus dlí. Tá gach aon leathanach in aon nuachtán a osclaíonn tú bunaithe ar roghanna eagarthóireachta. Má tá suntas tugtha do scéal áirithe is mar gheall ar rogha eagarthóireachta é. D'fhéadfadh, mar shampla, gur chaith an scéal beag a fheiceann tú in íochtar leathanaigh a seacht seal ar an gcéad leathanach nó gur tháinig ciall nó scéal níos fearr chuig an t-eagarthóir. Is é an cur síos is fearr a d'fhéadfainn a dhéanamh ar mo chuid oibre mar eagarthóir ná go mbíonn orm, i gcomhar le baill foirne eile *Foinse*, roghanna a dhéanamh.

'Caithfidh na roghanna sin a bheith bunaithe ar chaighdeáin agus ar fhealsúnacht an nuachtáin. Cheannóinn féin nuachtán muna mbeadh ann gach seachtain ach scéalta faoi Bob Dylan agus Maurice Fitzgerald, ach is beag duine eile a dhéanfadh amhlaidh. Bíonn, mar sin, rogha, le déanamh chomh maith ar son na léitheoirí.

'Ó thús na seachtaine go spriocam, caitear na roghanna éagsúla a dhéanamh faoin ábhar a bheidh sa pháipéar, faoi na hagallaimh agus na scéalta nuachta ar cheart dul sa tóir orthu, faoi na rudaí a bheidh á bplé ag colúnaithe, faoi na hailt agus léirmheasanna is ceart a choimisiúnú agus faoin seasamh a thógfaidh an nuachtán ar pé scéal a bheidh faoi chaibidil san eagarfhocal.

'Nuair atá sin pléite ag cruinnithe le hiriseoirí, dearthóirí agus lucht fógraíochta caitear rogha a dhéanamh faoi cad ba cheart a dhéanamh leis an ábhar sin, cár cheart é a chur má tá sé le cur aon áit. Ní mór líon áirithe leathanach a bheith réidh gach lá do na dearthóirí agus ní bheidh siad i bhfad ag insint duit mura bhfuil. Ba chóir ag deireadh na seachtaine go mbeadh dealramh ag na leathanaigh éagsúla leis na leathanaigh a shamhlaigh tú ag tús na seachtaine.'

**Tá sé den tuairim gur buntáiste do nuachtán Gaeilge é a bheith lonnaithe i gceartlár na Gaeltacha agus leis an teicneolaíocht atá anois ann is beag difear a dhéanann sé ó thaobh teacht ar fhoinsí nó scéalta. Mar sin féin, ní mheasann sé gur cheart na nuachtáin Ghaeilge a chur i gcomparáid le nuachtán náisiúnta Béarla.**

'Mar eagarthóir ar nuachtán Gaeilge bíonn orm rudaí a dhéanamh nach mbeadh ar eagarthóirí na mórnuachtán a dhéanamh. Agus ní hé mo chaifé féin amháin é!

'Bíonn ar gach éinne atá ag obair do *Foinse* cúraimí éagsúla a thógaint orthu féin. Mar nuachtán náisiúnta i mionteanga táimid teoranta ó thaobh foirne agus acmhainní de. Ní i gcónaí a thuigeann daoine an méid sin, ach ní fiú dul i muinín an bhéil bhoicht. Níl ar ár gcumas dul in iomaíocht díreach le *The Irish Times* nó *The Irish Independent,* ach is féidir linn i gcónaí ár seacht ndícheall a dhéanamh cloí leis na luachanna agus na cleachtais is fearr ag an iriseoireacht ghairmiúil. Bíonn am ag gach éinne an dara foinse a aimsiú do scéal.

'Is páipéar náisiúnta sinn atá saor ó chlaonadh polaitiúil. Páipéar náisúnach agus liobrálach sinn, is dócha, ach mura bhfuil oibiachtúlacht agus an t-údarás a leanann de sin agat, níl faic agat.

'Tá sé difriúil bheith ag obair le nuachtán Gaeilge ach, ar shlí, is mar a chéile aon nuachtán. Bíonn dúshlán nua gach lá ann. Tá na cinntí céanna le tógáil agus an obair chéanna le déanamh faoi scáth na spriocamanna céanna. Bhí an oiread céanna brú agus cuireadh an oiread céanna allais in oifig *Foinse* ar an 11 Meán Fómhair, 2001, is a tharla in oifig aon nuachtáin eile.'

## Painéal 2

Tuairisc ón Tsunami

**Tomás Ó Mainnín,**
Iriseoir Nuacht RTÉ/ TG4

Tomás Ó Mainnín – ag tuairisciú ón Téalainn le linn tsunami na bliana 2004

**Chuaigh tuairiscí cumhachtacha Thomás Uí Mhainnín ón Téalainn, i ndiaidh don tsunami tubaisteach réabadh tríd an Áis idir dhá Nollaig 2004, i gcion ar go leor daoine. Ní gá a rá gurb é an dúshlán ba mhó ar thug sé faoi ó thosaigh sé ag obair sa seomra nuachta i 1999.**

'An chuimhne is mó ata agam ar an *tsunami* ná líon na marbh. Bhí sé dochreidte agus in amanna dodhéanta an t-uafás a léiriú. Is cuimhin liom a bheith ag caint le tuairisceoir de chuid SKY News ar an láthair ag an am agus réitíomar gur dheacair d'fhocail ná do phictiúir an t-uafás, an tragóid, an bás agus an méid a lean é le daoine gan tigh ná dídean a léiriú. I measc na n-íomhánna a fhanfaidh im cheann tá íomhá d'fhalla pictiúr – de dhaoine aosta agus de pháistí óga a bhí tar éis bás a fháil. B'iarracht a bhí ann ag na húdaráis na coirp a aithint. Chuireadar pictiúir dos na coirp, a lán acu morgtha ag an dteas agus an aimsir agus an nádúir ar na fallaí le súil go n-aithneodh gaol nó cara dóibh cuid den éadach nó píosa seodra a bhí ar an gcorpán.

'Is cuimhin liom chomh maith an t-ionad i gceantar Takua Pa go raibh na coirp á bpróiseáil ann. Ar ár dturas ó thuaidh go dtí an mharbhlann seo bhí trucail de dhéanamh *pick-up* ar an mbóthar agus coirp taobh thiar iontu á dtabhairt go dtí an t-ionad. Bhí os cionn dhá chéad corp ar an dtalamh ag an láthair seo agus iad i málaí coirp. Bhí oiread corp ag teacht go dtí an láthair seo nach raibh go leor reoiteoirí ann dóibh go léir. Ní le drochmheas é, ach mairfidh an boladh a bhí san áit sin im cheann go deo.'

**Measann Tomás nach mór don iriseoir tragóid den chineál sin a choinneáil fad an phinn uaidh mar 'má ligtear don uafás atá romhat dul greamaithe ionat is deacair é a thuairisciú cruinn.' Ar cheart mar sin don tuairisceoir a chuid mothúchán féin a léiriú nó an amhlaidh gur insint fhuarchúiseach a bhíonn i gceist?**

'Uaireanta bíonn sé deacair an dá cheann a dheighilt. Is dócha nuair a thosaíonn iriseoir ar láthair nua nach mbíonn aithne aige nó aici ar mhórán agus is tuairiscí fuarchúiseacha díreach a bhíonn iontu don gcuid is mó. Ach de réir mar a chaitheann duine tréimhse ama i láthair, bíodh sé ina lá nó faid seachtaine, téann an scéal agus na daoine i bhfeidhm air. Ní dóigh liom gur rud maith é go mbeadh an tuairisceoir ag nochtadh a mhothúchán féin. Tóg mar shampla truamhéil nó uafás, mar má tá sé sin ann beidh sé le feiscint nó le rá ag duine éigin eile agus ní gá don iriseoir an bhearna san a líonadh. Is dóigh liom gurb iad na hagallaithe agus na pictiúir na chéad fhoinsí a thabharfaidh creidiúint do scéal seachas an t-iriseoir féin.'

**Deir an Mainníneach nach mór don iriseoir agus don cheamradóir a bheith ag obair as lámha a chéile ina leithéid de chás agus ligean do na pictiúir an scéal a insint.**

'Cabhraíonn sé labhairt agus a bheith taobh leis an bhfear ceamara le linn an lae go mbeidh a fhios agat cad iad na pictiúir go mbeidh tú ag scripteáil chucu. Ní mór don iriseoir a thuiscint chomh maith go bhfuil tú ag plé le scéal agus le daoine atá tar éis a maoin, nó gaol nó cara a chailliúint agus a bheith tuisceanach dóibh.'

**Admhaíonn sé go mbíonn sé doiligh tragóid den chineál sin a chur ar leataobh a luaithe is a bhíonn an jab críochnaithe.**

'Ní féidir dearúd a dhéanamh ar an tragóid sin. Cuimhneoidh daoine ar feadh i bhfad ar Nollaig na bliana san. Tá daoine fós tógtha leis na pictiúir dos na tonnta ag bualadh cóstaí na dtíortha a buaileadh agus na daoine ag iarraidh teitheadh ón uisce. Ó am go chéile smaoiním ar na radhairc agus is minic go bhfiafraíonn duine éigin fé. Cuireadh cúrsa 'de-brief' ar fáil dúinn tar éis filleadh. Chabhraigh sé seo linn déileáil leis an méid a chonaiceamar agus leis an uafás a bhain leis an tsunami.'

**Bhuaigh Tomás Ó Mainnín gradam Iriseoir na Bliana san Oireachtas i 2005 as a chuid tuairiscí faoin tsunami.**

# Painéal 3

Aoibhinn beatha an tsaoririseora

**Alex Hijmans,**
saoririseoir

Alex Hijmans – saoririseoir ón Ísiltír
*(Grianghraf: Seán Ó Mainnín)*

'Tá rud amháin ann gur cheart a thógáil san áireamh má tá tú ag smaoineamh ar thabhairt faoi shlí bheatha mar shaoiririseoir: beidh sé fíordheacair morgáiste a fháil!'

**Sin í an chomhairle atá ag an iriseoir ildánach ón Ísiltír, Alex Hijmans, don té atá ag beartú greim a bhéil a shaothrú i ngort na saoririseoireachta.**

'Ní raibh ocras orm riamh agus bhí mo shaoirse agam! Ag breathnú siar go fuarchúiseach ar dheich mbliana mar shaoiririseoir, dhéarfainn gur shaothraigh mé níos lú airgid ná mo chomhghleacaithe a bhí fostaithe sna meáin go lánaimseartha, ach bhí go leor agam le maireachtáil air agus anuas air sin bhí an tsaoirse agam taisteal am ar bith. Chomh maith leis sin, bhlais mé níos mó meán éagsúil, agus go deimhin cur-chuigí éagsúla, ná mórán de mo chomhghleacaithe a chaith a gcuid ama le meán amháin. Go bunúsach, is rogha saoil atá ann,' a deir sé.

**Is iomaí trá a d'fhreastail Alex le linn an deich mbliana sin. I ndiaidh dó an tArd-Dioplóma i gCumarsáid Fheidhmeach a chríochnú in Ollscoil na hÉireann, Gaillimh, i 1998, ghlac sé post le *Foinse*. D'fhan sé ag obair go lánaimseartha don nuachtán ar feadh bliana go leith, agus tá sé ag obair mar shaoririseoir ann ó shin. Scríobhann sé colún tuairimíochta idirnáisiúnta don nuachtán gach seachtain, mar aon le gné-ailt agus léirmheasanna rialta.**

'I 2004, chuir *Foinse* go dtí na Stáit Aontaithe mé ar feadh cúig seachtainí chun toghchán uachtaránachta na bliana sin a chlúdach, agus bhí sé sin ar cheann de na buaicphointí i mo shlí bheatha mar iriseoir go dtí sin. Mar shaoririseoir, oireann an socrú oscailte atá agam le *Foinse* go breá dom. Tá mé in ann brath ar roinnt oibre rialta, ach níl ceangal orm mar a bheadh dá mbeinn fostaithe go lánaimseartha,' a deir sé.

'Le linn an chéad bhliain go leith, nuair a bhí mé ag obair go lánaimseartha sa nuachtán, d'éirigh liom an bhunchloch a chur faoi mo shlí bheatha mar iriseoir, rud a theastaíonn ó chuile iriseoir, agus ó shaoririseoirí go mór mór: leabhar dubh tiubh le huimhreacha teagmhála. Chuir mé aithne ar dhaoine ar fud na Gaeltachta agus go deimhin ar fud na hÉireann le linn na bliana go leith sin atá in úsáid agam mar theagmhálacha agam go dtí an lá atá inniu ann!'

**Chaith sé seal ina dhiaidh sin le RTÉ RnaG ar conradh gearr.**

'Tá cuimhní deasa agam ar an am a chaith mé i gCasla, go mór mór ag teacht isteach ag a 6am ar maidin chun na cinnlínte nuachta a réiteach do nuacht a 7am. Bheadh sé dubh dorcha taobh amuigh agus ní bheadh romham sa stiúideó ach fear fuaime. Shíl mé go raibh rómánsúlacht de chineál éigin ag baint leis, mise i mo shuí ansin sa dorchadas ag léamh amach na gcinnlínte sula raibh duine ar bith eile ina shuí. Chomh maith leis sin thaitin luas an raidió mar mheán liom. Dá dtarlódh rud éigin ag 6.55 am agus dá bhfeicfinn ar línte nuachta *Reuters* é, bheadh sé ar an aer agam ag 7am.'

**Chaith sé bliain go leith mar eagarthóir ar *Comhar* ina dhiaidh sin agus é ag saoiririseoireacht d'fhoilseacháin áitiúla i gcathair na Gaillimhe ag an am céanna. D'fhóir socrú scaoilte mar sin dó agus rinne sé cuid mhór taistil i rith an ama seo. Chaith sé tréimhse ina dhiaidh sin ag cur an tsraith chlár faisnéise *Fíorscéal* ar TG4 i láthair agus ag scríobh scripteanna don sobalchlár *Ros na Rún*. Sa bhliain 2002, thóg sé briseadh ón tsaoiririseoireacht le díriú go hiomlán ar fhiontar eile a bhí idir lámha aige, Café Bananaphoblacht, caifé beag i gcathair na Gaillimhe.**

**Ar fhilleadh chun na hiriseoireachta dó rinne sé trí chlár faisnéise don tsraith *Léargas* ar RTÉ agus chaith seal ina fhís-iriseoir leis an chlár *Seachtain* agus le Nuacht TG4.**

'D'fhoghlaim mé an bealach le scéal nuachta a insint go físiúil, agus is fíor an méid a deir siad: is fiú míle focal pictiúr amháin,' a deir sé.

**Agus sa chás go dtitfeadh an lug ar an *proverbial* lag?**

'Níl rud ar bith chun tú a stopadh le glacadh le conradh lánaimseartha, ar ndóigh, fiú más rud é go bhfuil deich mbliana caite agat mar shaoiririseoir!'

***

## Painéal 4

Scéalta áitiúla náisiúnta

**Timlín Ó Cearnaigh,**
Iriseoir le Nuacht RTÉ/ TG4

Timlín Ó Cearnaigh – iriseoir le Nuacht TG4

**Is é Timlín Ó Cearnaigh an t-aon iriseoir foirne a bhí ar an aer do bhunú Raidió na Gaeltachta i 1972 agus arís do bhunú Theilifís na Gaeilge i 1996. Thug sé 24 bliana de thaithí raidió leis chun na teilifíse agus ó shin a leith tá sé ar cheann de na glórtha is údarásaí ar sheirbhís nuachta TG4. Ó láithriú thoghchán áitiúil go Ground Zero, is beag iriseoir a bhfuil an réimse taithí aige is atá ag fear Ghaoth Dobhair.**

**I bhFómhar na bliana 1971 chuir sé isteach ar phost iriseoireachta leis an seirbhís úr raidió a bhí le bunú don Ghaeltacht. Bhí Timlín ar dhuine den seachtar a fostaíodh.**

'Bhí blianta spéisiúla ann. Rinne muid an traenáil in RTÉ agus b'éigean dúinn an teicneolaíocht ar fad a fhoghlaim. Ní raibh teicneoir ar bith le bheith againn ó thuaidh nó ó dheas agus chaithfeá a fhoghlaim an dóigh le cláir a chur ar an aer.'

**Bhí ráchairt mhór ar na hirischláir a chuireadh sé i láthair ón stiúideo i nDoirí Beaga ar feadh blianta fada.**

'Bhain mé sult as achan uile lá a bhí mé ag dul isteach ag craoladh mar bhí pobal iontach dílis againn. Bhí siad i gcónaí páirteach ins an chlár. Is iomaí lá a chuaigh muid isteach le hord reatha agus b'fhéidir ag deireadh an chláir nár úsáideadh ach mír amháin amach as an chlár sin. Mar ba leis an phobal an clár. Thóg muid go leor rudaí conspóideacha ar an chlár fosta. Tá daoine i nGaoth Dobhair nár labhair liom ón lá sin go dtí an lá inniu as siocair gur thóg muid rudaí conspóideacha ach ní raibh neart air sin. Bhí jab le déanamh againn!'

**Seans nach mbeadh iomrá ar bith ar ar fhulaing Bridget McCole de bharr fuil lochtach a tugadh di, murach iriseoireacht imscrúdaitheach Thimlín. Chuir sé aithne uirthi tar éis di dul i dteagmháil leis an chlár.**

'D'inis sí domh fán tinneas a bhí uirthi agus an dóigh a bhí na húdaráis ag caitheamh léi. A luaithe is a bhí an téip déanta agam chuaigh mé siar chuig an Dr Ó hÉigeartaigh thiar ar an Charraig agus bhuail mé an téip dó. Dúirt sé 'tá an bhean sin millteanach tinn. Caithfidh sí cuidiú a fháil láithreach.' Craoladh an mhéid a bhí le rá aige. Ceann de na fadhbanna a bhí ag Bridget fosta ná go raibh an t-airgead gann. Bhí costas mór le dul go Leitir Ceannain is go Baile Átha Cliath. Ní raibh sí ag fáil tacaíocht ar bith do na rudaí seo. Bhí trua bhocht agam don bhean. De réir cosúlachta, bhí a fhios ag na húdaráis cad é a bhí na mná seo ag fulaingt ach ní raibh siad ag déanamh mórán daofa ar fhaitíos go dtógfaidís cás, b'fhéidir.

'Dúirt sí liom nach raibh sí ábalta dul ag siopadóireacht ar an Chlochán Liath mar go mbíodh daoine ag amharc uirthi agus iad ag déanamh go raibh AIDS uirthi. Bhí droch-chuma ar Bhridget bhocht ag an am; d'éirigh an craiceann sean. Bhí cuma tinn uirthi. Bhí lán tí páistí aici – cuid acu an-óg ag an am. Ba mar scéal áitiúil a thosaigh sé ach chríochnaigh sé mar scéal mór náisiúnta. Bhí sé ar cheann de na scéalta ba mhó creidim a tharla le linn na tréimhse sin do bhean Ghaeltachta, do bhean chróga ar caitheadh go holc léi agus ar leaba a báis bhí siad ag tabhairt uirthi glacadh le suim airgid leis na húdaráis a shásamh. Tá a fhios agam nach bhfaighidh cuid mhór de na daoine a bhí páirteach sa rud maithiúnas ón lá sin go dtí an lá inniu.'

**Tar éis blianta fada a bheith caite aige sa raidió, tugadh tairiscint dó iomaire úr a threabhadh mar iriseoir le *Nuacht TG4*, dúshlán ar thug sé faoi le cíocras. Bhí sé ar dhuine de na chéad iriseoirí san Eoraip a bhain Nua-Eabhrac amach tar éis ionsaithe na bliana 2001.**

'Is cuimhin liom dul isteach i mbéar beag a bhí thart ar chaoga slat ó cheann de na túir. Bhí na suíocháin is an cuntar uilig go léir mar a bhí nuair a thosaigh na túir ag titim. Bhí trí orlach dusta thart ar an chuntar agus gloiní air go fóill. Bhí an till oscailte agus airgead ina luí ann. D'imigh chuile dhuine ina rith amach as an bhéar sin nuair a thit an chéad túr. Pictiúr millteanach a bhí ann.

'Chuir mé agallamh ansin ar fhear den NYPD. B'as Maigh Eo ó dhúchas dó agus bhí sé ar saoire sa bhaile an lá a bhuail an fón agus dúradh go raibh ar chuile péas de chuid an fhórsa pilleadh láithreach le dul i mbun oibre. Lá amháin, a dúirt sé liom, bhí sé ar bhruach na habhann ag iascaireacht, agus cúpla lá ina dhiaidh sin bhí sé thíos le buicéad agus spáid i *Ground Zero* ag cur píosaí de choirp isteach i mbuicéid. Shíl mé gur léirigh sé sin go millteanach an obair gharbh a bhí ann.

'Casadh fear eile as Maigh Eo orm a raibh beirt mhac aige ins an roinn dóiteáin. Bhí duine acu saor an lá sin ach nuair a chuala sé an scéal chaith sé air a chuid éadach agus d'imigh sé isteach i gcuideachta na ndaoine a bhí ag cuartú. Níor tháinig sé slán. Bhí sé iontach truacánta ag éisteacht lena athair agus é ag taispeáint pictiúir dá mhac dúinn a ba chóir a bheith beo.'

# 3

## Ailt nuachta

> A scrupulous writer, in every sentence he writes, will ask himself at least four questions, thus: 'What am I trying to say? What words will express it? What image or idiom will make it clearer? Is this image fresh enough to have an effect?' And he will probably ask himself two more: 'Could I put it more simply? Have I said anything avoidably ugly?' *Orwell (1947:5)*

Is í bunaidhm an scéal nuachta eolas a insint go cruinn agus go soiléir sa dóigh is go mbeidh an léitheoir ábalta é a thuiscint. Is í eisint an scéal nuachta ná gur tharla rud éigin, áit éigin. Is minic, áfach, nach mbíonn an riail shimplí seo le feiceáil i nuachtáin áirithe. Sa chaibidil seo déantar cíoradh ar chuid de na heilimintí atá riachtanach le halt maith nuachta a chur le chéile.

Amanna bíonn deacrachtaí ag iriseoirí atá díreach tagtha ón choláiste, áit a mbíonn orthu aistí cúpla míle focal a scríobh, cloí le struchtúr docht an scéal nuachta. Go bunúsach, má iarrtar ar iriseoir scéal 300 focal a scríobh ní mór dó a chuid focal a roghnú go cáiréiseach. Abairtí, gairide, cruinne a bhíonn de dhíth ón eagarthóir seachas bolgam cainte. Baineann sleachta móra fadálacha i riocht scéalta nuachta ó shuim an léitheora. Is amhlaidh an scéal d'ailt atá curtha le chéile go hamscaí nó a cheileann eolas tábhachtach ar an léitheoir. D'fhéadfadh a leithéid mearbhall a chur ar léitheoirí nó iad a chur ar strae ar fad fiú.

Níor cheart ach an oiread a bheith rófhlaithiúil leis na haidiachtaí agus na dobhriathra – ní chuireann siad le stíl an iriseora, ach a mhalairt. B'fhearr gan barraíocht fochlásal a úsáid agus d'fhéadfadh go gcuirfeadh camóga le doiléire scéil (in amanna!) Is tábhachtaí i bhfad éifeacht na bhfocal i scéal nuachta ná bréag-ghalántacht nó clisteacht an iriseora. Cnámh lom na fírinne é an mana atá ag *The Irish Times* ina leabhar stíle: 'We should use language for effect rather than affect.'

## Struchtúr scéil

Ní lia eagarthóir ná struchtúr agus níl aon fhoirmle fhoirfe ann le scéal nuachta a chur le chéile. É sin ráite, ba cheart go mbeadh leanúnachas loighciúil ann má tá sé le haird an léitheora a choinneáil ó thús deireadh nó má táthar le príomhphointí an scéil a chur trasna don té nach mbeadh sé d' fhoighid aige an t-alt uile a léamh.

Má chaitear an scéal a léamh faoi dhó lena thuiscint mar is ceart, níor mhór é a chur faoin scian. Agus cuimhnigh nach ateangaire é an fo-eagarthóir. Níor mhór do thuairisceoirí a gcuid ábhair a léamh go criticiúil sula gcuireann siad é faoi bhráid an eagarthóra/fho-eagarthóra. Lena chois sin, ba cheart d'iriseoirí alt a scríobh nó a chiorrú le nach sárófaí an líon focal a iarradh ó thús.

## An Phirimid Inbhéartaithe

Tá go leor struchtúr scríbhneoireachta molta sna lámhleabhair iriseoireachta ach is í an Phirimid Inbhéartaithe an ceann is mó a mbaintear úsáid as.

D'fhoghlaim muid uile ar scoil go mbíonn tús, lár is críoch le gach scéal ach ní gá i gcúrsaí iriseoireachta go leanfaí an t-ord sin. Go deimhin, tugann an Phirimid Inbhéartaithe droim láimhe don chur chuige croineolaíoch. Ina áit sin, tugtar tús áite do na gnéithe is tábhachtaí den scéal agus cuirtear na pointí nach bhfuil chomh tábhachtach céanna isteach de réir mar a bhíonn an t-iriseoir ag déanamh forbartha ar an scéal.

Bíonn tábhacht nach beag leis an chéad abairt sa mhodh oibre seo. Is geall le fógra sollúnta don léitheoir é faoin mhéid a bheas le teacht agus is achoimre é ar an eolas agus ar an chiallachas atá le baint as an scéal. Tugtar le fios ann cad é go díreach a bheas faoi chaibidil san alt. Níor cheart, áfach, go mbeadh níos mó ná 30 focal ann agus is minicí gur mó a éifeacht má bhíonn níos lú ná sin ann. Is féidir tógáil air i gcorp an scéil. Nuair a bhíonn forbairt déanta ag an iriseoir ar a phríomhphointe is féidir cur síos a dhéanamh ar na gnéithe eile den scéal, de réir a dtábhachta. Is é an dúshlán atá ann don scríbhneoir ná greim a fháil ar an léitheoir agus é a choinneáil ag léamh. Ba cheart go gcuirfeadh an chéad alt eile feoil ar a bhfuil luaite sa chéad abairt nó go mbeadh breis sonraí ann nach féidir a lua sa chéad abairt de bharr cúinsí struchtúir.

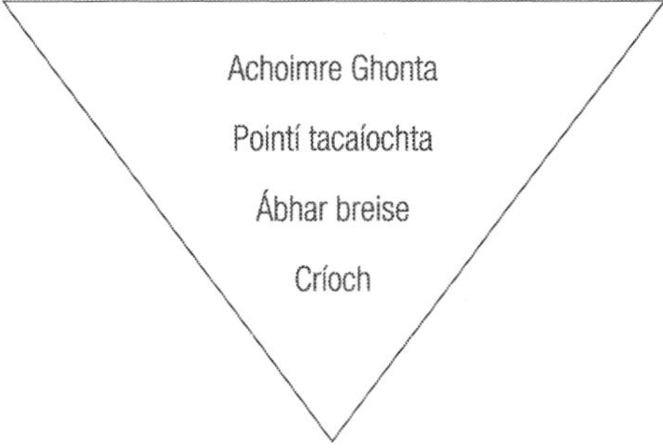


Seo a leanas sampla de scéal atá inste de réir cur chuige an triantáin inbhéartaithe:

**'Epidural á Cheilt ar Mhná'**

Tá seirbhís epidural á cheilt ar mhná atá ag saolú leanaí in ospidéil áirithe ar fud na tíre. De réir eolais atá faighte ag Foinse ta sé de pholasaí ag ospidéil áirithe gan epidural a chur ar fáil do mhná ach gach re lá.

Is mairg d'aon bhean atá ag saolú linbh ar na laethanta eile mar nach mór dóibh déanamh gan suaimhneasán ar bith.

'Scannal náisiúnta,' a thugann Alan Shatter, urlabhraí leighis Fhine Gael, ar a bhfuil ag tarlú agus deir sé le Foinse go bhfuil rún aige an cheist a ardú sa Dáil mar ábhar práinne. I measc na n-otharlann atá i gceist tá Ospidéal Naomh Luke, Cill Chainnigh, Ospidéal Ginearálta Leitir Ceanainn agus Ospidéal Ginearálta Shligigh.

Easpa foirne is brú damanta oibre is cúis leis an ghearradh siar ar sheirbhís an epidural de réir urlabhraí ó Chumann na nAinéistéisithe. (Foinse, 18 Meitheamh 2000)

Tá achoimre chuimsitheach den scéal thuasluaite le sonrú sa chéad abairt. Rianaítear na heilimintí eile de réir ord a dtábhachta sna habairtí ina dhiaidh sin.

Ba cheart a rá ag an phointe seo nach suíonn aon duine síos le rialóir le grafaic de phirimid bunoscionn a tharraingt sula dtosaíonn siad ag scríobh ailt. Prionsabal teibí atá ann ar cheart dó teacht chugat go nádúrtha in imeacht ama. Mar chur chuige, cuidíonn sé leis an iriseoir ord agus eagar a chur ar a chuid smaointe go gasta. Lena chois sin, is mór an chabhair é d'fho-eagarthóirí nuair a bhíonn orthu alt a chiorrú mar go dtig leo gearradh ón mbun aníos. Bíonn sé ina chuidiú fosta do léitheoirí gnóthacha mar go mbíonn siad ábalta teacht ar chroí an scéil sa chéad cúpla alt.

Tá slat tomhais furasta ann leis an chur chuige seo a phromhadh. Más féidir an scéal a ghearradh ón bhun aníos agus gan é a chur as a riocht, tá agat! Léigh an scéal agus an t-alt deireanach fágtha ar lár, nó na hailt dheireanacha fiú. Ba cheart go mbeadh éirim an scéil fós ann.

Níor mhiste a bheith cúramach faoi fhad na n-alt. Níor cheart go mbeidís níos faide ná deich líne nó leathfhad scáileán ríomhaire. I gcás nuachtán tablóideach – an cruth atá ar *Foinse* agus *Lá Nua* – maítear nár cheart go mbeadh níos mó ná scór focal in aon abairt amháin, cé gurbh fhearr i bhfad níos lú a úsáid, ach gan dul i dtreo na páistiúlachta ar ndóigh. Bíonn an cúram a ghlactar d'fhad ailt ina chuidiú don léitheoir agus don fho-eagarthóir araon más gá scéal a ghearradh.

## Cur chuige

'Who the hell reads the second paragraph,' a bhíodh mar rosc catha ag iar-Eagarthóir *The Sun*, Kelvin MacKenzie más fíor. Tá rian den cheart aige ar ndóigh, cé go bhfuil go leor eagarthóirí ann a déarfadh gur minic nach léitear an dara habairt gan trácht ar an dara halt! Ba cheart iarracht mhór ghroí a dhéanamh mar sin éirim an scéil a insint sa chéad abairt. Sula dtosaíonn an t-iriseoir ag scríobh is fiú dó ceist a chur air féin: 'cad é an scéal in aon abairt amháin?' Béarfaidh freagra na ceiste sin abairt mhaith dó le tús a chur leis an alt nuachta. Amanna, áfach, glacfaidh sé cúpla abairt é seo a bhaint amach. Bíonn claonadh ag craoltóirí abairtí an-fhada a scríobh agus iad i mbun pinn. 'Oxygen Mask Sentences' a thugann fo-eagarthóirí soiniciúla ar an chlaonadh seo mar go rachadh sé dian ort iad a léamh in aon gheábh amháin gan chuidiú anála. Seo sampla de scéal spéisiúil a bhí i nuachtán Gaeilge i 2006, ach ina raibh, dar liom, an chéad abairt rófhada:

> De réir torthaí suirbhé a rinne mic léinn Ollscoil na hÉireann, Gaillimh, agus a ndearna ball foirne Acadamh na hOllscoile, Henrike Rau, scagadh orthu, tá faighte amach go heisiach ag Lá, maidir le hAer-Sheó Bhóthar na Trá i gCo na Gaillimhe, go bhfuil líon suntasach díobh siúd a ceistíodh ag iarraidh deireadh a chur leis an aersheó, nó go leanfadh sé ar aghaidh mar sheó sibhialta gan aon rian d'eitleáin mhíleata ag glacadh páirte ann.

B'fhearr i bhfad an sliocht thuasluaite a roinnt i dtrí nó i gceithre abairt ghonta.

Ba cheart a chinntiú fosta nach mbrúitear barraíocht eolais isteach i scéal nuachta. Moltar go hiondúil go gclúdófaí 'an cúig C' in aon alt nuachta:

Cé a bhí i gceist san eachtra?

Cad a tharla?

Cén uair a tharla sé?

Cá háit?

Cén fáth ar tharla sé?

Ach oiread leis an phirimid inbhéartaithe, níl sa 'Cúig C' ach treoir úsáideach, seachas riail docht daingin. Bhíodh sceitse rialta ag an aoirchlár *Spitting Image* tráth ina mbíodh iriseoirí tablóideacha i riocht muc le cártaí preasa agus hataí boga. Bhíodh a gcuid comhráití uile bunaithe ar an Cúig C:

'Cé atá chun na deochanna a cheannach?

Cad a bheas againn?

Cá bhfuil an teach tábhairne?

Cén uair a osclóidh sé?

Cén fáth nach mbeadh ceann eile againn?'

Is léir go maireann an seaníomhá atá ag iriseoirí áirithe – gur túisce deoch ná scéal!

Ach níor cheart go gcuirfeadh aon struchtúr foirmeáilte ceangal na gcúig gcaol ar spontáineacht an iriseora. Ba cheart dó a roghnú cén ghné den scéal a bheas sé ag díriú uirthi. Níor mhiste dó cinneadh a dhéanamh ón tús faoin mhéid eolais a bheifear ag cur trasna in achan abairt.

Is furasta dul ar treo eile ar fad agus iriseoir i mbun scéil. Caithfidh sé a chuid eolais agus smaointe a chur in eagar go beacht mar go gcaillfear léitheoirí má théitear ar strae ón bhunscéal. Caith ar shiúl na scéilíní beaga is cuma cé chomh suimiúil is atá siad agus ná bac leis an 'dála an scéil'! Is féidir painéal eolais a chur leis an alt má bhraitheann an t-iriseoir go bhfuil a leithéid dlite ag an scéal.

Agus conas a chríochnaítear scéal nuachta? Le lánstad, ar ndóigh. Bíonn cathú ar dhaoine achoimre a thabhairt ag deireadh an scéil nó nathanna seanchaite a úsáid nach gcuireann ar dhóigh ar bith leis an mhéid atá inste sa scéal: 'Mar a dúirt an seanfhocal', 'beidh le feiceáil' nó 'neosfaidh an aimsir,' mar shampla. Ba ghnách leis an iris *Private Eye* scigmhagadh a dhéanamh faoi iriseoir darbh ainm Lunchtime O'Booze a chríochnaíodh gach aon alt ar an dóigh chéanna: 'One thing is certain...nothing will ever be the same again.' Ná bac le tátail shimplí a bhaint as an scéal. Ba cheart don iriseoir cloí leis na fíricí agus deireadh a chur leis an alt nuair atá siad uilig luaite.

## Oibiachtúlacht

Níor cheart go mbeadh ladar an iriseora le sonrú i scéal nuachta. Caithfear a bheith oibiachtúil i dtólamh agus níl aon áit do na focail 'mé' nó 'mise' ann. Tá cosc fosta ar fhrásaí ar nós 'dar liom', 'tuigtear dom' nó 'de réir mo bharúilse.' Ina áit, d'fhéadfaí leithéidí 'tuigtear do *Foinse*' nó 'de réir eolais atá ag *Lá Nua*' a úsáid. Tá corr-eisceacht ann, áfach, go háirithe nuair is cuntas finné súl atá i gceist. Ba é Anton Mac Cába an chéad iriseoir ar an láthair nuair a phléasc buama i lár bhaile na hÓmaí i Lúnasa na bliana 1998, tráth ar maraíodh naoi nduine fichead. Ba sa chéad phearsa a scríobh sé a chuid tuairiscí do na meáin Ghaeilge, rud a chur go mór lena n-éifeacht. Bhí ailt faoin tubaiste i gcló i nuachtáin ar fud na cruinne ach d'fhóir stíl phearsanta Mhic Cába don ócáid ó tharla é a bheith i láthair agus gur de bhunadh an bhaile dó. Ar an dóigh chéanna, chuaigh tuairiscí cumasacha Uinsionn Mhic Dhubhghaill in *The Irish Times* in 1995 i gcion ar go leor daoine, inar scríobh sé faoin dóigh ar tháinig sé ar chorp linbh i mála plaisteach i gcúlshráid i nDún Laoghaire i 1973 agus é ina ghasúr óg. Bhainfí óna leithéid de thuairisc mura mbeadh toise pearsanta ag baint leis.

## Painéil

Is minic a bhaineann nuachtáin úsáid as painéil le scéal fada a bhriseadh ina chodanna. Má fheiceann an léitheoir cnap mór focal ar an leathanach is beag seans go léifidh sé an t-alt. Is féidir painéil a úsáid fosta le scéal tánaisteach, nach mbaineann de dhlúth is d'inneach leis an bhunscéal ach atá suimiúil mar sin féin, a chur i láthair. D'fhéadfaí painéal a úsáid fosta le comhthéacs níos leithne a thabhairt do scéal. Cuir i gcás, dá ndófaí óstán aitheanta go talamh. Is í an eachtra féin a bheadh faoi chaibidil sa scéal nuachta ach d'fhéadfaí stair an fhoirgnimh agus na daoine cáiliúla a d'fhan ann thar na blianta a ríomh i bpainéal sleasa. Ar an dóigh chéanna, dá marófaí daoine i dtimpiste bhóthair ag láthair chontúirteach, d'fhéadfaí a léiriú i bhfoirm painéil gur tharla cúpla taisme eile san áit chéanna.

## Ráitis

Cuireann ráitis dhíreacha go mór le scéal mar go dtreisíonn siad rud éigin atá ráite ag an iriseoir ann. Léiriú iad fosta ar an taighde a rinne an t-iriseoir agus nach ag cumadh scéil nó ag scaothaireacht atá sé. Tugann siad údarás go minic do bhunús na tuairisce. Ach caithfear a bheith cinnte go mbíonn siad cruinn. Níor cheart riamh focail nár dúradh a chur i mbéal daoine! Tá a leithéid ag teacht salach ar dheachleachtais agus ar eiticí na hiriseoireachta agus ar an rud is lú de, cuirfidh sé an-olc ar an té a bhí faoi agallamh. Lena chois sin, níor mhór a bheith cúramach faoi dhrochghramadach nó eascainí a chur idir uaschamóga ar eagla go mbeifeá ag déanamh éagóra ar an té a bhí ag caint. Ina leithéid de chás, d'fhéadfaí a bhfuil le rá aige a úsáid mar chaint indíreach agus na heascainí a fhágáil ar lár. (Dúirt an tUas Ó Néill go bhfuil sé i gceist aige…). Ba cheart go mbeadh gach ráiteas a chuirtear i gcló luaite le duine éigin.

Cé go gcaithfidh an tuairisceoir a bheith oibiachtúil i gcónaí, is féidir daoine eile a chur i mbun cainte le pointe a léiriú. Arís eile, níor mhór cothromaíocht a thabhairt don dá thaobh sa scéal. Ní bheadh sé féaráilte, mar shampla, ráitis mhóra fada ó dhuine amháin a chur ag tús an ailt agus líne ghairid amháin de fhreagra mar eireabaillín air. Amanna, áirítear cothrom na féinne leis an rialóir sna meáin chlóite nó leis an staduaireadóir sna meáin chraolta!

## Ar an taifead

Bíonn ráiteas ar an taifead nuair a aontaíonn an fhoinse gur féidir an t-eolas ar fad a thugann sé nó sí don iriseoir a úsáid agus ainm an té sin a lua leis. Is féidir uaschamóga a úsáid lena leithéid de ráitis. Thig glacadh leis, áfach, go bhfuil gach rud ar an taifead mura gcuirtear a mhalairt in iúl. Go minic cuireann iriseoirí an cheist: 'an bhfuil sé seo ar an taifead?' Níl aon ghá leis seo fad is atá sé soiléir ón tús don té atá faoi agallamh gur iriseoir tú. Cuireann a leithéid de cheist an t-agallaí ar an airdeall agus é ag ceapadh go bhfuil rud éigin contúirteach ráite aige.

## As an Taifead

Tá débhríochas nach beag ag baint le ráiteas a thugtar 'as an taifead.' De réir sainmhíniú Cheardchumann Náisiúnta na nIriseoirí, ní féidir eolas a thugtar don iriseoir as an taifead a úsáid ar chor ar bith mura bhfaighfear an t-eolas sin ó fhoinse eile chomh maith. Go hiondúil, tugtar don iriseoir é le go mbeadh tuiscint níos fearr aige ar an scéal nó sa dóigh is nach ndéanfaí drochbhotún ann. Is féidir leis an iriseoir i gcásanna áirithe iarracht a dhéanamh a chur ina luí ar an té atá ag caint teacht ar mhalairt intinne sa dóigh is go gcuirfí an t-eolas 'ar an taifead' – fad is nach bhfuil aon bhaol ann don agallaí.

I gcleachtas, áfach, is an chiall a bhaineann go leor iriseoirí in Éirinn as 'ráiteas as an taifead' ná 'ráiteas gan ainm.' Tá dul amú orthu. Is éard atá i gceist acu ná ráiteas neamh-inchurtha (non-attributable) nó ráiteas gur ceadmhach an t-eolas ann a úsáid ach nach ceadmhach an fhoinse a lua leis. Thig eolas a thugtar don iriseoir ar an dóigh sin a úsáid gan é a phromhadh le foinse eile ach ní thig an bhunfhoinse a bheith luaite leis a bheag nó a mhór. Bíonn an nósmhaireacht seo coitianta go maith in iriseoireacht na Gaeilge: 'Tuigtear do *Lá Nua*,' nó 'de réir eolais atá ag *Foinse*,' agus mar sin de. Ach tá sé ríthábhachtach go dtuigfeadh iriseoirí an t-idirdhealú a dhéantar idir 'ráiteas as an taifead' agus 'ráiteas nach ceadmhach an fhoinse a lua leis.'

De thairbhe an débhríochais a bhaineann leis an téarmaíocht seo d'iriseoirí, gan trácht ar bhaill den phobal, is den phráinn é go gcinnteodh an t-iriseoir lena fhoinse cad iad na codanna dá chaint is féidir a thuairisciú. Caithfidh an fhoinse féin a bheithríshoiléir faoi seo. Ní féidir a bheith ag dréim go mbeadh téarmaí cleachtais casta ar bharr a ghoib aige. Drochsheans má chailleann sé muinín san iriseoir, nó má chraobhscaoiltear eolas i gcoinne a thola, go mbeadh sé toilteanach a bheith ina fhoinse nuachta arís. Agus ar ndóigh, d'fhéadfaí dochar mór pearsanta a dhéanamh dó dá n-aithneofaí ón eolas gurbh é an fhoinse é. Is nós é go mbeadh dhá fhoinse ag an iriseoir d'ábhar mór conspóide más féidir ar chor ar bith é.

Ar an drochuair, bíonn sé de nós ag iriseoirí áirithe ráitis ó fhoinsí anaithnide a chumadh ó am go chéile. Fíor-dhrochnós é seo agus ghlacfá fiúntas an scéil a cheistiú. Mura bhfuil éinne ag an iriseoir a labhródh leis faoi (fiú ar an tuiscint nach luafaí ainm) cé chomh láidir is atá an scéal ar an chéad dul síos? Lena chois sin, is baolach an cleachtas é a bheith ag cur dallamullóg ar an léitheoir. B'fhéidir go mbeadh an t-iriseoir ag brath lá níos faide anonn ar nasc na muiníne idir é agus an léitheoir nuair a bheadh scéal tábhachtach le hinsint agus ráiteas ó fhíorfhoinse nach n-ainmneofaí mar thaca air. B'fhíor don údar Larry King: 'Anonymous sources are to journalism what silicon enhancements are to the feminine figure; they look impressive to the gullible, but something doesn't feel right.' (Schindler 2005)

Tá ceisteanna ann fosta faoin ghnás fadbhunaithe a ligeann do dhaoine a sceitheann eolas a dhéanfaidh damáiste do dhuine eile feidhmiú go hanaithnid. Léirigh triail Lewis 'Scooter' Libby (iar-chomhairleoir de chuid Leas-Uachtarán SAM, Dick Cheney) i 2007, gur bhain sé leas as na meáin le dochar a dhéanamh do namhaid pholaitiúil dá chuid. Nuair a bhí na Stáit Aontaithe ag beartú an Iaráic a ionsaí i 2003 maíodh go raibh eolas ag rialtas na Breataine go raibh Saddam Hussein i ndiaidh lastas mór úráiniam a cheannach ón Afraic. Cuireadh iar-Ambasadóir, Joe Wilson, chun na Nigéire leis an fhaisnéis seo a fhiosrú ach bhí sé den tuairim nach raibh aon bhunús dubh, bán ná riabhach leis an líomhaint. Dúirt finnéithe le linn na trialach gur chuir tuairisc Wilson an-olc ar Uachtarán agus ar leas-Uachtarán SAM, George W. Bush agus Dick Cheney. Go luath ina dhiaidh sin, sceitheadh eolas chuig na meáin gur gníomhaire rúnda de chuid an CIA ab ea bean chéile Wilson – Valerie Plame. Chaith iriseoir de chuid an *New York Times*, Judith Miller, trí mhí sa phríosún mar gur dhiúltaigh sí foinse an scéil a nochtadh. Scaoileadh saor í nuair a cheadaigh Libby di é a ainmniú mar an fhoinse anaithnid a bhí aici.

In aitheasc a thug sé ag Comhdháil Cleraun i 2006, mhaígh Aire Cumarsáide an ama, Noel Dempsey, go raibh meáin na hÉireann ag feidhmiú mar a bhí Julia Roberts ina ról mar striapach sa scannán *Pretty Woman*. Cé go mbíodh sí ag baint slí bheatha amach ag soláthar gnéis, dhiúltaíodh sí i dtólamh ligean dá custaiméirí í a phógadh. B'ionann sin agus caveat a thug le fios di nach striapach a bhí inti i ndáiríre, dar leis an Aire Dempsey. Ar aon dul leis sin, dúirt sé gurb ionann is suáilce i súile mheán cumarsáide na hÉireann é an cleachtas a gcuid foinsí a chaomhnú i gcónaí, fiú más ag cumadh scéalta a bhíonn siad. Ceist chigilteach í seo agus tá sé mar pholasaí anois ag *The New York Times* i bhfianaise thriail Libby gan scéalta diúltacha faoi dhaoine aonair a fhoilsiú, más amhlaidh nach bhfuil ach foinse amháin anaithnid acu. Ar ndóigh, seans nach mbeadh iomrá ar bith ar mhí-iompar an Dr Michael Neary, a bhain an bhroinn as líon as cuimse ban in Ospidéal Dhroichead Átha thar tréimhse 25 bliain, dá leanfaí leis an chleachtas sin.

## Ceannteidil

Dhá fheidhm bhunúsacha atá ag ceannlíne nuachtáin. Ar an chéad ásc, níor mhór dó a bheith sách fuinniúil agus giorraisc le haird an léitheora a tharraingt agus le dul i bhfeidhm air. Níor mhór dó ina dhiaidh sin a bheith ag teacht le leagan amach clóghrafach an leathanaigh. Caithfidh ceannlínte an éifeacht is mó a bhaint amach trí an mhéid is lú focal a úsáid. Ní ceadmhach dóibh fíricí an scéil nó cruth an leathanaigh a chur as a riocht.

Bíonn an-scil ag baint le cumadh ceannlínte mar sin. Caithfear a bheith sásta dul sa seans, aclaíocht teanga a léiriú, nathanna seanchaite a sheachaint agus scéalta casta a achoimhriú le habairt phras. Lena chois sin, i gcás na Gaeilge níor mhór amanna dul ag spallaíocht leis an teanga agus tarraingt ón tobar dúchasach le friotal craicneach nua-aoiseach a chumadh. Bhí a rian sin le feiceáil i bhfoilseacháin Ghaeilge thar na blianta i gceannlínte dúchasacha amhail 'Shay mo Laoch' (faoi ghaiscí Shay Given); 'An Chumhacht Adamhach' (faoi ghaiscí Gerry Adams); 'Uisce Faoi Thalamh i gCois Fharraige' (faoi sheanlanúin as Conamara arbh éigean dóibh uisce a tharraingt as tobar, de cheal uisce reatha ina dteach); agus 'Fáilte go dtí an Ólscoil' (deochanna meisciúla á gcur chun cinn in institiúidí tríú leibhéal).

Is minic gurb ar an chéad leathanach a dhéantar breithiúnas ar fhiúntas nuachtáin agus is ann dá réir a dhéantar na botúin is measa. Bíonn an-bhaol leabhail ag baint le ceannlínte siocair gurb iondúil gur fo-eagarthóir, seachas an té a bhí ag fiosrú an scéil, a chumann iad agus go gcaithfidh sé coimriú beacht (ach tarraingteach) a thabhairt ar a bhfuil san alt. Bíonn baol mór ann i gcónaí dá thairbhe sin go ndéanfaí róshimpliú ar scéal.

Cé gurb í an aidhm atá le ceannlíne ná léitheoirí a mhcalladh, is geall le hadmháil é droch-cheann nach gá an t-alt sin a léamh. Tá cur síos déanta ag an iriseoir Andrew Marr (2004: 253) ar na cineálacha ceannlínte ba chóir a sheachaint:

> If the headline asks a question, try answering 'no'. Is This the True Face of Britain's Young? (Sensible reader: No.) Have We Found the Cure for AIDS? (No; or you wouldn't have put the question mark in.)…A headline with a question mark at the end means, in the vast majority of cases, that the story is tendentious or over-sold. It is often a scare story, or an attempt to elevate some run-of-the-mill piece of reporting into a national controversy and preferably, a national panic. To a busy journalist hunting for real information a question mark means 'don't bother reading this bit'…
>
> And watch out for quotation marks in headlines, too. If you read 'Marr "stole" Book Idea' then the story says nothing of the kind. If quotation marks are signs of real reporting in the body of a story, in the headline they are often a sign of failed reporting. That story may say someone else thinks Marr has stolen the idea for a book; but if the newspaper was reporting that this was really so, those giveaway squiggles wouldn't be there. As with question marks, headline quotation marks are mostly a warning sign, meaning 'tendentious, overblown story follows..' They certainly save my time in the morning.

## Grianghraif

Ba cheart do gach iriseoir a bheith ag faire amach le haghaidh deiseanna chun a scéal a léiriú. Thig cruth suimiúil a chur ar an ábhar is tuire (an Cháinaisnéis, mar shampla) ach úsáid chliste a bhaint as grafaicí agus grianghraif. Is minic gur cumhachtaí i bhfad pictiúr ó ghrianghrafadóir cumasach ná an téacs a théann leis. De bharr dul chun cinn teicneolaíochta, idir cheamaraí digiteacha agus línte leathanbhanda agus ISDN, is féidir leis na meáin chlóite Gaeilge pictiúir the-bhruite a fháil ó cheann ceann na tíre, bomaití beaga i ndiaidh eachtraí i gcásanna áirithe. Tá tábhacht faoi leith le grianghraif i gcás scéalta daonna mar go gcaithfidh an léitheoir aghaidheanna a fheiceáil le go mbeadh bá aige leis an té atá faoi chaibidil. Níor mhór a chinntiú arís go bhfuil na hainmneacha san fhoscríbhinn cruinn agus litrithe mar is ceart.

Uirlisí fíorúsáideacha iad grafaicí fosta sa mhéid is gur féidir leo scéal a insint ar bhealach nach bhféadfadh grianghraf a dhéanamh. Is féidir leo beocht a thabhairt do chroineolaíocht chasta, sonraí eolaíochta a shimpliú, cur síos a dhéanamh ar conas a aimsíodh cúl tábhachtach nó cén dóigh ar thuirling eitleán. Ba cheart go mbeadh sé mar aidhm ag na grafaicí a úsáidtear eolas casta a shimpliú. Ba cheart i gcónaí go mbeadh pointe tagartha acu. Níor mhiste, mar shampla, go mbeadh an baile mór is gaire do láthair timpiste le feiceáil i léarscáil a bheadh ag dul leis an tuairisc.

Seo a leanas cuid de na liosta focal agus ócáidí ar cheart tuairiscí fúthu a léiriú le grafaicí, de réir leabhrán stíle *The Chicago Tribune*:

Buiséad....Plean...Comhaontú...Forbairt

Ord Tosaíochta...Príomhphointí

Dátaí tábhachtacha...Súil chun cinn...Súil siar

Na Pearsana atá i gceist...Pros agus Cons

Sceideal...Tóraíocht na nGardaí...Bealaí éalaithe...Triail na coire.

## Cruinneas

Ceann de na cúraim is bunúsaí atá ar an iriseoir ná a chinntiú go bhfuil an méid atá scríofa aige cruinn. Ní féidir a dhóthain béime a chur air sin; is é cruinneas an ghné is tábhachtaí d'aon scéal. Ba cheart don iriseoir a chuid fíricí a sheiceáil; agus ansin iad a sheiceáil arís. Is iomaí scéal maith a mheasann iriseoirí a bheith aimsithe acu, ach nach dtacaíonn na bunfhíricí leis nuair a dhéantar tuilleadh fiosrúchán.

Ina theannta sin, caithfear cloí leis an bhunriail *'audere alteram partem'* – éist leis an taobh eile i gcónaí. Tá sé thar a bheith míghairmiúil gan a leithéid a dhéanamh agus d'fhéadfadh an t-iriseoir falsa a bheith ag tarraingt an dlí ar an fhoilseachán a bhfuil sé ag obair dó. Sa chás nach bhfaigheann iriseoir sásamh ón taobh eile, áfach, is féidir leis a lua nach rabhthas ábalta dul i dteagmháil leis an taobh eile nó nach raibh siad toilteanach ráiteas a thabhairt. Ba cheart fógra réasúnta ama a thabhairt dóibh, áfach, lena dtaobh siúd den scéal a chur chun tosaigh.

Éilíonn bisiúlacht na meán Gaeilge gur ceartúsáid na teanga seachas béarlagair agus briotachas a chleachtófaí iontu. Is faoin iriseoir féin a thiteann sé a bheith cruinn ina chuid litrithe agus gramadaí agus a bheith beacht le téarmaíocht. Rófhurasta atá sé a bheith ag brath ar fho-eagarthóir slacht a chur ar thuairiscí. Is beag cainteoir Gaeilge atá go hiomlán cruinn ó thaobh na gramadaí de ach fós féin is gnó don iriseoir gairmiúil caighdeán fíor-ard a bhaint amach. Is fiú dó an leagan ceartaithe dá alt a léamh le hiarracht a dhéanamh gan na botúin chéanna a dhéanamh arís.

Níl cúis dá laghad, áfach, go mbeadh focail litrithe contráilte. Mura bhfuil an t-iriseoir cinnte den litriú, níl le déanamh ach an foclóir a oscailt! Níos tábhachtaí fós caithfear a chinntiú go litrítear ainmneacha agus sloinnte i gceart. Ní bhaineann seo le cruinnlitriú ainmneacha Gaeilge amháin. Tá sé seo fíorthábhachtach in Éirinn na linne seo i bhfianaise an oiread inimirceoirí le sloinnte coimhthíocha atá ag cur fúthu anseo anois. Drochsheans, go mbeadh an fo-eagarthóir ábalta aon bhotún i litriú ainm iasachta a cheartú. Mura mbíonn fonn ar iriseoirí, nó mura ligeann an leisce dóibh, mionsonraí den chineál sin a sheiceáil, cad chuige a mbeadh muinín ag an lucht léitheoireachta as an ionramháil a dhéanann siad ar bhunfhíricí an scéil?

Chomh maith leis sin, ba cheart cúram faoi leith a dhéanamh den teideal atá ag duine – Ceannaire RTÉ RnaG, mar shampla, ach Príomh-Fheidhmeannach TG4. Caithfear a bheith cúramach leis faoi úsáid sloinnte Gaeilge. Is beag duine, mar shampla, a d'aithneodh Máire Nic Eochagáin Uí Chuinn mar a thugtaí ar Mháire Geoghegan Quinn i gcuid de na meáin Ghaeilge tráth den saol. Ceist polasaí atá ann i ndeireadh an lae. Tá sé mar nós ag RTÉ RnaG, mar shampla, ainmneacha agus sloinnte Gaelacha a chur ar pheileadóirí ach cloíonn TG4 leis an ainm coitianta atá orthu. Is fiú cuimhneamh, áfach, go bhfuil daoine áirithe ann nach mian leo go n-athrófaí a gcuid ainmneacha go Gaeilge chomh maith céanna le daoine le Gaeilge a bhíonn maslaithe nuair a aistrítear a gcuid ainmneacha go Béarla. I léacht a thug sé i gColáiste Phádraig, Droim Conrach i 1996, thagair Seosamh Ó Murchú don fhear mór le rá as Dún Chaoin a dúirt tráth gur 'Joe Daly' a ainm i nGaeilge agus gur mar 'Sheosamh Ó Dálaigh' a bhí aithne ar as Béarla! (Ó Murchú 1997: 16)

Níor cheart dul sa seans ach oiread le cumadh logainmneacha. Níos minicí ná a mhalairt ní féidir iad a aistriú ar ais go Gaeilge (chuala mé tuairisceoir tráth ag tabhairt 'Caisleán na Bláine' ar 'Bhaile na Lorgain,' mar shampla.) Iriseoir leisciúil é an té nach dtéann i muinín *Gasaitéar na hÉireann* (1989) agus é ag tarraingt tuilleadh oibre ar a fho-eagarthóir agus is beag buíochas a gheobhaidh sé uaidh.

Tá sraith d'fhoclóirí téarmaíochta foilsithe le dornán blianta anuas agus ba cheart don iriseoir Gaeilge tréaniarracht a dhéanamh na téarmaí nua-aimseartha seo a úsáid ina chuid scríbhinní in áit a bheith ag iarraidh a chuid féin a chumadh. Cumann agus faomhann an Coiste Téarmaíochta téarmaí úra Gaeilge ar bhonn rialta agus foilsítear go poiblí iad. Is fíor a rá nach bhfuil go leor de na téarmaí seo i gcaint na ndaoine ach is fíor a rá fosta nach dtarlóidh sé seo choíche mura mbíonn na hiriseoirí, atá ag baint a mbeatha i dtír trí mheán na Gaeilge, toilteanach iad a úsáid! Cuimhnigh go bhfuil focail choimhthíocha a raibh úsáid rialta á mbaint ag Údarás na Gaeltachta astu, ar nós 'togra', 'féidearthacht' agus 'fiontar', coitianta go maith sa chaint anois, a bhuíochas cuid mhór do na meáin Ghaeilge. I gcás téarmaí atá thar a bheith casta d'fhéadfaí an téarma Béarla a chur ina dhiaidh i lúibíní ar mhaithe le héascaíocht (i gcásanna fíor-eisceachtúla). Áis iontach fosta suíomhanna idirlín ar nós **www.focal.ie**, ar a bhfuil áis chuardaigh ar 270,000 téarma, bunaithe ar fhoclóirí agus liostaí uile an Choiste Téarmaíochta go dtí seo. Is gearr go mbeidh bunachar logainmneacha á chur ar fáil ar líne freisin ag Fiontar, DCU.

## Scríbhneoireacht dhaite

Ach oiread leis an ghruagaire, is iomaí iriseoir a bhaineann úsáid as dathú le beocht a chur ina chuid scríbhneoireachta. Ar aon dul leis an mhana smolchaite a bhíonn ag lucht na teilifíse is í an chomhairle is fearr i scríbhneoireacht den chineál sin ná: 'taispeáin, ná hinis.' Ciallaíonn sé sin nár mhór suntas a thabhairt do mhionrudaí a dhéanfadh cur síos ar atmaisféar an scéil. Is fusa i bhfad samhlaíocht an léitheora a spreagadh má dhírítear ar na céadfaí seachas ar bhunfhíricí: a raibh le cloisteáil is le feiceáil, an boladh i do chuid polláirí nó an blas i do bhéal. Thig le scríbhneoireacht dhaite ábhar teibí a dhéanamh níos gléine agus ábhar doiléir a dhéanamh níos soiléire. Deis a bhíonn ann don tuairisceoir teacht trasna ar dhomhan neamhfhísiúil na bhfocal trí radhairc pictiúrlainne a chumadh. Níor mhór don té a bhíonn i mbun dathaithe a bheith ag faire amach faoi choinne mionsonraí a chuideoidh leis an léitheoir an méid a chonaic an tuairisceoir a athchruthú. B'iontach an cur síos, mar shampla, a bhí ar chéad leathanach *The Los Angeles Times* ar an dóigh a tháinig díbirt an deachtóra Ferdinand Marcos agus a bhean chéile, Imelda, sna hOileáin Fhilipíneacha i 1986 aniar aduaidh orthu: 'Beside Imelda Marcos' 12-foot-wide bed was a half-eaten banana.'

Is minic lena chois sin go scríobhtar tuairiscí amhail is go rabhthas ag insint scéil do pháistí. Cuireann sé le héifeacht nó le huafás an scéil go hiondúil.

## Colúin

Scríobhann iriseoirí mar nach mbíonn rud ar bith le rá acu agus bíonn rud éigin le rá acu mar go scríobhann siad. B'in é tuairim an údair Karl Kraus (1986: 124) agus tá a dhearbhú sin le sonrú san iliomad colún nuachtáin a fhoilsítear anois agus atá ag dul i líonmhaire le dornán blianta anuas. Chan ionann is ceangal righin an scéal nuachta, bíonn cead a chinn ag an iriseoir a chuid tuairimí féin a nochtadh go fial is go flaithiúil i gcolún. Thiocfadh leat a rá gur sórt ardán cainte liteartha é. Measann eagarthóirí go mbíonn gá le colúnaithe leis na léitheoirí a threorú trí bheocheisteanna an tsaoil – bíodh siad polaitiúil, sóisialta nó pearsanta. Sásaíonn colúnaithe maithe an sprioc sin ach is saothar in aisce don léitheoir aird a thabhairt ar chinn eile ar binn leo a gcallán féin.

Le tamall de bhlianta anuas, tá claonadh i dtreo an cholúin phearsanta ina ndéantar cur síos ar ghnáthfhadhbanna baile is saoil a bhíonn ag an scríbhneoir: cad a tharla ar a bhealach go dtí an ollmhargadh, praghas na n-earraí grósaera ann, a raibh ar siúl ag na leanaí sa crêche, a dheacra is a bhíonn sé casadh le páirtí saoil. (Ba mar cholún den chineál sin a thosaigh Helen Fielding ag scríobh *Bridget Jones's Diary* in *The Independent*).

Amanna eile bíonn réimsí saineolais faoi leith ag na colúnaithe (cúrsaí an tuaiscirt i gcás Phóilín Ní Chiaráin in *Foinse* nó dearcadh na nAontachtóirí i gcás Ian Malcolm in *Lá Nua*, mar shampla) agus is faoin ábhar sin amháin a bhíonn siad ag scríobh. Léitear a bhfuil le rá acu mar go n-aithnítear gur barúil údarásach a bhíonn á nochtadh acu, bunaithe ar thaithí na mblianta go minic.

I gcás colúnaithe eile, áfach, bíonn eagarthóirí ag súil go mbeidh siad ábalta tuairim a nochtadh faoi raon fairsing ábhar. Cuirtear i leith an cholúnaí a bhíonn ag filleadh de shíor ar na téamaí céanna gur píobaire an aon phoirt é. Ní hamháin gur gá don cholúnaí anois beagán a bheith ar eolas aige faoi mhórán, níor mhór dó in amanna mórán a bheith ar eolas aige faoi mhórán. Saothar baolach, deilgneach é ceird an cholúnaí sa mhéid is nár mhór dó a chumas intleachta a nochtadh go féiltiúil don saol mór.

Ach is cuma cé chomh meabhrach agus atá an colúnaí, ní bheidh sé riamh chomh heolach leis na saineolaithe sna hábhair a bhíonn faoi chaibidil aige. Táthar ann a deir, áfach, nach bhfuil aon chall don iriseoir a bheith ag seanmóireacht ó chrannóg gaotaireachta agus ag insint fios a ngnó do dhaoine eile mura bhfuil saineolas faoi leith aige sa réimse sin. Ach is míthuiscint í sin ar ghnó an cholúnaí. Léamh ginearálta a bhíonn ina chuid aistí agus é ag iarraidh tátal a bhaint as imeachtaí agus iad a chur faoi bhráid an léitheora:

> He, or she, will then experience the curled lip of the specialist, the superior tut-tut of the person more in the know. There is an answer. Could you do better? Could you in your ivory tower or Whitehall ministry or university department, tilling and hoeing as you do your tiny parcel of land, knowing the names of every plant and counting every blade of grass, bring a single organizing and moral intelligence to the wide variety of human experience? Ah, did I hear you say you wouldn't bother to try? And that no one should? Well, you're wrong there. We all live in our tiny boxes, knowing a lot about a little and the columnist moves between us, making connections we may not have understood as individuals, attempting to explain a more complete picture to those who have seen only part of it. *(Glover 1999: 291)*.

Ní bheidh aon easpa daoine ann ar ndóigh le cur in iúl duit go bhfuil meath do bharúil ort. Ach is fearr é sin ná gan aon tsuim a bheith léirithe i gcolún. Óir thar ní ar bith eile, níor mhór go mbeadh rud éigin le rá ag an cholúnaí. Ní thig leis a bheith ar nós cuma liom faoi ábhar más mian leis suim an léitheora a chothú. Creideann na colúnaithe is cumasaí go huile is go hiomlán sa mhéid atá le rá acu. Fiú mura dtaitníonn na tuairimí a nochtar leis an léitheoir, is mó go mór fada a léifí colún a chuirfeadh colg céadach air ná píosa tur gan anam ná paisean. Ní hionann sin le rá nach bhfuil aon fhiúntas le hanailís mheáite ar ábhar ná gur cheart go scríobhfaí colúin ar mhaithe le holc a chur ar an léitheoir – (nó *'rent-an-outrage'* mar a thugtar air ar uairibh.) Ionramháil ionraic, thomhaiste seachas geáitsíocht bhréagach a bhíonn de dhíth. Is minic buille trom a bheith ar a lámh acu. Thig leis an eagarthóir brath ar cholúin le spás a líonadh ina nuachtán agus is mór an gar dó má bhíonn snas ar an smaointeoireacht agus ar stíl a scríofa.

Ach is mairg don cholúnaí a théann thar fóir ina gcuid tuairimíochta míréasúnta. B'éigean do *The Sunday Independent* agus *The Irish Times* faoi seach leithscéal a ghabháil le blianta beaga anuas as maslaí a thug a gcuid colúnaithe cáiliúla Mary Ellen Synon agus Kevin Myers do lúthchleasaithe faoi mhíchumas agus do pháistí nach raibh a gcuid tuistí pósta nuair a rugadh iad.

Ar ndóigh, ba mar cholúnaithe a shaothraigh cuid de mhórscríbhneoirí na Gaeilge greim a mbéil. Bhíodh Pádraic Ó Conaire ag soláthar alt rialta do nuachtáin in Éirinn agus i Sasana, i nGaeilge agus i mBéarla. Cúrsaí sóisialachais is litríochta ba mhó a bhíodh faoi chaibidil aige. Chuir sé an dlí ar *The Freeman's Journal* sa bhliain 1920 siocair gur dhiúltaigh an t-eagarthóir aistí dá chuid a fhoilsiú (Riggs 1994). Fear aoire go smior ab ea Seán Bán Mac Meanman a thugadh go tráthrialta faoi 'na báirneacha agus na portáin' a bhíodh 'rannadh an toirtín acu.' Ba le teann searbhais is mioscaise a scríobhadh sé in *The Derry Journal* i mblianta tosaigh na dtríochaidí (Ó Canainn 2005: 16).

Ó lár na 1960í go ham a bháis (1977) thug Seán Ó Ríordáin droim láimhe don fhilíocht, an *genre* a ba mhó a d'fhóir dó, le colún rialta a sholáthar do *The Irish Times*. Aistí domlasta, gangaideach a scríobh sé den chuid is mó agus é ag dul i ndeabhaidh lainne le marlaí polaitiúla na linne agus le héinne a thit chun siléige maidir lena shaothar a chúiteamh. Bhí gearradh sóisialta ina chuid colún leis. Throid sé go fíochmhar, mar shampla, lena chinntiú nach ndruidfí Scoil Dhún Chaoin mar a bhí beartaithe i dtús na 1970í. Drochshláinte ba chúis le cuid mhór den ghlas-seile a bhíodh air, dar le Seán Ó Tuama:

> It is probable that the only relief available to him then from his debilitating ill-health, and his growing intimations of mortality, was that of savaging the only world he felt he would ever exist in, and which had done him irreparable physical and psychological harm. If so, his exchange of poetry for journalism is completely understandable in human terms. Only those who suffered the whiplash of his prose can really feel aggrieved. *(Ó Tuama, 1995 : 34)*

Stíl nádúrtha, bheoga a chleacht Breandán Ó hEithir, an colúnaí Gaeilge ba bhisiúla agus ba chumasaí i stair na teanga.

Chaith sé tréimhsí fada ag colúnaíocht do *The Irish Press*, *Comhar*, *Amárach* agus *The Irish Times*. Bhí sé ábalta ciall a bhaint as nithe casta an tsaoil agus iad a chur i láthair don léitheoir Gaeilge ar bhealach simplí, soléite. Ní dheachaigh sé ar chúl sceiche riamh ina chuid barúlacha faoi ghluaiseacht na Gaeilge agus bhí suim mhór aige fosta in imeachtaí spóirt agus in iomrascáil sheasta na polaitíochta. Guth láidir Gaeltachta a bhí aige ach bhí sé breá ábalta an teanga a lúbadh agus a mhúnlú le dul i bhfóirstean do théamaí cathrach, comhaimseartha. Bhíodh nimh is feannadh is greann spraíúil le sonrú ina chuid alt, mar is dual don cholúnaí atá ag feidhmiú i mbláth a mhaitheasa. Ba dhoiligh focail a chomhghleacaí, Eoghan Harris, a shárú mar fheartlaoi ar a shaothair iriseoireachta: 'Bhí Breandán Ó hEithir ar an iriseoir ab fhearr dár chas mé leis riamh, *bar nobody*, i nGaeilge nó i mBéarla.' (Mac Con Iomaire 2000: 287).

Oidhre dlisteanach Uí Eithir in *The Irish Times* ab é Liam Ó Muirthile a bhíodh ag scríobh colún sa nuachtán sin ó 1989 go 2003. Mar fhealsamh, mar dheascríbhneoir agus mar cheardaí focal is mó a mhairfidh a cháil mar cholúnaí. Corcaíoch eile, Alan Titley, atá i mbun an cholúin sin anois. Fear é a bhfuil de cháil air go bhfuil sé ábalta tabhairt faoi ghné ar bith den phrós agus an teanga a aclú dá réir. Chaith Proinsias Mac Aonghusa blianta fada ag colúnaíocht d'fhoilseacháin Ghaeilge ach ba iad na colúin bhéadáin a scríobh sé faoi ainmneacha cleite ar nós Gulliver (*The Sunday Press*) agus Marcus Taobh Istigh (*Foinse*) ba mhó a tharraing conspóid.

## Eagarfhocail

Is iomaí colúnaí clúiteach a d'fhoghlaim a cheird ag scríobh eagarfhocal nuachtáin. Is lú misneach a bhíonn de dhíth ar ndóigh le tuairimí a spalpadh faoi ainm nuachtáin ná faoi d'ainm féin! Ach tá difríochtaí go leor idir an t-eagarfhocal agus an colún. Cé gurb annamh a bhíonn údar an eagarfhocail ainmnithe, is ráiteas sollúnta é ar an seasamh atá ag an nuachtán i leith ábhar spairne éigin. Is nós leo mar sin a bheith tomhaiste agus siosmaideach agus caithfear an-chúram a dhéanamh de na focail a roghnaítear. Cé go dtugtar suntas go minic don dá thaobh den argóint, is iondúil mar sin féin go nochtar tuairim ann. Ach bíonn éifeacht nach beag acu scaití. Mhaígh Pádraig Breandán Ó Laighin gur eagarfhocal conspóideach in *Foinse*, a chaith sáiteáin i dtreo aos acadúil na Gaeilge faoi easpa gníomhaíochta, a spreag é le dul i mbun feachtasaíochta le stádas mar theanga oifigiúil san Aontas Eorpach a lorg don Ghaeilge.

## Próifíl na léitheoirí

Tá sé tábhachtach go mbeadh a fhios ag an scríbhneoir cén sórt duine a bheas ag léamh a chuid alt. Is iondúil, mar shampla, go mbíonn leibhéal oideachais agus teacht isteach airgid níos airde ag léitheoirí na nuachtán mórbhileogach ná mar a bhíonn ag na nuachtáin tablóideacha – nó na *red tops* mar a thugtar orthu go minic. Ní hionann sin le rá nach mbíonn nuacht sna páipéir thablóideacha, áfach. Níl ann ach gurb airde nithe eile ina n-ord tosaíochta. Feidhmíonn siad faoin teoiric nach mbíonn cúrsaí polaitíochta, eacnamaíochta nó fealsúnachta ar thús cadhnaíochta ag a gcuid léitheoirí. Is mó a suim, dar leo, i gcúrsaí gnéis, coiriúlachta, airgid, spóirt agus cad atá ar an teilifís anocht! Dúirt iar-Eagarthóir *The Sun*, Kelvin MacKenzie in Chippindale & Horrie (1990: 63), go mbíodh an nuachtán ag díriú ar 'the bloke in the pub – a right old fascist, wants to send the wogs back, buy his poxy council house, he's afraid of the Russians, hates the queers and weirdos and drug-dealers.'

Ní bhaineann tuiscint ar phróifíl an léitheora ó dhualgas an iriseora scéal a insint go cruinn agus go simplí agus ní gá gur sna nuachtáin mórbhileogacha a chleachtaítear an iriseoireacht is fearr. Bheifeá ag súil le hanailís agus le plé níos intleachtúla ar mhórcheisteanna an lae iontu, áfach, ó tharla gur daoine léannta, breacléannta nó iad siúd a shantaíonn an léann is mó a cheannaíonn iad. Is minic go mbraitheann próifíl na léitheoirí ar an chlaonadh polaitiúil a bhíonn ag na nuachtáin, mar is léir ón chur síos beacht seo de chuid an aoirchláir *Yes Minister*:

> *The Times* is read by the people who run the country. *The Daily Mirror* is read by the people who think they run the country. *The Guardian* is read by the people who think they ought to run the country. *The Morning Star* is read by the people who think the country ought to be run by another country. *The Independent* is read by people who don't know who runs the country but are sure they're doing it wrong. *The Daily Mail* is read by the wives of the

> people who run the country. *The Financial Times* is read by the people who own the country. *The Daily Express* is read by the people who think the country ought to be run as it used to be run. *The Daily Telegraph* is read by the people who still think it is their country. And *the Sun's* readers don't care who runs the country providing she has big tits.

Ar an dóigh chéanna, tá claonadh faoi leith le sonrú i bpatrúin léitheoireachta na nuachtán Gaeilge. Déantar cúram speisialta de chúrsaí teanga agus d'imeachtaí na Gaeltachta iontu araon. Cé go mbíonn scéalta náisiúnta in *Foinse* agus *Lá Nua*, amharctar orthu beirt mar nuachtáin a cheannaítear le heolas faoi leith a fháil iontu nach mbeadh sna mórnuachtáin náisiúnta. Ní bheifeá ag brath go heisiach ar cheachtar acu d'fhonn príomhimeachtaí na tíre agus na cruinne a léamh is a chíoradh. Lón léitheoireachta tánaisteacha iad mar sin seachas an príomhnuachtán a cheannaítear gach lá nó gach seachtain.

Ar an dóigh sin, feidhmíonn siad mar a bheadh nuachtáin réigiúnda ann, cé gur réigiún níos leithne, gan aon teorainn tíreolaíochta cheart, atá i gceist. Tá a rian fágtha ag suíomh fisiciúil na nuachtán ar an ábhar léitheoireachta a bhíonn i gcló iontu fosta. Bíonn go leor scéalta faoi chúrsaí pleanála i gConamara agus faoi Údarás na Gaeltachta in *Foinse*, atá lonnaithe ar an Cheathrú Rua. Ar an lámh eile, coinníonn *Lá Nua*, atá lonnaithe i mBaile Andarsan, súil ghéar ar Fhoras na Gaeilge a bhfuil dlinse aige ar an dá thaobh den teorainn. Bíonn níos mó scéalta acu ó Ghaeltacht Thír Chonaill chomh maith ó tharla fo-oifig a bheith acu ann. Tá claonadh neamhleithscéalach Poblachtánach ag an nuachtán fosta.

Ach ar ndóigh tá daoine i bhfad níos casta ná na steiréitíopaí a shamhlaímid leo. Níor cheart talamh slán a dhéanamh riamh de thuairimí an léitheora mar ba léir do Lawrence Donegan, iarcheoltóir le *Lloyd Cole and the Commotions* agus iriseoir le *The Guardian*, le linn na bliana a chaith sé ar an Chraoslach i gCo. Thír Chonaill. Scríobh sé dán drochmheastúil, magúil faoin Bhanphrionsa Diana ar ócáid chomórtha a báis don *Tirconaill Tribune*. Ní haon áibhéil a rá go raibh sé ar cheann de na píosaí filíochta ba mheasa a cumadh riamh: 'But it seems to me, though I could be wrong, that climbing in a merc with a drunk behind the wheel, you really were a jerk.'

Ghlac sé leis go mbeadh formhór a chuid léitheoirí ar aon fhocal leis ó tharla iad a bheith ina gcónaí i gcontae cois teorann i dtír a measfá ar beag a bá le teaghlach ríoga Shasana. Ní hamhlaidh a bhí, áfach. Tháinig na scórtha litreacha is glaonna gutháin gearáin chuig an nuachtán, cuid acu ó eagraíochtaí nár mhothaigh éinne iomrá orthu roimhe sin ar nós The Donegal Christian Women's Society agus The Irish Monarchists' Association. Bhagair an rúnaí éirí as a post leis an nuachtán fiú. Níor foilsíodh ach litir amháin á chosaint, ceann bréagach a chum an t-eagarthóir! Faoin am a ndeachaigh na litreacha gearáin i ndísc, bhí ciall cheannaithe faighte ag Donegan:

Where on earth did I get the daft idea that everybody that lived in the Republic of Ireland hated the British Royal Family and would heartily congratulate anyone who chiselled out a few laughs at the expense of poor dead Princess Di? But the experience taught me a couple of valuable lessons: don't write poetry and avoid contact with Irish politics at all costs. *(Donegan 2000: 169-170)*

Máire T. Ní Mhadaoin ó Nuacht TG4 i Sri Lanka i 2005
bliain i ndiaidh tubaiste an tsunami

# Foinsí

-----. 1989. *Gasaitéar na hÉireann*. Oifig an tSoláthair.

Chippendale, P. & Horrie, C. 1990. *Stick it up your Punter!* Heinemann.

Donegan, L. 2000. *No News* at *Throat Lake*, Pocket Books.

Glover, S. 1999. 'What Columnists are Good For' in *Secrets of the Press*. Penguin.

Greenslade, R. 2004. *Press Gang: How Newspapers Make Profit from Propaganda*. Pan.

Kraus, K. 1986. *Half-Truths and One-and-a-half Truths*. Carcanet

Mac Con Iomaire, L. 2000. *Breandán Ó hEithir: Iomramh* Aonair. Cló Iar-Chonnachta.

Marr, A. 2004. *My Trade*. Macmillan.

Ó Canainn, A. 2005. 'Seán Bán Mac Meanman: Réamhtheachtaire Bhreandáin Uí Eithir' in *Éigse Cholm Cille 2005*. Foras na Gaeilge.

Ó Murchú, S. 1997. 'Ag Aistriú don Raidió' in *Ar Thóir an Fhocail Chruinn*, Nic Eoin, M. & Mac Mathúna, L., eag. Coiscéim.

Ó Tuama, S. 1995. *Repossessions*. Cork University Press.

Orwell, G. 1947. *Politics and the English Language*. Typophiles.

Riggs, P. 1994. *Pádraic Ó Conaire Deoraí*. An Clóchomhar.

Schindler, P. 2005. *Journalism Quotes by Paul E. Schindler, Jr. (http://www.schindler.org/quote.shtml)*

## Painéal 1

Maoirseoir na n-eagras teanga

**Pól Ó Muirí,**
Eagarthóir Gaeilge
*The Irish Times*

Pól Ó Muirí – Eagarthóir Gaeilge The Irish Times
*(Grianghraf: Glen Mulcahy)*

'Ábhar spéisiúil a chur ar fáil; ceithre nó cúig cinn de scéalta a bheith ar an cholún gach seachtain agus meascra de scéalta nuachta agus ealaíon a bheith ina measc.'

**Sin é an cur chuige a bhíonn ag Pól Ó Muirí agus é ag tabhairt faoin cholún Tuarascáil in *The Irish Times* gach seachtain.**

'Is colún é *Tuarascáil*, ní nuachtán. Níl mise ach ag iarraidh buaicphointí a thabhairt do léitheoirí, iad a chur i dtreo leabhair nua nó réamhfhógra a thabhairt faoi imeacht nó cur síos a dhéanamh ar an fhorbairt is déanaí i gcúrsaí Gaeilge.

'Leanaim den treoir chéanna agus a thugtar do gach iriseoir eile san *Irish Times*. Ó thaobh an cholúin de, é a bheith spéisiúil an chéad sprioc atá agam. Má tharlaíonn sé go mbíonn an t-ábhar conspóideach anois agus arís, bíodh amhlaidh é. Ach ní bhím ag iarraidh conspóid a chothú gach seachtain (ná a sheachaint ach oiread) ach sílim go n-aithníonn léitheoirí cur-i-gcéill agus conspóid bhréige. Bíonn na fíorchonspóidí teasaí go leor.

'Tá leagan amach cineál aisteach ar an cholún sa mhéid is go bhfuil mise fostaithe i seomra na nuachta ach is ar leathanach na ngné-alt a fhoilsítear an colún. Tá saoirse agam an colún a scríobh de réir mar is fearr liom é. Labhraím leis an eagarthóir, Geraldine Kennedy, anois agus arís faoi chúrsaí agus bíonn sí cuiditheach, rud a bhí fíor fosta faoi Conor Brady.'

**Thosaigh Pól ag obair mar shaor-iriseoir agus é ina iarchéimí in Ollscoil na Ríona, Béal Feirste. Scríobh sé colún ar na healaíona don *Andersonstown News* ar feadh trí bliana; bhí jab aige mar eagarthóir forlíontaí leis an iris *Fortnight* i mBéal Feirste agus bhí sé ina eagarthóir Gaeilge ar an iris sin ar feadh tamaill fhada. Rinne sé rud beag scríbhneoireachta i nGaeilge agus i mBéarla don *Irish News* agus ba ghnách leis píosaí a scríobh do *Anois*. Bhí sé ina eagarthóir ar *Comhar* ar feadh bliain go leith. Thosaigh sé ag obair le *The Irish Times* i 1997 agus ceapadh ina eagarthóir Gaeilge é go luath ina dhiaidh sin. Is iomaí athrú atá tagtha ar an cholún *Tuarascáil* ó shin:**

'Tháinig na hathruithe céanna air agus a tháinig ar an chuid eile den *Irish Times*. Rinneadh athrú cló agus leagan amach ar an pháipéar ar chúpla ócáid. Is dócha gurb é an t-athrú is mó gur aistríodh an colún ó bhun leathanaigh – mar a mbíodh sé ar feadh na mblianta – go dtí taobh an leathanaigh. Níl mórán sa difear ó thaobh líon na bhfocal de agus is fearr liomsa an dreach nua; sílim go bhfuil cuma nua-aimseartha air agus gur fusa é a léamh. Bhí sé thar a bheith spéisiúil cuid den chomhfhreagras a fuair mé ó léitheoirí agus iad ag nochtadh a gcuid tuairimí faoin athrú. Ba dhaoine iad a bhí ag brath ar Thuarascáil mar fhoinse eolais agus mar ábhar léitheoireachta. Níor dhaoine iad a bhí ceangailte le cúis na teanga ar chor ar bith ach bhí caighdeán an-ard Gaeilge acu uilig.'

**Cé air a bhíonn Tuarascáil dírithe?**

'Tá dhá chineál léitheora ann – lucht na hearnála, is é sin, feidhmeannaigh, lucht na n-eagras, agus ansin tá na daoine a bhfuil Gaeilge acu ach nach gcuirfeadh síos orthu féin mar lucht cúise.'

**Deir sé go bhfuil ról maoirseachta ag Tuarascáil ar na heagrais teanga, Foras na Gaeilge ach go háirithe:**

'Tháinig athrú mór ar chúrsaí in earnáil na teanga ó bunaíodh an Foras. Is é Foras na Gaeilge an t-eagras is cumhachtaí den iomlán agus braitheann éifeacht na n-eagras eile ar éifeacht an Fhorais. Is ar an ábhar sin a chaithim an oiread sin ama ag plé leo ach is snámh in aghaidh easa atá ann.'

**Cé gur ball d'fhoireann *The Irish Times* é Pól scríobhann sé colún spóirt do *Foinse*, colún tuairimíochta do *The Belfast Telegraph* agus léirmheasanna leabhar don iris idirlín, *Beo!* Bhronn Oireachtas na Gaeilge gradam Cholúnaí na Bliana air sa bhliain 2005. Ní nós leis dul ar chúl sceiche ag**

**nochtadh a chuid tuairimí, rud nach bhfuil furasta i gcás phobail bhig ar nós lucht na Gaeilge:**

'Don chuid is mó, bím ag plé le daoine atá thar a bheith éirimiúil agus thar a bheith cumasach. Castar ainbhiosán ort anois agus arís ach ní chuireann siad as dom. D'fhoghlaim mé luath go leor go raibh a leithéid ann. Cuid den chúlra iad daoine bradacha, bréagacha agus lucht bolscaireachta. Gan amhras, cuireann sé isteach ar roinnt daoine go mbíonn sé de dhánaíocht ionam mar iriseoir ceist a thógáil faoina n-eagras agus bíonn corrdhuine binbeach bídeach ina iompar. Den chuid is mó, ámh, bíonn lucht na Gaeilge béasach – rud nach ionann is a rá go mbeadh siad ag teacht le mo chuid tuairimí i gcónaí. Ach ní *prima donna* mé: tugaim cic sa tóin; glacaim le cic sa tóin agus ar aghaidh liom go dtí an chéad cholún eile.'

***

## Painéal 2

Cúig rud a chuireann soir mé

**Antain Mac Lochlainn,**
scríbhneoir agus aistritheoir

Antain Mac Lochlainn – Scríbhneoir agus Aistritheoir

'Rud thar a bheith pearsanta atá i stíl scríbhneoireachta. An nath cainte a bhfuil fuath agamsa air seans go dtaitníonn sé leatsa,'

**a deir Antain Mac Lochlainn, a shaothraíonn a bheatha ag plé leis an aistriúchán agus le hoiliúint aistritheoirí.**

'Caithfear cuimhneamh air sin sula dtosaítear ar nathanna a dhamnú as éadan. Ach is iontach liom cé chomh "neamhphearsanta" is atá cuid mhór dá scríobhtar i nGaeilge inniu: "Ní mar a shíltear bítear", "an chloch is faide siar ar an bpaidrín" agus a leithéid sin. Thiocfadh le ríomhaire na seanráite sin a chaitheamh amach chugat. Agus táimid rócheanúil ar nathanna a bhfuil boladh na móna is na tuaithe orthu. Tá osréalachas éigin ag baint le leithéid "Níl an dara suí sa bhuaile ag an Aire Dlí agus Cirt ach glacadh le comhairle an Ard-Aighne."'

**Baineann na meáin Ghaeilge barraíocht úsáide as friotal iomarcach fosta, dar leis:**

'Caithfidh iriseoirí cloí le teorainn ama nó le líon áirithe focal. Nach saoithiúil, mar sin, an tóir a bhíonn acu ar *fillers* mar "más ea", "ach go háirithe" agus "chun scéal fada a dhéanamh gairid." Nath breá fada é sin a bhfuil sé fhocal agus 28 litir ann agus ní dócha gur ghiorraigh sé scéal ar bith riamh.'

**Ní haon iománaí ar an chlaí é Antain mar go bhfuil tréimhsí fada caite aige i mbun iriseoireachta. Bhí sé ar dhuine de na hiriseoirí ba mhó a chuir an nuachtán *Foinse* ar na bonnaí (1996-1998) agus chaith sé seal ina dhiaidh sin mar Eagarthóir ar *Comhar* (1999-2000). Chaith sé seal i mbun**

**sheirbhísí aistriúcháin Bhord na Gaeilge agus ina Chomhairleoir Gaeilge le RTÉ (1999-2000) agus bíonn sé ag plé go lánaimseartha anois le cúrsaí aistriúcháin. Ba é a bhunaigh an suíomh gréasáin www.acmhainn.ie agus an tArd-Dioplóma san Aistriúchán (ar líne) in Ollscoil na hÉireann, Má Nuad. Bíonn ceardlanna san aistriúchán agus i scríobh na Gaeilge ar siúl aige i gcomhar le Foras na Gaeilge. Tá tuiscint mhaith aige mar sin ar an chaighdeán teanga a chleachtaíonn na meáin:**

'Ní gá don iriseoir a bheith ina shaineolaí gramadaí ach is mairg a bheadh ina aineolaí amach is amach. An té a thuigfeadh cad is ainmfhocal cinnte ann ní scríobhfadh sé "An Cumann Lúthchleas Gael", leagan a ghoilleann ar an chluas ar nós ingne á scríobadh ar chlár dubh.'

**Níor mhór d'iriseoirí na Gaeilge dua agus díograis a chaitheamh leis an teanga a aclú agus a chur i bhfóirstean do shaol na linne seo, dar leis. Caithfear téarmaíocht chruinn agus ceartleaganacha Gaeilge a chleachtadh mar sin:**

'Cá has ar tháinig 'tógra' chugainn? Más fíor do **www.focal.ie** is 'togra' ba cheart a bheith ann agus is é an chiall atá leis ná *proposal*. Ach úsáideann iriseoirí é in ionad 'tionscadal' le haghaidh *scheme, project,* agus *initiative*. Is iad na hiriseoirí Gaeilge a chuireann na téarmaí nua i láthair an phobail. Caithfidh sin a dhéanamh go slachtmhar, comhleanúnach.'

**Chítear d'Antain go bhfuil iriseoireacht na Gaeilge breac ballach le nathanna atá múnlaithe ar theilgean cainte an Bhéarla:**

'Bhí sé de nós againn, agus muid ar ollscoil, nathanna dearg-Bhéarlachais a fhí isteach sa chomhrá ar mhodh grinn: "Tá an liathróid sa chúirt 's agatsa anois", "Fágadh mé agus ubh ar m'aghaidh" agus "Má bhíonn an t-airgead agam, agus is má mór é sin". Bhí sé mar a bheadh comórtas ann, féachaint cé aige a mbeadh an leagan is áiféisí. Is beag a shíl mé go bhfeicfinn gach uile cheann acu sin i gcló nó go gcluinfinn sna meáin iad!'

***

## Painéal 3

Mada faire ag saoirse an phobail

**Máirtín Ó Muilleoir,**
Úinéir *Lá Nua*

Máirtín Ó Muilleoir, Úinéir *Lá Nua*

**Thug Máirtín Ó Muilleoir, dúshlán lucht an amhrais nuair a bheartaigh sé an nuachtán *Lá* a tháirgeadh cúig lá sa tseachtain sa bhliain 2003. Seasann sé leis an chinneadh sin agus leis an tuairim go bhfuil éileamh ar a leithéid: 'Cinnte tá margadh ann, méid an mhargaidh sin scéal eile,' a deir sé,**

**idir shúgradh is dáiríre. Bhunaigh Gearóid Ó Caireallláin agus Eoghan Ó Néill an nuachtán ar an 13 Lúnasa 1984, an lá i ndiaidh gur mharaigh an RUC Seán Downes le linn léirsithe in Iarthar Bhéal Feirste. D'eascair sé as an nuachtán seachtainiúil *Preas an Phobail* a bhunaigh Gearóid Ó Caireallláin i mBéal Feirste. I 1999, cheannaigh Máirtín an nuachtán. Is leis 50 faoin chéad de *Lá* agus is le grúpaí Gaeilge agus Gaeilgeoirí aitheanta an leathchuid eile. Deir sé go bhfágtar cúrsaí eagarthóireachta uilig faoin eagarthóir agus cúrsaí gnó faoin phríomhfheidhmeannach.**

**Is iomaí athrú atá tagtha air ón uair a ghlac Ó Muilleoir seilbh air.**

> 'D'éirigh sé níos sine! Níos mó leathanach, cruth tablóideach, dearadh níos tarraingtí, leagan idirlín ach go bunúsach tá an cuspóir céanna aige i gcónaí: an nuacht logánta, náisiúnta agus idirnáisiúnta a thabhairt tré shúile an chainteora Ghaeilge. Tháinig an t-athrach is mó i mí Eanáir 2007 nuair a seoladh *Lá Nua*, leagan feabhsaithe den bhun-nuachtán.'

**Cítear don Mhuilleorach go bhfuil an ról céanna ag *Lá Nua* is atá ag gach nuachtán:**

> 'Eolas a chur os ard a dhéanfas duine éigin áit éigin míchompordach agus a bheith mar mhada faire ag saoirse an phobail. Sílim go bhfuil meáchanchlár s'aige in Éirinn agus sa phobal Gaeilge. Bíonn léargas ar leith agat ar an tsaol nuair a thosaíonn tú ón bhonn sin. Seachas sin, táimid i gcónaí ar thaobh lucht na Gaeilge agus ar son cosaint cearta phobal na Gaeilge.'

**Is é Máirtín a bhunaigh na nuachtáin *North Belfast News* (1998), *Andersonstown News Monday* (2000) agus *South Belfast News* (2001). Ba é fosta a bhí i mbun an nuachtáin náisiúnta – *Daily Ireland* – a fhoilsiú, a bhí ar an mhargadh idir Feabhra 2005 agus Meán Fómhair, 2006. Foilsíonn Grúpa Nuachta Bhaile Andarsan roinnt mhaith nuachtán ó cheann ceann na tíre agus bíonn láimhdeachas de thuairim is €6m sa bhliain aige. I mBaile Andarsan atá a lárionad agus a gclóphreas ag an ghrúpa (agus oifigí *Lá Nua* ina measc). Chaith Máirtín deich mbliana mar Chomhairleoir Cathrach de chuid Sinn Féin (1987-97) agus roinnt mhaith leabhar, idir shaothair chruthaitheacha agus neamhfhicsean, foilsithe aige i nGaeilge is i mBéarla.**

**Deir sé gur meascán de nuachtán náisiúnta agus réigiúnda é *Lá Nua* atá dírithe ar 'dhuine ar bith, áit ar bith ar domhan, a bhfuil Gaeilge aige nó aici.'**

**Maidir leis na spriocanna atá ag *Lá Nua* don deich mbliana atá le teacht, deir sé:**

'An margadh a fhás. Tuilleadh léitheoirí a mhealladh, bíodh siad ar an idirlíon, tré bhlaganna, tré phodchraoltaí nó via You-tube chomh maith le via an nuachtán clóite. Cur le líon na leathanach agus le líon na n-alt. Faoin chonradh reatha ó Fhoras na Gaeilge, méadófar leathanaigh *Lá* de réir a chéile go dtí 20 leathanach sa lá agus cuirfear go mór leis an táirge. Ar ndóigh tá dul chun cinn an pháipéir ag brath go mór ar tuilleadh fógraí a fháil. Fá 2016, ba mhaith linn a bheith mar chuid den troscán i dteach na meán Éireannach.'

# 4

## Tuairiscí don teilifís

'Ná habair ach a bheagán, ach abar gu math é.'
(Ráiteas greannta ar bhalla Pharlaimint na hAlban).

## Téagar agus siamsaíocht

Ba cheart go dtabharfadh tuairisc nuachta teilifíse freagra ar na ceisteanna seo a leanas: 'Cad a tharla agus cad é an scéal is déanaí? Cad iad na tosca ar cheart dom a bheith ar an eolas fúthu leis na forbairtí sin a thuiscint? Cén tábhacht atá leis an scéal?' Ba cheart go mbeadh sé mar sprioc, mar sin, ag iriseoirí teilifíse an bhearna idir a dtuiscint siúd ar mhionsonraí an scéil agus easpa tuisceana an lucht féachana a chúngú agus míniú simplí a thabhairt ar an tionchar a bheas ag an scéal orthusan nó ar dhaoine eile.

Dá chasta an scéal is ea is mó an dualgas atá ar an tuairisceoir é a chur i láthair ar dhóigh shimplí, shothuigthe. Ar an lámh eile, dá shimplí an insint is ea is cumhachtaí an scéal. Ach níor mhór a thuiscint nach ionann soiléire agus scéal a insint i nglór uasal le híseal agus nach ionann cur síos simplí a dhéanamh ar scéal agus léamh simplí a ghlacadh air.

Caithfear mar sin teacht ar an chothromaíocht cheart idir suim an bhreathnóra a chothú agus eolas tábhachtach a dháileadh.

Má chuireann iriseoir barraíocht stró air féin suim an lucht féachana a mhúscailt bheadh an baol ann go mbeadh stíl seachas ábhar ar thús cadhnaíochta ina thuairisc. Má théann sé thar fóir leis an ábhar agus a bheith gafa le mionsonraí, áfach, tá an baol ann go gcuirfí leadrán ar an lucht féachana agus nach n-amharcfaí ar an scéal. Deirtear go mbíonn blas ar an bheagán agus thiocfadh go mbeadh cumarsáid níos fearr ag an iriseoir leis an té atá ag breathnú air ach níos lú a rá. Ach thar aon ní eile, níor mhór go mbeadh *rud éigin* le rá aige. Bíonn údarás an iriseora ag brath ar an mhéid eolas atá aige ar an ábhar agus is maith a thuigeann an té atá ag breathnú air nuair a bhíonn sé ag cur i gcéill nó ag baint úsáide as cleasanna siamsaíochta. Ach is beag is fiú údarás agus saineolas mura mbíonn iriseoir ábalta greim a fháil ar an lucht féachana.

Níor mhiste cuimhneamh i dtólamh gur meán thar a bheith éadomhain í an teilifís. Deirtear, mar shampla, go bhféadfaí na focail uilig a deirtear le linn feasacháin uair an chloig de nuacht teilifíse a chur i gcló ar aon leathanach amháin de nuachtán. Agus i súile an lucht féachana, níl ach dhá chineál scéal nuachta teilifíse ann – scéal suimiúil agus scéal tur.

## An scéal

Níl ach líon áirithe eilimintí de scéal nuachta is féidir leis an lucht féachana a shú isteach in aon iarraidh amháin. Titeann sé ar an iriseoir mar sin cinneadh a ghlacadh ón tús faoi cad a chuirfidh sé isteach sa tuairisc, agus níos tábhachtaí fós cad a fhágfar ar lár. Tá sé ríthábhachtach go mbeadh na pointí atá an t-iriseoir ag iarraidh a úsáid roghnaithe aige sula dtosaíonn sé ag scríobh a scripte nó ag tarraingt pictiúirí. 'Focus on the story with a sniper's rifle, not a scatter gun,' is ea an cur chuige a mholann iar-eagarthóir Nuacht Domhanda an BBC, Vin Ray. (Ray 2003: 31)

Ní hionann i gcónaí ábhar iomlán an scéil agus an ghné a bheas faoi chaibidil sa tuairisc. Is é an dualgas atá ar an iriseoir ná ionramháil a dhéanamh ar scéal casta agus é a chur i láthair ar bhealach a chuidíonn leis an lucht féachana ciall a bhaint as. Tá teipthe go huile is go hiomlán ar thuairisc nuachta, má chaithfear amharc air níos mo ná uair amháin lena thuiscint mar is ceart. Ní minic a fhaigheann pobal na Gaeilge agus na Gaeltachta, mar shampla, seans tuairisc a fheiceáil an athuair.

## An mhír isteach

Ar aon dul le tuairsc scríofa, ba cheart go mbeadh tuairisceoir ábalta achoimre den scéal a insint in aon abairt amháin amhail is dá mbeadh sé ag déanamh cur síos gairid air do chara leis. Má tá tábhacht faoi leith ag baint leis an chéad abairt san iriseoireacht chlóite, is í **an mhír isteach** croílár na tuairisce teilifíse. Seo é an achoimre ghairid den scéal a léann an láithreoir sula gcraolfar an tuairisc. Ní bhíonn ann go hiondúil ach trí nó ceithre líne agus ba cheart go mbeadh croí an scéil le sonrú ann d'fhonn suim an lucht féachana a chothú. I gcás *Nuacht TG4*, moltar do na hiriseoirí an mhír isteach a scríobh sula dtosaítear ar an script nó ar an eagarthóireacht. Ba cheart go gcuideodh sé seo leis an iriseoir a chuid smaointe a thabhairt chun cruinnis agus a chinntiú cad iad na gnéithe den scéal a bheas á gcíoradh aige. Is féidir leis na hiriseoirí atá lonnaithe sna réigiúin éagsúla – Béal Feirste, Ciarraí, Corcaigh, Luimneach is Dún na nGall – an mhír isteach a chur ar an chóras lárnach ríomhaireachta nó é a dheachtú do chúntóir nuachta ar an ghuthán.

Is fiú cuimhneamh nach bhfuil sa mhír isteach ach blaiseadh den scéal. Níor cheart go mbeadh an scéal ina iomláine ann. Ba cheart gur le cíocras agus le teann fiosrachta faoina bhfuil le teacht a leanfaí ag amharc air. Go deimhin, is geall le ráiteas margaíochta í an mhír isteach – 'Seo scéal spéisiúil, coinnigh ort ag breathnú air.' Ar an lámh eile, áfach, mura gcaithfear cúram leis an mhír isteach tá an baol ann go gcasfaí go cainéal eile. Níor cheart gur athrá a bheadh sa mhír isteach ar an mhéid a bheas sa script ach ar an drochuair is minic a tharlaíonn sé go mbíonn na focail cheannann chéanna sa dá áit. Baineann sé seo ó éifeacht an scéil.

## Struchtúr na tuairisce

Murab ionann agus struchtúr na pirimide inbhéartaithe a mbaintear úsáid as san iriseoireacht chlóite le pointí a chur trasna de réir ord tábhachta, is iondúil go n-insítear scéal teilifíse de réir tús, croí agus conclúid. Ní thig scéal a insint ó thús deireadh i gcónaí, áfach, i dtuairiscí a bhíonn ag cíoradh pholasaithe rialtais mar shampla.

Ba cheart go mbeadh an script a scríobhtar ábalta suim an lucht féachana a chothú, go mbeadh rithim dheas leis agus go snífeadh an insint mar a bheadh séarach oscailte. Ar aon dul le tuairisc nuachtáin, ba cheart go mbeadh na smaointe curtha le chéile go loighciúil le cuidiú leis an té atá ag breathnú air greim cheart a fháil ar an scéal.

I gcúrsaí teilifíse, áfach, níor mhór a bheith aireach i gcónaí faoi na pictiúir a bheas ag dul leis an tuairisc agus caithfear an script agus ord na hinsinte a chur i bhfóirstean dóibh. Ní leor scéal maith a bheith ag iriseoir le go mbeadh tuairisc mhaith aige – caithfear é a tháthú le fuaim nádúrtha agus le pictiúir leis an éifeacht is mó a bhaint amach. Caithfear a chinntiú nach mbeidh aon tsraitheog pictiúr nó agallamh ag teacht salach ar a chéile nó ag cur rithim na tuairisce as a riocht. Is féidir leas a bhaint as fuaim nádúrtha seachas focail leis na sraitheoga a cheangal le chéile más gá. Is fiú cuimhneamh fosta ar ar dúradh linn uile ar scoil agus muid ag tabhairt faoinár gcuid aistí: bíonn tús, lár agus críoch le gach scéal. Ach mar a dúirt an scannánaí Jean Luc Goddard ní gá gur san ord sin a thiocfaidís!

## Script

Is i scríobh na scripte is mó a bhíonn deis ag an iriseoir teilifíse a shamhlaíocht a úsáid. Is féidir dul sa seans leis na focail a úsáidtear fad a bhíonn sé dílis i gcónaí d'fhíricí an scéil. In amanna fiú bíonn breis éifeachta ag scripteanna loma – abairtí gonta, soiléire ina mbíonn béim ar gach focal iontu. Murab ionann is na meáin eile, is minic fosta go mbíonn scileanna aisteoireachta de dhíth le script mhaith a chur i láthair.

Thig le scríbhneoireacht shnasta agus urlabhra chumasach tuairisc shuimiúil teilifíse a chruthú as an ábhar is leimhe. Ní hionann sin le rá, áfach, go bhfuil cead a chinn ag an iriseoir cur síos bláfar, fileata a dhéanamh ar ábhar de réir mar is mian leis. Níor mhór go mbeadh an script ag teacht i dtólamh leis na pictiúir atá á léiriú. Arís eile, thig le script mhaith éifeacht nach bhfuil tuillte acu a thabhairt do phictiúir mharbhánta.

Is féidir le scríbhneoir maith blaiseadh a thabhairt den mheidhir, den ghruaim, den scéin a bhaineann le hócáidí móra amhail is dá mbeidís féin ar an láthair. Tá sé de chumas ag script mhaith smidiríní a dhéanamh den ghloine ar an teilifíseán a scarann an lucht airdill ón iriseoir. Ar ndóigh ó tharla nach minic a bhíonn tuairisc nuachta níos faide ná dhá bhomaite, bíonn tábhacht faoi leith ag baint le hachan fhocal a úsáidtear. Ní hionann sin le rá go gcaithfear a bheith tearc le mionsonraí an scéil nó nach bhfuil aon chead athrá a dhéanamh ar phointí faoi leith. Go deimhin, is minic gur gá méid áirithe athrá a dhéanamh le go dtuigfeadh an lucht féachana cad é go díreach atá i gceist sa scéal. Is mór an bac abairtí fadálacha, áfach, mar go mbíonn deacracht lena rá agus lena dtuiscint. Deirtear nár cheart níos mó ná fiche focal a bheith in aon abairt i dtuairisc nuachta teilifíse. Agus, ó tharla gur meán físiúil atá i gceist, moltar nach mbeadh sa script ach aon trian nó a leath d'fhad iomlán na tuairisce.

Ba cheart don iriseoir a script a léamh cúpla uair sula ndéanann sé í a thaifeadadh ar eagla go mbeadh abairtí amscaí nó focail chiotacha ann a bheadh doiligh a rá. Ina leithéid de chás ba cheart é a athscríobh le cuma níos nádúrtha a chur air. Ba cheart an teanga agus an chomhréir is simplí agus is soiléire a úsáid mar aon leis an líon is lú focal. Cuimhnigh gur ag insint scéil seachas ag scríobh scéil a bhíonn an t-iriseoir agus gur ag caint leis an lucht féachana a bhítear seachas ag scríobh litreach chucu. I gcás Nuacht TG4 cuireann na hiriseoirí an script faoi bhráid an Chlár-Eagarthóra le go mbeadh an dara léamh uirthi. Mura bhfuil brú mór ama ar an iriseoir is fiú go mór dó athmhachnamh, athléamh agus athscríobh a dhéanamh ar an script. Mar a dúirt an t-údar Mark Twain tráth: 'There is no such thing as good writing, only good rewriting.'

Go bhfios dom, níl aon leagan Gaeilge den fhocal 'sesquipedalianism' cumtha ag Rannóg an Aistriúcháin nó ag an Choiste Téarmaíochta go fóill. Cén dochar, is fiú é a sheachaint cibé ar bith. (Is é an chiall atá leis ná 'a bheith ag baint úsáide as focail fhada!') Caithfear a chur san áireamh go mbeidh daoine ó achan chearn den tír, cuid acu ar bheagán oideachais, cuid eile ina n-ollúna ollscoile, ag amharc ar an tuairisc agus drochsheans go mbeidh cóip d'fhoclóir Uí Dhónaill ina nglaic acu le linn an fheasacháin.

Ceist chigilteach go maith í seo sa Ghaeilge mar go mbíonn focail i gcanúintí éagsúla nach bhfuil i gcanúintí eile. Tríd is tríd, bíonn saoirse canúna ag an iriseoir ach é a bheith airdeallach i gcónaí ar thuiscint an phobail trí chéile ar a chuid cainte. Ceist eile ná ar cheart téarmaí nuachumtha, nach bhfuil sa chaint, a úsáid? Ar ndóigh, ní bheidh siad riamh sa chaint mura mbainfear úsáid astu agus a bhuíochas do na meáin Ghaeilge, tá roinnt téarmaí nuachumtha coitianta go maith anois i gcaint na ndaoine. Deir daoine eile, áfach, go bhfuil an baol ann go gceilfear brí an scéil ar dhaoine áirithe má chloítear go ródhílis leis an nuathéarmaíocht. Bíonn amanna ann, áfach, nuair is gá leagan Béarla den téarma a úsáid. Seo a leanas, mar shampla, mír isteach a bhí ag Nuacht TG4 do scéal tábhachtach ar 30 Samhain 2006: 'Phléadáil fear as Conamara ciontach i gCúirt Chuarda na Gaillimhe Déardaoin seo caite as ceithre chúis de chiorrú coil *(nó incest)* a bhain le beirt deirféar leis...' Mura mbainfí úsáid as an fhocal Béarla 'incest' sa chás sin bheadh an baol ann go mbeadh uafáis an cháis ceilte ar an phobal.

## Cur le chéile pacáiste nuachta

I mbéarlagair an tseomra nuachta tugtar 'pacáiste nuachta' ar thuairisc teilifíse. Is minic a chuirtear pacáiste i gcomparáid le traein: inneall is ea bunsmaoineamh an scéil agus bíonn pictiúir, agallaimh, grafaicí agus téacs sna carráistí a bhíonn á dtarraingt taobh thiar de.

Tá dhá mhodh éagsúla ag an iriseoir chun pacáiste a chur in eagar: an script a scríobh ar dtús agus pictiúir a chur léi nó na pictiúirí a chur i dtoll a chéile ar dtús agus script a scríobh bunaithe ar a bhfuil iontu. Tá cainéil teilifíse agus iriseoirí aonaracha ar fud na cruinne idir dhá chomhairle faoi cé acu cur chuige is éifeachtaí agus a mhodh eagarthóireachta féin ag gach éinne.

De réir an chéad chur chuige, scríobhann an t-iriseoir a théacs tar éis dó sracfhéachaint a thabhairt ar an bhunábhar físiúil. Ansin, déanann sé é a thaifead ar théip agus bearnaí fágtha le líonadh ag agallaimh agus giotáin chainte. Ansin gearrtar na pictiúir in oiriúint don script. Má bhíonn siad rófhada don téacs caithfear iad a ghearradh ach mura bhfuil dóthain ann don téacs caithfear cur leo le pictiúir chartlainne. Tá sé de bhuntáiste ag an mhodh eagarthóireachta seo go bhfuil sé níos gasta ná bealaí eile agus is mór an cuidiú é seo don iriseoir a bhíonn ag teannadh ar spriocam. Tá sé de mhíbhuntáiste ag an mhodh seo, áfach, gur minicí ná a mhalairt go ndéantar sceanairt ar na pictiúir, beag beann ar chúrsaí aestéitiúla. Is furasta dearmad a dhéanamh gur meán fisiúil é an teilifís!

De réir an dara cur chuige, cuirtear na pictiúir le chéile ar dtús agus ní mór don iriseoir a script a chumadh bunaithe ar an ord ina bhfuil siad gearrtha. Tá daoine a deir gur cheart go mbeifeá ábalta scéal físe a thuiscint ó na pictiúir amháin agus nár cheart go mbeadh aon ghá le script le míniú a thabhairt air. Maíonn siad gur fearr an cur chuige eagarthóireachta seo mar go dtugtar tús áite do phictiúir seachas don fhocal scríofa. Deir lucht a cháinte, áfach, gur próiseas fadálach, ardscile é.

**Eagarthóireacht chomhghéillte**

Ag seimineár traenála a thug iar-iriseoir de chuid an BBC agus Comhairleoir le Al Jazeera, Michael Delahaye, d'iriseoirí Nuacht TG4 i 2007 moladh an cur chuige eagarthóireachta seo a leanas mar réiteach ar an dá mhodh thuasluaite:

1. Amharcann an t-iriseoir ar na pictiúir a ghlac an ceamradóir.

2. Scríobhann an t-iriseoir a théacs bunaithe ar na pictiúir atá feicthe aige agus fad gach mír tomhaiste aige le staduaireadóir. Ní dhéanann sé an script a thaifeadadh.

3. Taispeánann an t-iriseoir an script agus fad na míreanna don cheamradóir.

4. Gearrann an ceamradóir pictiúir, agus friotal na scripte ar chúl a chinn aige.

5 Sa chás go mbeadh téacs an iriseora agus pictiúir an cheamradóra ag teacht salach ar a chéile, titeann sé ar an iriseoir cur lena script nó baint di lena cur i bhfóirstean do na sraitheoga atá curtha in eagar. I gcásanna eisceachtúla, thig leis an iriseoir a iarraidh ar an cheamradóir atheagar a dhéanamh ar na pictiúir ach molann Delahaye gurbh fhearr i bhfad iarracht a dhéanamh an script a athrú ar dtús.

6 Nuair atá an ceamradóir agus an t-iriseoir sásta go bhfuil na pictiúir agus an script ag teacht lena chéile, cuirtear an glór ar théip.

De réir mhodheolaíocht Delahaye cuirtear an bhéim chéanna ar phictiúir agus ar an fhocal scríofa. Is fiú go mór é a úsáid i dtuairiscí fada ina gcaitear níos mó ama ná mar is gnách ar an phróiseas eagarthóireachta.

## Páipéar balla

Níor cheart riamh go gcaithfí le pictiúir amhail is dá mba 'pháipéar balla' sa chúlra iad, ná script a scríobh nach bhfuil ag teacht lena bhfuil le feiceáil ar an scáileán. Níor cheart ach chomh beag, cur síos a dhéanamh sa script ar a bhfuil le feiceáil ag an lucht féachana cheana féin. Cad is fiú a insint dóibh, mar shampla, gur tháinig cúig thanc isteach i mbaile san Iaráic nuair atá a leithéid ríshoiléir ó na pictiúir? B'fhearr i bhfad a chur in iúl dóibh cad chuige a bhfuil siad ag amharc ar an radharc áirithe sin. Taispeáint seachas insint a bhíonn mar phríomhaidhm ag an phacáiste nuachta.

## Fuaim nádúrtha

Cuireann úsáid chiallmhar fuaime nádúrtha (nó NATS mar a thugtar air i mbéarlagair na teilifíse) go mór le pacáiste nuachta. Níl rud ar bith suaimhneach faoin domhan thart orainn agus níor mhór é sin a léiriú inár dtuairiscí. Is fusa i bhfad don lucht féachana a shamhlú go bhfuil siad ag láthair an scéil nuair a bhíonn an fhuaim sa chúlra le cloisint acu. I gcás go mbeadh brú ama ar an iriseoir, moltar i gcónaí gur cheart an script a ghiorrú seachas an fhuaim nádúrtha a bhaint.

Lena chois sin, is féidir fuaim nádúrtha a úsáid le scíste a thabhairt don lucht féachana ón script atá le cloisint. Ar an dóigh sin, feidhmíonn sé mar a bheadh lánstad closamhairc ann agus tugann sé deis do na pictiúir anáil a tharraingt.

## Giotáin Cainte

Is cuid bhunúsach de phacáiste nuachta é an giotán cainte, cé gur minic a bhaintear úsáid astu san áit chontráilte nó nuair nach mbíonn aon ghá leo. Níor cheart gur athrá ar an mhéid atá ráite sa script a bheadh sa ghiotán cainte agus níor cheart go mbainfeadh sé ó rithim an phacáiste.

Cuimhnigh gur cheart go mbeadh cur síos déanta ar phríomhshonraí an scéil sa script atá scríofa ag an iriseoir agus gur tuairimí is mothúcháin is mó a bhíonn faoi chaibidil sna hagallaimh.

Lena chois sin, níor mhór sraitheog phictiúr a chur le chéile leis an té a bhíonn faoi agallamh a thabhairt i láthair an lucht féachana. Sin í an chúis go bhfeictear duine ag siúl (nó '*walkies*' mar a thugann lucht teilifíse air) sula dtosaíonn sé ag caint, cé go gceapann saineolaithe áirithe gur bealach iontach seanchaite agus falsa é sin le duine a chur i láthair.

Is minic a bhíonn idir dhá agus fiche bomaite d'agallamh taifeadta ag iriseoir agus is é an jab atá le déanamh ná an ghearrthóg is fóirsteanaí a roghnú a oireann don ábhar atá faoi chaibidil. Ní minic a mhaireann gearrthóg agallaimh i bpacáiste nuachta níos faide ná fiche soicind. Ar ndóigh baineann na rialacha céanna le focail mhóra, choimhthíocha nó téarmaí casta, teicniúla nó béarlagair leis an ghiotán cainte chomh maith céanna leis an script. Ba cheart go gcuirfidís le tuiscint an lucht féachana seachas mearbhall a chur orthu. Bíonn fadhbanna breise le sárú ag an iriseoir atá ag treabhadh gort na Gaeilge sa mhéid is go mbíonn sé ag tarraingt as líon teoranta saineolaithe atá inniúil sa teanga. Sin í an chúis go mbíonn na haghaidheanna céanna le feiceáil agus na glórtha céanna le cloisint ar na meáin Ghaeilge ó cheann ceann na bliana.

## Lá Nuachta i TG4

I dtús na maidine téann Clár-Eagarthóir Nuacht TG4 i mBaile na hAbhann i dteagmháil le gach iriseoir atá ar dualgas agus pléitear scéalta an lae leo. Amanna is scéalta iad seo a bhíonn sa nuacht cheana féin (timpiste bóthair cur i gcás), nó scéalta atá i gcló i nuachtáin na maidine, nó scéalta atá i ndialann an tseomra nuachta. Lena chois sin, thig leis tarraingt ó liosta nuachta RTÉ ('homelist' a thugtar air) cé go bhfuil sé mar pholasaí ag *Nuacht TG4* a ghort féin a threabhadh agus aird níos mó a thabhairt ar scéalta a bhaineann leis an Ghaeltacht, leis an teanga nó le hiarthar na hÉireann. Nuair a bhíonn an t-ábhar uilig scansáilte ag an eagarthóir, roghnaítear scéalta i gcomhar leis na hiriseoirí agus cuirtear nuachtliosta le chéile. D'fhéadfadh ar ndóigh go gcuirfí iriseoirí ar malairt treo i rith an lae de réir mar a bhíonn scéalta te-bhruite ag teacht chun cinn. Cuirtear an Clár-Eagarthóir i mBaile Átha Cliath ar an eolas faoin nuachtliosta agus roghnaítear na scéalta a bheas de dhíth le haghaidh na bhfeasachán Gaeilge teilifíse agus raidió ar RTÉ.

Is ag an am seo a insítear cén fad a bheas de dhíth don phacáiste. Pléitear an scéal agus na gnéithe a mbeifear ag díriú orthu sula dtugann an t-iriseoir na bonnaí leis. Ina dhiaidh sin, bíonn an t-iriseoir agus an t-eagarthóir i dteagmháil lena chéile go rialta le forbairtí sa scéal nó toisí úra a phlé. Dá thoradh sin, thiocfadh go gcuirfí tuilleadh ama ar fáil don tuairisc laistigh den fheasachán más gá agus má mheasann an t-eagarthóir gurbh fhiú é a bhronnadh ar an scéal. Beidh cur chuige an iriseora ag brath go mór fosta ar ionad an scéil san ord reatha. Beidh cur i láthair níos éadroime seans i scéal a bheas sa dara leath den fheasachán ná i gceann a bheas i measc phríomhscéalta an lae.

Níor mhór socrú a dhéanamh i rith an lae faoi fhothú an phacáiste. Caithfear aon phacáiste nach gcuirtear in eagar i mBaile na hAbhann a sheoladh síos an líne chuig an stáisiún. Níl ach líon teoranta pointí fothaithe ag RTÉ, áfach, agus bíonn pacáistí ag teacht go Conamara gach uile lá ó Bhaile Átha Cliath, ó Chathair na Gaillimhe, ó Bhéal Feirste, ó Ghaoth Dobhair, gan trácht ar Luimneach, Corcaigh agus Baile Bhuirne. Ó am go chéile, cuirtear veain satailíte go háiteanna iargúlta atá i bhfad ó ionad fothaithe (cuireadh ceann go Tuaisceart Mhaigh Eo, mar shampla, nuair a bhíodh na léirsithe i gcoinne thógáil chríochfoirt agus phíblíne gáis sa cheantar á dtuairisciú) nó go himeachtaí beo ar nós cluichí peile, comhdhálacha, cainteanna polaitiúla nó ceolchoirmeacha.

Caithfear na hionaid fothaithe a chur in áirithe agus seoltar na pacáistí go dtí an Seomra Ionchuir i mBaile na hAbhann. Ní thig leis an Seomra Ionchuir glacadh le gach pacáiste ag an am chéanna agus tugtar am fothaithe do gach iriseoir lena chinntiú nach mbeidh na tuairiscí uile ag teacht sa mhullach ar a chéile. Bíonn an t-am seo bunaithe ar fhorbairtí úra a bheas ag tarlú sa scéal agus ar cé chomh fada ar shiúl ón phointe fothaithe atá an t-iriseoir. Níor mhór don iriseoir cloí lena am fothaithe i dtólamh. Bíonn an phraiseach ar fud na mias nuair nach seoltar pacáiste in am – cuireann sé an-bhrú ar an stiúrthóir agus ar an láithreoir ach go háirithe. B'fhearr leis an Chlár-Eagarthóir pacáiste nach bhfuil chomh snasta sin a fháil seachas ceann cumasach nach mbaineann ceann scríbe amach in am.

## Ról an iriseora

Is maith le cainéil theilifíse a thabhairt le fios go bhfuil iriseoir acu ar an láthair. Meastar go gcuirtear le muinín an lucht féachana in iriseoir má bhíonn sé le feiceáil go bhfuil sé i gcroílár an aicsin. Is minic fiú go gcuireann na stáisiúin theilifíse mhóra beirt cheamradóirí chuig preasagallaimh – ceann amháin ag díriú ar an té atá ag caint agus ceann eile ag díriú ar a gcomhfhreagraí féin agus é ag cur ceisteanna agus ag éisteacht leis na freagraí. Caithfear a bheith cúramach, áfach, gan barraíocht suntais a thabhairt don iriseoir agus níor cheart go mbeadh sé riamh ar thús cadhnaíochta sa scéal. Caithfidh iriseoirí aird a tharraingt ar a gcuid scéalta seachas aird a tharraingt orthu féin. Seo an léamh atá ag láithreoir *Newsnight* ar an BBC, Jeremy Paxman (Ray 2003: 88), air:

> There is a vogue among television bosses at present for employing presenters and reporters who are little more than an ego with a suit and an ability to walk around while spouting at the camera. As a viewer, one sits there, shouting at the screen 'Get out of the way man.' It is a fashion which will pass. I hope.

Ar aon dul le hailt nuachta chlóite b'fhearr an chéad phearsa a sheachaint den chuid is mó. In áit 'd'fhiafraigh mé de' nó 'd'inis sé dom' thiocfadh leis an tuairisceoir a rá 'd'fhiafraigh Nuacht TG4 de' nó 'd'inis sé do Nuacht TG4'. Ní riail dhocht dhaingean í seo agus beidh amanna ann nuair a bheas ar iriseoir níos mo béime a chur air féin go háirithe nuair is finné súl é ar mhórimeachtaí nuachta. Ar an 24 Samhain, 2006, mar shampla, thug Póilín Ní Chiaráin léargas bríomhar in agallamh beo ar Nuacht TG4 ar an stop tobann a chuir an dúnmharfóir Michael Stone le himeachtaí Thionól Thuaisceart Éireann nuair a rinne sé ionsaí gan choinne ar Stormont. Rinne sí cur síos ar a cuid mothúchán féin agus ar an scéin is an uafás a bhí orthu siúd a bhí i láthair. B'fhearr i bhfad a leithéid de chur síos ná insint thur neamhphearsanta ar na himeachtaí a bhí le feiceáil ag an lucht féachana i bpacáistí ar chainéil eile cibé ar bith.

## An Píosa le Ceamara (PLC)

Cuireann an Píosa le Ceamara an-bheocht i bpacáiste nuachta agus tugann sé blaiseadh de láthair na heachtra don té atá ag breathnú ar an nuacht ó chluthair an tseomra suite. Lena chois sin, cuireann sé le húdarás an tuairisceora agus le suim an lucht féachana sa scéal. Ach ar an taobh eile, thig le píosa le ceamara lag beag is fiú a dhéanamh de scéal tábhachtach. Faraor géar is minic nach mbíonn rud ar bith fiúntach le rá ag an iriseoir agus nach gcloiseann an lucht féachana ach síodráil áiféiseach: 'Má leantar leis an nós seo, cá bhfios nach dtarlóidh an rud ceannann céanna i gcodanna eile den tír. Neosfaidh an aimsir!' Cuimhnímis arís ar ár gcara Lunchtime O'Booze san iris aorach *Private Eye* a mbíodh de nós aige gach tuairisc a chríochnú ar an dóigh chéanna: 'One thing is certain...nothing will ever be the same again.'

Mura bhfuil rud ar bith le rá ag an iriseoir, tá sé ag cur am an stáisiún teilifíse agus an lucht féachana amú. Ba cheart go dtabharfadh an PLC léargas faoi leith don té atá ag breathnú ar an nuacht ar eolas atá bailithe ag an iriseoir trína bheith ag labhairt le saineolaithe nó le finnéithe súl. Eolas é seo nach mbeadh teacht ag an ghnáthdhuine air, mura mbeadh sé féin ag láthair na heachtra. Rómhinic a bhaintear úsáid as an phíosa le ceamara, áfach, le tuairimí an iriseora féin ar an ábhar a nochtadh.

Cosúil le gach gné eile den iriseoireacht, níor cheart go mbeadh aon ní róchasta ráite sa PLC. Is maith le tuairisceoirí áirithe na focail a chumadh de réir mar atáthar ag taifeadadh. Cloíonn iriseoirí eile le script agus sa chás sin caithfear cúram faoi leith a dhéanamh den urlabhra lena chinntiú nach mbíonn an chuma ar an scéal go bhfuil gach focal curtha de ghlan mheabhair.

Moltar i gcónaí d'iriseoirí láthair shuimiúil a bhaineann go dlúth leis an ábhar faoi chaibidil a roghnú don phíosa le ceamara. Rófhurasta atá sé seasamh os comhair foirgnimh nó comhartha agus níl baol ar bith go gcothófar breis suime sa scéal dá bharr. Ach is deis iontach atá ann beocht agus gluaiseacht a chur i bpacáiste. Ba ar cheamara CCTV a rinne

Rónán Mac Con Iomaire a phíosa le ceamara i dtuairisc faoi chúrsaí slándála in Middlesborough i Nollaig na bliana 2003 mar shampla. Chuir Ruairí Mac Con Iomaire, comhfhreagraí spóirt *Nuacht TG4*, an sliotar thar an trasnán ó bhuille sleasa i dtuairisc eile. Ba ar stáitse na Taibhdheirce agus spotsolas ina héadan a rinne Áine Ní Ghallchóir a píosa le ceamara i dtuairisc faoi pholasaí na hamharclainne.

Rónán Mac Con Iomaire ag déanamh PLC ar theilifís CCTV in Middlesborough.

Is féidir píosa le ceamara a chur i dtús tuairisce le hatmaisféar a chruthú, le suimiú a dhéanamh ag deireadh an phacáiste nó mar dhroichead i lár an scéil leis an fhócas a bhogadh ó ghné amháin go gné eile. Is féidir leis a bheith ina chuidiú amanna i scéal nach bhfuil rófhísiúil nó chun feidhmiú píosa trealaimh a léiriú – an t-análaitheoir ólacháin mar shampla. Cuidíonn méid áirithe gothála is geaitsíochta fosta le righneas na n-iriseoirí a mhaolú. Is minic a bhíonn an tuairisceoir ag siúl agus é i mbun cainte. Ach bíonn cuma amscaí air seo in amanna mar nach léir i gcónaí cad chuige a bhfuil sé ag siúl, nó cá bhfuil sé ag dul! Mhaígh an colún scigmhagúil *Ar Son na Cúise* in *Foinse* gur ag lorg míleáiste as an méid siúil a dhéanann siad ina gcuid tuairiscí a bhíonn iriseoirí Nuacht TG4! Níor mhór a bheith cúramach fosta nach bhfuil rud éigin sa chúlra a tharraingeoidh aird an lucht féachana ar shiúl ón mhéid atá le rá ag an iriseoir.

Thar aon ní eile, áfach, tugann an píosa le ceamara deis iontach don iriseoir dul i mbun samhlaíochta agus seanmhúnlaí na hiriseoireachta a lúbadh.

Ruairí Mac Con Iomaire ag cur an sliotar thar an trasnán le linn PLC do Nuacht TG4

Áine Ní Ghallchóir, ag déanamh PLC ar stáitse na Taibhdheirce.

## Fad an phacáiste

Ina chuimhní cinn, *Memoir*, déanann John McGahern tagairt don fhear a dúirt: 'Sorry about the long letter, I didn't have time to write you a short one.' Ar an dóigh chéanna nuair a fiafraíodh d'iar-Uachtarán Mheiriceá, Woodrow Wilson, cé chomh fada is a ghlac sé air óráid a scríobh d'fhreagair sé: 'That depends. If I'm to speak for ten minutes, I need a week for preparation. If fifteen minutes, three days. If half an hour, two days. If an hour, I'm ready now.' Is dócha go raibh a theanga ina leathphluic aige nuair a thug sé an méid sin le fios ach léirigh sé pointe maith faoina thábhachtaí is a dheacra atá sé eagar a chur ar smaointe agus iad a chur in iúl go gonta. Sin é go díreach an scil a bhíonn de dhíth i dtuairisc nuachta.

Is beag pacáiste a mhaireann níos faide ná dhá bhomaite agus is beag am a bhíonn ag an tuairisceoir é a chur le chéile. Bíonn spriocam ag chuile feasachán agus níor mhór tuairisc a chur i bhfóirstean do mhianta na n-eagarthóirí éagsúla. D'fhéadfadh, mar shampla, go mbeadh an t-eagarthóir i mBaile na hAbhann gann ar ábhar agus go mbeadh sé ag súil le tuairisc dhá bhomaite ach nach mbeadh ach bomaite de dhíth le haghaidh an fheasachán nuachta ar RTÉ, de cheal ama. I ndeireadh an lae is é an pacáiste céanna atá le déanamh ach gur leagan níos gonta a bheas i gceann amháin acu. Is é an dúshlán atá ag an iriseoir ná insint achomair, shothuigthe a thabhairt ar scéalta casta i mbeagán ama.

Ní gá go mbeadh pacáiste fada níos fearr ná pacáiste gairid, ach a mhalairt. Cé gur nós le hiriseoirí tuilleadh ama a lorg ón mhéid atá leagtha síos dóibh ó thús na maidine is minic nach mbíonn dóthain pictiúr maithe ar fáil dóibh lena script fhada a chlúdach.

## Agallaimh bheo

Tá níos mó éilimh anois ná mar a bhí riamh ar agallaimh bheo ó láthair nuachta. Go deimhin, tá claonadh ag go leor stáisiún nuachta anois droim láimhe a thabhairt don phacáiste nuachta agus díriú ina áit ar thuairiscí beo rialta agus na pictiúir is déanaí ón láthair a thaispeáint fad is a bhíonn an t-iriseoir i mbun cainte. Bíonn na gréasáin nuachta ag súil dá bharr sin go gcuirfeadh na hiriseoirí faobhar ar a gcuid scileanna chur i láthair. Cé go mbíonn cuma uathspreagtha agus nádúrtha ar na hagallaimh seo i ndáiríre bíonn oiread réamhphleanála i gceist leo is a bhíonn le gnáth-thuairisc.

Tá sé tábhachtach go gcloífeadh iriseoirí leis an am atá curtha ar leataobh dóibh. Arís ar ais, b'fhearr i bhfad freagraí gonta (gan dul thar 40 soicind) a thabhairt agus gan barraíocht eolais a bhrú isteach in aon fhreagra amháin. Ba cheart grabhróga beaga eolais a thabhairt don lucht féachana de réir a chéile seachas tinneas boilg a thabhairt dóibh in aon gheábh amháin. Is iondúil go mbíonn na ceisteanna atá le cur ar an iriseoir réamhphléite leis an léitheoir nuachta. In áit script a chur de ghlan mheabhair, áfach, is fearr i bhfad cúpla focal faoi leith a bheith in intinn an iriseora, a fheidhmeodh mar chiú le smaointe áirithe a nochtadh.

Má bhíonn aoi i dteannta an iriseora níor mhiste a chinntiú i gcónaí go mbíonn siad ag amharc air siúd seachas ar an cheamara. Is ar an iriseoir a thiteann sé fosta aíonna gan taithí teilifíse a chur ar a gcompord. Éiríonn níos fearr le hagallaimh bheo nuair a bhíonn an chuma orthu gur comhrá nádúrtha idir bheirt atá iontu.

Tá de nós ag cainéil nuachta leas a bhaint as scáileán gorm anois is arís le léargas a thabhairt ar staitisticí loma a bheadh an-deacair ag an lucht féachana a shú isteach le linn pacáiste nuachta. Tagann grafaic ar an scáileán agus míníonn an t-iriseoir atá ina sheasamh in aice leis cén bhrí atá leis. (Bíonn script scríofa ar an uaithleideoir a théann leis an ghrafaic). Arís eile, dá nádúrtha an cur i láthair is ea is mó an éifeacht a bhíonn ag an teicníc seo.

Bíonn iriseoirí áirithe míchompordach leis an bhéim a leagtar ar chur i láthair agus ar aisteoireacht fiú sna hagallaimh bheo seo. Ach is ceist cumarsáide atá ann i ndeireadh an dála agus má chuidíonn an gheaitsíocht le tuiscint an phobail ar scéal cúrsaí reatha, níl aon locht air. Ach amanna éilíonn uileláithreacht na nuachta dualgais mhíréasúnta ar iriseoirí áirithe, arbh fhearr leo cloí leis na fíricí loma ná spalpadh tuairimí d'fhonn spás a líonadh:

> Increasingly, hacks were tethered to the satellite dish, always on hand to deliver the 'live spot', in a curious belief that rabitting on live is a more relevant and informed kind of reporting; in reality, someone stuck next to a dish for hours on end is the last creature on earth to have learned anything new, and probably unaware of a corpse twenty yards away. *(Adie 2002: 415)*

## Pictiúir

'Taispeáin, ná hinis!' Sin é an *cliché* seanbhunaithe atá mar mhana ag stáisiúin teilifíse ó cheann ceann na cruinne. Ach is *cliché* é arbh fhiú athrá a dhéanamh air arís is arís eile. Tá sé ríthábhachtach go dtuigfeadh an t-iriseoir teilifíse go mbaineann pictiúir de dhlúth is d'inneach lena cheird agus nach gaireas teicniúil amháin é an ceamara.

Ó am a bhunaithe, bhíodh ar iriseoirí *Nuacht TG4* a gcuid pacáistí féin a chur in eagar, cé gur minic a bhíonn ceamradóir ar fáil le cuidiú leo go háirithe nuair nach mbíonn ar chumas na n-iriseoirí pilleadh ar Bhaile na hAbhann le hiad a chur in eagar. Ach tá roinnt físiriseoirí (video journalists) fostaithe ag TG4 agus ag cainéil eile le dornán blianta anuas a dhéanann scannánú agus eagarthóireacht iad féin. De bharr ualach na hoibre a thiteann orthu ní bhíonn an Clár-Eagarthóir ag súil go mbeadh pacáiste déanta acu gach oíche. Ach is léiriú iad na físiriseoirí seo go bhfuil i bhfad níos mó béime á cur anois ar ról an iriseora in aimsiú agus i roghnú pictiúr.

Níor mhór ón tús go dtabharfadh an t-iriseoir coimre chuimhsitheach don cheamradóir ar éirim an scéil a bheas á chlúdach aige. Má chaitear leis an cheamradóir amhail is nach bhfuil ann ach teicneoir, léargas lom an teicneora a gheobhfar uaidh mar thoradh. Ach más mian leis an tuairisceoir a ladar a chur isteach i ngnó an cheamradóra, níl aon chúis nach mbeadh sé toilteanach bunús na scripte a roinnt leis chomh maith. Comhpháirtíocht atá i gceist. Ba cheart, mar shampla, oiread cúraim a dhéanamh de sheat tosaigh na tuairisce is a dhéantar d'abairt thosaigh na scripte.

Bíonn tionchar ag formhór na scéalta a chlúdaítear ar an nuacht – idir pholasaithe rialtais, bheocheisteanna sóisialta, achrainn nó thragóidí – ar shaol daoine. Ba cheart a chinntiú mar sin go mbíonn daoine le feiceáil ar an scáileán. Léiríonn taighde leanúnach gur mó i bhfad an tuiscint a bhíonn ag lucht féachana ar scéal nuachta nuair a bhíonn toise daonna ag baint leis. Is é an dúshlán físiúil atá ann ná feoil a chur ar scéal agus beatha a shéideadh ann. Nuair a bhíonn daoine ag teitheadh ó láthair chogaíochta, mar shampla, is fearrde a thaispeáint cad é mar atá an saol ag an teifeach seachas a bheith ag iarraidh a líon a chuntas mar a tharlaíonn go minic lena leithéid de scéal. Baintear é sin amach trí dhíriú ar dhuine aonair nó ar theaghlach faoi leith. Cuimhnigh gur daoine seachas staitisticí aontoiseacha atá i gceist agus go mbíonn tionchar ollmhór ag a bhfuil ag tarlú ar a saol pearsanta féin.

## Sraitheoga

Tugtar sraitheoga ar shraith pictiúr a bhriseann síos a bhfuil ag tarlú ina codanna éagsúla d'fhonn cuidiú le sní na hinsinte. Chuige seo, níor mhór don cheamradóir a bheith ag smaoineamh chun tosaigh ar na seatanna a bheas á nglacadh aige. Le sraitheog a chur le chéile, caithfidh go mbeadh an seat atá díreach glactha aige ag teacht, chan amháin leis an cheann a thóg sé roimhe sin, ach leis an chéad cheann eile a bheas á tharraingt aige. Trí phríomhsheat a bhíonn sa tsraitheog:

- **Seat Fada** ina dtugtar léargas leathan ar ábhar. Tugann an cineál seat seo peirspíocht d'ábhar.
- Bíonn an t-ábhar agus méid áirithe den chúlra le feiceáil i **Meánseat**.
- Bíonn mionrudaí ar nós éadain agus lámha le feiceáil i **Seat Teann**. Is fiú go mór díriú ar shúile ach go háirithe mar gur minic go mbíonn léargas iontu ar mhachnamh nó ar mhothú an duine.

Agus é ag cur sraitheoga le chéile, ní foláir don cheamradóir an uillinn óna ghlactar seatanna a athrú chomh maith céanna lena méid. Ní gá gur ag leibhéal na súl amháin a ghlacfaí gach seat agus is féidir dul os cionn, taobh thiar, os comhair nó faoi bhun an ábhair idir lámha. Is minic a bhaintear úsáid as teicnicí ar nós **Peanáil** (an ceamara a bhogadh go cothromach leis an ábhar a leanstan) nó **Súmáil** (an ceamara a bhogadh ó léargas leathan go teann) le tuilleadh éifeachta a thabhairt do na pictiúir. Cé gurb iontach na cleasanna iad seo, thig dul thar fóir leo sa chaoi is gur geall go dtagann tinneas mara ar an lucht féachana. Cuirtear i leith an cheamradóra a bhaineann barraíocht úsáide as seatanna peanála go mbíonn sé 'ag spraeáil a ghairdín' agus deirtear faoin té a théann de shíor i muinín na súmála go mbíonn sé 'ag seinm an trombóin!' Faoi mar a deirtear sna fógraí do dheochanna meisciúla ba cheart úsáid bharainneach a bhaint as na teicnící seo!

Níl aon dabht ach go gcuirfidh sraitheoga maithe le féidearthachtaí an iriseora nuair a bheas sé ag scríobh a scripte. Maítear go minic faoi iriseoir maith go mbíonn srón mhaith nuachta aige ach níor mhór don iriseoir teilifíse súile maithe a bheith aige fosta agus suntas a thabhairt do mhionrudaí a bhéarfadh léargas maith físiúil ar an ábhar atá idir chamáin aige. Is éifeachtaí i bhfad cúpla soicind de ghearrthóg mhaith ná cúpla bomaite den fhocal scríofa. Molann iar-chomhfhreagraí cogaíochta an BBC, Martin Bell, go gcaithfear a fhoghlaim conas 'ciúnas a scríobh.'

## Foinsí


Adie, K. 2002. *The Kindness of Strangers*. Headline.

Ray, V. 2003. *The Television News Handbook*. Macmillan.


***

## Painéal 1

Bhur gcéad fáilte isteach...

**Eimear Ní Chonaola,**
Léitheoir Nuachta TG4

Eimear Ní Chonaola – léitheoir nuachta TG4
*(Grianghraf: Glen Mulcahy)*

**Pobal na Gaeltachta is na Gaeilge a chur ar an eolas faoina bhfuil ag tarlú sa saol mór...é sin a dhéanamh ar bhealach beoga a mhúsclóidh suim an lucht féachana ach nach mbainfidh ó údarás an chraoltóra...a bheith réidh leis an réamhullmhúchán uilig a chaitheamh i dtraipisí agus tabhairt faoi scéalta atá á scaoileadh te-bhruite ar an aer.**

**Níl ansin ach blaiseadh de na dúshláin laethúla a bhíonn le sárú ag Eimear Ní Chonaola, príomhléitheoir Nuacht RTÉ/TG4.**

'Níl aon dá lá oibre mar a chéile mar go mbíonn an Nuacht ag síorathrú,' a deir sí. 'Dúisím ar maidin ag éisteacht le *Morning Ireland*, agus bíonn mé ag malartú idir sin agus *Adhmhaidin* ar RnaG le barúil a fháil de phríomhscéalta nuachta an lae.Thiar ansin i mBaile na hAbhann, feicim céard iad na scéalta a bhíonn leagtha amach ag an gClár-Eagarthóir agus ag na hiriseoirí. Ar ndóigh, bíonn tuairisc le cur le chéile agamsa ar scéalta eachtracha an lae, agus bíonn leathshúil agam i gcónaí ar Sky News, ar fhaitíos go mbrisfeadh aon scéal mór. Déanaim iarracht an mhír eachtrach a chur i dtoll a chéile chomh luath is gur féidir liom, le go dtabharfaidh sé deis dhom díriú ar na scéalta atá Nuacht TG4 a chlúdach an lá sin. Níos déanaí tráthnóna, cuireann mé smidiú orm fhéin agus faigheann mé mo fheisteas réidh don oíche. Óna sé a chlog tráthnóna, bíonn cúrsaí gnóthach go maith. Ach arís braitheann chuile shórt ar an lá, agus an cineál scéalta a bhíonn ag briseadh.'

**Tar éis di an tArd-Dioplóma sa gCumarsáid Fheidhmeach a dhéanamh in Ollscoil na hÉireann, Gaillimh, thosaigh Eimear ag obair i TG4 i 1998 mar mhaor craolacháin, ag plé le heagarthóireacht, fís-mheascadh agus ceamradóireacht. Fuair sí post iriseoireachta leis an seomra nuachta dhá bhliain ina dhiaidh sin. Dhá mhí níos déanaí, thosaigh sí ag léamh na nuachta!**

**Cad iad na scileanna is mó a theastaíonn le feasachán a chur i láthair?**

'Creidim go gcaithfidh urlabhraíocht shoiléir a bheith ag duine leis an scéal a chur trasna go simplí agus go beacht. Teastaíonn caighdeán maith Gaeilge freisin. Is maith an rud ord is eagar a bheith agat ort fhéin...agus a bheith in ann cloí le sprioc ama. Caithfidh tú eolas a bheith agat ar chúrsaí reatha agus caithfidh tú freisin a bheith in ann ag brú agus eachtraí gan choinne ag tarlú ar aer. Ní hé an rud is tábhachtaí é, ach caithfidh tú a bheith in ann caoi 's smais a chur ort fhéin, agus teastaíonn teacht i láthair freisin!'

**Lena chois sin, síleann sí go bhfuil ríthábhacht ag baint leis an réamhullmhúchán agus taighde a dhéantar sula gcuirtear agallamh ar dhuine beo ar an nuacht.**

'Caithfidh tú freisin am a úsáid go ciallmhar agus tá sé tábhachtach go gcuirfeá an duine ar a shuaimhneas roimh ré. In aon agallamh, sé an rud is tábhachtaí ná eolas nua a fháil amach. Ach muna n-éisteann tú leis na freagraí, ní bheidh a fhios agat cad iad na ceisteanna is gá a chur.'

**Tá taithí nach beag ag Eimear fosta a bheith ar an bhóthar i mbun gnáthdhualgas iriseoireachta. Deir sí gurb í an chuimhne iriseoireachta is fearr atá aici, ná an tréimhse a chaith sí sa Nígir in iarthar na hAfraice i ndeireadh na bliana 2005 ag soláthar tuairiscí faoin ghorta ansin.**

'Bhí mé fhéin agus an ceamradóir Steven Macken amuigh sa bhfásach in éindí le treabh an Tuareg, daoine chomh spéisiúil agus chomh draíochtúil ní fhaca mé ariamh. Bhí a gcuid bealaí fhéin acu, agus bhí siad bródúil astu. Bhí muid sa tír aimsir Ramadan, daoine ag paidreoireacht agus ag troscadh ó dhubh go dubh. Ba dheacair a chreidiúint nár thóg sé ach os cionn ceithre huaire eitilt ó Pháras na Fraince go Niamey sa Nígir...agus go bhféadfadh difríocht chomh mór a bheith idir dhá áit.'

**Ba í a bhí ag léamh na nuachta sna laethanta beaga i ndiaidh bhás an Phápa Eoin Pól in Aibreán 2005.**

'Bhí an tsochraid agus an t-adhlacadh thart agus bhí na meáin ar fad ar bís lena fháil amach cé a thiocfadh i gcomharbacht air. Bhí súile an domhain dírithe ar shimléar, agus muid ag fanacht le deatach bán a fheiceáil, rud a d'inseodh dhúinn go raibh Pápa nua ceapaithe. Ceann de na hoícheantaí agus muid ar an aer, bhí mé ag labhairt lenár dtuairisceoir Rónán Mac Con Iomaire a bhí sa Vatacáin. Bhí muid díreach théis tosaí ag caint, nuair a cloiseadh clampar mór agus rúille búille. Bhí deatach de chineál éigint le feiceáil taobh thiar de ghualainn Rónáin...agus bhí air imeacht agus fáil amach cén dath a bhí ar an deatach. D'fhág muid an Róimh ar feadh dhá nóiméad, agus ansin chuaigh muid ar ais arís leis an scéal is déanaí a fháil ó Rónán. Bhí an rud ar fad chomh beo! Lá dár saol!'

## Painéal 2

Gaeilge, Gaeltacht agus Iarthar na hÉireann

**Michael Lally,**
Príomh-Eagarthóir Nuacht RTÉ/TG4

Michael Lally, Príomh-Eagarthóir, Nuacht.

**Pictiúir seachas focail amháin atá mar thús cadhnaíochta ag Michael Lally.**

'Fadhb mhór atá ag iriseoireacht nuachta teilifíse sa tír seo ná nach ndéantar úsáid mhaith de phictiúir. Tá an fhadhb seo ann le blianta. Rud nádúrtha é seo. I gcás RTÉ, b'as an tseirbhís raidió a d'eascair an tseirbhís teilifíse agus iriseoirí clóite a bhí fostaithe den chuid is mó leis an raidió. Níor mhithid dúinn deireadh a chur leis an nós atá coiteann, pictiúir a leagan ar thuairiscí a d'oirfeadh níos fearr don raidió. Caithfear aird a thabhairt ar úsáid phictiúr agus ar scéal a insint le pictiúir. Is é sin nádúr an mheáin trína bhfuilimid ag obair.'

**Ba mar láithreoir agus eagarthóir ar an chlár raidió *This Week* a bhí Michael nuair a thosaigh sé ag obair do RTÉ i 1979. Chaith sé ocht mbliana ina dhiaidh sin mar Chomhfhreagraí Talmhaíochta an stáisiúin sular bhog sé go Luimneach le post mar Chomhfhreagraí an Lár-Thiar a ghlacadh. Ina dhiaidh sin chaith sé ceithre bliana ag obair**

**mar Chomhfhreagraí Tionsclaíochta. Ghlac sé sos gairme i 1994 le dul ag obair don eagraíocht charthanachta, Concern, i Nua-Eabhrac. D'eascair an post sin as a shuim agus a shaineolas i ngnóthaí na hAfraice. Le deich mbliana roimhe sin, ba é a rinne tuairisceoireacht ar mhórimeachtaí na mór-roinne sin ó ghorta na hAetóipe agus na Somáile go cinedhíothú Ruanda. Ar fhilleadh go hÉirinn dó, chaith sé tamall gairid mar Chomhfhreagraí an Oirdheiscirt le RTÉ sular ghlac sé leis an dúshlán bogadh siar go Conamara le seirbhís nuachta Gaeilge a bhunú!**

'An fhadhb is mó a bhí againn i 1996 ná nár dearnadh a leithéid riamh cheana. An t-aon rud a bhí inchurtha leis roimhe sin ná an tseirbhís Ghaeilge a bhíodh á soláthar ag RTÉ. Bhíodh tuairim is ochtar fostaithe ach níor fhág siad an oifig go rómhinic agus ba sheirbhís aistriúcháin a bhí ann a bheag nó a mhór. Ba í nuacht an Bhéarla a leag amach priarachtaí na nuachta agus aistríodh go Gaeilge ansin é. Nuair a d'fhógair muid na postanna don tseirbhís nua, ghlac muid cinneadh gur daoine óga a roghnófaí agus go gcuirfeadh muid oiliúint orthu.

'Ba muid an chéad seomra nuachta iomlán digiteach ar domhan ag an am. Ba chéim mhór í sin ach ba mhó i bhfad an dúshlán na hiriseoirí a oiliúint le go bhféadfaidís an t-ábhar a sholáthar. Ghlac sé trí bliana ar na daoine óga sin teacht i méadaíocht agus a bheith ag feidhmiú mar fhíoririseoirí. Murab ionann is seomraí nuachta eile ní raibh aon chomhpháirtithe nó rólchuspaí acu go bhféadfaidís a sampla a leanacht. De réir mar a tháinig fás is forbairt orthu, áfach, thosaigh siad ag aimsiú a gcuid rólchuspaí inmheánacha.'

**Rudaí saoithiúla a thagann chun cuimhne dó agus é ag amharc siar ar an tréimhse chinniúnach sin.**

'Is cuimhin liom an mheidhréis dochreidthe a bhí ann nuair a d'éirigh linn an chéad chiorcad transatlantach a fháil ó Nua-Eabhrac. Tuairisc de chuid Chathail Mhic Coille ar thoghadh Bhill Clinton a bhí ann agus ba é sin an chéad uair a d'éirigh linn a leithéid a bhaint amach trí nasc satailíte. Ócáid an-chorraitheach a bhí ann dúinn, níos mó ná oíche seolta na seirbhíse fiú. Anuas ar sin, bhain mé an-sásamh go deo as a bheith ag breathnú ar an bhforás a tháinig ar an bhfoireann, sa chaoi is gurb iriseoirí go smior anois iad na daoine óga seo a tháinig tríd an gcóras a bhí leagtha amach againn dóibh. Tá mé bródúil freisin go bhfuil polasaí eagarthóireachta á chur ar bun againn nach raibh ach ina aisling i 1996.'

**Agus cén fócas faoi leith atá ag an pholasaí eagarthóireachta sin?**

'Is féidir linn a rá go neamhleithscéalach anois go bhfuil ár bpolasaí préamhaithe go huile is go hiomlán in iarthar na hÉireann. Is san iarthar freisin atá ár bhfócas cultúrtha agus an Ghaeilge agus dearcadh na ndaoine a labhraíonn í á gcriathrú tríd an bhfeasachán. Roimhe seo, ní raibh aon tseirbhís teilifíse dírithe go hiomlán ar phobal na Gaeltachta. Is é an phríomhsprioc atá againn ná freastal ar an nGaeilge, ar an nGaeltacht agus ar iarthar na hÉireann. Ní hionann sin le rá, áfach, go dtugann muid an tsúil dhall don chuid eile don tír ná don domhan. Go deimhin, táimid tiomanta ar dhíriú ar dhiaspóra na hÉireann chomh maith.'

**San am atá le teacht measann Michael Lally go gcaithfear dul i ngleic leis na dúshláin a thagann as modhanna úra cumarsáide.**

'Nuair a rinneadh ionsaí ar chóras taistil Londan i 2005, fuarthas os cionn 30 gearrthóg fhísiúil ón bpobal. Léirigh sé sin nach bhfuil cearta eisiacha ag na heagraíochtaí nuachta a thuilleadh ar mhórimeachtaí dá gcineál. Tá an t-uafás ábhair ar fáil anois, bíodh sé ón nguthán soghluaiste nó ón idirlíon. Rinne muide obair cheannródaíoch ina leith seo trí thograí ar nós **Nuacht Pobail** a chur ar bun, inar lig muid de phobail áitiúla a gcuid scéalta nuachta féin a roghnú agus a chur i láthair. Ba mhaith liom a shamhlú i gceann roinnt blianta gur ábhar a tháinig ó bhaill den phobal a bheadh i suas le haon trian den fheasachán. Is cuma sa tsioc mura dtaitníonn forbairtí den chineál seo linn; mura rachaimid i ngleic leo caillifimid ár n-ionad. Caithfear cuimhneamh go mbeidh an nósmhaireacht ag imeacht ón tseirbhís nuachta féiltiúil go soláthar nuachta de réir mar a éilítear é. Má táimid le cur lenár lucht féachana beidh orainn cumarsáid a dhéanamh trí na meáin ina ndéanann daoine cumarsáid lena chéile.'

# Painéal 3

Ag soláthar Súil Eile

**Pól Ó Gallchóir,**
Príomh-Fheidhmeannach TG4

Pól Ó Gallchóir – Príomh-Fheidhmeannach TG4

**Beidh sé le rá faoi Phól Ó Gallchóir gurb é an chéad duine riamh é a chaith tréimhsí ina cheann foirne ar RTÉ RnaG agus ar TG4. Éacht ann féin é sin, a léiríonn an t-ardmheas a bhí ag údaráis RTÉ ar a chumas ceannasaíochta. Tugadh fócas níos náisiúnta don raidió le linn a sheal mar Cheannaire agus chuir sé dlús leis an fheachtas le TG4 a bhunú mar sheirbhís craoltóireachta neamhspleách.**

'Bhain mé sult an-mhór as an dá mheán. Tá neart cosúlachtaí eatarthu – cumarsáid leis an phobal, teacht aníos le smaointe, cruthú clár, ag iarraidh dul i bhfeidhm ar an phobal. Ar deireadh thiar, is ag bainistiú foirne, agus ag iarraidh comhlacht atá éifeachtach agus lárnach a reáchtáil a bhí mé agus ag cuimhniú i gcónaí gurb í an chluais nó an tsúil sa bhaile an fócas.'

**Tar éis dó céim sa Pholaitíocht agus Stair a bhaint amach in Ollscoil na hÉireann Gaillimh, thosaigh Pól ag obair le RnaG i nDoirí Beaga i 1977. Chaith sé seal ina dhiaidh sin i Seomra Nuachta RTÉ sa phríomhchathair (1980-1985). Go luath i ndiaidh dó pilleadh go Tír Chonaill, ceapadh mar**

**Bhainisteoir Réigiúin i nDoirí Beaga é (1987-1994). Chaith sé sé bliana ina dhiaidh sin ina Cheannaire ar RnaG (1994-2000), tréimhse fhorásach ag an stáisiún. Beartaíodh go dtabharfadh an stáisiún aird níos mó ar an ngné náisiúnta feasta.**

'Sílim gurb é an rud is tábhachtaí gur pobal agus teanga amháin atá againn agus gur cheart dúinn a bheith ag breathnú amach mar sheirbhís atá náisiúnta agus anois idirnáisiúnta. Caithfidh muid gach iarracht a dhéanamh a bheith lárnach agus i gcónaí ag amharc amach.'

**Sa bhliain 2000 tháinig sé i gcomharbacht ar Chathal Goan mar Cheannasaí TG4. I 2007, athraíodh teideal an phoist go Príomh-Fheidhmeannach TG4. Is é atá freagrach as bainistiú na seirbhíse agus na foirne ar fad. Titeann cúraim sceidil air fosta agus TG4 ag iarraidh cláir Ghaeilge d'ardchaighdeán a sholáthar.**

**Ar 1 Aibreán, 2007, tháinig cor suntasach i bhforbairt an stáisiúin nuair a thosaigh sé ag craoladh mar sheirbhís neamhspleách.**

'Tá Craoltóir Seirbhíse Poiblí againn, TG4, le fócas soiléir amháin, seirbhís d'ardchaighdéan a chur ar fáil, go háirithe trí mheán na Gaeilge,' a deir sé. Forbairt ar an sceideal an chloch is mó ar phaidrín Phóil. 'Ba mhaith liom go mbeadh sé huaire an chloig de chláir úra i nGaeilge ar TG4 gach lá, go mbeadh níos mó clár Gaeilge do pháistí againn – cláir d'ardchaighdéan, go háirithe cláir a bhaineann linn féin, ár gcultúr, ceol, spórt, greann agus drámaíocht.'

**Beidh sé ag díriú fosta ar fhorbairt talainne, láithreoirí, aisteoirí, agus daoine le cruthaíocht agus samhlaíocht. Is mian leis chomh maith:**

'leanacht ag cur rogha eile, súil eile ar fáil don phobal agus an earnáil neamhspleách a neartú. Lena chois sin, tá sé mar aidhm go mbeadh an stáisiún ar fáil go digiteach ar gach ardán ar fud an oileáin sa dóigh is go mbeidh TG4 lárnach i saol phobal na hÉireann.'

**Níor mhór do na meáin Ghaeilge dul i ngleic i gcónaí leis na hathruithe atá ag teacht ar an saol agus leis an teicneolaíocht, dar leis.**

'Tá borradh mór tagtha ar na meáin Ghaeilge le roinnt blianta anuas agus caithfear gach iarracht a dhéanamh lena chinntiú go bhfuil na meáin ar fad, teilifís, raidió agus cló lárnach i saol na tíre. Tá muid i dtír dhátheangach, ina bhfuil an Béarla láidir agus i réim i mórán áiteacha agus a bhfuil an Ghaeilge go mór faoi bhrú. Ach is cuid den chultúr sin an Ghaeilge agus cuid an-tábhachtach.

'Caithfear iarracht a dhéanamh gach teaghlach sa tír a nascadh leis an Ghaeilge go laethúil, an lucht féachana is mó a mhealladh, spreagadh cruthaíochta agus fostaíochta a bhaint amach i raon leathan ealaíon agus scileanna, ceiliúradh agus athnuachan go físiúil a dhéanamh go bródúil ar oidhreacht chultúrtha agus spóirt na hÉireann. Caithfear a chinntiú go mbeidh spás lárnach agus íomhá nua-aoiseach phraiticiúil ag an Ghaeilge i ré theicneolaíocht an eolais.'

# Painéal 4

Ar thóir an fhocail chruinn

**Áine Ní Chonghaile,**
Comhairleoir Teanga
Nuacht RTÉ/TG4

Áine Ní Chonghaile, Stiúrthóir Europus
*(Grianghraf: Seán Ó Mainnín)*

**Nuair a chuirtear an oiliúint cheart ar dhaoine óga níl amhras ar bith ach go bhfuil siad in ann tabhairt faoin obair go slachtmhar, dar le hÁine Ní Chonghaile atá ag cur seirbhís chomhairleoireachta teanga ar fáil d'iriseoirí Nuacht RTÉ/ TG4 ón bhliain 1997. Deir sí go gcaithfimid, leis na daoine is ábalta agus meabhraí a tharraingt le suim a chur sa Ghaeilge, gan a bheith leithscéalach ó thaobh a bheith ag iarraidh gairmiúlachta agus sárchleachtais.**

'Cinntím an méid a fhéadaim go mbíonn an teanga a chraoltar cruinn, soiléir, gonta agus leanúnach ó thaobh téarmaí agus cleachtas, agus slán ó thaobh na foghraíochta agus na hurlabhraíochta.'

**Tá tábhacht nach beag ag baint le téarmaíocht chruinn a úsáid ar an aer:**

'Glactar le haon cheartúsáid in aon cheann de na canúintí, ceartúsáid gramadaí agus foghraíochta. Cuirim béim mhór ar chruinneas ó thaobh logainmneacha, ainmneacha comhlachtaí stáit agus eagraíochtaí. Nuair a bhíonn ábhar dlí á phlé caitear a chinntiú go bhfuil téarmaí cruinne an dlí á n-úsáid le tubaistí craoltóireachta a sheachaint. I gcás téarmaí nua a bhíonn riachtanach coinnítear súil ghéar ar na téarmaí a bhíonn cothaithe go nádúrtha ag an bpobal nó a mbíonn glactha leo ag na meáin eile i nGaeilge le go gcothófar seasmhacht ó thaobh téarmaí. Baintear leas as téarmaí oifigiúla an Choiste Téarmaíochta freisin.

'Aon ábhar scríofa a chuirtear ar an scáileán scríobhtar é sa Chaighdeán Oifigiúil, sin mura mbeadh duine ag labhairt i gcanúint ar leithligh agus leanfaí sin go beacht.' Maidir le saoirse canúna de, deir Áine: 'Is ionann canúintí agus caighdeán cainteoirí ó dhúchas maithe agus sin é an *caighdeán* atá uainn ó thaobh urlabhraíochta agus comhréire. Na daoine nach dtugann canúint amháin go hiomlán leo, éilítear go mbeidh siad cruinn ó thaobh na foghraíochta agus ceartúsáid na comhréire.'

**I 1996, bhunaigh Áine an comhlacht teanga Europus, a sholáthraíonn aistriúchán, fotheidealú, teilitéacs agus comhairle teanga. Cuireann an comhlacht oiliúint ar fáil i gcomhar le GMIT agus HETAC; tugtar mic léinn go leibhéal Dioplóma Iarchéime ar dtús agus ansin go leibhéal MSc san aistriúchán.**

**Cén chomhairle mar sin a chuirfeadh sí ar iriseoir óg a bheadh ag tabhairt faoi script a scríobh?**

'An bun-ní a theastaíonn ó iriseoir ná Gaeilge mhaith. Nuair a chuirtear micreafón os comhair duine léirítear aon laigí ar bith a bhíonn i gcumas teanga duine in aon teanga. Má bhíonn laigí ag baint le Gaeilge iriseora is léir sin láithreach. Tagann droch-Ghaeilge idir an t-éisteoir agus an scéal atá an t-iriseoir ag iarraidh a inseacht.

'Ansin féin bíonn ar iriseoirí uaireanta foghlaim le himeacht ón mBéarla agus díriú ar dhul na Gaeilge. Bíonn an chuid is mó dá gcuid foinsí agus ábhar taighde i mBéarla agus imríonn sé sin tionchar scaití ar an tslí a gcuireann siad a gcuid oibre i láthair. Le cleachtadh agus treoir téann an t-iriseoir óg thairis sin.

'Ansin caitear a chinntiú go mbíonn an t-iriseoir beacht agus soiléir. Ar dtús d'fhéadfadh iriseoir a bheadh leadránach agus ag baint leasa as seanfhocla agus teanga a thagann idir é féin agus an mhír nuachta atá sé nó sí ag iarraidh a inseacht. Tógann sé píosa uaireanta meon intinne a chruthú ina mbíonn fhios ag an iriseoir céard go díreach atá sé ag iarraidh a rá, é sin a rá go beacht agus go gonta agus nach mbíonn drochfhoghraíocht nó droch-chomhréir ag teacht idir é féin agus an t-éisteoir.'

**Tá an-mheas aici ar na hiriseoirí a thagann faoina cúram:**

'Oibríonn siad faoi an-bhrú ama agus bíonn orthu dul i muinín an Bhéarla lena n-ábhar a fháil. Tarlaíonn sé go minic i gcúrsaí nuachta go gcaitear nithe a rá ar bhealach caolchúiseach le cásanna dlí a sheachaint. Tá seantaithí fhairsing i mBéarla air sin a dhéanamh. Bíonn iriseoirí na Gaeilge seasta ag dul i ndréim le bealaí a aimsiú le nithe a rá a bheidh dílis do na riachtanais ar fad a chaithfidh siad a chomhlíonadh.'

**Agus na lochtanna is mó a bhíonn ar a gcuid saothair?**

'Uaireanta droch-Ghaeilge, drochfhoghraíocht, nó deilbhíocht nó comhréir a bhíonn contráilte. Uaireanta chloisfeá cainteoirí maithe ó dhúchas a bhíonn leisciúil ó thaobh na teanga nó nach mbíonn dóthain misnigh acu as an teanga a fuair siad ó dhúchas – is dóigh liom gur easpa oiliúna a bhíonn i gceist leis sin. Ní bhíonn foighid ar bith agam le hiriseoirí a bhíonn chomh sleamchúiseach is nach seiceálann siad ainmneacha comhlachtaí stáit, logainmneacha nó téarmaí dlí a bhíonn riachtanach le mír nuachta a chraoladh go beacht. Ní bhíonn aon fhoighid agam le mír nuachta a bhíonn lán le seanfhocla seanchaite agus bladar in áit cruinnis agus eolais. Níl foighid ar bith agam le meon intinne a cheapann nach gcaithfeadh an táirge a bheith chomh foirfe i nGaeilge agus a bheadh a leathcheann i mBéarla.'

# 5

## Agallaimh Raidió

I'd sit alone and watch your light
My only friend through teenage nights
And everything I had to know
I heard it on my radio. *(Queen 'Radio Ga Ga' 1984)*

Cáinaisnéis chonspóideach a chuir an tAire Airgeadais, John Bruton, os comhair na Dála ar 27 Eanáir, 1982. Chuir cinneadh an rialtais cáin bhreisluacha a ghearradh ar bhróga do pháistí an lasóg sa bharrach. (Mhaígh Taoiseach an ama, Garrett Fitzgerald, mura ndéanfaí a leithéid go mbeadh an baol ann go gceannódh mná bróga do pháistí ós rud é gur minic go mbíonn cosa beaga orthu!) Bhí cóimheá na cumhachta ag na Teachtaí neamhspleácha agus bhí rún ag a bhformhór vótáil ina choinne. Ag Jim Kemmy, ó Luimneach Thoir, a bhí an vóta cinniúnach an lá sin agus nuair a chrom an Taoiseach síos le labhairt leis i seomra na Dála, bhí an chosúlacht ar an scéal go raibh sé ar a dhá ghlúin ag impí air tacú leis an cháinaisnéis. Chaith Kemmy vóta ina choinne, áfach, agus thit an rialtas.

Cinneadh siosmaideach a ghlac Raidió na Gaeltachta an tráthnóna sin síneadh a chur lena gcraoladh beo ó Theach Laighean ainneoin a gcuid comhghleacaithe as RTÉ a bheith éirithe as an chraoladh speisialta cáinaisnéise. Chomh luath géar agus a bhí an vóta caite, anuas le tuairisceoir Dála na linne sin ag RnaG, Mícheál Ó Muircheartaigh, go seomra na Dála. Rug sé greim ar an Teachta Kemmy agus thug lom láithreach isteach san ionad craolta é. Ba mar aguisín a chuimhnigh an Muircheartach ar cheist ríthábhachtach a chur: 'Dála an scéil, an bhfuil Gaoluinn agat?' Ar amharaí an tsaoil, bhí.

Léargas ab ea an eachtra seo ar cheann de na buntáistí atá ag tuairiscí raidió thar na meáin eile. Is féidir leis an iriseoir raidió a bheith ar an láthair go han-ghasta agus tuairisc a sholáthar ar an toirt. Tá solúbthacht ag an raidió nach bhfuil ag na meáin eile. Bheadh ceamara agus pointe fothaithe de dhíth le haghaidh na teilifíse agus is dócha ná a mhalairt nach léifí formhór na dtuairiscí clóite go dtí an mhaidin dar gcionn. Ach is beag trealamh a bhíonn ag teastáil don raidió seachas téipthaifeadán, líne theileafóin nó fón póca. Ciallaíonn sé sin go mbíonn sé de chumas ag an raidió nuacht a chur ar an aer a luaithe is a thagann sé chun solais nó go deimhin fad a bhíonn sé fós ag tarlú. Ach ní haon bhuntáiste í seo mura mbainfear leas as. B'fhíor don fhógra bolscaireachta a bhíodh ag crochadh i mBaile Átha Cliath traidhfil blianta ó shin: 'You can watch it tonight, you can read it tomorrow, but you can hear it now on NewsTalk 106.'

Fiú i gcás na gcainéal teilifíse a bhíonn ag feidhmiú 24 uair sa lá – dalta CNN, Sky News agus BBC News 24 – is minic a bhíonn orthu cur chuige an raidió a úsáid nuair a bhíonn scéal ag briseadh. Baineann siad úsáid as agallaimh theileafóin le finnéithe súl nó le tuairisceoirí go dtí go mbíonn a gcuid trealaimh féin i bhfearas do thuairiscí teilifíse.

Ní fada ó bhíothas ag tuar deireadh an raidió, de bharr an borradh mór a bhí faoi chúrsaí teilifíse. Ach tá fianaise ann nár tháinig aon lagtrá, ach a mhalairt. Thig éisteacht le nuacht raidió sa chistin, i do charr nó sa chithfholcadh fiú. Is meán é a ghríosann an tsamhlaíocht mar go mbíonn ar an éisteoir íomhá a chur leis an tráchtaireacht lom. Chan ionann is an teilifis, níl méid na samhailte seo teoranta do mhéid an scáileáin! Ach tá an dóigh a deirtear rud éigin ar an raidió chomh tábhachtach céanna leis an mhéid a deirtear. Maítear gur cheart don chraoltóir raidió labhairt go lom díreach le héisteoir amháin seachas a bheith ag iarraidh a bheith ag seanmóireacht leis na sluaite trí chóras glórfhógartha poiblí.

Tá tréithe faoi leith de dhíth le bheith ag feidhmiú mar iriseoir raidió i nGaeilge, tréithe a bheas faoi chaibidil sna leathanaigh amach romhainn. Ba cheart don iriseoir raidió a bheith inniúil i dteicnicí eagarthóireachta agus a bheith ar a chompord le trealamh nua-aoiseach. Níor mhór fosta a bheith ábalta Gaeilge shimplí, shoiléir a scríobh is a labhairt, chomh maith le scéal casta a choimriú i mbeagán focal. Thairis sin, is ionann na scileanna iriseoireachta a bhíonn de dhíth don raidió is do na meáin eile – srón mhaith nuachta, solúbthacht agus a bheith ábalta spriocamanna a bhaint amach. Agus ár ndóigh níor mhiste a chinntiú go mbíonn Gaoluinn ag an agallaí!

## Struchtúr Nuachta RTÉ Raidió na Gaeltachta

Dhá rannóg chraolta a bhíonn ag feidhmiú in RTÉ RnaG ar leibhéal náisiúnta gach lá:

1 Nuacht, Cúrsaí Reatha agus Spórt

2 Rannóg na gClár, ar a n-áirítear irischláir, ceol, leanúnachas, cláir faisnéise, drámaíocht.

Tá eagarthóir stiúrtha i gceannas ar gach rannóg. Ról bainistíochta atá acu, idir sceidealú foirne, pleanáil chun tosaigh agus caidreamh daonna. Ina theannta sin, déanann eagraí an lae comhordú idir Rannóg na Nuachta agus Rannóg na gClár lena chinntiú nach mbíonn aon trasnaíl i gceist i rith an lae ó thaobh aíonna nó ábhair de. Tá bainisteoirí réigiúnacha i gceannas na stiúideonna i nDoirí Beaga agus i mBaile na nGall.

Cé nach bhfuil aon ní foirmiúil dréachtaithe ar phár, tá polasaí eagarthóireachta RTÉ RnaG bunaithe ar nósanna agus ar chleachtais seanbhunaithe na seirbhíse atá fréamhaithe go maith faoin tráth seo. Is rannóg de chuid RTÉ é agus ar an bhonn sin níor mhór dó freastal ar an tír i gcoitinne. É sin ráite, ó bunaíodh an stáisiún i 1972, rinneadh cúram faoi leith den phobal ónar fáisceadh é – bunadh na Gaeltachta. I bhfocail eile, déantar iarracht, chan amháin an dá thrá a fhreastal idir scéalta náisiúnta agus logánta ach an chothromaíocht chuí a aimsiú idir na ceantair Ghaeltachta éagsúla. Dúshlán nach beag!

Is i gCasla i nGaeltacht Chonamara atá ceannáras RTÉ/ RnaG lonnaithe agus is ann fosta atá an príomhsheomra nuachta. Bítear ag brath cuid mhaith ar RTÉ le haghaidh nuachta náisiúnta agus idirnáisiúnta a chur ar fáil agus is é a gcóras siúd *inews* an phríomhfhoinse chuige sin. Tá fáil ar *inews* ar chóip ó gach aon iriseoir de chuid RTÉ mar aon leis na háisínteachtaí ar nós Reuters, AFP, agus Press Association. Foireann an raidió féin agus a gcuid foinsí a sholáthraíonn an nuacht áitiúil agus corrscéal náisiúnta.

I dtús na maidine roghnaíonn an fhoireann nuachta na scéalta náisiúnta is tábhachtaí ó chóras *inews* agus aistríonn siad go Gaeilge iad. Lena chois sin, cuirtear scéalta atá forbartha ag an Raidió féin, agus a bhfuil tábhacht náisiúnta leo, leis an ord reatha náisiúnta fosta. Déantar siortú ar na nuachtáin agus coinnítear súil ghéar fosta ar phreasráitis a bhfuil toise Gaeltachta ag baint leo agus nach mbeadh luaite in *inews* seans.

I gcás na nuachta áitiúla, craoltar míreanna rialta ó ionaid sna trí Ghaeltacht is mó sa tír – Casla, Doirí Beaga agus Baile na nGall – i ndiaidh an fheasacháin náisiúnta. Is gnách go mbíonn iriseoir ag obair sna réigiúin gach tráthnóna agus go réitíonn sé ábhar don mhaidin dar gcionn. Bíonn sé mar dhualgas ar an té atá ar an deasc ar maidin na scéalta seo agus aon scéal úr a thagann chun cinn a léamh agus cur leis na scéalta i rith an lae. Amanna, tagann casadh nua ar na scéalta seo de bharr agallamh a dhéantar ar *Adhmhaidin*, ar *Nuacht a hAon* nó ar na hirischláir ar nós *Iris Aniar, Barrscéalta,* agus *An Saol ó Dheas*. Déantar iarracht tús áite a thabhairt do scéalta Gaeltachta ach tugtar suntas fosta do scéalta a bhaineann leis an chontae ina bhfuil Gaeltacht suite mar gur dócha go mbeadh tionchar acu ar shaol an phobail (cruinnithe de chuid Chomhairle Chontae Dhún na nGall i Leifir, mar shampla, nó easpa leapacha in Otharlann Leitir Ceanainn.) Ní háibhéil a rá gurb í an tseirbhís nuachta logánta a chuirtear ar fáil buaicphointe éisteachta RTÉ RnaG. Dlúthcheangal na gClár-Reachtairí leis an phobal agus le comhfhreagraithe sna ceantair éagsúla atá mar bhunchloch ag an tseirbhís.

Tá tábhacht nach beag ag baint le scéalta nuachta maithe ar an raidió go háirithe i bhfianaise na géariomaíochta agus an rogha fhairsing stáisiún atá ar fáil anois don éisteoir. Tugann feasacháin láidre nuachta, agus ábhar logánta ach go háirithe, féiniúlacht do stáisiún, rud atá fíorthábhachtach i ré seo na closchraoltóireachta digití. Is iomaí dóigh ar féidir scéal nuachta a chur i láthair ar an raidió, ó chúpla líne cóipe go clár faisnéise iomlán. Tá ceithre phríomhbhealach aitheanta ar ghnách a úsáid le heolas a chur i láthair ar an raidió i gcraoltaí nuachta agus cúrsaí reatha:

**1** Tuairisc scríofa a léitear.

**2** 'Ceist agus Freagra' ó iriseoir a bhfuil eolas bailí aige nó aici.

**3** Pacáiste.

**4** Agallamh.

## 1 Tuairisc scríofa a léitear

Ar aon dul le tuairisc nuachtáin nó teilifíse, níor mhór don script a bheas le léamh ar an raidió a bheith soiléir, simplí agus díreach. Ach tá níos mó práinne ag baint leis seo i gcás an raidió ó tharla gur meán aon chéadfa atá ann. Is féidir an focal scríofa a léamh agus a athléamh mura dtuigeann tú é agus bíonn pictiúir agus fuaim mar thaca leis an script ar thuairisc teilifíse.

I gcás thuairisc raidió, áfach, ní fhaigheann an t-éisteoir ach deis amháin an scéal a chloisint. Níor mhór gur don chluas amháin mar sin a scríobhfaí script raidió. Mura bhfuil sé soiléir agus an t-iriseoir á léamh, níl seans faoin spéir go mbeidh sé soiléir don té atá ag éisteacht leis. Ar bhealach bíonn sé níos deacra script a scríobh don raidió dá bharr mar go gcaithfidh an t-iriseoir a bheith cinnte go bhfuil an t-éisteoir ábalta a bhfuil le rá aige a thuiscint go soiléir. Ach táthar ann a deir gur fusa i bhfad a bheith ag scríobh don raidió má chloítear leis an phrionsabal nach bhfuil le déanamh ach scéal a insint go simplí do dhuine aonair seachas a bheith ag craobhscaoileadh don domhan mór.

Is féidir tuairisc den chineál seo a léamh beo ar an aer nó a réamhthaifeadadh. Is féidir go dtabharfadh sí éagsúlacht agus úire don chraoladh. Is minic a iarrtar ar shaineolaithe laistigh den raidió – eagarthóir spóirt nó comhfhreagraí gnó mar shampla – barúil údarásach a nochtadh agus anailís a dhéanamh ar an scéal atá á scaoileadh.

Leis an tsimplíocht chuí a bhaint amach i script don raidió ba cheart abairtí fada, casta, agus fochlásail iontu, a sheachaint. Abairtí atá gairid, soiléir, loighciúil, gan ornáidíocht, atá de dhíth. B'fhearr gáifeachas na dtablóideach a sheachaint, cé go dtig téarmaí neamhfhoirmiúla a úsáid má chuireann sé le tuiscint an lucht éisteachta. Stíl chomhráiteach le hord, eagar is cruinneas ba cheart a chleachtadh. An focal gairid seachas an ceann fada, an abairt shimplí seachas an ceann casta, an t-eolas sothuigthe seachas faisnéis theibí agus an ráiteas díreach seachas an ceann cliathánach, is fearr a fhóireann don raidió.

Ba cheart fosta slánú (suas nó síos) a dhéanamh ar mhionfhigiúirí. In áit a rá, mar shampla, go bhfuil Comhairle Chontae Chiarraí i ndiaidh 'trí mhilliún seacht gcéad fiche is a ceathair euro agus tríocha dó cent a chur ar leataobh le caitheamh ar chúrsaí séarachais i mbliana,' ba cheart an figiúr a shimpliú go 'breis is trí go leith milliún euro' nó 'beagnach ceithre mhilliún euro.' Is ionann an scéal do dhátaí – is fusa a thuigeann an t-éisteoir an scála ama a bhíonn i gceist le leithéidí: 'i gceann trí seachtaine' seachas 'ar an 12 Feabhra' nó 'Dé Luain seo chugainn' seachas 'ar an 18 Meitheamh.' Thiocfadh i gcásanna áirithe tomhais mhóra a chaitheamh i dtraipisí agus comparáid a dhéanamh le nithe níos so-aitheanta, ar mhaithe le simplíocht: 'stráice talún chomh mór le páirc pheile', mar shampla, nó 'carn bruscair chomh hard le teach dhá stóras.'

Cuimhnigh arís gur meán aon chéadfa é an raidió agus go mbíonn sé iontach doiligh don éisteoir scagadh ceart a dhéanamh ar fhigiúirí. Is amhlaidh an cás go háirithe nuair a bhíonn sraith figiúirí i gceist: líon na gcuairteoirí a tháinig go hÉirinn anuraidh, cur i gcás, agus an chomparáid idir an figiúr sin agus a mhacasamhail do bhlianta eile. Bheadh a leithéid d'eolas thar cionn ar fad i dtuairisc scríofa agus d'fhéadfaí grafaicí a úsáid ar an teilifís á léiriú ach bheadh sé thar a bheith deacair don éisteoir raidió aon chiall a bhaint as.

Níor chóir go gcuirfí tús le scéal raidió le ráiteas díreach. Caithfidh an t-iriseoir an duine a chur i láthair i gcónaí sula dtugtar ráiteas uaidh. Cuir i gcás dá ndéarfaí go bhfuil ‘faillí déanta ag an Rialtas ar sheandaoine in iarthar na hÉireann de bharr easpa infheistíochta i dtithe altranais, a deir an Taoiseach’ is léir go bhfuil scéal mór aimsithe ag an iriseoir. Ach is lú i bhfad an scéal más Comhairleoir Contae de chuid an fhreasúra a thug an ráiteas. B'fhearr mar sin an Taoiseach nó an Comhairleoir Contae a chur i láthair sula dtugtar an ráiteas uathu.

Sa chás sin d'fhéadfaí a rá go bhfuil sé ‘admhaithe ag an Taoiseach go bhfuil faillí déanta ag an Rialtas i seandaoine in iarthar na hÉireann de bharr easpa infheistíochta i dtithe altranais.’ Nó ‘tá sé curtha i leith an Rialtais ag ball den fhreasúra go bhfuil faillí …’ Ach is minic a thugtar an ráiteas ar dtús agus is fíor- dhrochiriseoireacht é mar go mbíonn an chaint dhíreach cloiste agat sula dtuigeann tú an tábhacht a bhaineann léi. D'fhéadfadh go rachadh sé dian ar an lucht éisteachta éifeacht na cainte a thuiscint mura mbíonn siad ag éisteacht go han-aireach ar fad.

Ach an oiread le tuairiscí nuachtáin is teilifíse, bíonn tábhacht faoi leith ag baint leis an chéad abairt. Caithfear greim a fháil ar an éisteoir, go háirithe ós rud é, b'fhéidir, nach bhfuil sé ach ag leathéisteacht leis an fheasachán nuachta, idir dhá chlár ceoil. Chan ionann agus tuairisc nuachtáin, níor cheart an scéal uile a choimriú sa chéad abairt. Ina áit sin, b'fhearr i bhfad gur cos i dtaca a bheadh ann le go dtabharfaí an t-éisteoir tríd an scéal céim ar chéim, smaoineamh ar smaoineamh, abairt ar abairt.

De bharr buntáiste na neasachta a bheith aige thar na meáin eile, is í an aimsir láithreach modh na hinste. Sin an chúis a gcloistear abairtí den chineál seo a leanas ar RTÉ RnaG: 'Tá fear go dona tinn san otharlann, tar éis eachtra lámhaigh a tharla...' nó 'Tá na Gardaí ag fiosrú eachtra lámhaigh..' B'fhearr i bhfad a leithéid de chur chuige ná cuma spíonta a chur ar an scéal trí insint san aimsir chaite: 'Scaoileadh fear inné...' Is minicí fosta a chloistear 'tá sé ráite ag..' nó 'deir' seachas leagan na haimsire caite 'dúirt.' Ar ndóigh is scil ann féin é a bheith ábalta toise cothrom le dáta nó úrnua fiú a thabhairt do scéal. B'fhearr an focal 'inné' a sheachaint den chuid is mó i nuacht raidió ach amháin nuair a bhítear ag déanamh cur síos ar chroineolaíocht an scéil!

Is é an bealach is gasta le scéal a thuairisciú ná píosa cóipe a léamh amach gan aon ionsáiteán fuaime. Baintear úsáid as scéalta cóipe aon abairte nó mar sin do cheannlínte an lae. Cuireann sé seo luas leis an fheasachán agus bíonn cuma ghnóthach air. Ós a choinne sin, is leamh an feasachán gan tuairisc. Ábhar suime é a bhfuil le rá ag daoine agus an chaoi a ndeir siad é.

Amanna fosta craoltar tuairiscí gan aon agallamh iontu. Cé nach bhfuil a leithéid chomh héifeachtach céanna, baintear úsáid astu go minic nuair nach sásódh píosa cóipe an méid eolais atá le cur trasna. Baintear úsáid as guthú i dtuairiscí cúirte, mar shampla, nuair nach mbeadh sé fóirsteanach agallamh a chraoladh ar eagla díspeagadh cúirte a bheith i gceist. Meastar nár cheart go mairfeadh a leithéid de thuairisc níos faide ná 60 soicind.

## 2 Ceist agus freagra

Cleachtas é seo ina mbaintear úsáid as iriseoir le scéal casta a mhíniú i bhfoirm agallaimh. Déantar a leithéid nuair nach mbíonn duine atá lárnach sa scéal ar fáil; é sin nó nuair nach féidir aon chainteoir Gaeilge a aimsiú. I gcásanna mar sin titeann sé ar an iriseoir atá ag ionad na heachtra an scéal a scagadh agus a chur i láthair don lucht éisteachta. Níor mhór, mar sin, go mbeadh na fíricí curtha le chéile agus pléite roimh ré ag láithreoir an chláir leis an iriseoir atá ar an láthair.

Ní haon mhaitheas d'éinne é má bhíonn an t-agallóir ag iarraidh an t-iriseoir a chur i sáinn le ceisteanna casta nó a léiriú go bhfuil níos mó saineolais aige féin ná mar atá ag a chomhghleacaí. Is é an t-aon ról atá ag an láithreoir i gcás den chineál sin, ná an t-iriseoir a spreagadh leis an eolas atá aige a roinnt leis an lucht éisteachta. Seift atá sa chur chuige seo le heolas úr a chur trasna go tapa seachas leithsceál a thabhairt do thuairisceoirí a gcuid barúlacha féin a nochtadh. Caithfidh sé a bheith go hiomlán ar an eolas faoina bhfuil ar siúl ach b'fhearr aineolas a admháil i gcás nach mbíonn freagra na ceiste ar eolas aige, seachas a bheith ag cur i gcéill.

Is gasta i bhfad 'agallamh ceist agus freagra' ná a bheith ag scríobh scripte agus fóireann an cur chuige seo go maith d'ócáidí nuair a bhíonn scéalta te-bhruite á scaoileadh.

## 3 Pacáistiú

Is iad na buneilimintí a bhíonn i bpacáiste raidió ná script, agallaimh, atmaisféar, ceol, maisíochtaí fuaime agus ciúnas. Is féidir iad seo a mheascadh le chéile ar an bhealach is fearr le héirim an scéil a chur i láthair. Amharclann intinne is ea an raidió agus níor mhiste úsáid chruthaitheach a bhaint as focail agus fuaim sa phacáiste nuachta. Beidh rath an phacáiste ag brath ar scileanna agallóireachta agus cumas scéalaíochta an iriseora, mar aon le heagarthóireacht neamhthrócaireach agus cóiriú slachtmhar.

Séard a bhíonn sa phacáiste go hiondúil ná ciú, roinnt agallamh gairid agus naisc chainte ón iriseoir. Ba cheart go mbeadh príomhshonraí an scéil agus achoimre den tuairimíocht atá léirithe ina leith le fáil sa phacáiste, agus é curtha i láthair i mbeartán taitneamhach (mar a thuigfeá ón ainm).

Tá sé de bhuntáiste ag an phacáiste go dtig an dá thaobh den scéal a chur le chéile go cothrom agus gur féidir teicnící casta léiriúcháin ar nós maisíochtaí fuaime a úsáid. Bua eile atá ag an phacáiste ná nach gá ach míreanna beaga d'agallamh a úsáid agus gur féidir aon eolas nach mbaineann le hábhar, nó go deimhin preabanna cainte, a fhágáil ar lár. Thig le pacáiste fónta beocht a thabhairt do théama tur. Murab ionann is agallamh, nuair a bhíonn gach aird dírithe ar an agallaí, bíonn ról níos lárnaí ag an iriseoir sa phacáiste agus é ag feidhmiú mar a bheadh reacaire nó treoraí don éisteoir.

Má bhíonn níos mó ná glór amháin i bpacáiste raidió, ba cheart an té atá ag caint a chur in aithne don lucht éisteachta. Leanann an t-iriseoir á gcur in aithne go dtí go mbíonn sé cinnte go mbeidh an t-éisteoir ábalta idirdhealú a dhéanamh idir na glórtha éagsúla. Nuair a bheas an t-iriseoir i mbun eagarthóireachta ina dhiaidh sin, ba cheart na sleachta gan tábhacht a fhágáil ar lár ach sa chaoi nach n-athrófar brí nó comhthéacs an agallaimh. Dá mhéid a bhraitheann an t-éisteoir go bhfuil sé féin ag láthair an scéil is ea is fearr.

Thig úsáid chliste véarsa ceoil cur go mór le pacáiste. Ba mhaith a d'fhóir 'Good Vibrations', mar shampla, do chlár faisnéise a bhí ag an BBC faoi Dhroichead na Mílaoise i Londain a bhí ag crith gan choinne nuair a céadosclaíodh é. Ach thig leis an rogha ceoil a bheith chomh smolchaite céanna le sean-nathanna cainte. Rómhinic a chloistear 'Money, Money, Money' le hAbba i bpacáistí faoi chúrsaí airgeadais, nó 'Our House' le Madness nuair a bhíonn cúrsaí tithíochta faoi chaibidil nó ar bharr gach oilc 'Food Glorious Food' ón cheoldráma Oliver i bpacáistí a bhaineann le cúrsaí beatha.

Agus ar eagla go gceapfadh éinne go bhfuil na meáin Ghaeilge saor ó olc, chaithfeá an cheist a chur an bhfuil aon amhrán eile sa chartlann seachas 'Gleanntán Glas Ghaoth Dobhair' le cur síos a dhéanamh ar an pharóiste ársa úd? Is ionann an cás don imirce agus 'Cóilín Phádraig Shéamais' agus do chúrsaí mara agus 'Trasna na dTonnta.' B'fhéidir go bhfuil dul amú orm ach a luaithe is a chloisim dord na bpíob uilleann braithim nach dea-scéal, ach a mhalairt, atá le teacht sa phacáiste!

## 4 Agallamh raidió

Is é an t-agallamh an dúshraith ar a gcuirtear na clocha i dtuairiscí raidió. Thig le hagallóir maith cuidiú le duine ar bheagán taithí a thuairim a nochtadh go soiléir don saol mór. Feidhmíonn an tuairisceoir mar ionadaí an lucht éisteachta agus tugann sé deis dóibh éisteacht le tuairimí daoine nach dócha go gcasfaidís leo choíche. I bhfocail eile, ba cheart don iriseoir díriú ar na ceisteanna ba mhaith leis na héisteoirí a chur. Caithfidh an t-iriseoir an t-agallaí a spreagadh chun cainte ach smacht a choinneáil ar shruth agus ar threo an agallaimh ag an am chéanna. Ina theannta sin, is as agallaimh a chruthaítear go leor de na scéalta nuachta a bhíonn ar an raidió. Ba cheart d'agallamh maith a bheith dian ach cothrom!

Úsáidtear stíleanna éagsúla agallóireachta i gcúrsaí raidió:

**(a)** Agallamh eolais: Is í an aidhm a bhíonn ag an chineál seo agallaimh ná an t-eolas cuí a fháil faoi ábhar. Ar aon dul le scéal nuachta sna meáin eile ba cheart go mbeifeá ábalta an 5 C a fhreagairt:

Cé a bhí i gceist san eachtra?

Cad a tharla?

Cén uair a tharla sé?

Cá háit?

Cén fáth ar tharla sé?

**(b)** Agallamh dearcaidh: Cén tuairim atá ag duine faoi rud éigin agus cén chúis atá leis an tuairim sin? Nuair a bhíonn sonraí scéil ar eolas, níor mhór in amanna duine a fháil le ciall a bhaint astu.

**(c)** An tEadránaí Diúltach (Devil's Advocate): Is minic a ghlacann an t-agallóir dearcadh freasúrach leis an teoiric atá ag duine a thástáil nó le malairt tuairime a chur i láthair i bhfoirm ceistiúcháin.

## Leideanna agallóireachta

(Is noda iad seo a d'fhóirfeadh d'agallaimh chlóite is teilifíse chomh maith céanna).

- Caithfear triantán muiníne a chothú idir an té a bhíonn ag cur na gceisteanna, an té a bhíonn á bhfreagairt agus an té a bhíonn ag éisteacht. Is é an t-agallóir stuaic an triantáin agus bíonn rath an agallaimh ag brath ar an chaidreamh a chothaíonn sé leis an té atá á cheistiú aige. Is faoin tuairisceoir atá sé fosta muinín an lucht éisteachta a chothú sa mhéid atá le cluinstin acu. Tá ríthábhacht ag baint mar sin le stádas, seasamh agus údarás an tuairisceora.

- Caithfear a bheith i d'éisteoir maith le bheith i d'agallóir maith! Tá sé ríthábhachtach go n-éisteodh an tuairisceoir go cúramach leis na freagraí a thugtar ar a chuid ceisteanna. Ciallóidh sé seo nach gcuirfidh sé ceisteanna atá freagartha cheana féin agus gach seans go rachaidh an t-agallamh i dtreo úr nach raibh beartaithe roimh ré. Bíonn sé de bhuntáiste fosta ag an agallóir a bhíonn ag éisteacht go cúramach go leanfaidh sé loighic na hargóna, rud a chuirfidh go mór le tuiscint an éisteora. Ach má bheartaíonn an t-iriseoir a chuid ceisteanna féin a chur beag beann ar a bhfuil le rá ag an agallaí, ní bheidh agallamh maith raidió aige go deo. Is tábhachtaí i bhfad an té atá faoi agallamh ná an té atá ag cur na gceisteanna!

- Is í an réamhobair agus an phleanáil an chuid is tábhachtaí den agallamh. Ba cheart don iriseoir liosta a dhéanamh de na príomhghnéithe den scéal a bheas faoi chaibidil. Ní gá gur liosta ceisteanna a bheadh ann. Is fadhb í in amanna má leanann an t-agallóir liosta ceisteanna seachas a bheith ag éisteacht lena bhfuil le rá ag an agallaí. (D'fhéadfadh mar shampla, go mbeadh freagra tugtha ar na ceisteanna uile sa chéad abairt.) Thiocfadh fosta go mbainfeadh an té a chloíonn go ródhílis leis na ceisteanna réitithe an spontáineacht as an agallamh. I ndáiríre is fearr liosta pointí a chur le chéile i scríbhinn nó i d'intinn sa dóigh is gur féidir tic a chur leo nuair a bhíonn freagra tugtha orthu.

- Tá sé thar a bheith tábhachtach go mbeadh oiread taighde déanta ag an iriseoir is a thugann tuiscint agus eolas cruinn dó ar staid reatha an scéil agus ar an agallaí. Níor mhiste fosta a bheith ar an eolas faoin chineál freagra a bhféadfadh an t-iriseoir a bheith ag súil leis. Caithfidh fíricí an scéil a bheith ar bharr a ghoib ag an agallóir agus na ceisteanna ar chóir a chur ina leith.

- Caithfidh fios a bheith ag an iriseoir cén chúis a bhfuil an duine seo faoi agallamh. Cén ról atá aige sa scéal? Cén t-eolas atá á lorg ón duine seo? Mura dtig leis an iriseoir na ceisteanna seo a fhreagairt, níor mhór a bheith in amhras faoi thábhacht an agallaimh féin. Caithfidh fócas ceart a bheith ag an agallamh. Rófhurasta a bhíonn sé ligean don chaint dul ar bóiléagar mura dtuigeann an tuairisceoir aidhm an agallaimh. É sin ráite, níor cheart cloí go docht daingean leis an chuspóir bunaidh má thagann ceist thábhachtach chun cinn le linn an agallaimh. Arís eile, tá sé fíorthábhachtach go ndéanfaí fóirsteanacht, cumas cainte agus caighdeán Gaeilge an agallaí a mheas sula ndéanfar socrú cinnte leis dul ar an aer.

Ba cheart ina dhiaidh sin go mbeadh an t-agallamh bunaithe ar na ceisteanna a chuirfeadh duine tuisceanach ar suim leis an t-ábhar seo. Ach ní 'comhrá idir beirt shaineolaithe' a bhíonn i gceist. Is beag áit atá i gcúrsaí raidió do chomhrá den chineál sin ach i sainchlár speisialta atá dírithe ar lucht éisteachta teoranta ar leith. Dá mbeifeá ag cur agallaimh, mar shampla, ar fhisiceoir a bhuaigh Gradam Nobel, níl sé riachtanach go léifeadh an t-iriseoir cúpla leabhar ar an ábhar roimh ré. Ní suim leis an ghnáthéisteoir, nach bhfuil céim aige san ábhar, éisteacht le comhrá léannta nó plámásach. Fágfaidh léiriú mion ar shaineolas formhór an phobail fuar, ach amháin nuair is sainchlár atá i gceist.

Ról éisteachta atá ag an agallóir mar sin. Go deimhin, deirtear gur 'comhcheilg' é gach agallamh idir an té atá i mbun agallaimh agus an té atá faoi agallamh. Óir is dócha ná a mhalairt go mbíonn formhór an eolais atá á lorg ag an iriseoir ar eolas aige roimh ré agus níl san agallamh ach deis a chruthú don agallaí an scéal a insint. Ar an bhonn sin, is i dtaighde, pleanáil agus struchtúr an agallaimh atá an chuid is tábhachtaí den obair. Fiú nuair a bhíonn freagra na ceiste ar eolas ag an iriseoir is fiú í a chur má mheasann sé nach mbeadh an t-eolas seo ag an lucht éisteachta nó má chuidíonn sé leis an ábhar a shimpliú. D'fhéadfaí fiú leithscéal a ghabháil agus a rá: 'Tá brón orm ach ní thuigim cad é atá i gceist. An bhféadfá é a mhíniú go simplí dár lucht éisteachta?'

Taitníonn ról an mhúinteora le daoine áirithe agus thig iarraidh orthu sainmhíniú a thabhairt ar bhéarlagair nó ar théarmaí teicniúla. Níor cheart don iriseoir glacadh le heolas nach dtuigeann sé féin ar an bhonn gur dócha nach dtuigfidh an lucht éisteachta é ach an oiread. D'fhéadfaí leagan ní ba shimplí a chumadh agus ceist a chur ar an agallaí: 'an é atá i gceist agat ná?' nó 'an bhfuil tú ag rá go...' Ní thugann sé sin díolúine don iriseoir óna chuid dualgas taighde.

Is fiú teacht ar thoise maith nuachta le tús a chur le hagallamh go háirithe más rud é go gcuirtear agallamh go minic ar an duine atá i gceist. B'fhearr fosta teacht ar chur chuige úr. Ar aon dul leis an Ardteist, bíonn freagraí caighdeánacha ullmhaithe ag daoine nuair a chuirtear na ceisteanna céanna orthu go rímhinic. In agallamh a rinne mé le buaiteoir Ghradam Nobel, Seán McBride, sna 1980í d'fhiafraigh mé de cén chuimhne a bhí aige ar an fhile W. B. Yeats a bhíodh de shíor ag suiríocht ar a mháthair. D'inis sé dom go mbíodh sé de nós aige eitleoga a thabhairt leis chun an tí. Níor thuig mé ag an am gur fhreagra é seo a thug sé go minic cheana. Leisciúlacht an iriseora seachas an agallaí is cionsiocair le freagraí den chineál sin. Is minic gur geall le *mantra* iad a bhíonn ar bharr a theanga ag an agallaí. Is ar an té atá i mbun an agallaimh a thiteann sé mar sin a chinntiú nach gcuireann sé ceisteanna a spreagfadh an rud atá cloiste ag an lucht éisteachta míle uair cheana. Ach os a choinne sin, má dhéantar dóthain taighde tiocfar ar cheisteanna nuálaíocha, agus níos tábhachtaí fós, freagraí suimiúla. Is fusa i bhfad anois teacht ar sheanailt ón idirlíon agus is fiú teagmháil a dhéanamh fosta le foinsí tánaisteacha – cairde, freasúra, comhghleacaithe – sula gcuirtear duine faoi agallamh.

- Ba cheart an toise úr a chur i láthair sa chiú nó sa réamhrá a léann an láithreoir. Ar aon dul leis 'an mhír isteach' i gcúrsaí teilifíse, tugtar blaiseadh sa chiú don mhéid atá le teacht san agallamh agus ba cheart go mbeadh sé tarraingteach a dhóthain le greim a fháil ar an éisteoir.

- Ba chóir go mbeadh leanúnachas loighciúil le sonrú i struchtúr an agallaimh agus go leanfadh ceist amháin go ciallmhar agus go staidéartha ó cheist eile. Arís eile, níor mhiste ord na gceisteanna a bheith réamhphleanáilte ag an iriseoir. Méadófar ar thuiscint an éisteora má leanann pointí a chéile go nádúrtha.

- Bí cúramach gan níos mó ná ceist amháin a chur ag an am. Mar shampla: 'Cén fáth ar tharla sé seo, ar tharla sé riamh cheana agus cad atá i gceist agat a dhéanamh faoi?' I gcás mar sin roghnóidh an té atá go maith i mbun agallaimh an ceann is simplí agus déanfaidh sé neamhaird de na cinn eile. Cuimhnigh más fiú ceist a chur in aon chor is fiú í a chur aisti féin! Ar an dóigh chéanna, níor cheart don iriseoir coimriú a thabhairt ar an mhéid atá ráite ag an agallaí ná focail a chur ina bhéal.

Agus ní gá a rá nár cheart don tuairisceoir a ladar a chur sa scéal trína chuid tuairimí féin a nochtadh.

Thairis meán ar bith eile, bíonn struchtúr na gceisteanna ríthábhachtach i gcúrsaí raidió. Ba cheart go mbeadh sé mar aidhm ag an cheist freagra a mhealladh ón agallaí. Má fhiafraítear de dhuine mar shampla 'an raibh tú i nGaillimh inniu?' seans maith gur 'bhí' nó 'ní raibh' a bheas mar fhreagra air. Ach is faide agus is soiléire i bhfad an freagra a gheobhaidh tú má fhiafraítear de 'céard a rinne tú inniu?' B'fhearr gan ceist a chur mar sin ar féidir freagra aonsiollach a thabhairt air. Caithfear daoine a spreagadh le habairtí iomláine a thabhairt mar murab ionann is nuachtán inar féidir caint indíreach a scríobh, ní haon mhaitheas freagra in agallamh raidió mura dtig leat é chraoladh ina iomláine.

Tá sé tábhachtach fosta go gcuirfí ceist ar bhealach a mheallfadh an freagra cuí ón té atá faoi agallamh. Beidh modheolaíocht an agallóra ag brath cuid mhór ar an té atá faoi agallamh. Níor mhór amanna ceisteanna a chur a tharraingeoidh caint ón agallaí ach in amanna eile is amhlaidh a bheadh an t-iriseoir ag iarraidh é a dhíriú ar an ábhar atá idir chamáin seachas dul ar seachrán. Braitheann ord reatha na gceisteanna ar chúinsí ama. B'fhearr tosú leis na ceisteanna nach bhfuil mórán bagartha ag baint leo. Ach má bhíonn brú ama ann beidh ar an iriseoir a chuid ceisteanna tábhachtacha a chur ar dtús. Is mór is fiú don té a chuireann muinín sa Bhíobla amharc ar na teicnící ceistiúcháin a mbaintear úsáid astu i gCaibidil a trí de Leabhar Gheineasas. B'olc an cur chuige a bhí ag an diabhal agus é ag cur ceisteanna nach mbeadh de fhreagra orthu ach 'sea' nó 'ní hea'. Ar an lámh eile, chuir Dia ceisteanna níos ginearálta ar nós 'cá, cé agus cad'!

Caithfidh an t-iriseoir smacht a choinneáil ar an agallamh i gcónaí. B'fhéidir go mbeadh air ceist a chur trí nó ceithre huaire, nó ar bhealaí eile fiú, sula bhfaigheann sé freagra ar a cheist. Níor cheart don iriseoir a ghlór a ardú nó dul i mbun béicíola. Tá a leithéid drochmhúinte agus seans maith dá bharr gur mó de bhá a bheas ag an éisteoir leis an té atá ag seachaint na ceiste ná leis an té atá ar thóir na fírinne. Ba cheart, áfach, an cheist a chur arís go dtí go bhfaighfear freagra air. Sa chás nach mbeadh aon sásamh ag teacht as sin, is féidir leis an iriseoir roinnt de chleasanna na ceirde a úsáid: 'chuir mé an cheist ort faoi thrí agus níor fhreagair tú í. An bhfuil cúis faoi leith ann go bhfuil tú á seachaint?' nó 'is léir nach bhfuil fút an cheist sin a fhreagairt agus mar sin bogfaimid ar aghaidh chuig pointe eile.'

Tá cur síos maith ag an chraoltóir John Humphrys (2000: 228) ar a dheacra is atá sé an chothromaíocht cheart a aimsiú idir ceanndánacht agus tromaíocht in agallamh beo:

I doubt that there has ever, in the history of broadcasting, been an interview with which everybody was satisfied. If you inflict serious injury on a politician from one party and expose him as a thoroughly bad lot, his supporters will want your head. If you fail to do so his opponents will be just as angry. If you can't get a question answered and give up you will be called a coward. If you persist you will be called a bully. If you get a hundred letters heaping praise on you there will usually be another hundred demanding your resignation. Usually, but not always. There are some things the audience will not tolerate. One of them is bullying and another is downright rudeness.

Mar a luadh cheana ba cheart don agallamh a bheith crua ach cothrom!

Níor cheart cur isteach ar an agallaí i lár abairte. B'fhearr i bhfad don iriseoir a mhéar nó a shúile a ardú le haird an chainteora a tharraingt. Ach má bhíonn an t-iriseoir de shíor ag teacht roimh an té atá ag caint tá an baol ann go gcuirfear struchtúr an agallaimh as a riocht agus go mbeidh sé doiligh é a chur in eagar.

Más agallamh fada a bhíonn i gceist le duine nach bhfuil cleachtaithe leis na meáin, is fiú go mór don iriseoir é féin a chur in aithne don agallaí roimh ré agus a bheith cairdiúil leis. B'fhearr gan an leabhar nótaí a tharraingt amach lom láithreach nó an cnaipe taifeadta a bhrú. Is ceart an t-agallaí a chur ar a shuaimhneas faoi chúinsí teicniúla agus fuaime agus gan a bheith ag bogadh thart ina shuíochán nó ag útamáil le pinn. Mura mbíonn an t-iriseoir féin ar a shócúlacht, drochsheans go mbeidh an cainteoir ach an oiread!

Níor cheart na ceisteanna a bheas á gcur a thabhairt ar láimh roimh ré go háirithe i gcás agallaimh ina bhféadfadh go mbeadh an t-iriseoir agus an t-agallaí in adharca a chéile. Bhéarfadh liosta ceisteanna deis don agallaí freagraí seachantacha a réiteach. Thig, áfach, barúil ghinearálta a thabhairt dó faoi na nithe a bheas faoi chaibidil san agallamh. Go deimhin, is minic gur gá réamhfhógra a thabhairt don agallaí faoina mbeidh faoi chaibidil. Seans, mar shampla, go mbeadh air ruainne beag taighde a dhéanamh agus teacht ar fhigiúirí le freagraí beachta a thabhairt.

- Ba cheart a bheith cáiréiseach agus tuisceanach nuair a bhíonn iriseoirí ag cur ceisteanna faoi mhothúcháin. Cuireann mothúcháin go mór le hagallamh ach níor cheart go ndéanfaí foghail ar chrá chroí daoine in am a mbris. Is fíor seo ach go háirithe i gcás agallaimh ar chlár beo. Is furasta an líne idir leas an phobail agus gliúcaíocht a threascairt.

- Tá sé canta nach milleann deaghlór fiacail agus is fiú an t-agallamh a chríochnú ar bhealach dearfach, buíochas a ghabháil agus cead a fháil dul i dteagmháil leis an agallaí arís. Ba cheart a bheith múinte chomh maith céanna leis an té a dhiúltaíonn agallamh a thabhairt duit ar eagla go mbeadh sé de dhíth arís. B'fhearr a chabhair ná a chealg!

- Níor mhiste don iriseoir a chuid trealaimh a sheiceáil roimh agus i ndiaidh agallamh a chur ar dhuine. Tá drochscéal le hinsint ag cor a bheith gach iriseoir raidió faoin scúp iontach nach raibh aige, a bhuíochas do threalamh fabhtach! Is mór an lasadh a bhaintear as duine má iarrtar orthu agallamh a dhéanamh an athuair de bharr meancóg a bhféadfaí a sheachaint. Sin í an chúis gurb iondúil a iarrtar ar agallaithe a gcuid ainmneacha is teidil a lua sula dtosaíonn siad ag caint. Tugann sé deis don iriseoir a chuid trealaimh taifeadta agus an leibhéal fuaime a sheiceáil.

- Agus smaoinigh ar an sean-nath cainte nach bhfuil a leithéid de rud ann agus ceisteanna amaideacha – níl ann ach freagraí amaideacha (cé nár mhór a admháil go gcuirtear corrcheist mhístuama ó am go chéile fosta!)

## Fad an agallaimh

Is é an tslat tomhais is fearr i gcás fad agallaimh ná go mairfeadh sé an t-achar ama is lú is gá chun an t-eolas cuí a fháil. Tá agallamh rófhada má bhíonn athrá nó leadrán ag baint leis agus tá sé róghairid má tá ceisteanna gan freagairt. Má thuigeann an t-iriseoir cad atá uaidh san agallamh, beidh a fhios aige cén uair atá an t-eolas sin faighte agus, dá réir sin, cén uair atá an t-agallamh críochnaithe. Chomh maith céanna, beidh luas agus ton an agallaimh ag brath ar an mhéid eolais atá ón iriseoir agus ar thábhacht an mhéid atá le rá ag an agallaí. Ní féidir an fad céanna a chur ar achan agallamh mar sin. Braitheann sé ar thábhacht an té atá i mbun agallaimh don scéal agus an t-eolas atá le fáil uaidh. É sin ráite, caithfear smacht a choinneáil ar an agallamh agus a chinntiú nach dtéann an té atá i mbun cainte ar seachrán. Caithfear súil a choinneáil ar an chlog fosta agus níor cheart ligean dó dul chun fadála.

## Suíomh an agallaimh

Is féidir agallamh réamhthaifeadta a chur ar dhuine in áit ar bith nach mór agus is mó i bhfad na deiseanna atá ar fáil anois le hagallaimh bheo a dhéanamh lasmuigh den stiúideo. Má bhíonn ar iriseoir dul fad leis an agallaí, is mór is fiú dó an t-áiméar a fhreastal le fuaim nádúrtha a chur sa chúlra. Is iomaí uair a thairgtear d'iriseoir go gcuirfí 'seomra ciúin' ar fáil don agallamh ach níos minicí ná a mhalairt ní láthair fóirsteanach a bhíonn ann. Fiú mura mbíonn macalla damanta le cluinstin ann, is cinnte nach suíomh é a ghríosóidh samhlaíocht an éisteora. Cuireann a bhfuil le cloisint sa chúlra lena chumas pictiúir a tharraingt; ach gur fuaim seachas dathanna a úsáidtear agus gurb é an micreafón a bhíonn ag feidhmiú mar scuab. Níor mhiste dá bharr sin, go mbeadh na faoileáin le cluinstin in agallamh le hiascaire, go gcloisfí gleo chlós na scoile nuair a cheistítear múinteoir agus go mbeadh an meascthóir stroighne ag crónán sa chúlra fad is atá an tógálaí ag caint. Níor cheart, áfach, go mbeadh an fhuaim sa chúlra ró-ard le go gcuirfeadh sé isteach ar an té atá faoi agallamh nó go mbeadh sé ina ábhar seachráin don éisteoir!

## Siondróm Stockholm

Maíonn an t-iriseoir, Janet Malcolm (2004:3), nach bhfuil san agallamh ach feall mar go gcuirtear i gcéill gur chas beirt ar a chéile, go raibh comhrá cairdiúil príobháideach eatarthu agus ansin gur chuir duine acu scéal le chéile ag nochtadh rúndiamhra an duine eile don saol Fódlach. Ach ní haon dóithín iad go leor de na daoine a bhíonn faoi agallamh. Is maith a thuigeann siad gnó an agallaimh. Bíonn a fhios acu nuair a bhíonn siad ag castáil leis an iriseoir nach anamchara é, ach duine a bheas ag cur tuairisce le chéile fúthu. Ar an lámh eile, bíonn a fhios ag an iriseoir nach mbeadh sé ansin murach an post atá aige. Ní chiallaíonn sé sin nach dtig leis an iriseoir a bheith mór leis an duine a gcuireann sé agallamh air – ach is amach anseo a tharlóidh a leithéid – seachas ag an bhomaite ina mbíonn an t-agallamh ar siúl.

Deir Malcolm go mbíonn ruidín de Shiondróm Stockholm (an caidreamh siceolaíoch idir an fuadaitheoir agus an té a fuadaíodh) i gceist ina leithéid de chás. Bíonn an t-agallóir agus an t-agallaí spleách ar a chéile. Bíonn iriseoir ag lorg scéil agus bíonn an duine faoi agallamh ag brath ar an iriseoir le poiblíocht is bolscaireacht a dhéanamh ar a shon. Braitheann siad tréigthe mura bhfaigheann siad próifíl mholtach:

> Every journalist who is not too stupid or too full of himself to notice what is going on knows that what he does is morally indefensible. He is a kind of confidence man, preying on people's vanity, ignorance or loneliness, gaining their trust and betraying them without remorse. Like the credulous widow who wakes up one day to find the charming young man and all her savings gone, so the consenting subject of a piece of non-fiction writing learns – when the article or book appears – his hard lesson.

Eascraíonn deacrachtaí nuair a bhíonn an té atá ag cur an agallaimh meallta leis an phlámás – go bhfuil duine cáiliúil ag déanamh faoistine agus ag nochtadh eolais dó. Glacann sé go huile is go hiomlán leis an mhéid a deirtear. Ach cuimhnigh nach bhfuil de dhualgas ar an iriseoir ach a bheith in am, a bheith cuirtéiseach agus ceisteanna a chur. Ní gá dó aontú nó easaontú leis an mhéid a deirtear.

B'fhearr le hiriseoirí áirithe go ndéanfadh an té atá faoi agallamh an chaint uile. Ach is maith le hiriseoirí eile comhrá a bhunú. Bíonn a leithéid de chur chuige úsáideach má bhíonn tú ag iarraidh dearcadh duine a fháil ach ní insíonnn sé an oiread sin don iriseoir ó thaobh carachtar an duine. San am a chuaigh thart bhaintí úsáid as faoistin na mbráithre mar chur chuige in agallamh. Déanann an duine atá i mbun an agallaimh cur síos ar na fadhbanna a bhí aige nuair a bhí sé ag fás aníos agus é ag súil go gcuirfidh sé an té atá faoi agallamh ag caint faoi fhadhbanna den chineál céanna. Chuir Truman Capote a leithéid d'agallamh ar Mharlon Brando: 'The little bastard spent half the night telling me all his problems. I figured the least I could do was tell him a few of mine.' (Barber1999:201)

## Foinsí

Barber, L. 1999. 'The Art of the Interview' in *Secrets of the Press*, Glover, S. ed. Penguin.

Humphrys, J. 2000. *Devil's Advocate*. Arrow.

Malcolm, J. 2004. *The Journalist and the Murderer*. Granta Books.

***

## Painéal 1

Agallóir neamhfhaiteach raidió

**Gormfhlaith Ní Thuairisg,**
Láithreoir *Adhmhaidin*
RTÉ RnaG

Gormfhlaith Ní Thuairisg,
Láithreoir *Adhmhaidin* RTÉ RnaG

**Níl amhras ar bith go bhfuil Gormfhlaith Ní Thuairisg ar dhuine de na craoltóirí is bisiúla atá tagtha chun cinn i saol na cumarsáide Gaeilge le blianta beaga anuas. Aithnítear í mar agallóir géarchúiseach nach dtéann ar chúl sceiche nuair a bhíonn ceisteanna crua le cur. Ach tá cáil na cothromaíochta uirthi fosta. Deir sí go bhfuil roinnt rudaí nárbh fholáir cuimhneamh orthu agus tú ag réiteach d'agallamh.**

'Tá triúr i gceist i ngach agallamh, an té atá ag cur an agallaimh, an té atá faoi agallamh agus an té atá ag éisteacht. Sé an duine atá ag éisteacht an duine is tábhachtaí agus ba cheart gur orthusan is mó a bheadh tú ag cuimhneamh agus tú ag réiteach. Sé an jab atá agamsa, an t-eolas is fearr agus is cuimsithí a chur ar fáil don duine sin ar bhealach suimiúil. Sé an duine atá á cheistiú an dara duine is tábhachtaí. Is acusan atá an t-eolas. Tá sé dlite dóibh go mbeinnse ar an eolas faoin ábhar agus go gcaithfeadh mé leo go stuama agus go múinte. Níl de thábhacht liomsa mar iriseoir ach go bhfuil mé i mo idirghabhálaí idir an bheirt eile. Ní fúm an chaint. Níl aon tábhacht le mo chuidse tuairimí pearsanta faoin ábhar atá faoi chaibidil.

'Tá dhá shaghas agallaimh ann, an t-agallamh atá ar mhaithe leis an tseirbhís nó leis an bpobal, agus an t-agallamh atá ar mhaithe leis an té atá á chur faoi agallamh. Bíonn cur chuige difriúil go maith agamsa sa dá chás éagsúla. Más eolas atá á chur ar fáil, is é sin mé ag déanamh agallaimh le hiriseoir eile, le duine atá ag cur faoi i gceantar ar leith ag caint faoi eachtra éigin atá ag titim amach, le saineolaí ag déanamh cur síos ar phíosa nua reachtaíochta, déanaim an méid réamhoibre agus is féidir. Léim an méid agus is féidir faoin ábhar. Déanaim staidéar ar an mbunábhar más féidir – más tuarascáil é, léim an tuarascáil seachas an preasráiteas a eisítear faoi. Más reachtaíocht é, léim foclaíocht na reachtaíochta, seachas na tuairiscí i bhfoinsí nuachta eile. Ní i gcónaí is féidir seo a dhéanamh ach déanaim iarracht ar a laghad. Agus cuartaím an oiread tuairimíochta éagsúla sna meáin uile agus is féidir. Labhraím leis an té atá le cur faoi agallamh roimh ré más féidir le go mbeidh tuairim agam céard a bheidh siad ag rá agus cén dearcadh atá acu – sin nó faighim a ndearcadh ón té a shocraigh an t-agallamh. Agus ar deireadh labhraím le daoine eile faoin ábhar – ag an obair, sa mbaile, sa bpobal. Tá mé ag iarraidh ceisteanna a chur san agallamh a chuirfeadh an pobal dá mbeadh deis acu – ní bheadh a fhios agat cá bhfaighfeá an cheist is ciallmhaire nó is conspóidí a d'fheadfá a chur, i gcomhrá fánach taobh amuigh den obair.'

**Deir Gormfhlaith go gcaithfear a chur san áireamh gur minic go mbíonn leas pearsanta éigin ag an té a bheas faoi agallamh.**

'Triailim i gcónaí iarracht a dhéanamh roimh an agallamh an seasamh eile a thógáil – mar bíonn seasamh eile i gcónaí ann. Cuimhním, céard atá mícheart leis an rud atá siad ag iarraidh a chur chun cinn? An bhfuil aon dearcadh eile ar an scéal? An bhfuil aon dream a bheadh ag éisteacht a cheapfadh gur seafóid iomlán atá sa mhéid atá á rá acu? Cén fáth?

'Bíonn sé seo, ní amháin ar mhaithe leis an bpobal éisteachta ach leis an té atá á chur faoi agallamh. Cén chaoi a gcosnóidh siad a bpointe muna dtugtar deis dóibh na ceisteanna crua a fhreagairt? Agus arís, déanaim plé agus athphlé ar an gceist le haon duine a éisteoidh.'

**Níl traenáil ar bith foirmiúil faighte ag Gormfhlaith mar iriseoir seachas an méid a fuair sí óna cuid comhghleacaithe sa raidió ó tháinig sí ann i 1999. Roimhe**

**sin bhain sí céim i bhFraincis agus i mBéarla amach in Ollscoil na hÉireann, Gaillimh agus iarchéim i litríocht an Bhéarla i gColáiste na Tríonóide. Ansin fuair sí deis míreanna nuachta Gaeilge RTÉ a léamh ar feadh scaithimh ina cuid ama saor. Thosaigh sé sin ar an bhóthar í.**

**Maidir le réamhullmhúchán d'agallamh, deir sí nach mbíonn ach an chéad cheist scríofa amach aici:**

'Déanaim nótaí ar na pointí ar cheart díriú isteach orthu ach is dearmad é an iomarca ceisteanna a réiteach nó díriú ar liosta ceisteanna, agus gan a bheith in ann imeacht uathu ag brath ar threo an agallaimh.

'Ar deireadh, scríobhaim réamhrá gearr gonta. Ba cheart go mbeadh an scéal san agallamh. Níl ag teastáil ach blaiseadh sa réamhrá a choinneoidh éisteoirí leat. Agus léim os ard dó nó trí d'uaireanta é. Níl leithscéal ar bith ag aon láithreoir a léann go stadach rud a scríobh sí féin, nó rud a tugadh di sula ndeachaigh sí ar an aer.'

**Cad iad na scileanna a bhíonn de dhíth le haghaidh agallaimh mhaith?**

'I gcás na hiriseoireachta Gaeilge, dea-Ghaeilge. Ní féidir díriú ar ábhar na cainte má tá tú ag smaoineamh i do chloigeann agus agallamh ar siúl an bhfuil an focal 'pobalbhreith' firinscneach nó baininscneach. Agus an oiread eolais ar an ábhar agus is féidir. Cumas éisteachta agus a bheith in ann an t-agallamh a mhúnlú de réir mar a théann treo na cainte. Dea-bhéasa agus múineadh – ná tar roimh dhaoine muna bhfuil fíorghá leis. Má tá teideal acu ar cheart a úsáid, úsáid é. Ná bí ag screadach. Bí cóir agus cothrom agus chomh géar céanna ar chuile dhuine.'

Baineann sí sásamh as na hagallaimh le polaiteoirí, ina sciorrann rud éigin uathu trí thaisme: 'Mar shampla, an t-am a dúirt Aire Stáit agus é ag gabháil leithscéil faoi gur rugadh ar a charr ag briseadh an teorainn luais 'go raibh sé de mhí-ádh air gur rugadh air.' Bhí sé de mhí-ádh air go ndúirt sé é sin beo ar an aer ar aon nós!'

***

## Painéal 2

Ó pháirc na himeartha go cró na craoltóireachta

**Dara Ó Cinnéide,**
Iriseoir le RTE RnaG

Dara Ó Cinnéide, Iriseoir le RTE RnaG agus iar-Chaptaen fhoireann peile Chiarraí

**Bhainfeadh an óráid spreagúil a thug Dara Ó Cinnéide go hiomlán i nGaoluinn bhreá Chorca Dhuibhne agus é ag glacadh le Craobh na hÉireann i 2004 deoir as cloch ghlas. Trí bhonn uile-Éireann a bhí ina ghlaic aige nuair a**

**d'éirigh sé as an pheil. Idir an dá linn, bhí bunchloch a ghairm bheatha mar iriseoir á leagan síos aige. Thosaigh sé ag obair le RTÉ RnaG go páirtaimseartha i samhradh na bliana 1999 agus tugadh post buan dó go luath ina dhiaidh sin. Bronnadh gradam Oireachtais sa bhliain 2004 air don chlár *Spórtiris na nÓg*. I láthair na huaire tá sé ag feidhmiú mar léiritheoir ar an irischlár cúrsaí reatha ó Ghaeltacht na Mumhan, *An Saol ó Dheas*.**

'De ghnáth tosnaíonn an lá roimis a 8 a chlog agus bítear ag éisteacht lenár gclár nuachta, *Adhmhaidin*, féachaint an mbeadh aon ábhar náisiúnta go bhféadfaimis forbairt a dhéanamh air go háitiúil agus an taobh logánta de scéal náisiúnta a thabhairt. De ghnáth bíonn mórscéala amháin in aghaidh an lae agus d'fhéadfaí painéal cainteoirí a thabhairt isteach ag caint air sin. Ar an meán, bíonn orm cúig nó sé cinn de scéalta áitiúla a aimsiú agus taighde a dhéanamh orthu sin. Cuirtear an t-eolas ar fáil don láithreoir ansan agus deinimid stíl agus éirim an chláir a leagadh amach eadrainn. Craoltar an clár ar a 12:10 agus cuirtear clabhsúr leis ar a 12:55. Bítear ag ullmhú do chlár an lae dar gcionn ar a 2 a chlog. Uaireanta tógann an t-ullmhúchán seo go dtína 6 nó 7 nó 8 a chlog tráthnóna. Braitheann sé conas atá na scéalta ag rith liom.'

**Anuas ar an obair sin, bíonn Dara ag soláthar ailt spóirt d'fhoilseacháin éagsúla, *Foinse* ina measc. Déanann sé tráchtaireacht agus anailís ar chluichí peile do RTÉ RnaG agus do *The Sunday Game* chomh maith. Bhí cáil an chruinnis ar chiceanna saora Dhara, scil atá riachtanach san iriseoireacht fosta:**

'Caithfidh an tráchtaire spóirt foclóir fairsing a bheith aige ionas gur féidir leis íomhá a chruthú don éisteoir. Ní mór suim thar na bearta i ngach spórt agus cumas maith taighde chomh maith. Caithfidh an tráchtaire spóirt a léiriú don éisteoir go bhfuil bá ar leith aige leis an rud atá os a chomhair amach.'

**An cuidiú nó laincis í gur iar-pheileadóir é?**

'De ghnáth is cabhair mhór é toisc go bhfuil aithne agam ar na rannpháirtithe agus faighim eolas uathu nach dtabharfaidís uathu de ghnáth. Tá a fhios agam cad atá ag tarlú sa chúlra agus tá tuiscint agam ar mheon na n-imreoirí roimis agus tar éis cluichí móra. Tá a fhios ag na himreoirí gur féidir leo iontaoibh a bheith acu asam agus nach bhfuilim chun rún a scaoileadh. Uaireanta is laincis é, áfach. Bíonn eagla ar bhainisteoirí uaireanta aon agallamh a dhéanamh liom toisc go mbíonn ceisteanna áirithe á gcur!'

**Admhaíonn sé go mbíonn sé deacair iar-chomrádaithe spóirt a cháineadh.**

'Tá sé deacair aon cháineadh a dhéanamh ar imreoirí, go háirithe nuair atá a fhios agat na híobairtí atá déanta acu. Ní théann aon imreoir chun páirce agus é ar intinn aige drochthaispeántas a thabhairt. Bíonn cúiseanna i gcónaí leis agus uaireanta bíonn na cúiseanna seo an-phearsanta. De ghnáth ní cháinim imreoirí ach amháin nuair atá easpa iarrachta i gceist.'

**Ach ní píobaire an aon phoirt é Dara Ó Cinnéide, ná baol air.**

'Bainim an-taitneamh as a bheith ag clúdach scéalta áitiúla a mbíonn tionchar mór acu ar scéal náisiúnta agus vice versa. Tá an scéal leanúnach faoi ainm bhaile an Daingin an-spéisiúil i gcomhthéacs an tsaoil Ghaelaigh. Tá an slad atá á dhéanamh ar iascairí, ar fheirmeoirí agus ar ghairmeacha traidisiúnta na tíre seo an-suimiúil agus is maith liom an aird chuí a dhíriú ar scéalta dá leithéid.'

***

## Painéal 3

Ó chraoladh bradach go 'cuid den saol'

**Eoghan Ó Néill**
Láithreoir ar Raidió Fáilte, ar *Blas* BBC agus colúnaí le *Lá Nua*

Eoghan Ó Néill – Láithreoir ar Raidió Fáilte, ar *Blas* an BBC agus colúnaí le *Lá Nua*

**Bhí lámh ag Eoghan Ó Néill in chóir a bheith achan tionscadal teanga a bunaíodh i mBéal Feirste le dornán blianta anuas. Mar aon lena leathbhádóir, Gearóid Ó Cairealláin, is é duine de chomhbhunaitheoirí an nuachtáin *Lá Nua* agus *Raidió Fáilte* é.**

'Bunaíodh *Raidió Fáilte* le go mbeadh seirbhís raidió ag pobal na cathrach seo i nGaeilge, cionn is go bhfuil a leithéid de dhíth le fada an lá mar thaca don teanga agus mar sheirbhís don phobal,' a deir Eoghan.

**Go deimhin, is doiligh bunú an stáisiúin a scarúint ón iliomad iarrachtaí eile a bhí ar siúl ó na 1980í i leith leis an Ghaeilge a chur chun cinn i mBéal Feirste.**

'Níl sa raidió ach cuid eile den mhogallra atá de dhíth orainn: nuachtáin, ionaid ar nós na Cultúrlainne nó An Droichead nó an 174 Trust, pobal Bhóthar Seoighe, Gaelscoileanna, tuismitheoirí ag tógáil a gclann le Gaeilge, naíolanna agus fiche rud eile. Is cuid den mhogallra é.'

**Ba i 1984 a chuaigh an stáisiún i mbun craolta den chéad uair mar *Raidió Feirste*, san Ard-Scoil, agus bhíodh sé ag teacht is ag imeacht ar feadh tamaill de bhlianta ina dhiaidh sin cionn is cúraim eile a bheith ar dhaoine ach rinneadh é a athbhunú i gCultúrlann Mhac Adam Ó Fiaich sa bhliain 2002. Ghlac sé cúpla bliain eile lena chois sin sula raibh sé ag craoladh i mbláth na maitheasa.**

'Bhí a stádas doiléir go maith. Bhíomar oscailte faoi agus fios maith ag na húdaráis é a bheith ann. Ach ní raibh reachtaíocht sa Bhreatain ag an am chun raidió pobail a cheadú agus mar sin bhí neamhchinnteacht ann faoi stádas stáisiúin mar é.'

**I mí an Mheithimh 2006, i ndiaidh dóibh a bheith i mbun idirbheartaíochta le fada leis na húdaráis craolacháin, bronnadh ceadúnas cúig bliana ar an stáisiún. Thosaigh siad ag craoladh, faoi théarmaí an cheadúnais sin, i mí Mheán Fómhair 2006. An stáisiún áitiúil nó náisiúnta é?**

'Riarann sé ar phobal Bhéal Feirste, mar sin is stáisiún áitiúil é. Ach bíonn sé ag plé go minic le cúrsaí náisiúnta agus beimid ag cur leis an soláthar sin faoi mar a chuirfimid le hacmhainn. Tá cos sa dá champa ag *Raidió Fáilte* mar sin. Agus ó tharla go bhfuil pobal na Gaeilge fud fad na tíre ní baol go mbeadh an stáisiún áitiúil amháin.'

**Measann Eoghan Ó Néill, a bhain Gradam Iriseoireachta an Oireachtais i 1995 agus 2000, go bhfuil margadh mór ann do stáisiún raidió dá chineál. I measc an spriocmhargadh éisteachta atá ag an stáisiún tá:**

'An 36,000 duine i mBéal Feirste a chuir in iúl sa daonáireamh go bhfuil Gaeilge éigin acu. An líon mór daoine sin ar suim leo ceol na hÉireann (nach bhfuil ar fáil ar na stáisiúin eile anseo). Iad sin ar suim leo cláir faoi leith ar *Raidió Fáilte*, ceol *hip hop*, snagcheol nó a leithéid. An líon sin daoine ar suim leo cláir mhaithe, is cuma cén teanga ina bhfuil siad sin. Agus iad sin nach mbeadh ar a gcompord ag dul chuig rang Gaeilge i gceantar náisiúnach den chathair ní gá dóibh dul anois thar tairseach amach go bhfaighidís taithí ar an Ghaeilge.'

**Cad iad na spriocanna atá ag an stáisiún don chéad deich mbliana eile amach romhainn?**

'An stáisiún a dhéanamh mar chuid de shaol achan duine i mBéal Feirste, bíodh Gaeilge acu nó ná bíodh,' ar sé. 'Linn daoine a thraenáil go hardchaighdeán a neartóidh an stáisiún. Rud a fhágfaidh fosta go dtabharfaidh na daoine seo na scileanna sin agus éiteas s'againne isteach i dtionscnaimh eile amach anseo.'

***

Hector Ó hEochagáin agus cara leis

# 6

## Tuairiscí Polaitiúla

The basis of our governments being the opinion of the people, the very first object should be to keep that right; and were it left to me to decide whether we should have a government without newspapers or newspapers without a government, I should not hesitate a moment to prefer the latter. (*Thomas Jefferson i litir chuig Edward Carrington, 16 Eanáir 1787 in Boyd 1950:* ***Páipéir 11:48-49****)*

N.B. They're all media mad here. This obsession with everything to do with the media cannot be over-emphasised – repeat – cannot be over-emphasised! *(18 Feabhra, 1992. An chéad abairt i ndialann a choinnigh Seán Duignan ina phost mar Phreas-Rúnaí an Rialtais). (Duignan 1994: 7)*

Sa bhliain 1588 chuir an file Tadhg Dall Ó hUiginn comhairle ar Bhrian na Murrtha Ó Ruairc aghaidh a thabhairt go cróga ar chos ar bolg na Sasanach:

'D'fhior chogaidh comhailtear síothcháin,
seanfhocal nach sároighthear;
ní fhaghann shíoth ach fear faghla
feadh Banbha an mbánfhoithreadh.'
*(Knott 1920: 108)*

Dúirt an file go dtiocfadh an iliomad taoiseach eile i gcabhair ar Bhrian agus go ndéanfaí díothú ar a naimhde. Bheadh na Sasanaigh ag iarraidh síocháin a dhéanamh leis ach mhol sé don Taoiseach an chluas bhodhar a thabhairt dá n-achainí mar nach raibh siad le trust. Go luath tar éis chumadh an dáin, ruaigeadh Brian as an tír de bharr gur tháinig sé i gcabhair ar mhairnéalaigh longbhriste de chuid Armáid na Spáinne. Chuaigh sé ar a sheachnadh go hAlbain ach gabhadh ansin é agus baineadh a chloigeann de i 1591.

Beagán sa bhreis ar cheithre chéad bliain ina dhiaidh sin tugadh a mhacasamhail de chomhairle do Tony Blair agus é ag machnamh ar dhul chun cogaíochta leis an Iaráic. D'inis claonbholscairí agus taidhleoirí an Phríomh-Aire dó faoi chomhghuaillíocht na bhfireán a rachadh i ngleic leis na hairm ollscriosta a maíodh a bheith i seilbh Saddam Hussein. Bhí deachtóir na hIaráice ag iarraidh teacht ar réiteach de chineál éigin, ach ainneoin a mhalairt de dhearcadh a bheith ag na Náisiúin Aontaithe, dúradh le Blair an chluas bhodhar a thabhairt dó mar nach raibh sé le trust. Ghlac Príomh-Aire na Breataine leis an chomhairle seo, ionsaíodh an Iaráic agus thug Saddam na bonnaí leis. Beireadh air i mbuncar tamall de bhlianta ina dhiaidh sin agus daoradh chun báis é sa bhliain 2007.

Is léir mar sin nach inniu ná inné a tháinig claonbholscairí ar an saol. Bhí sé de chumhacht ag seanfhilí na hÉireann taoisigh a ghríosadh chun ceannairce lena mbriathra binne. De thairbhe go mbíodh an t-aos dána i dtuilleamaí go mór ar urraíocht na dtaoiseach, ba mar laochra tréana, gaisciúla a dhéantar cur síos orthu i litríocht na linne. Bhí tuiscint ag na filí fosta ar dhrochphoiblíocht agus iad breá ábalta aoir fheanntach a chumadh faoi na marlaí a bhí mar naimhde ag a bpatrúin nuair ba ghá. Lochtach go maith mar sin atá a gcuid filíochta mar fhoinse staire ar imeachtaí na linne, siocair gur mhol siad taoiseach áirithe i ndán amháin agus a namhaid i gceann eile. Thiocfadh leat a rá gur sórt múnlóirí íomhá a bhí iontu. B'acusan a bhí an chumhacht naomh cruthanta a dhéanamh as Niall na Naoi nGiall (míthuiscint agus mioscais ba chúis lena dhrochíomhá!) agus cladhaire gan scrupaill a dhéanamh as Gráinne Mhaol (ba bheag am a chaith sí lena teaghlach!) Is beag difear idir córas pátrúnachta na bhfilí anallód agus mar a fheidhmíonn claonbholscairí sa lá inniu. Níl ach Taoiseach amháin ann anois ach tá neart fear is mná 'dána' fostaithe aige agus ag a chuid naimhde le hé a mholadh go crannaibh na spéire nó léasacha a thógáil air. Níl ach slat tomhais amháin ann lena gcuid saothair a mheas – bhí, agus tá, siad ar fáil don té a dhéanfadh an tairiscint is airde. Dá mbeadh Tadhg Dall ina steillebheatha arís, is dócha go mbeadh post aige le *Saatchi & Saatchi*!

## Claonbholscairí is preasoifigigh

Uaillmhian theoranta go maith atá ag polaiteoirí na linne seo dar le hiar-chomhfhreagraí polaitiúil *The Guardian*, Hugo Young (2003:57): 'The nature of the politician's trade these days is the organizing of minor triumphs and the avoiding of major calamities.' Bíonn rath na sprice sin ag brath cuid mhór ar an chaidreamh a bhíonn ag an pholaiteoir leis na meáin chumarsáide. Glactar leis mar sin gur gá an t-eolas a thugtar do na meáin a riar go siosmaideach. Sa mhír seo déantar anailís ar an chaidreamh corrach idir an polaiteoir agus an t-iriseoir, agus iad araon ag iarraidh aidhmeanna a shásamh a bhíonn ag teacht salach ar a chéile go minic.

Chaith Seán Duignan dhá bhliain ina Phreas-Rúnaí Rialtais nuair a bhí Albert Reynolds ina Thaoiseach. Tá cur síos beacht déanta aige ina chuimhní cinn (1994: 39) ar an chaidreamh a bhíonn ag an pholaiteoir leis an iriseoir:

> The notion dies hard among politicians that they can have 'friends' among the media. They know this can be done, they will tell you, because so many of their political opponents have manifestly pulled it off. Therefore, all they require is the right stroker with the right touch to massage the hacks into acknowledging their conspicuous worth. To this purpose, they cultivate a wide range of journalistic contacts, plying them with exclusive interviews, quotes and 'steers' and they almost invariably wind up in spluttering high dudgeon as the favoured ones bite the hand that feeds them.

Is ar mhaithe le cuid de na fadhbanna seo a threascairt a fhostaítear claonbholscairí polaitiúla. Ach is geall le heascaine í an 'chlaonbholscaireacht' ar na saolta deireanacha seo. Ar na meáin atá an locht, dar le go leor polaiteoirí, ó tharla nach ndéantar idirdhealú ceart a thuilleadh idir fíricí a thuairisciú agus tuairimí a nochtadh. Ós rud é go gcuireann na meáin a gcasadh féin ar an scéal (in éadan an pholaiteora go minic) cad chuige nach mbainfí úsáid as a mhacasamhail de chleasanna le claonadh eile a léiriú?

Pé ar bith cén dream a chuir tús leis an chlaonbholscaireacht, níl aon amhras ach go gcuireann sé leis an drochmheas atá ag an phobal ar pholaiteoirí – amhail is dá mba é an aon chith a d'fhliuch an t-iomlán acu – agus iad mar eiseamláir chruthanta faoi láthair ar lúbaireacht focal agus camastaíl chliste. Cuireadh go mór leis an tuairimíocht sin nuair ab éigean do chlaonbholscaire de chuid rialtas Tony Blair éirí as oifig de bharr ríomhphost a sheol sí chuig baill den pháirtí ar an 11 Meán Fómhair, 2001, an lá ar tharla ionsaithe uafásacha i Nua-Eabhrac agus Washington. Dúirt sí sa ríomhphost gur lá maith a bheadh ann le drochscéal faoi chaiteachas údarás áitiúil a chraobhscaoileadh! Ina chín lae siúd *The Blair Years,* ba é an t-aon locht a fuair iar-Phreas-Oifigeach Rialtas na Breataine, Alastair Campbell, ar an chomhairle áirithe sin ná go raibh sé místuama é a nochtadh go poiblí.

Go deimhin tá córas leagtha amach ag Roinn na Polaitíochta in Ollscoil na Ríona, in Kingston Ontario le claonbholscaireacht na bpolaiteoirí a mheas. Scrúdaítear lúth a dteanga agus a gcumas le cor a chur san fhocal. I measc comharthaí sóirt na claonbholscaireachta, dar leo, tá:

- Úsáid níos lú á baint as forainmneacha pearsanta mar go mbíonn an cainteoir ag iarraidh fad a chur idir é agus a bhfuil á rá aige. (Maítear go mbaineann an té atá ag insint na fírinne go leor úsáide as focail ar nós 'mé' is 'mise.')

- Úsáid níos lú á baint as focail choinníollacha ar nós 'áfach' agus 'mura'.

- Úsáid fhairsing á baint as focail chorraitheacha diúltacha.

- Níos mó úsáide á baint as focail 'gnímh' le cuidiú le sní na hinsinte sa chaoi is nach dtabharfar faoi deara nach bhfuil gach rud a deirtear ag teacht le chéile.

Níor mhór an cheist a chur mar sin: cé ann ar cheart don phobal a mhuinín a chur? An fíor a rá nach mbíonn an fhírinne ghlan in aon teachtaireacht a thagann ó pholaiteoir nó ó eagraíocht pholaitiúil, mar a thugtar le fios go minic? Más fíor sin, an dtig leis an phobal a bheith lánmhuiníneach go ndéanfaidh na meáin scagadh ceart air? Ba cheart cuimhneamh, áfach, gurb í feidhm an chlaonbholscaire ná casadh faoi leith a chur ar scéal seachas bréaga a insint agus an fhírinne a chur as a riocht. Níl siad ag feidhmiú i mbarr a maitheasa mura dtig leo a chur ina luí ar an phobal go bhfuil lom na fírinne á hinsint acu. Thiocfadh leat a rá gur múnlóir eolais é an claonbholscaire a bhfuil d'fheidhm aige an dubh a chur ina gheal ar dhaoine. Go deimhin, bhíodh sé le rá ag an iriseoir Éireannach, Claud Cockburn, a chaith seal fada ina eagarthóir ar an scigiris *Private Eye*, nár cheart rud ar bith a chreidiúint go dtí go séantar go hoifigiúil é!

Níor mhór, áfach, idirdhealú a dhéanamh idir preasoifigigh agus claonbholscairí. Ní hionann spriocanna an dá cheird.

Bíonn go leor preasoifigeach den seandéanamh fostaithe ag go leor de ranna stáit na hÉireann agus ag eagraíochtaí poiblí eile. Pléann siad le ceisteanna ó na meáin agus ní chuirtear deireadh lena dtréimhse fostaíochta nuair a thiteann an rialtas. Ach is geall le rothair iad le hais Harley Davidson na gclaonbholscairí, dar leis an tráchtaire Michael White (1999: 91-2):

> A spin doctor is a press officer with an attitude, a PR man with a hot client, a marketing executive with a pitch. They can be found wherever there is a city takeover to be massaged, an Oscar nominee to be talked up or protected. Such spinners usually have fancy titles and work from large desks in PR firms. But political spin doctors are a breed apart, the urban guerrillas of the trade, far more exposed to public notoriety than their slick commercial cousins. Their mission: the projection and protection of power.

Ról réamhghníomhach a bhíonn ag an chlaonbholscaire; é ag iarraidh brí a bhaint as imeachtaí agus an dóigh a rachaidh siad i gcion ar an phobal, an ghoimh a bhaint as nithe diúltacha agus béim a chur ar an ngné dhearfach. Caithfidh sé a bheith ábalta boladh na conspóide atá ag éirí bréan a aithint, é a chlúdach le *cling film* agus é a chur i bhfolach in áit éigin as baol sula bhfaighidh an toghlach aon rian den bhréantas. D'fhéadfadh go nglacfadh sé creidiúint as ceannlíne um thráthnóna a cháin sé as éadan an mhaidin sin.

Go minic is cumhachtaí iad ná na polaiteoirí féin. Deir Seán Duignan, mar shampla, gur ceann de na cúiseanna nár éirigh leis an chomhrialtas idir 1993-94 ná gur chuir Fianna Fáil barraíocht béime ar dhea-chaidreamh a chothú le hAirí Rialtais an Lucht Oibre agus nár tugadh dóthain airde ar chomhairleoirí an pháirtí. Nuair a cuireadh an Comhairleoir Michael Fitzgerald ó Thiobraid Árann Theas ar fionraí ó Fhine Gael i 2006 de bharr an chosaint a rinne sé ar dhaoine a bhíonn ag tiomáint faoi thionchar an óil, dúirt sé go raibh lámh ag baill 'neamhthofa' den pháirtí leis an chinneadh. Bheadh daoine ann a chreidfeadh go mb'fhéidir gur chlaonbholscairí an pháirtí a bhí i gceist aige!

In Éirinn na linne seo tá úsáid fhairsing á baint as cleasanna agus teicnící na margaíochta le teachtaireachtaí polaitiúla a chraobhscaoileadh. Is mairg don pháirtí polaitiúil nach bhfuil teacht aige ar mhodhanna sofaisticiúla le barúil an toghlaigh a leanúint agus is mó suntas a thugtar anois do na tuairimí a nochtar i ngrúpa fócais ná ag Ard-Fheiseanna. Bíonn daoine fostaithe le líomhaintí a bhréagnú nó a cheartú nó le casadh dearfach a chur ar dhrochscéal. Tar éis teip thubaisteach rialtas caomhach John Major, nuair a bhí go leor de na hairí in adharca a chéile go poiblí faoi pholasaithe rialtais, is beag páirtí i dtír ar bith anois nach mbíonn córas acu lena chinntiú go mbíonn a gcuid ball ar aon fhocal faoi gach rud. Is cosúil nach gceadaítear do pholaiteoirí na linne seo a mbarúlacha féin a bheith acu faoi aon ní! Go deimhin, is minic gur trí theachtaireachtaí téacs ón cheannáras a fhaigheann ár gcuid polaiteoirí a dtuairimí faoi bheocheisteanna reatha. 'On message' a thugtar ar an nós seo i gcaint na claonbholscaireachta.

Maíonn na claonbholscairí, áfach, go n-éilíonn síorchraoladh na meán teacht i láthair snasta agus córais chumarsáide éifeachtacha. Caitheann polaiteoirí na linne seo an méid chéanna ama sa stiúideo teilifíse is raidió is a chaitheann siad sa Dáil, a deirtear. Ní leor a thuilleadh a bheith cumasach i mbun oifige, dar leo, caithfear a bheith ábalta é sin a chur in iúl don domhan mór! Táthar ann a chreideann go mbeadh an lá ag Richard Nixon ina dhíospóireacht bheo le John F Kennedy i 1960, mar shampla, dá mbeadh múnlóir íomhá ar fáil le ruainne beag *max factor* a chur ar a bhruth féasóige. Os a choinne, tá seans go mbeadh Bertie Ahern ina cheap magaidh agus é ag taisteal na cruinne in anorac gioblach, d'uireasa a chuid comhairleoirí stíle. Mar a dúirt J.K. Galbraith in Humphrys (2000 :222):

> The reduction of politics to a spectator sport...has been one of the more malign accomplishments of television. Television newsmen are breathless on how the game is being played and largely silent on what the game is all about.

Bíodh sin mar atá, maítear go bhfuil an lámh in uachtar anois ag cúrsaí bolscaireachta ar phrionsabail nó ar straitéis. Is mó an bhéim a chuireann polaitíocht an lae inniu ar mhúnlú íomhá ná ar bhriatharchath stuama. De réir an tsocheolaí, Manuel Castells (1996:67): 'Media politics have to be personalised because the simplest message is an image, and the simplest image is a person.'

Tar éis teip thoghcháin, is minic a chloistear 'ní raibh sé ábalta a chuid polasaithe a dhíol' seachas 'níorbh fhiú cac an diabhail a chuid polasaithe.' De réir na tuairimíochta seo is tábhachtaí cúrsaí margaíochta ná prionsabail. Sin í an chúis gur minic anois gurb as taighde i measc spriocghrúpaí a ghintear polasaithe polaitiúla. Sin í an chúis fosta go mbronntar conarthaí ríluachmhara ar chomhlachtaí fógraíochta le manaí prasa a chumadh a dhéanfas coimriú ar éiteas na bpáirithe san am a chuaigh thart agus a bhfuil beartaithe acu san am atá le teacht. Smaoinigh ar leithéidí: 'Go leor déanta, níos mó le déanamh.' 'Forbairt na teachtaireachta,' seachas bolscaireacht a thugtar air seo i mbéarlagair polaitiúil an lae inniu!

Tá an baol ann, áfach, go n-amharcfar feasta ar na páirtithe polaitiúla mar chomhlachtaí atá ag díol táirge seachas mar ardán argóna a sheasann go tréan le prionsabail áirithe. Tá an baol ann leis, go n-amharcfar feasta ar an toghlach mar thomhaltóirí seachas mar shaoránaigh. Is cinnte, ar an rud is lú, gur cuid de dhlúth is d'inneach de straitéis pholaitiúil na linne seo iad, teicnící margaíochta an tsaol tráchtála.

Ach mar a shamhlófaí le daoine gairmiúla in ard a réime, is maith a thuigeann lucht claonbholscaireachta anois nach bhfuil an pobal róbhuíoch díobh as a bheith ag cur a ladar isteach i gcúrsaí polaitíochta. Is é an casadh is deireanaí uathu ná gan aird ná suntas a tharraingt orthu féin sa dóigh is go dtig le páirtithe polaitiúla a mhaíomh gur mó de shubstaint ná de chlaonbholscaireacht atá iontu! Tar éis an tsaoil, níl ach méid áirithe de chlaonadh is féidir a chur ar pholasaithe gan dealramh ná ar iarrthóirí ar bheagán cumais. Mar a deir Michael White (1999: 104):

> In a half-functioning democracy you can, as it were, spin some of the media all the time, all of the media some of the time, but not all of the media all of the time.

## Córas na gcomhfhreagraithe polaitíochta in Éirinn

Is ar an gcomhfhreagraí polaitíochta a thiteann cuid mhór den ualach scagadh a dhéanamh ar an ábhar seo don lucht léitheoireachta nó lucht airdill agus an tsubstaint a aimsiú laistiar den chasadh. Post sinsearach sa seomra nuachta é an comhfhreagraí polaitíochta. Mar aon le tuairiscí rialta a sholáthar ar imeachtaí Thithe an Oireachtais, is iondúil go dtiteann dualgais anailíse orthu fosta, bíodh sin i bhfoirm cholúin nó agallaimh bheo. Cur síos ar an dóigh a tharla rud éigin a bhíonn ina gcuid tuairiscí ach caithfidh siad a bheith ábalta barúil a nochtadh fosta faoi cad chuige ar tharla an rud sin agus cad é an chéad chéim eile.

'Cloiseann gach iriseoir i dTeach Laighean scéalta claonta gach lá. Idir raiméis, ráflaí, áibhéil, bréaga, agus (an rud is coitianta) an leathfhírinne. Is é príomhchúram an iriseora an taoide fianaise seo a scagadh,' a deir Cathal Mac Coille, in agallamh leis an údar. Chaith sé cúig bliana ag obair ina chomhfhreagraí polaitiúil ag Nuacht RTÉ/TG4.

'Níl an córas gan locht, agus ní bheidh go deo creidim. Is naimhde a bhíonn i mbun síor-chomhcheilge iad na polaiteoirí agus na comhfhreagraithe polaitiúla. Teastaíonn poiblíocht

Comhfhreagraí Polaitíochta Nuacht TG4, Rónán Ó Domhnaill, san ionad comhairimh i mBaile Meánach, Co Aontroma le linn toghchán Chomhthionól an Tuaiscirt, 2007. *(Grianghraf: Glen Mulcahy)*

chuiditheach ó dhream amháin. Teastaíonn scéalta ón dream eile. Cuireann siad araon leas an phobail sa mheá, chomh maith le vótaí ar thaobh amháin agus aird an phobail ar an taobh eile. Ní haon iontas é nach gcuirtear leas an phobail chun cinn i gcónaí!'

Is go poiblí a phléitear imeachtaí na Dála agus an tSeanaid agus tá cead tuairisceoireacht a dhéanamh orthu dá réir sin. Is go poiblí fosta a bhíonn bunús na seisiún a reáchtálann na Coistí, na Fochoistí agus na Comhchoistí Oireachtais.

Is í Preas-Oifig an Rialtais (GIS) a bhíonn ag plé go díreach leis na meáin chumarsáide. Cuireann an oifig seo eolas ar fáil faoi pholasaithe uile an rialtais mar aon le comhordú a dhéanamh ar an phlé a bhíonn ag na ranna stáit éagsúla leis na meáin chumarsáide. Is í a bhíonn i mbun preasráiteas a eisiúint, coimre a thabhairt do na comhfhreagraithe polaitíochta, preasagallaimh a eagrú agus eolas a scaipeadh ar an idirlíon. I gcomhar leis an Roinn Gnóthaí Eachtracha, is í Preas-Oifig an Rialtais a eagraíonn na gnéithe de mhórócáidí stáit a bhaineann leis na meáin.

Ach ainneoin córas trédhearcach a bheith leagtha síos le heolas a scaipeadh bíonn go leor de na comhfhreagraithe polaitiúla ag brath go mór ar ghaoth an fhocail, ar chara sa chúirt, agus ar dhoiciméid sceite. De réir PJ Mara, iar Preas-Rúnaí an Rialtais le linn réimeas Chathal Uí Eochaidh mar Thaoiseach, níl a leithéid de rud ann a thuilleadh agus rún stáit, a bhuíochas don ghléas fótachóipeála! (Ryan 1992: 119)

'Ionsaí ar chóras daonlathach na tíre,' an port is gnách a bheith ag polaiteoirí nuair a sceitear eolas díobhálach fúthu. Níor mhór an pobal a chur ar an eolas ó tharla 'córas daonlathach na tíre a bheith i mbaol ionsaithe,' a mhaítear faoin fhaisnéis a sceitear in éadan a naimhde. Ach is iondúil go séantar as éadan aon lámh dubh, bán nó riabhach a bheith acu sa sceitheadh. Tá cur síos i gcín lae Seán Duignan (1994: 89) – iar-Phreas-Rúnaí eile – faoin dóigh a sceitear scéalta áirithe chuig na meáin:

> The key to leaking is to just do it, then blithely deny it, irrespective of speculation, accusation or even verification. In politics, it is not a 'lie' to deny a currency devaluation intention, even as you prepare to do it, nor, it would seem, to disclaim responsibility for leaking even when the whole world knows you're guilty. It's just business – realpolitik in polite terms – and my only regret is that I'm just not as good at leaking as Labour.

## Claontacht

Tá tábhacht faoi leith ag baint le prionsabail sheanbhunaithe na hiriseoireachta a bhaineann le cothromaíocht agus oibiachtúlacht nuair a bhíonn cúrsaí polaitíochta faoi chaibidil. Tá sé léirithe arís is arís eile i suirbhéanna le blianta beaga anuas go nbíonn formhór phobal na hÉireann ag brath ar na meáin leis an eolas riachtanach a thabhairt dóibh le gur féidir leo vóta a chaitheamh go ciallmhar i dtoghchán nó i reifreann. Is fíor le rá go n-amharcann an pobal go grinn ar an láimhseáil a dhéanann na meáin, na meáin Ghaeilge ina measc, ar thoghcháin agus ar scéalta polaitiúla i gcoitinne.

Tá cothromaíocht agus neamhchlaontacht i measc na mbunchloch ar ar tógadh an chraoltóireacht seirbhíse poiblí, mar shampla. Caithfidh iriseoirí de chuid RTÉ agus TG4 cothrom na féinne a thabhairt i dtólamh le linn díospóireachtaí polaitiúla agus gan leathbhróg a bheith orthu le taobh ar bith. Ina theannta sin, eisíonn Coimisiún Craolacháin na hÉireann treoirlínte do chraoltóirí neamhspleácha maidir le tuairisciú toghcháin.

Déanann na craoltóirí seirbhíse poiblí monatóireacht ar an mhéid ama a thugtar do pháirtithe áirithe agus d’iarrthóirí aonair aimsir thoghcháin ar eagla go dtabharfaí fabhar faoi leith dóibh. I 2007 bhain RTÉ fógra faoin taos fiacla, *Sensodyne*, den aer cionn is gurbh iarrthóir toghcháin don Pháirtí Daonlathach é an fiaclóir (Keith Redmond) a bhí ag glacadh páirte ann. B’éigean súil a choinneáil leis ar ról bhainisteoir peile Mhaigh Eo, John O’Mahoney, i bhfeasacháin spóirt ó tharla é a bheith ina iarrthóir toghcháin i 2007 chomh maith.

D'fhéadfadh am an chraolta nó an fhoilsithe a bheith míchothrom leis. Mhaígh iar-cheannaire Fhine Gael, Michael

Noonan, go ndearna RTÉ éagóir air de bharr an léargas a tugadh air sa tsraith teilifíse *No Tears*. Bhain an clár leis na mná a tholg an galar heipitíteas C de bharr táirge thruaillithe a thug Seirbhís Fuilaistriúcháin na hÉireann dóibh. Bhí an Teachta Noonan ina Aire Sláinte ag an am a tháinig an chonspóid chun solais agus cé nár ainmníodh é sa chlár bhí sé le haithint go raibh duine de na príomhphearsana bunaithe air. Ghabh Noonan leithscéal sa Dáil faoin chaoi ar chaith an Roinn Sláinte le Bridget McCole as Loch Achair i nGaeltacht Thír Chonaill, agus faoin drogall a bhí orthu teacht ar shocrú cúitimh léi go dtí go raibh sí ar leaba a báis. D'fhág sin nach raibh an dara suí sa bhuaile aici ach glacadh leis an mhéid airgid a bhí á thairiscint ag an Roinn Sláinte di.

Mhaígh Noonan, áfach, gur shaothar cruthaitheach a bhí i gcuid de na radhairc sa chlár agus nár cheart go dtaispeánfaí é i mbliain ina raibh olltoghchán ar na bacáin. Craoladh an tsraith i mí Eanáir/ Feabhra 2002 agus rinneadh slad ar Fhine Gael san olltoghchán i mí na Bealtaine dar gcionn, cé gur dócha nach bhféadfaí an locht ar fad a cheangal leis an eachtra chraolta sin amháin.

Ar an lámh eile, rinneadh géarcháineadh ar *The New York Times* nuair a d'fhan siad breis is bliain tar éis Toghchán Uachtaránachta Mheiriceá 2004 le scéal a fhoilsiú faoin chead a thug an tUachtarán George W. Bush don Áisíneacht um Shlándáil Náisiúnta cúléisteacht a dhéanamh ar chomhráití áirithe, gan cead cúirte a aimsiú roimh ré. Mhaígh tráchtairí ón eite chlé go mbeadh toradh difriúil ar an toghchán dá bhfoilseofaí é ag an am ar tugadh an scéal dóibh.

Mhaígh an eite dheis gur iarracht a bhí ann tionchar diúltach a imirt ar an Acht um Thírghráthóirí, a bhí le breis cumhachtaí a bhronnadh ar na fórsaí slándála. Dúirt an nuachtán, áfach, gurb í an chúis gur fhoilsigh siad an scéal i 2005 ná go raibh leabhar ó pheann duine de na hiriseoirí a bhí ag obair ar an scéal ar tí a fhoilsithe!

## Ballraíocht i bpáirtí polaitiúil

Cé go bhfuil cead ag gach saoránach páirt a ghlacadh sa phróiseas polaitíochta, caithfidh iriseoirí a chinntiú nach gcaillfidh siad a gcuid neamhspleáchais i súile an phobail. Tá cód cleachtais fíordhocht ag RTÉ (idir Nuacht TG4 agus RnaG) le déileáil le cásanna ina roghnaíonn baill foirne a bheith páirteach i bhfeachtas polaitíochta. Bogtar ar leataobh iad óna gcuid dualgas iriseoireachta sa gcás go bhfilleann siad ar an cheird. Ar fhilleadh dóibh, bheadh cead ag iarrthóir toghcháin, mar shampla, cláir a chur i láthair ar RTÉ RnaG ach ní bheadh cead aige a bheith ag plé leis an nuacht ar feadh tamaill mhaith. Is iondúil go mbíonn *moratorium* de thréimhse áirithe ama ann sula ligtear d'iriseoirí nár éirigh leo i dtoghcháin filleadh ar a gcuid seanchúram sa seomra nuachta. Is ionann an cás do thuairisceoirí a bhíonn ag obair i bpreasoifigí páirtithe polaitiúla faoi leith. B'amhlaidh a tharla i gcás leithéidí Shane Kenny agus Seán Duignan in RTÉ a chaith tréimhsí mar Phreas-Rúnaithe ag rialtais eagsúla.

De thairbhe gur craoltóir seirbhíse poiblí é RTÉ, níor mhór a chinntiú don lucht airdill go bhfuiltear neamhspleách agus neodrach. Ceadaítear, áfach, d'fhostaithe a bheith ina mbaill de ghrúpaí comhshaoil agus de chumainn áitreabhach fad is nach dtagann siad salach ar phrionsabail an stáisiúin.

## Pobalbhreitheanna

Cuid lárnach den chlúdach polaitiúil in Éirinn is ea an phobalbhreith. Níl seachtain ann ach go mbíonn ceann úr i gcló, bíodh sé ina shuirbhé fóin gan mórán údaráis nó ina phobalbhreith leanúnach a léiríonn sciar vótaí na bpáirtithe ó mhí go mí. Ar ndóigh, thig ceisteanna tánaisteacha a chur fosta a thabharfadh léargas ar dhearcadh an phobail ar bheocheisteanna áirithe. Rinne Nuacht TG4, mar shampla, sraith de phobalbhreitheanna i ndeireadh 2006 ar leathdhosaen dáilcheantar ar fud na tíre. Baineadh leas as na suirbhéanna fosta le barúil na ndaoine faoi mhórcheisteanna cigilteacha a mbeadh impleachtaí polaitíochta acu ar nós an fheachtais i leith 'ól is tiomáint', an cosc ar iascaireacht shruthlínte, agus Tuarascáil Fhearna.

Caithfidh craoltóirí seirbhíse poiblí fad a chur idir iad agus an dearcadh a léiríodh ar eagla go dtabharfaí le fios gurb ionann tuairim an stáisiúin agus an dearcadh a léiríodh sa phobalbhreith. Caithfear a bheith cúramach fosta nach dtugtar an stádas céanna do shuirbhéanna gutháin nó ríomhphoist mar gurb annamh a bhíonn aon stádas eolaíoch leo. Ní bhíonn siad ionadaíoch ar an phobal i gcoitinne agus bíonn an baol ann go mbainfeadh brúghrúpaí áirithe míbhuntáiste as na torthaí.

Má táthar i ndáiríre ag iarraidh tuairim mheáite a fháil i leith an ábhair atá faoi chaibidil, níor mhiste a chinntiú i gcónaí nach gcuirfeadh foclaíocht na ceiste an fhírinne as a riocht. Ba cheart a chur in iúl sa tuairisc cé a rinne an obair mar aon le cé mhéad duine a ceistíodh agus cá huair agus cá háit ar ceistíodh iad. Tugann sé seo cúlra agus comhthéacs níos leithne don léitheoir nó don éisteoir sula ndéanfar scansáil ar na torthaí.

Is fiú cuimhneamh nach gcruthaíonn pobalbhreitheanna aon rud ach is iomaí rud a bhíonn le tuiscint uathu. Ach caithfear i gcónaí a bheith thar a bheith cúramach faoin bhrí a bhaintear as na torthaí. Maíonn polaiteoirí áirithe go gcuireann pobalbhreitheanna an próiseas daonlathach as a riocht sa mhéid is go bhféadfadh go mbeadh tionchar acu ar an dóigh a chaitheann an pobal vóta. Deirtear fosta nár cheart do na meáin a ladar a chur sa phróiseas toghcháin. Ach is fiú cuimhneamh nach bhfuil iontu ach léargas ar an dóigh a chaithfeadh daoine a vóta dá mbeadh toghchán ann an lá ar ar ceistíodh iad. Sin í an chúis gur minic nach mbíonn na torthaí ag teacht lena dtiteann amach ar lá an toghcháin. Níor mhór a áiteamh fosta gur iomaí uair a chuireann pobalbhreith beocht i bhfeachtas tur toghcháin.

Cuireadh cosc ar fhoilsiú thorthaí pobalbhreitheanna seachtain roimh lá an toghcháin, nuair a tháinig tuar faoi thairngreacht Nuacht TG4/MRBI sa chorrthoghchán i dTiobraid Árainn Theas i ndeireadh mhí an Mheithimh, 2001. Mhaígh Fachtna Ó Drisceoil a bhí ina cholúnaí le *Foinse* ag an am: 'It was TG4 wot won it!'

Ar ndóigh, níor mhiste cuimhneamh go bhfuil nós fadbhunaithe go mbíonn cosc nó *moratorium* ar thuairiscí toghcháin ar bith a chraoladh nó a fhoilsiú an lá sula gcaitear vóta.

## Na Comhairlí Contae agus Údarás na Gaeltachta

Is de réir rosc catha cáiliúil an pholaiteora Mheiriceánaigh, Tip O'Neill, 'all politics is local' a fheidhmíonn go leor de na meáin Ghaeilge, is cuma cé chomh smolchaite is atá sé mar ráiteas. Is ag leibhéal logánta ar ndóigh a thagann go leor de na conspóidí móra náisiúnta chun solais agus is baolach an mhaise neamart a dhéanamh ann.

Is go poiblí a thionóltar formhór na gcruinnithe údarás áitiúil, idir Chomhairlí Contae, Cathrach is Baile mar aon le Coistí na gComhairlí. Ó thaobh na ngnáthchruinnithe míosúla de, bíonn cead ag na meáin tuairisciú a dhéanamh ar aon ghné den díospóireacht a tharlaíonn lena linn agus is minic leas á bhaint astu d'agallaimh, do phacáistí nuachta nó do thuairiscí speisialta. Cé gurb iondúil gur ábhar áitiúil a thagann faoi scáth réimse dliteanais na Comhairle féin a bhíonn á phlé ag na cruinnithe, bíonn rúin agus díospóireachtaí ar leibhéal náisiúnta agus fiú idirnáisiúnta i gceist in amanna. Foinse mhaith nuachta fosta iad comhaid na gComhairlí Áitiúla i leith iarratais ar chead pleanála ó tharla go bhfuil dualgas orthu iad a láimhseáil go poiblí. Cuimhnigh gur ábhar mór conspóide iad na coinníollacha teanga a leagtar ar eastáit thithíochta nua sa Ghaeltacht le blianta beaga anuas.

Is é Údarás na Gaeltachta an rud is gaire do chomhthionól réigiúnach atá ag pobal na Gaeltachta agus éilíonn a leithéid tuairiscí rialta ó na meáin Ghaeilge faoina fheidhmiú, cé nach róbhuíoch a bhíonn cuid den eagraíocht faoi seo go minic. Bunaíodh Údarás na Gaeltachta i 1980 mar ghníomhaireacht fhorbartha réigiúnach don Ghaeltacht. Forbairt eacnamaíoch, cruthú post agus cur chun cinn gníomhaíochtaí pobail, cultúrtha agus teanga na cúraim is mó a thiteann air. Tá príomhoifig an Údaráis suite sna Forbacha i gConamara, Co. na Gaillimhe agus tá oifigí réigiúnacha i nDún na nGall, Corcaigh, Ciarraí, agus Maigh Eo.

D'fhéadfaí a rá go bhfuil dhá shraith feidhme san eagraíocht – obair na bhfeidhmeannach buan agus gnóthaí an bhoird. Is ag leibhéal an bhoird atá an dliteanas polasaí a bheachtú agus cinntí a thógáil. Faoin fheidhmeannas a bhíonn sé ina dhiaidh sin na beartais a chur i gcrích.

Scór comhalta atá ar Bhord an Údaráis (seacht nduine dhéag tofa as na toghcheantair Ghaeltachta éagsúla agus triúr ball ainmnithe ag Aire na Gaeltachta, an Cathaoirleach ina measc). Bíonn toghchán ann achan chúig bliana. Is gnách go mbíonn seisiún oscailte mar chuid den chruinniú míosúil a bhíonn ag an Bhord. Pléitear ceisteanna polasaí nó rúin ar leith atá molta ag comhaltaí an Bhoird os comhair na meán ag na seisiúin seo. Tagann na Comhairlí áitiúla ar fad mar aon le hÚdarás na Gaeltachta faoi fhorálacha an Achta um Shaoráil Faisnéise agus bíonn réimse leathan doiciméad agus cáipéisí ar fáil a bhaineann lena chuid oibre.

## Polaiteoirí agus na meáin úra

Is in éadan a gcos atá polaiteoirí ag dul i ngleic leis na meáin úra mar uirlis bholscaireachta. Deir tráchtairí áirithe go bhfuil siad róshean leis an teicneolaíocht a thuiscint agus go ndiúltaíonn siad dul i ngleic le meán nach dtuigeann siad.

Freagra falsa é seo mar níl dabht ar bith ach go mbaineann go leor acu le glúin a tógadh le ceamaraí digiteacha agus ríomhairí tí. Ach tá fianaise ann faoi dheireadh go bhfuiltear ag teacht ar an tuiscint nach féidir a bheith ag brath a thuilleadh ar na seanmhodhanna cumarsáide.

Thig leas a bhaint as an idirlíon, mar shampla, le teagmháil a dhéanamh le glúin blagadóireachta gur beag a suim i bpolaitíocht na bunaíochta. Bhain dornán beag iarrthóirí in olltoghchán na bliana 2007 úsáid as suíomhanna ar nós YouTube.com agus flickr.com le híomhánna agus físeáin a chraobhscaoileadh. Baineadh leas fosta as suíomhanna gréasán sóisialta ar nós MySpace le cur síos a dhéanamh ar a gcuid polasaithe polaitiúla. Ach oiread le haon chaiteachas bolscaireachta eile caithfear cuntas a sholáthar don Choimisiún um Chaighdeáin in Oifigí Poiblí faoin mhéid a caitheadh ar na físeáin seo a chur le chéile sa dóigh is nach sáraíonn aon iarrthóir an uasmhéid atá dlite dó a chaitheamh – (€45,000 i nDáilcheantar cúig shuíochán, faoi láthair.) Murab ionann is an gnáthchlár teilifíse nó raidió, ní bhíonn aon láithreoir mífhoighdeach ann le beag is fiú a dhéanamh dá bhfuil le rá acu. Thiocfadh leo a rogha ruda a rá chomh fada is ba mhian leo. 'Speaker's Corner an aonú aois fichead' a thugann tráchtairí áirithe ar an chleachtas seo.

Ach is dócha gurb é David Cameron, ceannaire na gCaomhach i Sasana, an té ba thúisce a rinne iarracht teacht i dtír ar mhodhanna úra cumarsáide nuair a sheol sé *webcameron* i 2006. Dála go leor iarrachtaí eile, áfach, bhí anáil na gclaonbholscairí le sonrú ina chuid blaganna físiúla agus é ag labhairt go spontáineach (mar dhea) óna chistin fad is a bhí a theaghlach ag ithe bricfeasta.

Cé go maíonn lucht polaitíochta go bhfuil iarracht fhónta ar bun acu le dul i ngleic leis an nuatheicneolaíocht tá daoine eile den tuairim go bhfuiltear ag iarraidh na meáin úra a chur faoi anáil chlaonbholscaireachta na seanmheán. Tar éis an tsaoil, is beag difear idir an podchraoladh nach mbíonn blas na fírinne air agus Craoladh Pháirtí Polaitiúil den seandéanamh!

Ach ar an lámh eile, is beag tionchar atá ag a gcuid claonbholscairí ar an ábhar a chraobhscaoiltear sna meáin úra. Lena chois sin, ó tharla ceamaraí fóin is ceamthaifeadáin ag gach mac máthar thig bob a bhualadh ar phearsana poiblí fiú nuair nach mbíonn na meáin chumarsáide i láthair ag ócáid. Ba léir sin ach go háirithe le linn fheachtas toghchán Uachtaránachta SAM 2008. Rinneadh ceap magaidh den iarrthóir Uachtaránachta, Hillary Clinton, nuair a bhí sí le cloisint ar YouTube ag ceol *The Star Spangle Banner* mar a bheadh préachán ann. Bhí os cionn 660,000 buile ag an suíomh ar an chéad lá a cuireadh gearrthóg ar líne. (Ba léir gur beag a seans, dá mba faoi Louis Walsh a bheadh sé an chéad Uachtarán eile a roghnú!)

Bhí cuma an ghaigín bhig phostúil fosta ar dhuine dá cuid iomaitheoirí, John Edwards, a bhí le feiceáil ar an idirlíon ag síorchíoradh a chuid gruaige. Mar a tharlaíonn, ba ag ullmhú do dhíospóireacht teilifise a bhí sé ag an am ach níor míníodh é sin sa ghearrthóg agus chuir an fuaimrian a bhí ag dul leis – 'I Feel Pretty' ó *West Side Story* – leis an áiféis!

Ní raibh na Poblachtánaigh saor ón chineál seo drochphoiblíochta ach chomh beag. Fad is a bhí an tUachtarán ag tabhairt aithisc faoin Iaráic, glacadh pictiúir de John McCain agus néal codlata air. Bhí sé le tuiscint ón fhístéip, ní hamháin go raibh sé ag dul in aois (ba é an t-iarrthóir ba shine) ach gur beag a shuim sa chogadh san Iaráic.

***

'I read the newspaper avidly. It is my one form of continuous fiction,' a dúirt iar-Aire Sláinte na Breataine, Aneurin Bevan tráth (Aitchison 2006). Léargas beacht an ráiteas sin ar an dóigh a bhíonn polaiteoirí is iriseoirí de shíor in adharca a chéile agus ag gabháil dá chéile dólámhach. Ach ní gá gur drochrud é sin. Rófhurasta a bhíonn sé clár oibre folaigh an pholaiteora a leanúint, ar aimhleas an phobail. Tar éis an tsaoil, is é ceann de bhunphrionsabail na hiriseoireachta é eolas cruinn, neamhspleách a sholáthar don saoránach a chuirfidh ar a chumas páirt ghníomhach a ghlacadh sa tsochaí. Is treise an oibleagáid atá ar an iriseoir freastal ar an té atá faoi cheannas ná ar an té atá á rialú. Ar an lámh eile, is doiligh a shéanadh gur geall le straitéis chorparáideach anois í an chomhairle a thugadh iar-Eagarthóir *The Sunday Times*, Harry Evans, d'iriseoirí a bhíodh ag cur agallaimh ar pholaiteoirí: 'tell me why is this bastard lying to me?' (Hargreaves 2005: 9). Deirtear gur le flosc a thógann iriseoirí léasacha ar pholaiteoirí ach go gcuirtear 'cinsireacht' i leith an pholaiteora a mbíonn de dhánacht ann ceisteanna a chur faoi mhodh oibre na meán. Maítear fosta nach leasc le hiriseoirí a gcuid claontuairimí a nochtadh go féiltiúil, cé nach bhfuil aon sainordú acu ón phobal. Ach tá measarthacht ar achan rud. Is cuid lárnach d'fheidhmiú an daonlathais é an dinimic achrannach seo idir an t-iriseoir agus an polaiteoir. Bíonn an ceathrú heastát ag feidhmiú i mbarr a mhaitheasa nuair a éilíonn sé freagraí uathu siúd atá freagrach.

## Foinsí:

Aitchison, J. 2006. 'Headlines and Deadlines: Changing Newspaper Language', in *Proceedings X11 Euralex International Congress,* Torino.

Boyd, J. 1950. *The Papers of Thomas Jefferson*, Princeton University Press.

Castells, M. 1996. *The Rise of the Network Society*. Blackwell Press.

Duignan, S. 1994. *One Spin on the Merry-Go-Round.* Blackwater Press.

Ryan, T. 1992. *Mara, P. J.* Blackwater Press.

Hargreaves, I. 2005. *Journalism: A Very Short Introduction.* Oxford University Press.

Humphrys, J. 2000. *Devil's Advocate.* Arrow.

White, M. 1999. 'Monarchs of Spin Valley', in *Secrets of the Press.* Glover, S. ed. Penguin.

Young, H. 2003. *Supping with the Devils.* Guardian Books.

# Painéal 1

Póilín Ní Chiaráin – Colúnaí le *Foinse*

Glór iontaofa na dTrioblóidí

**Póilín Ní Chiaráin**
Colúnaí le *Foinse*

**Tá Póilín Ní Chiaráin ar dhuine de na hiriseoirí is aitheanta i saol na cumarsáide Gaeilge, le taithí na mblianta aici i réimse na teilifíse, an raidió agus na meán clóite. Tá, ar ndóigh, sáraithne uirthi i saol cumarsáide an Bhéarla chomh maith, agus taithí dá réir aici. Go deimhin tá sí ar dhuine de na glórtha is iontaofa i dtuairisciú cúrsaí polaitíochta Thuaisceart Éireann le glúin anuas.**

**Tá gradam ón Oireachtas bainte ag Póilín faoi dhó as a cuid colún géarchúiseach in *Foinse* mar aon le gradam ceiliúrtha na nuascríbhneoireachta 'An Peann faoi Bhláth'. Cad a mheasann sí mar sin faoi na heilimintí is tábhachtaí ba cheart a bheith i gcolún?**

'Léargas úr ar an téama atá faoi chaibidil. Más imeachtaí polaitiúla, ceist fealsúnachta, cad atá ag tarlú d'fhoireann peile, an costas maireachtála nó comharthaí sóirt an scig-ghrinn nua atá á scrúdú. Ní mór don cholúnaí miondealú a dhéanamh ar na fíricí chun a anailís áithrid féin a sholáthar. Ar a fheabhas bheadh baoite nó duán tarraingteach sa teideal agus sa chéad alt chun an léitheoir a mhealladh, bheadh an buneolas ar fad, nó oiread agus ab fhéidir, bailithe agus scagadh déanta air chun a raibh taobh thiar d'imeachtaí a aimsiú agus tuairim oilte a thabhairt faoin tionchar a bheadh aige.

'Ní mór dom fainic a chur ar fhoghlaimeoir faoi seo. Tá sé an-deacair na heilimintí is tábhachtaí a thabhairt le chéile go seasta i gcolún rialta. Sclábhaíocht is ea colún seachtainiúil nuair atá an t-ábhar atá le plé teoranta – i mo chás-sa, próiseas síochána is polaitíochta Thuaisceart Éireann – ach ní mór a bheith ionraic i gcónaí.'

**Is minic Póilín a bheith le cluinstin agus le feiceáil ag déanamh anailíse beo do RTÉ RnaG nó Nuacht TG4, cúram a bhfuil scileanna ar leith ag baint leis fosta.**

'An t-eolas a bheith eagraithe go beacht ionas gur féidir é a scagadh go simplí, cruinn. Is iondúil nach mbíonn ach achar gearr agat, trí nóiméad ar fad, b'fhéidir agus suas le nóiméad de sin ag an gceistitheoir, an láithreoir. Dá bhrí sin ní mór a bheith gonta chun príomhphointí na hanailíse a chur in iúl ar bhealach sothuigthe don bhfaireoir/éisteoir. Ba cheart cuimhneamh i gcónaí gurb é do ghnó eolas a sholáthar don phobal agus nach é a chur in iúl chomh cliste is atá tú!'

**Ba leis an chlár cáiliúil chúrsaí reatha *Féach* a thosaigh Póilín a saol iriseoireachta sna 1970í.**

'Ba iad Breandán Ó hEithir agus Proinsias Mac Aonghusa na hiriseoirí sinsearacha agus is faoina scáth agus lena gcabhair a d'fhoghlaim mé mo cheird.'

**Ina dhiaidh sin chuaigh sí ag obair ar Nuacht na Gaeilge ar RTÉ ar feadh tamaill sular aistrigh sí go Béal Feirste tamall gearr roimh an stailc ocrais phoblachtach sna H-Bhloic i 1981. Ba ag obair i mBéarla den chuid is mó a bhí sí ach ag soláthar ábhair i nGaeilge freisin.**

'Sa tréimhse ó shin rinne mé tuairisceoireacht ar an-chuid uafás, ar athruithe móra polaitiúla, sóisialta agus eacnamaíochta. Tá súil agam go bhfuilim i m'fhinné ar ré úr, nuair a fhíorfar aisling na síochána agus an chirt.'

**An chuimhne is fearr atá aici ón tréimhse sin?**

'Sé an ceann is deireanaí é ach 'sé an t-údar is mó dóchais ar fad é mar gur céim dhoshamhlaithe é go dtí seo. Sin é an margadh idir Ian Paisley agus Gerry Adams i 2007 go roinnfidh an DUP agus Sinn Féin cumhacht. Bhí Aoine an Chéasta 1998 níos spleodraí agus níos mó gáirdeachais i measc an phobail faoin gComhaontú ach níor cuireadh feoil ar chnámharlach an dóchais.'

**Agus an chuimhne is measa?**

'Ba dheacair rangú a dhéanamh ar na huafáis. Ón stailc ocrais sa phríosún agus an réabadh is an sléacht a ghabh leis lasmuigh, go buamáil Dhomhnach an Chuimhneacháin in Inis Ceithleann, ionsaí Michael Stone ar shochraid i reilig Bhaile an Mhuilinn, marú na saighdiúirí Breataineacha ag sochraid cúpla lá ina dhiaidh sin agus a liacht ionsaithe marfacha eile. Rinneas tuairisciú ar chuid de na heachtraí ba bhrúidiúla i stair na dTrioblóidí.

'Ghoill gach uafás orm ach ba é buamáil na hÓmaí ar 15 Lúnasa 1998 an buille ba mheasa ar fad, sílim. Bhí sé scanrúil mar gur maraíodh naoi nduine is fiche, an líon ba mhó in aon ionsaí amháin. Ach bhain sé siar as daoine, mise ina measc, ó tharla sé tar éis Chomhaontú Aoine an Chéasta, nuair nach raibh aon choinne leis agus nuair a ceapadh go raibh deireadh leis an sceimhle. Ionsaí ar an dóchas agus ar an suáilceas ab ea é. Ba mhór an gaisce é nár ligeadh don sléacht ná dóibh sin a bhí freagrach as, an próiseas polaitíochta a chur de dhroim seoil.'

**Chaith Póilín roinnt blianta sna 1990í ina Ceannasaí Nuachta sa BBC i nDoire sular thug sí aghaidh ar shaoririseoireacht, ag scríobh do *Foinse* – an chéad uair aici ag obair do nuachtán.**

**Admhaíonn sí go gcuireadh sé díomá uirthi tráth a laghad suntais a thugtaí do na trioblóidí:**

'Is cuimhin liom glaoch gutháin a fuair RTE ó dhuine i Luimneach ag fiafraí 'have we no news of our own' toisc gur drochnuacht ón Tuaisceart a bhí sna príomhscéalta ar fad. Bhí sé intuigthe go n-éireodh daoine tuirseach de ach chreideas riamh nach réiteofaí fadhbanna an Tuaiscirt le neamhshuim.'

## Painéal 2

Tá sé ina mhaidin

**Cathal Mac Coille,**
láithreoir *Morning Ireland*,
RTÉ

Cathal Mac Coille i dteannta a chomhláithreora ar *Morning Ireland*, Áine Lawlor

**Ba dhoiligh an mhaidin a shamhlú gan glór binn Chathail Mhic Coille. Óir is cuid de dhlúth is d'inneach bhreacadh an lae é éisteacht le Cathal agus an gus á bhaint aige as polaiteoirí seachantacha a bhíonn ag iarraidh an dubh a chur ina gheal ar phobal na tíre i moch maidine.**

'Dúisíonn an clog mé ag 4.40 gach maidin oibre. Ar fhágáil an tí ar an rothar dom ag a cúig, éistím (ar chluasán amháin!) le cinnlínte nuachta RTE agus ina dhiaidh sin le clár nuachta ar sheirbhís dhomhanda an BBC. Bíonn léargas mar sin agam ar phríomhscéalta nuachta na maidine sara n-osclaím doras na hoifige. As sin go dtí go dtéann *Morning Ireland* ar an aer ag a seacht, bíonn bunábhar de chineálacha éagsúla le léamh agus le plé le heagarthóir an chláir: na comhaid a ullmhaíonn foireann an chláir mar thaca don láithreoir, chomh maith le nuachtáin, tuairiscí taighde, agus ábhar ar an idirlíon.

'Tar éis an bhricfeasta, tugaim cuairt go minic ar Theach Laighean, ach is sa bhaile a dhéanaim an chuid is mó den obair ullmhúcháin i gcomhair an chláir atá romham. I mbeagán focal: léitheoireacht, éisteacht leis an raidió agus breathnú ar an teilifís. Uaireanta, seoltar leabhar nó tuairisc chugam más léir don eagarthóir nach bhféadfainn é a léamh agus a mheá i gceart ar maidin. Bíonn *siesta* agam ar feadh uair an chloig i rith an lae, agus bím sa leaba arís thart ar a haon déag.'

**Is beag iriseoir eile sa tír atá chomh bisiúil le Cathal, agus tréimhsí caite aige ag saothrú don raidió, teilifís agus nuachtáin, i mBéarla agus i nGaeilge. Ach is é an raidió an meán is ansa leis toisc gur ar éigean a chuireann an teicneolaíocht srian ar bith ar shaothar iriseoirí:**

'Ní féidir rudaí a thaispeáint – brón, áthas, ocras, ceiliúradh, ná uafás. Ach ní theastaíonn ach glór agus micreafón le scéalta den uile chineál a inseacht agus a phlé. Buntáiste eile: Ar an raidió, bíonn gach duine dathúil.'

**Cad iad na scileanna a bhíonn de dhíth sna meáin éagsúla?**

'Ar an raidió agus ar an teilifís, is iad gontacht agus soiléire na tréithe is tábhachtaí. Ní bhíonn ach aon deis amháin de ghnáth ag daoine tuairisc chraolta a chloisteáil nó a fheiceáil. Mar sin, ní foláir díriú go minic ar chnámha an scéil. Teastaíonn na cnámha freisin i dtuairisc a scríobhtar i gcomhair nuachtáin nó líonláithreáin. Ach is féidir scéal níos iomláine a inseacht.'

**Ba leis an iris *Comhar* sna seachtóidí a chur Cathal tús lena shaol iriseoireachta agus deir sé gur chaith sé 'cúpla mí shona' á chur in eagar. D'oibrigh sé ina dhiaidh sin mar thaighdeoir agus mar thuairisceoir in RTÉ, agus mar bhall d'fhoireann an stáisiúin i dTuaisceart Éireann. Tá dhá thréimhse caite aige mar láithreoir ar *Morning Ireland*, sna 1980í, agus ó 2001 go dtí an lá inniu. Idir an dá linn, chaith sé tréimhsí ina eagarthóir cúnta ar *The Sunday Tribune*, agus mar chomhreagraí polaitiúil i TG4. Foilsíonn *Foinse* a cholún seachtainiúil faoi chúrsaí polaitíochta. Tugadh aitheantas dá shaothar nuair a bhuaigh sé Duais Chraoltóireachta Jacobs i 1990 agus Duais an Oireachtais d'Iriseoir na Bliana i 2002.**

**Tá sé de cháil ar Chathal go dtig leis agallamh dian (ach cothrom) a chur. Cad iad na scileanna, mar sin, a bhíonn de dhíth le haghaidh dea-agallaimh?**

'Toil éisteachta thar aon rud eile. Spéis i gcúrsaí an tsaoil, agus sna rudaí a gcuireann an pobal spéis iontu. Sílim gur gá freisin, i bhfianaise na ngearán a chloisim, a bheith (a) béasach, gan a bheith róbhéasach, (b) foighdeach, gan a bheith rófhoighdeach (c) eolach, gan a bheith ró-eolach, agus (d) neodrach, beacht, tuisceanach, samhlaíoch, stuama, solúbtha, glic, géar, agus géarchúiseach.'

**Luann sé an t-agallamh a chuir sé ar Mary Harney tar éis olltoghchán 1989, ar na cinn a bhí fiúntach. Dúirt sí san agallamh nach raibh aon dul as ag na Daonlathaigh ach comhrialtas a phlé le Fianna Fáil, ainneoin an naimhdis eatarthu. Is de thoradh an agallaimh sin a bunaíodh an chéad chomhrialtas riamh idir Fianna Fáil agus páirtí eile.**

**Maidir le hagallamh a chuaigh ó smacht:**

'Ní tearc na samplaí, go háirithe má chuimhním ar agallaimh le polaiteoirí! Leithéid an chomhrá a bhí agam leis an Aire Comhshaoil Dick Roche i 2006. Chuir mé róbhéim sna ceisteanna ar fhigiúirí áirithe a bhain le costais truaillithe. Dúirt seisean nach raibh an figiúr ceart. Dúirt mise go raibh. Agus mar sin de. Cur amú ama, faraor. B'fhearr an mhioncheist a chur i leataobh agus bogadh ar aghaidh.'

**Cé gur deacair smaoineamh ar an chuimhne iriseoireachta is fearr a bhí aige go dtí seo amharcann sé siar ar an láimhseáil a rinne TG4 ar olltoghchán na bliana 1997 agus gan an stáisiún ach seacht mí ar an aer.**

'Bhí sé d'ádh orm a bheith páirteach sa chlár speisialta olltoghcháin a craoladh ar an stáisiún oíche an chomhairimh. Ní raibh beochraoladh chomh mór déanta ag an stáisiún go dtí sin, ach léirigh clár an chomhairimh an fás agus an feabhas as cuimse a bhí tagtha ar chumas na foirne.'

**Agus an ceann is measa?**

'Bhí mé ag caint le bean i seomra tosaigh a tí bhig i gceantar Caitliceach i dtuaisceart Bhéal Feirste, thart ar scór bliain ó shin. Dhúnmharaigh dílseoirí armtha a fear céile sa seomra céanna, agus ise i láthair, an oíche roimhe sin. Bhí grianghraf ar an matal. Ise, a fear céile agus na páistí le feiceáil, le linn saoire ar chósta an Chláir. Ar feadh scaithimh, d'éalaigh a croí ar bhóithrín na smaointe siar go Cill Chaoi. Ansin d'fhill sí go tobann ar an uafás. "Ní dhearna sé dochar do dhuine ar bith ariamh," a dúirt sí liom. "Abair liom, céard a thug orthu é a mharú?" Ní cuimhin liom céard a dúirt mé.'

***

## Painéal 3

Radharc polaitiúil ón dá thaobh.

**Eoin Ó Murchú,**
Eagraí Polaitíochta RTÉ RnaG

Eoin Ó Murchú, Eagraí Polaitíochta RTÉ RnaG

**Tá saol na polaitíochta feicthe ag Eoin Ó Murchú ón dá thaobh mar ghníomhaí láidir i bPáirtí Cumannach na hÉireann sna 1980í go Cathaoirleacht Phreas-Ghailearaí na Dála faoi láthair. Is le RTÉ RnaG a shaothraíonn sé a bheatha ach is duine é a bhaineann úsáid as a chuid scileanna anailíse san iliomad meán eile, mar cholúnaí nuachtáin agus mar thráchtaire raidió i nGaeilge agus i mBéarla. Go deimhin, bhuaigh sé Gradam Iriseoireachta an Oireachtais i 2007 dá cholún rialta i *Lá Nua*.**

**Is iomaí scil a bhíonn de dhíth ar an chomhfhreagraí polaitiúil, dar leis:**

'Ar dtús, caithfidh go mbeadh spéis sa bpolaitíocht agat agus tuiscint leathan ar na cúrsaí seo. Ní mór a bheith in ann labhairt go héasca le daoine as gach páirtí polaitiúil is gan ligean do thuairimí pearsanta cur isteach air sin.

'Bímse go láidir den tuairim gur chóir ligean do na polaiteoirí labhairt. Tá an pobal i dteideal a fhios a bheith acu céard atá le rá ag polaiteoir, agus is é an pobal a shocrós an bhfuil na freagraí sásúil nó nach bhfuil. Ní gnó iriseora é dul i mbun argóna, ach ceisteanna a chur a thugann deis don pholaiteoir a dhearcadh faoi scéal ar bith a mhíniú. Arís, nuair a bhíonn tuairisc le déanamh, teastaíonn ó dhaoine go mbeadh an dá thaobh den scéal acu, agus ansin is féidir leo teacht ar a dtuairim féin.'

**Tá aistear fada iriseoireachta siúlta ag Eoin. Ba leis an nuachtán Poblachtánach** ***An tÉireannach Aontaithe*** **a d'fhoghlaim sé a cheird i dtús ama agus é ag saothrú ann idir na blianta 1969 agus 1974. Chaith sé deich mbliana ina dhiaidh sin ag obair i rannóg spóirt** ***Scéala Éireann*****. Ansin chaith sé seal ina eagarthóir ar nuachtán de chuid Pháirtí Cumannach na hÉireann agus ag soláthar scéalta don nuacht-áisíneacht Shóivéideach,** ***Novosti*****.**

'Nuair a thit falla Bheirlin, bhí droch-chuma ar an todhchaí domsa, mar go raibh clú orm mar chumannach agus an-díograiseoir in aghaidh an chórais. Ach toisc mo shaol ar fad a bheith caite le polaitíocht a phlé, agus le hanailís a dhéanamh ar chúrsaí reatha – agus taithí agam ag scríobh, a bheith ar theilifís agus ar raidió, fuair mé jab le RnaG. Bhrúigh mé an jab sin ar aghaidh ó thuairisceoir áitiúil, a chuireadh agallamh ar dhaoine móra le rá, go dtí jab anailíse agus tráchtaireachta.'

**Deir sé go mbíonn éilíteachas áirithe ag baint leis na comhfhreagraithe polaitiúla a chreideann go bhfuil siad ar leibhéal níos airde ná an gnáth-thuairisceoir:**

'Is minic dul amú orthu,' ar sé.

**Creideann sé fosta go raibh daoine ag cur casadh i scéal ón uair a labhair Marc Anthony cois uaigh Iúil Caesar:**

'An fhadhb a fheicim ná go bhfuil sé ceart go leor do leagan de scéal a chur in iúl, ach figiúirí a phiocadh nuair a oireann duit nó iad a thógáil as comhthéacs – sin an chaoi a bhfuil *spin* anois. Ní mór d'aon iriseoir a bheith an-chúramach faoi ráiteas ar bith a fhaigheann sé ó aon pholaiteoir, páirtí, nó fiú eagraíocht dheonach.'

**An mbíonn meas ag polaiteoirí ar iriseoirí nó an mbíonn eagla orthu rompu?**

'Den chuid is mó ní thagann meas isteach sa scéal. Tá jab le déanamh ag an dá dhream. Teastaíonn ó na polaiteoirí poiblíocht a fháil ó iriseoir, agus ní féidir é sin a fháil ach le cúnamh iriseora. Ag an am céanna níl aon mhuinín ag an bpolaiteoir as dea-thoil ná ionracas an iriseora, go háirithe ar na *tabloids* is measa nó ar nuachtáin mhórbhileogacha áirithe. Ar an taobh eile, ní féidir le hiriseoir glacadh le focal polaiteora ach an oiread, Caithfidh sé a thuiscint i gcónaí go bhfuil leas i gceist, agus mar sin caithfear léamh idir na línte. Ní maith an rud é seo. Ba chóir ionracas a bheith ann, ach ní ar pholaiteoirí amháin atá an locht.'

# 7

## Os comhair na cúirte

> Is i gcúirteanna a bhunaítear le dlí agus ag breithiúna a cheaptar ar an modh atá leagtha amach sa Bhunreacht seo a riarfar ceart, agus is go poiblí a dhéanfar sin ach amháin sna cásanna speisialta teoranta sin a ordófar le dlí.
>
> *(Airteagal 34.1 Bunreacht na hÉireann).*

Níl dabht ar bith ach gur foinse iontach scéalta iad na cúirteanna. Is féidir a mhéid a bhíonn na meáin ag brath orthu le haghaidh scéalta a mheas le linn séasúr na háiféise, tráth nach mbíonn siad ina suí agus tobar breá scéalta triomaithe. Tá sé sa nádúr daonna gur le cíocras a bhíonn daoine ag faire ar na tragóidí pearsanta a thagann chun cinn gach lá sna cúirteanna.

Ach thig leis na foirgnimh féin eagla a chraicinn a chur ar an iriseoir is críonna. Caithfidh an t-iriseoir a bheith lánaireach le linn na n-imeachtaí agus cáiréiseach sa tuairisciú a dhéanann sé orthu nó tá an baol ann go mbeidh suíomh á mhalartú aige leis na cosantóirí. Tá fuílleach scéalta maithe le fáil i gcúirteanna na tíre gach lá ach ó am go chéile is iad na hiriseoirí féin a bhíonn mar phríomhábhar na scéalta úd. Ainneoin an scil a bhíonn ag baint leis an ghné seo den cheird, is mar thuairisceoir ócáideach cúirte a thosaíonn saol oibre an iriseora in go leor nuachtán agus stáisiún raidió áitiúla. Sa chaibidil seo déantar cur síos ar chóras dlí na hÉireann, ar chur le chéile tuairiscí cúirte agus ar na srianta reachtúla faoina bhfeidhmíonn iriseoirí.

Is cuid lárnach den chóras daonlathach é an dlí agus é ar cheann de na bunchlocha is tábhachtaí i sochaí na hÉireann. I bprionsabal, ba cheart don dlí cosaint a thabhairt don té is laige sa tír. Tá sé de cheart bunúsach ag gach aon chosantóir triail chothrom a bheith aige agus níor cheart don iriseoir rud ar bith a dhéanamh a thiocfadh salach air seo. Is é an tuairisceoir súil agus cluasa an phobail sa chúirt agus dá bharr sin caithfear cur síos cruinn agus cothrom a dhéanamh ar na fíricí. Ar ndóigh, ní thugann an tuairisc is cruinne agus is géarchúisí ach blas an-bheag nó achoimre ghairid ar an mhéid fianaise a thugtar in aon chás in imeacht lae cúirte. Ní féidir leis an phobal mar sin breithiúnas iomlán a thabhairt ar an mhéid fianaise a cuireadh i láthair na cúirte as an bheagán a bheidh i dtuairisc iriseora. Ach, de bhrí gur gá gur achoimre nó cuntas gairid a bheidh ag an iriseoir is mó fós an dualgas chun cruinnis agus cothromaíochta. Ar ndóigh, tá gach cosantóir neamhchiontach go dtí go gciontaítear iad.

Tá córas dlíthiúil na hÉireann bunaithe ar an Dlí Coiteann, córas a tháinig chun cinn sa Bhreatain thar na céadta bliain agus a mbaintear úsáid as go forleathan i gcoilíneachtaí agus in iarchoilíneachtaí dá cuid ar nós na hÉireann. Córas sáraíochta atá ann, is é sin go mbíonn cead ag an dá thaobh a gcuid féin den chás a insint agus argóintí a dhéanamh ar a son. Is iad na Breithiúna a leagann síos an dlí de réir an Dlí Choitinn. Leagann siad síos prionsabail agus rialacha dlíthiúla agus tugann siad cúiseanna lena gcinntí. Is iondúil ina dhiaidh sin go leanann na breithiúna an fasach a leagadh síos i gcásanna eile. Thig leo, áfach, idirdhealú a dhéanamh idir an cás os a gcomhair agus an fasach atá leagtha síos má measann siad nach ionann na cúinsí sa dá chás.

## Bunreacht na hÉireann

Tá bunphrionsabail dlíthiúla na hÉireann leagtha amach i mBunreacht na hÉireann a tháinig i bhfeidhm i bPoblacht na hÉireann sa bhliain 1937. Tháinig sé in áit an Bhunreachta ar ghlac rialtas Shaorstát na hÉireann leis i 1922 agus a d'eascair as Cogadh na Saoirse. Tá feidhmeanna agus córas ceapacháin leagtha amach sa Bhunreacht maidir le baill den Dáil is de Sheanad Éireann, den Rialtas agus na Breithiúna. Ina theannta sin, ríomhtar bunchearta an tsaoránaigh ann. I measc na gceart seo tá: cead cainte, saoirse caidreamh a dhéanamh le duine ar bith is mian leat agus cearta a bhaineann leis an teaghlach agus le maoin phearsanta (cé gur cearta iad uile atá srianta de réir dlí). Is féidir leis na cúirteanna a rialú go bhfuil aon dlí atá ag teacht salach ar na bunphrionsabail seo míbhunreachtúil.

Sa bhreis ar an Dlí Coiteann, ritheann an tOireachtas (is é sin an Dáil agus an Seanad) reachtaíocht nó cód scríofa dlí. Tá forlámhas ag an reachtaíocht seo ar an Dlí Coiteann. Glactar leis go ritheann ár gcuid ionadaithe poiblí na reachta seo thar ceann phobal na hÉireann. Cé gur i bParlaimint na Ríochta

Aontaithe a ritheadh cuid den reachtaíocht seo sular baineadh saoirse amach i 1922, glacadh leo mar chuid de dhlí na hÉireann ina dhiaidh sin, seachas sa chás go raibh a leithéid ag teacht salach ar fhoráil Bhunreachtúil.

## An Dlí Coiriúil agus an Dlí Sibhialta

Baineann an Dlí Coiriúil le coireanna a thagann salach ar an leas coiteann. Is iad na gardaí a dhéanann an t-ionchúiseamh i gcásanna nach bhfuil tromchúiseach agus is é Breitheamh Cúirte Dúiche a dhéanann cinneadh fúthu. Ní bhíonn aon ghiúiré i gceist. Is é Stiúrthóir na nIonchúiseamh Poiblí a bhíonn ag feidhmiú mar chúisitheoir i gcoireanna troma, áfach. Is sa Chúirt Chuarda nó sa Chúirt Choiriúil Lárnach a éistear an triail os comhair Breithimh agus giúiré. Lorgaítear breith d'aonghuth de ghnáth ón ngiúiré ach amanna faoi chúinsí ar leith glactar le móramh de dheichniúr. I gcásanna coiriúla níor mhór go gcruthófaí an cás 'thar aon amhras réasúnach' sula gciontófaí duine.

Baineann an Dlí Sibhialta le haighnis idir daoine príobháideacha nó comhlachtaí, cuir i gcás sárú conartha nó faillí. Is de réir thromchúis na n-éileamh agus méid an chúitimh atá á lorg a shocraítear cén chúirt ina n-éistear cásanna sibhialta. Cuireann an *gearánaí* (an té atá ag déanamh an éilimh) an dlí ar an *chosantóir* (an té atá ag freagairt na líomhaintí). Bronntar *damáistí* ar an ghearánaí as airgead a chaill sé nó as an phian is an crá croí a d'fhulaing an té sin de bharr na héagóra a rinne an cosantóir, má éiríonn leis a chás a chruthú. Bíonn an t-ualach cruthúnais i bhfad níos ísle i gcásanna sibhialta ná i gcásanna coiriúla mar nach gá ach a chruthú gur dóichí go ndearnadh feall.

## Dlí na hEorpa

Bhain Éire ballraíocht amach sa Chomhphobal Eorpach (nó Aontas na hEorpa mar a thugtar air anois) sa bhliain 1973. Ó shin i leith, tugtar tús áite do dhlí na hEorpa thar Bhunreacht na hÉireann i gcás coimhlinte. Deir alt 29.10 de Bhunreacht na hÉireann nár cheart d'aon rud ann teacht salach ar aon dlí nó aon bheartas ar ghlac an stát leis trína bheith ina bhall den AE. Amanna, is féidir le tír díolúine a fháil ó fhorálacha faoi leith i gconarthaí na hEorpa. Is i bhfoirm *prótacail* sa Chonradh a thugtar an díolúine seo. Mar shampla, tá díolúine ag Éirinn i dtaca le ginmhilleadh trí sholáthar a rinneadh i gConradh Maastricht.

Tugtar *rialacháin* ar reachtaíocht a ritheann Coimisiún na hEorpa. Bíonn éifeacht dhíreach ag na rialacháin seo ar na ballstáit agus is minic a bhaineann siad le dáileadh bia nó le nithe a bhaineann le cosaint na timpeallachta. Bíonn scóip níos ginearálta ag *treoracha* Choimisiún na hEorpa. Polasaithe de chuid Choimisiún na hEorpa iad seo agus is ar na ballstáit féin a thiteann sé éifeacht a thabhairt dóibh. É sin ráite, gearrtar fíneálacha ar thíortha nach gcuireann na treoracha i bhfeidhm laistigh den achar ama atá leagtha síos ag an AE.

# Na Cúirteanna

## An Chúirt Dúiche

Cúirt áitiúil í seo. Tá 24 ceantar dúiche sa tír agus ceantar cathrach Bhaile Átha Cliath san áireamh. Tá dliteanas ag an chúirt i leith damáistí sibhialta nach sáraíonn €6,348.69 ach níl dliteanas aici a bheith ag plé le cásanna a éiríonn as clúmhilleadh nó aighnis talún. Níl cumhacht ag an Chúirt Dúiche urghaire a dheonú mar nach bhfuil dliteanas aici i gcásanna atá bunaithe ar phrionsabail chothromais. Is ann go hiondúil a phléitear cásanna trácht bóithre ar nós tiomáint chontúirteach, tiomáint mheisciúil agus tiomáint gan árachas.

Is féidir leis an chúirt déileáil le haighnis áirithe teaghlaigh ar nós orduithe díbeartha *(barring orders)* nó orduithe seilbhe *(custody)*. Cé gur ann a phléitear mionchoireanna (gadaíocht agus mion-ionsaithe cuir i gcás) níl aon chumhacht ag an Bhreitheamh Dúiche níos mó ná 12 mí príosúnachta a ghearradh i leith aon choire amháin. Is féidir 24 mí a ghearradh nuair a bhíonn líon cónasctha de choireanna i gceist.

Tionscnaítear gach cás coiriúil mór nó beag sa Chúirt Dúiche. Is ann a chúisítear daoine i ndúnmharú. Cuirtear faoi choinneáil iad ansin (nó socraítear iad a shaoradh ar bannaí) agus cuirtear faoi bhráid cúirte níos airde iad nuair a bhíonn leabhar na fianaise réitithe. Suíonn an Breitheamh ina aonar sa Chúirt Dúiche agus is féidir achomharc a dhéanamh ar a chinneadh chuig an Chúirt Chuarda.

## An Chúirt Chuarda

Cúirt réigiúnda í seo a mbíonn dliteanas aige i leith damáistí i gcásanna sibhialta idir €6348.69 agus €38,000. Is ann a phléitear aighnis talún agus cásanna clúmhillteacha nach sáraíonn an dliteanas sin. Tá de chumhacht aige urghaire a dheonú. Tá cúram ar an Chúirt Chuarda freisin i leith dlí teaghlaigh agus tá údarás acu colscaradh agus scarúintí dlíthiúla a cheadú – ag brath ar mhéid an eastáit atá i gceist. Tá cumhacht aige déileáil le cásanna coiriúla seachas dúnmharú agus éigniú. Is féidir achomharc a dhéanamh chuig an Chúirt Chuarda ón Chúirt Dúiche. Is ann a éistear le hiarratais le haghaidh ceadúnais do thithe tábhairne nua.

Ní féidir ceisteanna bunreachtúla a thógáil sa Chúirt Chuarda. Suíonn an Breitheamh ina aonar ach le cabhair ghiúiré i gcásanna coiriúla. Is féidir leis an Chúirt Chuarda téarmaí príosúnachta fada a ghearradh. Is féidir achomharc a dhéanamh ar chinntí na Cúirte Cuarda chuig an Ard-Chúirt.

## An Ard-Chúirt

Suíonn an Ard-Chúirt sna Ceithre Chúirteanna agus go hócáidiúil i mórbhailte na hÉireann, Corcaigh, Gaillimh nó Luimneach. Éistear cásanna sibhialta ann, ina bhféadfadh go mbeadh níos mó ná €38,000 i gceist iontu, agus tá cumhacht ag an Ard-Chúirt damáistí gan teorainn a dheonú in éilimh shibhialta (cúrsaí clúmhillte san áireamh.)

Tá cumhacht ag an chúirt leis i leith aighnis talún agus dlí teaghlaigh (le cead colscartha agus scarúint dlíthiúil a dheonú san áireamh) má tá eastát mór i gceist. Is féidir leis an Ard-Chúirt urghaire a cheadú agus tá údarás aige ceisteanna bunreachtúla a phlé. Is annamh a bhíonn giúiré i gceist le cásanna Ard-Chúirte ach is eisceacht iad na cásanna clúmhillte agus coiriúla a thagann faoina bráid. Tugann an Ard-Chúirt breithiúnas fosta ar nithe a bhaineann leis an chiall a bhaintear as dlíthe agus tá de chumhacht aici athbhreithniú breithiúnach a dheonú i gcás sárú a bheith déanta ag aonad rialacháin (an státseirbhís nó bord fiosruithe ina measc) as a n-údarás féin. Ina theannta sin, éistíonn an Ard-Chúirt le hachomhairc ar chásanna sibhialta ón Chúirt Chuarda.

**An Phríomh-Chúirt Choiriúil**

Fo-aonad í seo den Ard-Chúirt agus údarás aici i leith mórchásanna coiriúla (dúnmharú, éigniú, dúnorgain, robáil armtha, ionsaí gnéis san áireamh). Breitheamh aonair le giúiré a bhíonn ag suí in imeachtaí coiriúla sa Phríomh-Chúirt Choiriúil. Is é gnó an ghiúiré cinneadh a dhéanamh faoi bhailíocht na bhfíricí a chuirtear ina láthair. Is é gnó an bhreithimh comhairle a chur ar an ngiúiré faoin dlí agus an cás a riar.

## An Chúirt Achomhairc Choiriúil

Cúirt achomhairc í seo in éadan bhreitheanna coiriúla a rinne an Chúirt Chuarda nó an Phríomh-Chúirt Choiriúil. Painéal de thriúr Breitheamh (beirt chomhaltaí de chuid na hArd-Chúirte agus Breitheamh amháin de chuid na Cúirte Uachtaraí) a bhíonn ina suí sa chúirt seo. Déanann siad cinntí ar achomhairc ar chásanna coiriúla ón Chúirt Choiriúil Chuarda nó ón Phríomh-Chúirt Choiriúil. Glactar lena gcinneadh mar fhocal scoir ach amháin sa chás go dtagann pointe dlí chun tosaigh atá tábhachtach go leor le cur faoi bhráid na Cúirte Uachtaraí.

## An Chúirt Uachtarach

Seo í an chúirt is tábhachtaí sa tír agus is cúirt achomhairc amháin í, ach sa chás go gcuirfeadh an tUachtarán Bille faoina mbráid. Is ar phointí dlí amháin a rialaíonn sí. Seachtar Breitheamh san iomlán atá i gCúirt Uachtarach na hÉireann. Is iondúil go suíonn an Chúirt i bpainéal de thriúr Breitheamh nó de chúigear Breitheamh, cé gur féidir le comhaltaí iomlána na cúirte suí mar a tharla i gcás a glacadh ar son fear uathach, Jamie Synott, sa bhliain 2001, nuair a rialaíodh gur ar pháistí amháin atá dualgas ar an stát soláthar oideachais a dhéanamh. Thig le hUachtarán na hÉireann Bille atá gafa trí Thithe an Oireachtais a chur faoi bhráid na Cúirte Uachtaraí lena chinntiú nach bhfuil sé míbhunreachtúil. Is í seo an chúirt is airde dlinse in Éirinn.

## An Chúirt Choiriúil Speisialta

Cúirt Choiriúil í seo a shuíonn i bpainéal de thriúr Breitheamh comhdhéanta as Breithimh nó iar-Bhreithimh ón Chúirt Dúiche, ón Chúirt Chuarda agus ón Ard-Chúirt. Pléann siad le coireanna in aghaidh an stáit ach go háirithe iad siúd a raibh lámh ag eagraíochtaí mídhleathacha nó paraimíleatacha iontu. Ní shuíonn giúiré sa Chúirt Choiriúil Speisialta ar fhaitíos go ndéanfaí imeaglú orthu.

## An Chúirt Bhreithiúnais Eorpach

Tá an focal scoir ag an Chúirt Bhreithiúnais Eorpach i dtaca le ní ar bith a bhaineann le dlíthe an Aontais Eorpaigh agus cur i bhfeidhm na gConarthaí. Caithfidh na cúirteanna náisiúnta géilleadh dá húdarás agus níl cead achomhairc acu i leith bhreithiúnais na cúirte. Thig le Coimisiún na hEorpa cás a ghlacadh in éadan bhallstáit má mheastar go bhfuil sé ag sárú na ndualgas a thiteann orthu faoi Chonarthaí na hEorpa. Is i Lucsamburg a shuíonn sí agus í comhdhéanta de bhreithiúna a ainmníonn na ballstáit éagsúla. Dlíthe Eorpacha amháin a bhíonn faoi chaibidil ag an chúirt seo agus pléitear go príomha le cúrsaí eacnamaíochta agus tráchtála. Ní thig é a úsáid le dúshlán a thabhairt maidir le srianta sna gnása sóisialta i dtír ar bith ar nós an cosc a bhíodh ar cholscaradh sa tír seo.

# Tuairisceoireacht sna Cúirteanna

### Pribhléid shrianta

Tá lánchead ag iriseoirí líomhaintí nó ráitis a dhéantar sa chúirt a thuairisciú gan a bheith buartha faoi chúrsaí leabhail fad a bhíonn an cur síos cruinn, cothrom agus comhaimseartha. Séard atá i gceist le tuairisceoireacht chomhaimseartha ná gur cheart go mbeadh an scéal craolta ar fheasacháin nuachta raidió agus teilifíse an lá sin nó i gcló a luaithe agus is féidir. Pribhléid shrianta a thugtar ar an chead sin.

Is í an chosaint is mó atá ag an té a bhíonn ag cur síos ar imeachtaí na cúirte ná cloí leis na fíricí agus leis an mhéid a nochtar ann. Ní hionann sin le rá nach bhfuil sa tuairisceoir ach téipthaifeadán daonna. Cuimhnigh gur baineadh úsáid as an dlí san am a chuaigh thart le cos ar bolg a imirt ar dhaoine ar nós Sheisear Bhirmingham agus Cheathrar Ghuildford. Murach iriseoireacht chróga na meán, tá seans go mbeadh an t-iarbhean rialta Nora Wall fós i ngéibhinn. Ar 23 Iúil, 1999, gearradh téarma príosún saoil uirthi as cuidiú le Pablo McCabe cailín 10 mbliana d'aois a bhí faoina cúram a éigniú. Gearradh téarma 12 bliain ar McCabe. Ba sna meáin chumarsáide, seachas sa chúirt nó i bhfiosrú na nGardaí, ba thúisce a tógadh ceisteanna faoin chiontú. De bharr a gcuid fiosrúchán, tháinig sé chun solais gur éisteadh le fianaise ó fhinné ar son an ionchúisimh, ainneoin cinneadh a bheith glactha nárbh fhoinse iontaofa í. Bhí an fhianaise sin lárnach i gciontú Nora Wall. Ba é an toradh a bhí ar an chás ná gur chuir An Chúirt Achomhairc Choiriúil an ciontú ar neamhní, a bhuíochas go príomha do na meáin chumarsáide.

Is léir mar sin go bhfuil ról tábhachtach ag iriseoirí i nochtadh breithiúnais éagóraigh. Má tá aon ní míchothrom i gceist ba cheart don eagras nuachta é seo a rá go neamhbhalbh agus a bheith sásta dlíthe a cháineadh agus moltaí a chur chun tosaigh leis an dlí a leasú. B'fhearr, áfach, gur i bhfoirm colúin nó agallaimh le saineolaithe a tharlódh sé seo agus clabhsúr curtha leis an chás a bhí faoi chaibidil. Bheadh díspeagadh cúirte ann dá ndéanfaí a leithéid le linn trialach.

Deirtear go minic gur cuid rílárnach den phróiseas dlíthiúil é gnó an iriseora, cé nach bhfuil ról sainiúil oifigiúil ar leith leagtha amach don iriseoir i gcóras na gcúirteanna. De bharr na tuairisceoireachta a dhéantar ar choir agus ar an phionós a gearradh, cuirtear go mór leis an náire a bhíonn ar an té a bhí ciontach. Deirtear in amanna gur mó i bhfad an pionós é d'ainm a bheith i gcló sna nuachtáin ná an phianbhreith a ghearrtar ort! Lena chois sin, díríonn na tuairiscí aird an phobail ar choir de chineál áirithe agus tugtar foláireamh nach nglacfar lena leithéid feasta.

Ceann de na laincisí is mó a bhíonn ar an chlúdach a dhéantar ar chásanna cúirte ar nuacht raidió agus teilifíse ach go háirithe ná easpa foirne. Is minic nach mbíonn sé d'acmhainn iriseoir a chur chun na cúirte ar eagla nach dtarlódh a dhath suimiúil nó neamhghnách ann. Sa chás seo, baintear úsáid as saoririseoirí iontaofa le cóip (nó téacs scríofa) a chur ar fáil.

Is minic fosta a bhíonn socrú déanta leis na saoririseoirí seo le go dtabharfaidís réamhfhógra don eagarthóir faoi aon chás suimiúil a bheas ag teacht os comhair na gcúirteanna. Ba cheart nóta a bheith sa dialann nuachta faoi chásanna tábhachtacha. Bíonn liosta na gcásanna agus na dátaí a éistfear iad ar fáil ar **www.courts.ie/legaldiary**.

Níos minicí ná a mhalairt, ní chuireann nuacht teilifíse ceamara fad leis an chúirt, ach ag tús agus deireadh na trialach agus nuair a bhíonn pianbhreith á ghearradh ar dhuine atá ciontaithe. Tá tábhacht faoi leith mar sin ag baint le tús agus deireadh an cháis. Liostáiltear na cúiseanna a chuirtear i leith duine ag an tús agus i gcásanna móra déanann an breitheamh achoimre ar a bhfuil ráite roimhe sin sula dtugtar breith nó sula gcuirtear an giúiré chun bealaigh.

Is minic a thagann daoine fad leis an tuairisceoir taobh amuigh den chúirt ag impí air gan rud faoi leith a chur i gcló nó a chraoladh. An chosaint is fearr atá ag iriseoir i gcás mar seo – agus i go leor cásanna eile – ná a rá gur faoin eagarthóir atá sé a leithéid a chur isteach agus nach bhfuil neart aigesean air. Ar bhonn prionsabail, bheadh sé neamartach gan tuairisciú a dhéanamh ina leithéid de chás.

Thar aon ní eile, caithfidh an t-iriseoir a bhíonn ag treabhadh an ghoirt áirithe seo a bheith cruinn, chan amháin ar mhaithe le leabhal a sheachaint, ach cionn is go bhfuil beatha daoine i gceist fosta. Dá gcuirfí ainm nó seoladh contráilte i gcló d'fhéadfaí go leor damáiste a dhéanamh do dhaoine nach raibh baint dá laghad acu leis an choir.

## An liosta

Is beag teagmháil a bhíonn ag iriseoir leis na breithiúna agus sin mar ba cheart dó a bheith. Ar bhealach is é an Cléireach Cúirte an t-idirghabhálaí neamhoifigiúil eatarthu. Tugann seisean cuidiú don iriseoir ó thaobh fíricí an cháis: dátaí cuí, aois an chúisí, a sheoladh agus sonraí eile. Ina theannta sin, is féidir ceisteanna a chur orthu maidir le liosta na gcásanna a éistfear agus barúil a fháil uathu faoi cén t-am den lá a bheas cás faoi leith á phlé.

I gcásanna móra bíonn na habhcóidí ag iarraidh poiblíocht a fháil dóibh féin agus is iondúil go mbíonn siad breá sásta pé cuidiú atá de dhíth ar an iriseoir a thabhairt dó. Ina theannta sin, is mór is fiú don iriseoir caidreamh maith a chothú leis na Gardaí ach a bheith cúramach nach ndéanfar aon ghéilleadh ar a chuid neamhspleáchais. Ar ndóigh, cosúil le haon teagmháil eile a bhíonn ag an iriseoir caithfear muinín na gcléireach agus na nGardaí a thuilleamh. In imeacht ama is féidir le hiriseoir logánta gréasán luachmhar d'fhoinsí teagmhála a chruthú, idir dhlíodóirí, Ghardaí, agus chléirigh chúirte. Ar ndóigh, ní féidir le tuairisceoir cúirte aon eolas a úsáid ó na foinsí sin le linn cás a bheith á éisteacht. Ní thig ach an méid atá cloiste ag an ngiuiré a thuairisciú.

Is fiú fosta don tuairisceoir cúirte a bheith gléasta go néata ó tharla go bhféadfadh go mbeadh sé ag caint ar bhonn gairmiúil le baill den phobal. Tá nós agus cleachtais ag na cúirteanna i dtaca le teacht i láthair na n-iriseoirí a bhíonn ag freastal orthu agus is iondúil go mbítear ag súil nach mbeadh cuma ghioblach orthu.

## Leideanna d'iriseoirí

- Glac nóta iomlán cruinn de na sonraí is tábhachtaí sa chás: na cúiseanna, ainmneacha, seoltaí, aois, dátaí, pionóis, fíneálacha.

- Is mór an cuidiú luathscríbhinn i dtuairisciú cúirte, cé gur beag iriseoir anois a bhfuil an scil seo acu.

- Cuimhnigh nach mbíonn cead ceamara nó téipthaifeadáin a thabhairt isteach sa chúirt. Ba cheart don iriseoir leabhar nótaí agus peann breise a thabhairt leis. Is mór an cuidiú fosta léarscáil bheag le gur féidir seoltaí atá luaite a sheiceáil. Agus ar ndóigh: ba cheart an guthán póca a mhúchadh!

- Ba cheart a bheith ag faire amach le haghaidh ráiteas suimiúil a dhéantar sa chúirt. Cuireann ráitis go mór le suim an léitheora nó an éisteora agus léiríonn siad go raibh an t-iriseoir i láthair agus nach tuairisc dara láimhe atá i gceist.

- Ba cheart nóta cruinn a ghlacadh den chás a dhéanann an chosaint agus na cúisitheoirí chomh maith le hachoimre an Bhreithimh.

- Níor mhór na cúiseanna atá curtha i leith an chosantóra a lua i dtuairiscí cúirte.

- Is fiú cúlra na coire a ríomh, is cuma cé chomh minic is a scríobhadh faoi cheana.

- Ba cheart ainm na cúirte ina bhfuil an cás ar siúl a lua.

- Ba cheart aon fhíric nach bhfuil an t-iriseoir cinnte fúithi a sheiceáil leis na Gardaí nó leis an chléireach cúirte, le hiriseoirí eile ar an láthair nó le foinse iontaofa.

- Ba cheart téarmaí dlíthiúla a sheachaint mar go gcuireann siad mearbhall ar an léitheoir nó an éisteoir. Mar shampla, in áit a rá go bhfuil rún ag duine 'athbhreithniú breithiúnach á lorg in éadan...' thiocfadh a rá go bhfuil 'dúshlán cúirte á ghlacadh' aige. Is ionann an scéal le mionsonraí leighis a thagann chun solais i bhfiosruithe iarbháis. Agus mar a deirtear i gCois Fharraige: *'Ne loquaris Latine'* – ná bain úsáid as Laidin.

- Ba cheart tuairisc a scríobh lom láithreach i ndiaidh na héisteachta sula ndéanfar dearmad ar rudaí.

- Ba cheart tuairisc cúirte a léamh arís go han-chúramach ar eagla go bhfuil aon bhotún inti.

- Ba cheart a bheith ag faire amach le haghaidh ábhar drámatúil sa chúirt: finnéithe ag gol, racht feirge ón té atá faoi thriail, nó clampar sa ghailearaí poiblí. Níor mhór a bheith airdeallach, áfach, faoi eachtraí a eagraítear ar mhaithe le poiblíocht a fháil nó le baint ón chlúdach a thugtar don fhianaise.

- D'fhéadfaí cur síos a dhéanamh ar an dóigh a théann rudaí i bhfeidhm ar an duine atá faoi thriail, ar na cúisitheoirí, ar na gaolta, agus ar na haturnaetha.

- I gcás ina bhfuil giúiré, d'fhéadfaí an méid ama a ghlac siad le teacht ar chinneadh a lua. Tugann sé seo léargas dúinn ar an mhéid fianaise a bhí in éadan an chúisí nó ar a shon.

- Mura bhfuil deireadh le cás ba cheart é sin a lua. Mar shampla: 'Leanfar leis an chás Dé Luain' nó 'Tá an giúiré imithe le teacht ar a mbreith.' Má tá an breitheamh le teacht ar chinneadh ar lá faoi leith, ba cheart é sin a lua fosta.

- Ba cheart don iriseoir a chuid nótaí a choinneáil ar feadh cúpla mí i ndiaidh an cháis ar eagla go mbeadh léitheoirí áirithe nó cuid den lucht éisteachta nó féachana ag gearán nó go mbeadh baol cás clúmhillte nó díspeagadh cúirte ann.

- Caithfidh an cur síos a bheith cothrom. Ba cheart an méid céanna suntais a thabhairt don dá thaobh den argóint. Bíonn sé seo deacair sa mhéid is go leagtar amach an cás i gcoinne an chosantóra i dtús na trialach. Má dhéantar cur síos ar an fhianaise a thugtar i dtús an cháis ba cheart a rá i gcónaí go bhfuil an cúisí ag pléadáil neamhchiontach. Caithfear cothrom na féinne a thabhairt don chosaint a dhéantar.

### An chéad chéim eile

Nuair a thagann deireadh le cás cúirte níor mhór a bheith ag faire amach don chéad chéim eile:

- Cén chéad uair eile a bheas an cúisí ag teacht os comhair na cúirte?
- Cén uair a ghearrfar pianbhreith air?
- An bhfuil sé i gceist aige achomharc a dhéanamh?
- An mbraitheann na gearánaithe go bhfuair siad cothrom na féinne sa phionós a gearradh?

Is minic a bhíonn daoine míshásta leis an phianbhreith a ghearrtar – taobh amháin ag rá go bhfuil an téarma príosúin ródhian agus an taobh eile ag rá nach leor é. Is féidir méid áirithe a réiteach roimh ré agus a bheith réidh é a chraoladh nó a fhoilsiú nuair a bheadh an bhreith tugtha. Nuair a ciontaíodh Pádraig Nally as dúnorgain John 'Frog' Ward i 2005, craoladh tuairiscí réamhthaifeadta leis an dá theaghlach a bhí gceist ar nuacht RTÉ.

I gcás ina bhfaighfí an cúisí neamhchiontach níor mhiste a fhiafraí de na gearánaithe an bhfuil sé i gceist acu cás sibhialta a ghlacadh ina choinne. Ach cuimhnigh nach faoin iriseoir atá sé an cás a atriail.

Nuair atá an cás thart, is féidir agallamh a chur ar dhuine a fuarthas neamhchiontach nó ar chairde nó ar ghaolta an taobh eile. Tá lánchead ag iriseoir é seo a dhéanamh nuair atá bailchríoch curtha ar an chás ach bheadh díspeagadh cúirte i gceist dá ndéanfaí é fad is atá cás faoi lán seoil. Murab ionann is Meiriceá níl cead agallamh foirmiúil a chur ar aon bhall den ghiúiré sa tír seo.

Caithfear a bheith cáiréiseach ar fad fosta faoi ráitis a deir daoine nuair a bhíonn siad suaite go mór. Ní thig 'pribhléid shrianta' a úsáid mar chosaint in aghaidh clúmhilleadh i dtuairiscí a dhéantar lasmuigh de theach na cúirte.

Is minic a scríobhtar gné-altanna nó a chuirtear tuairiscí tánaisteacha le chéile don raidió nó don teilifís faoi chúlra an cháis. D'fhéadfaí cur síos a dhéanamh, mar shampla, ar an drochthógáil a bhí ag dúnmharfóir nó ar an tslí mhaireachtála a bhí ag fear gnó a ghoid airgead.

Bhí sampla de seo sa chlúdach a rinne *Foinse* ar thorthaí an cháis ba mhó a bhain le Conamara i gcuimhne na ndaoine. Ar an 17 Meitheamh, 2001 fuarthas John McDonagh as an Cheathrú Rua ciontach i ndúnmharú Shiobhán Ní Eidhin as an Sconsa i Leitir Móir ar 6 Nollaig, 1998. Sa chéad eagrán eile de *Foinse* a foilsíodh ina dhiaidh sin bhí tuairisc chuimsitheach cúirte; agallamh le gaolta Shiobhán; cuimhní an aisteora Sorcha Ní Chéide ar a cara; anailís ar mar a chaith na meáin chumarsáide leis an chás; alt le léachtóir le dlí ar a bhfuil i gceist le téarma saoil i bpríosún; alt faoina sórt saoil a bhí in ann don té a ciontaíodh sa phríosún agus faoin fhoireann dlí a bhí aige. Ní fhéadfaí na hailt seo a chur i gcló go dtí go mbeadh deireadh leis an chás. Seo a leanas an cur síos ar rinne Máirtín Ó Catháin ar éifeacht an cháis:

> Murach an mí-ádh, ní thabharfaí suntas ar bith den 6ú lá de mhí na Nollag, 1998 i gConamara. Lá bog, dorcha a bhí ann – salachar báistí ag cuimilt na gcnoc, gaoth ropanta ag séideadh aneas. B'fhéidir go ndearna daoine óga a dhúisigh go codlatach i gConamara an mhaidin sin beagán smaoinimh ar an oíche roimhe sin ar an gCeathrú Rua – agus b'fhéidir nach ndearna.
>
> Ní raibh inti ach oíche eile i saol na hóige. Ach, sula mbeadh an lá sin caite, bheadh marc tragóideach le cur ar an bhféilire. As na céadta a bhí ar an gCeathrú Rua ag caitheamh na hoíche ag dhá disco, ag ócáid shóisialta eile, agus sna tithe ósta, chuaigh chuile dhuine abhaile – ach duine amháin. Fuarthas corp an chailín sin ar an gcladach uaigneach, i bhfoisceacht míle go leith don tsráidbhaile, tar éis am dinnéir.
>
> Cuireadh an dualgas uafásach ar a hathair í a aithneachtáil, gar do 4pm an tráthnóna sin – Siobhán Ní Eidhin, 17 bliain d'aois as an Sconsa i Leitir Móir. Bhí fíordhroch-ionsaí déanta ar Shiobhán Ní Eidhin – bhí brúidiúlacht thar an ngnáth ag baint leis. Bhí an pobal scanraithe agus spréachta. Bhí na Gardaí faoi bhrú. Bhí daoine ag iarraidh go gcuirfí an dlí agus an ceart – agus cothrom na féinne i bhfeidhm. Ach, bíonn ar na Gardaí feidhmiú taobh istigh de theorainneacha casta dlí. Shaothraigh siad an aimsir.

Is go dona, más ar chor ar bith é, a chodail muintir Uí Eidhin sa Sconsa. Bhí a n-iníon curtha sa reilig i Leitir Móir. Ní thiocfadh sí ar ais go brách. Maolaíodh an iarraidh a buaileadh ar mhuintir Uí Eidhin, más de bheagán féin é, san bPríomh Chúirt Choiriúil, ar maidin Dé Domhnaigh seo caite...

Fanfaidh an oíche agus an mhaidin sin, an 5-6 Nollaig, 1998 i gcuimhne chuimse daoine óga a chuaigh go gealgháireach don Cheathrú Rua.... B'fhéidir gur ar an oíche sin a goideadh soineantacht na hóige ó chuid acu. *(Ó Catháin: 2001)*

## Díspeagadh cúirte

Is coir é seo agus d'fhéadfaí go ngearrfaí fíneáil nó go gcuirfí iriseoir chun príosúin dá bharr. D'fhéadfaí go ngearrfaí pionós ar iriseoirí aonaracha, ar a gcuid eagarthóirí, ar nuachtáin nó ar stáisiúin raidió nó teilifíse. Tá trí ghné faoi leith den tuairisceoireacht chúirte ina bhfuil baol díspeagadh cúirte.

### (A) Sub judice:

Deirtear go mbíonn cás *sub judice* sa tréimhse sin idir tús agus deireadh na n-imeachtaí dlí. Níl aon chead ábhar a chur i gcló le linn an ama seo a bhféadfadh tionchar míchuí a bheith aige ar dhearcadh an ghiúiré nó an bhreithimh. Níl cead ach chomh beag toradh na trialach a thuar. Is é an sprioc atá leis an riail seo ná a chinntiú go bhfaighfidh gach duine triail chothrom.

Dá ndéanfaí plé ar fhianaise, mar shampla, a bhéarfadh le fios go bhfuil duine ciontach nó neamhchiontach i gcoir sula mbeadh deireadh le triail, d'fhéadfaí go scaoilfí saor an duine atá faoi thriail agus go gcúiseofaí an t-iriseoir as díspeagadh cúirte.

Chuirfí díspeagadh cúirte i leith iriseora fosta a chuirfeadh agallamh ar fhinnéithe le linn trialach. Níl cead ach an oiread labhairt le baill den ghiúiré nó le hoifigigh na cúirte le linn do thriail a bheith faoi lán seoil. D'fhéadfadh go mbeadh blúiríní eolais suimiúla ag an iriseoir faoi chúlra an chúisí ach d'fhéadfadh chomh maith céanna go mbeadh tionchar diúltach ag na blúiríní sin ar bhaill den ghiúiré dá nochtfaí iad le linn na trialach.

Níl aon laincis ar iriseoir, áfach, agallamh a chur ar fhinnéithe faoi choir sula ngabhtar duine nó sula dtugtar le fios go bhfuil na Gardaí ar tí duine a ghabháil. Go deimhin, is iomaí uair a chuidíonn feachtasaíocht na meán le cásanna cúirte a thabhairt go ceann scríbe. Ach caithfear deireadh a chur leis an tuairimíocht a luaithe atá duine ar tí a bheith cúisithe ag na Gardaí.

Bíonn deacrachtaí go leor ag baint le tuairisciú coireanna agus níor mhór a bheith cáiréiseach faoi achan fhocal a úsáidtear. Cur i gcás, dá bhfaigheadh cléireach bainc bás tar éis ionsaí a rinneadh air le linn ruathar bainc. D'fhéadfaí a rá sa chás sin go bhfuil fear cúisithe as dúnmharú an chléirigh ach níor cheart tagairt a dhéanamh don 'fhear dúnmharaithe' mar nach bhfuil an cás i gcoinne an chúisí cruthaithe go fóill.

Tá riail ag *Nuacht TG4* nach bhfuil cead glais lámh a thaispeáint i gcás duine atá cúisithe ach nach bhfuil ciontaithe go fóill.

I dteoiric, bíonn cás cúirte fós *sub judice* go dtí go gcuirtear críoch le hachomharc ar chinneadh na cúirte. Ach is iondúil anois do na meáin a dtuairim a thabhairt faoi chás a luaithe is a chuirtear deireadh leis ar an bhonn gur faoi bhráid breithiúna seachas giúiréithe a bhíonn na hachomhairc agus gur pointí dlí seachas athscansáil ar fhíricí a bhíonn faoi chaibidil acu. Is lú an baol réamhchlaonta dá bharr.

### (B) Cúirt Iata

D'fhéadfadh díspeagadh a bheith i gceist má sháraítear na rialacha a bhaineann le cúirt iata. De ghnáth tugann an Breitheamh treoracha i dtaca le srianta tuairisceoireachta i gcásanna den chineál sin.

I measc na gcásanna a éistear i gcúirt iata *(in camera)* tá:

- Ógánaigh faoi 16 bliain d'aois i gcásanna coiriúla: Níl cead a n-ainmneacha a fhoilsiú.

- Dlí teaghlaigh: Éistear cásanna a bhaineann le scarúint is neamhniú cleamhnais, uchtú nó caomhnóireacht páistí, i gcúirt iata agus tá cosc glan ar a gcuid imeachtaí a chraoladh nó a fhoilsiú.

- Ionsaithe collaí: Ní úsáidtear ainm an ionsitheora i gcás éignithe ar eagla go n-aithneofaí an fulangach. Ceadaítear é seo i gcásanna eisceachtúla nuair a thugann an chúirt cead faoi leith a leithéid a dhéanamh. Is ionann an scéal le ciorrú coil *(incest)*. Ach is féidir an t-ionsaitheoir a ainmniú i gcás bugaireachta mar a tharla i gcás an Athar Seán Fortune i nDeoise Fhearna, Co Loch Garman, ar cuireadh 66 cúis ina leith. I gcás mar seo níl sé ceadaithe na fulangaigh a ainmniú. (Níor ciontaíodh an tAthair Fortune riamh mar gur chuir sé lámh ina bhás féin i 1999).

Lena chois sin, caithfear a bheith ar an airdeall faoi chosantóirí a bhíonn os comhair na cúirte ar an iliomad cúiseanna go háirithe nuair nach mbíonn aon srian ar ainmniú an chosantóra i leith cuid de na cúiseanna atá curtha ina éadan. Níl aon riail docht daingean faoi seo ach molann RTÉ nár cheart an cosantóir a ainmniú i gcásanna den chineál seo ar eagla go mbeadh léitheoirí cliste ábalta é a aithint.

Níl aon srian ar thuairisceoireacht a dhéanamh ar nithe a dúradh sa chúirt nuair a bhíonn cúisí ag iarraidh go scaoilfí amach faoi bhannaí é. D'fhéadfadh go gcothódh sé seo fadhbanna nach beag go háirithe má dhiúltaítear dó de bharr ciontaithe eile san am a chuaigh thart. Maítear gurb é an cúisí féin a rinne an t-iarratas ar bhannaí agus gur air atá an locht má eascraíonn drochphoiblíocht as. Tá an baol ann, áfach, go bhféadfadh go maífeadh dlíodóirí an chúisí nach bhféadfadh a chliant triail chothrom a fháil de bharr na drochphoiblíochta a fuair sé nuair a rinne sé iarratas ar bhannaí. D'fhéadfaí a rá fosta nár cheart go mbeadh réamheolas ag an Bhreitheamh trialach faoi réamhchiontaithe ar bith de chuid an chosantóra.

### (C) Diúltú foinsí a nochtadh

Is minic a thagann mianta an stáit salach ar eiticí na hiriseoireachta maidir le hainmneacha duine a cheilt agus gan foinsí a nochtadh. Is í an tuairim choitianta i measc iriseoirí ná nach bhfuil aon duine a ainmníonn foinse nó a chuidíonn le haimsiú foinse dílis dá cheird. Ach aisteach go leor, níl aon cheart dlíthiúil ná pribhléid ag an iriseoir ina leith seo.

I Samhain na bliana 1972, ghearr an Chúirt Choiriúil Speisialta téarma trí mhí príosúin ar Kevin O'Kelly ó RTÉ nuair a dhiúltaigh sé ceisteanna a fhreagairt maidir le hagallamh a chuir sé ar cheannaire an IRA, Seán Mac Stiofáin. Bhí sé tar éis tuairisc a chraoladh cúpla lá roimhe sin bunaithe ar an agallamh ach dhiúltaigh sé a dheimhniú don chúirt gurb é Mac Stiofáin an té ar labhair sé leis. Bhris an rialtas Údarás RTÉ ina iomláine (a bhí faoi Chathaoirleacht bhunaitheoir Ghael Linn, Dónall Ó Móráin) nuair a dhiúltaigh siad imeachtaí disciplíne a thionscnamh in éadan O'Kelly. Tá cur síos ar an eachtra i gcuimhní cinn an cholúnaí Kevin Myers (2006: 115-6), a d'éirigh as a phost in RTÉ mar agóid:

> I didn't particularly object to the prohibition on broadcast interviews with IRA leaders, because in the early days of the Troubles IRA leaders had been regularly fawned upon and fellated by RTÉ interviewers in Dublin. It had been gruesome, debased stuff. On the other hand, journalists cannot be expected to second-guess governments, which must legally define what they want and not expect more. Kevin O'Kelly had stuck to the legal definition, but that wasn't sufficient.
>
> I now better understand the position of the government – that it felt the rush of water beneath its keel, and it was not going to be drawn by the rip tide of terrorism into a flood of others' making: but that is irrelevant. At the time, I felt indignant that news broadcasting should be subject to such gross and arrogant interferance; braodcasters couldn't do our job if we had to worry about the government's opinions of how we did it.

Mar a tharla, níor chaith O'Kelly níos mó ná leathlá i bpríosún mar gur scaoileadh amach faoi bhannaí é go dtí go n-éistfí lena achomharc. Laghdaigh An Chúirt Achomhairc Choiriúil an pionós go £250 (nó €317) i 1974. Rialaigh an chúirt, áfach, nár cheart go ndéanfaí eisceacht d'iriseoirí i gcásanna cúirte agus go raibh cead ag breithiúna iachall a chur orthu aon eolas a bhain le hábhar a roinnt leis an chúirt.

Tháinig an choimhlint idir leas an stáit agus leas na hiriseoireachta go mór chun cinn fosta in eachtra a tharla i Sasana breis is scór bliain ó shin. Ar 21 Deireadh Fómhair, 1983, d'fhág Sarah Tisdall, cléireach sa Roinn Cosanta, dhá fhótachóip de cháipéisí rúnda rialtais in oifigí *The Guardian*. Níor chuir sí a hainm leis an bheart. Bhí eolas ann faoin dáta ina mbeadh diúracáin núicléacha ag teacht go bunionad Mheiriceá Greenham Common agus faoi na pleananna a bhí ag an rialtas dul i ngleic leo siúd a bheadh ag léirsiú ina gcoinne. Ní hamhain sin, ach léirigh meamram ón Rúnaí Cosanta, Michael Heseltine, chuig an Phríomh-Aire Margaret Thatcher go raibh rún ag an Rialtas ceisteanna parlaiminte ar an ábhar a sheachaint. Ní raibh Tisdall gníomhach in aon pháirtí polaitiúil ag an am ach mheas sí go raibh an plean a bhí beartaithe ag an rialtas mímhorálta. D'fhoilsigh *The Guardian* scéal eisiach bunaithe ar na cáipéisí agus d'ordaigh an rialtas go bhfiosrófaí an scéal, mar is dual dóibh ina leithéid de chás. Deich lá ina dhiaidh sin, bhí an praiseach ar fud na mias nuair a chinn eagarthóir an nuachtáin, Peter Preston, go bhfoilseofaí an meamram ina iomláine. D'ordaigh an rialtas go dtabharfaí an cháipéis ar ais dóibh láithreach.

Seasamh neamhghéilliúil a bhí ag an nuachtán i dtús ama agus é ag maíomh nár cheart go nochtfaí a chuid foinsí. Dúirt an t-eagarthóir, áfach, nach mbainfidís de na cáipéisí ar bhealach ar bith. Chuir an rialtas an dlí ar an nuachtán agus bhuaigh siad a gcás. Theip ar achomharc *The Guardian* agus ní raibh an dara suí sa bhuaile acu ach na cáipéisí a thabhairt ar ais. Bhí na póilíní ábalta an gléas fótachóipeála a aimsiú agus cúisíodh Sarah Tisdall as forálacha an Achta um Rúin Oifigiúla a shárú. Gearradh téarma sé mhí sa phríosún uirthi.

Cháin ceardchumann na n-iriseoirí agus go leor de cholúnaithe an nuachtáin fiú an seasamh a ghlac *The Guardian* ar an cheist seo. Dúirt Tisdall í féin go raibh sé de cheart ag an eagarthóir an dlí a bhriseadh agus na cáipéisí a sracadh as a chéile. Ach os a choinne sin, dúirt dlíodóirí an nuachtáin go leanfaí ag gearradh fíneálacha chomh géar sin orthu go mbeidís i mbaol druidte. Ina theannta sin, bhí sé ráite go neamhbhalbh ag bainistíocht an nuachtáin leis na ceardchumainn go mbeadh orthu cloí go dílis leis an dlí le linn aighnis tionsclaígh a tharla tamall roimhe sin. Níor mhór dóibh beart a dhéanamh de réir briathair, a dúradh.

Seans go raibh an chonspóid seo ar chúl a cinn ag eagarthóir *The Irish Times*, Geraldine Kennedy, nuair a scrios sí cóip de cháipéis ó Bhinse Fiosraithe Mahon a léirigh go mbeadh ar an Taoiseach, Bertie Ahern, míniú a thabhairt don Bhinse faoi iasachtaí pearsanta a tugadh dó i 1993 fad is a bhí sé ina Aire Airgeadais. D'fhoilsigh an nuachtán sonraí faoi na hiasachtaí i mí Mheán Fómhair, 2006 agus b'ábhar spairne mór polaitiúil a bhí ann ar feadh cúpla seachtain ina dhiaidh sin. Ba dhóbair don rialtas titim de bharr na conspóide agus dréachtaíodh Bille nua Eitice dá thoradh.

Theip ar iarrachtaí an Bhinse Fiosraithe teacht ar an fhoinse sceite. Chuaigh an Cathaoirleach chun na hArd-Chúirte ansin le hiarracht a dhéanamh brú a chur ar eagarthóir *The Irish Times*, Geraldine Kennedy, agus ar an iriseoir a scríobh an tuairisc, Colm Keena, an fhoinse a nochtadh. Mhaígh Cathaoirleach an Bhinse, an Breitheamh Alan Mahon, go raibh an baol ann go ndéanfaí damáiste d'fhinnéithe trí thuairisceoireacht a dhéanamh ar cháipéisí sceite gan an comhthéacs leathan a léiriú. Dúirt sé go bhféadfaí fíneáil €300,000 an duine nó téarma príosúin trí bliana a ghearradh ar an bheirt iriseoirí, mura mbeidís sásta comhoibriú leis an Bhinse Fiosraithe.

Ina mionnscríbhinn siúd, mhaígh Geraldine Kennedy gur ábhar suntasach poiblí agus polaitiúil a bhí sna hiasachtaí agus go raibh dualgas dá réir uirthi an scéal a fhoilsiú. Fíricí seachas líomhaintí a bhí san eolas seo, dar léi, agus ba cheart go gcuirfí pobal na hÉireann ar an eolas faoi. Bhí a fhios aici ag am an fhoilsithe go raibh rún ag Bertie Ahern dul chun na cúirte le hiarracht a dhéanamh bac a chur ar an Bhinse Fiosraithe na líomhaintí a fhiosrú siocair gur ábhar príobháideach a bhí ann, lasmuigh de théarmaí tagartha an Bhinse. (Mhaígh sé go raibh sé gann ar airgead ag an am tar éis chliseadh a phósta.)

Thiocfadh dó mar sin nach dtiocfadh na hiasachtaí a thug fir ghnó do dhuine de na polaiteoirí is sinsearaí chun solais riamh, dar leis an eagarthóir. Dá nochtfadh sí a cuid foinsí sa chás seo, bheadh drogall ar dhaoine eile eolas a bheadh ar leas an phobail a sceitheadh chuig na meáin.

## Tuarascálacha Choimisiúin Imscrúdúcháin

Cuireann An tAcht um Choimisiún Imscrúdúcháin 2004 cosc ar fhoilsiú thuarascálacha fiosrúcháin sula scaoiltear go hoifigiúil iad. Bíonn iriseoir ar bith a sceitheann eolas den chineál sin ag briseadh an dlí. De réir an Achta ceadaítear do Choimisiúin Imscrúdúcháin nithe a mheasann an rialtas a bheith mar chúram don phobal a fhiosrú. Ach is coir é tuarascáil atá faoi chaibidil ag a leithéid de choimisiún a chraobhscaoileadh gan chead. Maítear go gcaithfear rúndacht na ndaoine atá luaite i ndréacht-thuarascáil a chosaint ar eagla go mbeidís ag iarraidh dúshlán a thabhairt dá bhfuil ann. Thig iriseoir a sceitheann eolas den chineál seo a chúiseamh laistigh de dhá bhliain ó uair a fhoilsithe nó a chraolta. D'fhéadfaí go ngearrfaí fíneáil chomh hard le €3,000 nó téarma príosúin bliana air má éistear an cás sa Chúirt Dúiche. Má chuirtear an cás faoi bhráid na Cúirte Cuarda, áfach, thiocfadh leis an phionós a bheith chomh hard le €300,000 nó cúig bliana sa phríosún. Is féidir fosta go mbeadh an foilseachán nó an craoltóir thíos go mór leis an sceitheadh eolais. Bheadh orthu €3,000 a íoc i gcás ciontú achomair agus €300,000 má chiontaítear iad sa Chúirt Chuarda.

I bhFeabhra 2007, gabhadh tuairisceoir coiriúlachta *The Sunday Tribune*, Mick McCaffrey, agus bleachtaire sáirsint de chuid na nGardaí as sárú an achta seo. Gabhadh iad de bharr alt a scríobh McCaffrey leathbhliain roimhe sin fad is a bhí sé fostaithe ag *The Evening Herald*, ina ndearnadh cur síos ar shonraí tuarascála a bhí ar tí a bheith eisithe ag Coimisiún faoi chathaoirleacht George Bermingham, AS. Bhí an Coimisiún Imscrúdúcháin ag fiosrú cúisiú éagórach andúileach drugaí, Dean Lyons, as dúnmharú beirt bhan i gcóiríocht do dhaoine éislinneacha i nGráinseach Ghormáin sa bhliain 1997. Chinn an stát gan dul ar aghaidh leis an chúiseamh agus ghabh na Gardaí leithscéal lena theaghlach. Cáineadh iompar na nGardaí i dTuarascáil Bhermingham ach d'fhoilsigh *The Evening Herald* dréacht de sula raibh an dlaoi mhullaigh curtha air. D'eisigh an Roinn Dlí agus Cirt, Comhionannais agus Athchóirithe Dlí ráiteas ag an am inar dúradh gur coir a bhí i nochtadh ábhair ó Dhréacht-Thuarascáil an Choimisiúin sular foilsíodh go hoifigiúil é. Chuaigh na Gardaí i mbun fiosrúcháin ina dhiaidh sin faoi sceitheadh an eolais.

## Foinsí

Myers, K. 2006. *Watching the Door, A Memoir 1971-1978*. Lilliput.

Ó Catháin, M. 2007. 'Dúnmharú Shiobhán Ní Eidhin' in *Foinse*, 24 Meitheamh.

## Painéal 1

Cara sa chúirt

**Orla O'Donnell,**
Comhfhreagraí Gnóthaí Dlí le RTÉ

Orla O'Donnell, Comhfhreagraí Gnóthaí Dlí RTÉ lasmuigh de na Ceithre Chúirteanna

**Is beag am a bhíonn ag iriseoir gnóthach ar nós Orla O'Donnell scíste a ligean i rith an lae oibre. Go deimhin, is ar an oíche roimhe sin a thosaíonn a cuid cúraim.**

'Seiceálaim an liosta an oíche roimh ré. Ar maidin, tosaím de ghnáth thart ar a deich a chlog. Ach uaireanta má bhíonn scéal mór ar siúl agam, bíonn orm píosa cainte a dhéanamh i bhfad níos luaithe ná sin, le *Morning Ireland* ar RTÉ nó *Adhmhaidin* ar RTÉ RnaG. Má bhíonn cás ar leith ar bun suím sa chúirt ag tógáil nótaí go dtí am lóin. Cuirim fíricí an cháis isteach i gcóras RTÉ le mo ríomhaire glúine. Díreach roimh am lóin téim amach chun tuairisc raidió a thaifeadadh agus réitim mé féin le tuairisc teilifíse beo a dhéanamh. Ina dhiaidh sin, de ghnáth déanaim tuairisc raidió níos faide do *News at One*. Ní bhíonn ach thart ar leathuair an chloig agam le haghaidh lóin! Ag 4pm, déanaim tuilleadh tuairiscí raidió agus uaireanta píosa do *Drivetime*. Ansin, cuirim mo thuairisc teilifíse in eagar agus go hiondúil bíonn tuairisc bheo le déanamh agam chomh maith. Ag brath ar thábhacht an scéil b'fhéidir go mbeadh orm an píosa a athrú le haghaidh *Nuacht* a 9.00 nó tuairisc bheo eile a dhéanamh. Lá oibre fada a bhíonn ann de ghnáth!'

**Bhí Orla ar dhuine den bhaicle iriseoirí a fostaíodh nuair a bunaíodh TG4 i 1996 (nó TnaG mar a bhí air ag an am). Bhí cúrsa iriseoireachta déanta aici sa DIT agus roinnt oibre le East Coast Radio i mBré i gCo Chill Mhantáin. Ba i mBaile Átha Cliath a bhí sí lonnaithe le linn a seal le Nuacht TG4.**

'Chaith mé trí bliana ann agus fuair mé taithí iontach, ag clúdach gach saghas scéil agus ag foghlaim scileanna tábhachtacha eile – ar nós conas pictiúir a úsáid i gceart agus gan an milleán a chur ar dhaoine eile má thiteann rudaí as a chéile.'

**Thosaigh sí ag obair le nuacht an Bhéarla in RTÉ i 1999 agus ceapadh mar Chomhfhreagraí Bhaile Átha Cliath í i 2003. Thosaigh sí ar a cúram reatha sa bhliain 2006. Is maith a thuigeann sí na scileanna a bhíonn de dhíth ar an tuairisceoir cúirte.**

'Caithfidh tú a bheith in ann nótaí cruinne a ghlacadh sa chúirt agus níos tábhachtaí ná sin caithfidh tú an méid a bhíonn ar siúl a thuiscint agus a mhíniú go soiléir agus go simplí don lucht éisteachta nó féachana. Bíonn tionchar ag na cinntí a dhéantar sna cúirteanna ar ár saol agus tá sé riachtanach go mbeadh deis ag daoine a fháil amach céard atá ar siúl agus go dtuigfidís cén fáth go bhfuil tábhacht ag baint le cás.

'Caithfear an dlí a chur i bhfeidhm go poiblí. De ghnáth oibríonn na hiriseoirí cúirte as liosta a bhíonn ar fáil ar an idirlíon gach tráthnóna. Uaireanta, áfach, ní bhíonn sé soiléir ón liosta an scéal mór atá ann nó céard go díreach atá i gceist le cás áirithe, agus mar sin, caitheann tú seal ama gach maidin ag spaisteoireacht timpeall ó chúirt go cúirt ag faire ar chásanna le heolas a fháil fúthu. Ó am go chéile tagann cásanna isteach sa chúirt go tobann – daoine ag lorg urghaire agus mar sin de – agus bíonn tú ag brath ar dhlíodóir chun tú a chur ar an eolas fúthu.'

**An gciallaíonn sé sin go mbíonn cairdeas idir iriseoirí agus Gardaí, breithiúna, agus dlíodóirí?**

'Go pointe. Nuair a fheiceann daoine sna cúirteanna tú gach lá, de réir a chéile bíonn muinín acu asat. Tá dlíodóirí áirithe ann a bhíonn cairdiúil agus cabhrach ach tá daoine eile nach mbíonn ag iarraidh labhairt le hiriseoir ar chor ar bith.'

**Is iomaí scéal brónach a chloiseann Orla O'Donnell gach lá agus í i mbun oibre.**

Cloiseann tú go leor uafáis agus tragóidí anseo sna cúirteanna. De ghnáth déanann tú do ghnó agus ní ligeann tú dó cur isteach ort. Ach uaireanta bíonn cásanna ann a théann go mór i bhfeidhm ort. I 2006, rinne mé tuairisceoireacht ar chás Nicola Sweeney a dúnmharaíodh ina teach i gCorcaigh agus í ag fáil réidh le dul amach lena cara. Bhí sé deacair éisteacht le fianaise a tuisimitheoirí agus a cara agus mhair sé liom i bhfad.'

# 8

## Leabhal

> The Ayatollah's death sentence on Salman Rushdie brings into relief the primitive feeling that lies behind every libel suit, and makes the writer only too grateful for the mechanism the law provides for transforming the displeased subject's impulse to kill him into the more civilized aim of extracting large sums of money from him. *(Malcolm 2004: 147)*

Tá líon na gcásanna leabhail a glacadh i gcoinne mheáin chumarsáide na hÉireann i ndiaidh dúbailt le dornán blianta anuas. Tá an-chur amach ag daoine ar a gcearta dlíthiúla anois agus níos mó cíocrais chun cúirte orthu dá réir. Mar aon le tíortha eile, tá 'cultúr cúitimh' beo beathaíoch in Éirinn na linne seo. Is léir fosta go gcuireann daoine an dlí ar na meáin go rialta mar tá luach níos airde curtha ar chlú duine sa tír seo ná mar atá i dtíortha eile. Tar éis an tsaoil, is tír bheag sinn!

Bíonn daoine iontach goilliúnach faoin chur síos a dhéantar orthu sna meáin go háirithe má bhaineann sé lena seasamh gairmiúil nó le cúrsaí gnó. In ainneoin an chultúr cúitimh, tá an ghéarchúis le sonrú ar chuid de na meáin ina gcuid fiosrúchán agus ina gcuid tuairimíochta. Déanfar scagadh sa chaibidil seo ar na bealaí a dhéantar clúmhilleadh ar dhaoine, ar an chosaint dlíthiúil atá ag na meáin agus ar na céimeanna is féidir a ghlacadh le caingean cúirte a sheachaint.

Tugtar cosaint do dhea-chlú an tsaoránaigh in alt 40.3.2 de Bhunreacht na hÉireann. Os a choinne sin, tá cead cainte daingnithe sa Bhunreacht fosta (alt 40.6.1) agus i gCoinbhinsiún na hEorpa um Chearta Daonna (alt 10). Amharctar ar an Acht um Chlúmhilleadh (1961) mar iarracht teacht ar choimheá sásúil idir an dá cheart bhunúsacha sin.

Ar bhonn praiticiúil, glacann iriseoirí leis go bhfuil an baol ann go gcuirfear leabhal ina leith má fhoilsítear nó má chraoltar aon ráiteas míchruinn faoi dhuine, go háirithe nuair a ainmnítear go díreach nó go hindíreach é. Cé gur slat tomhais thar a bheith simplí é sin, tá sé ríthábhachtach go mbeadh iriseoirí de shíor ar an airdeall faoi chúrsaí leabhail agus go dtuigfidís go bhféadfadh caillteanas mór airgid a bheith i gceist san áit nach mbeifeá ag súil leis. Ar ndóigh, thig go leor scripteanna a leasú le go mbeidís slán ó thaobh an dlí de ach nach gcaillfeadh an scéal a éifeacht ag an am chéanna.

Téarma ginearálta é 'clúmhilleadh' a chuimsíonn dhá éagóir: **leabhal** ina bhfoilsítear nó ina gcraoltar focail 'mhaslacha' agus **béadchaint** nuair a deirtear na focail mhaslacha os ard os comhair duine nó daoine eile. Is ar leabhal a bhíonn aird na meán cumarsáide dírithe den chuid is mó.

## Sainmhíniú dlíthiúil ar leabhal

Is ionann leabhal agus buanfhoilseachán éagórach de ráiteas bréagach faoi dhuine, a mbíonn sé mar thoradh air go n-íslítear gradam an duine sin i súile ball stuama den phobal; nó go gcothaítear fuath ina leith; go ndéantar ceap magaidh de; go ndéantar díspeagadh agus imeallú air; nó go ndéanann daoine córa é a sheachaint.

Níl aon sainmhíniú dlíthiúil tugtha ar cad is 'duine cóir' ann ach glactar leis go coitianta gur daoine neamhchlaonta, stuama atá i gceist. Ar ndóigh, athraíonn luachanna na sochaí in imeacht ama agus d'fhéadfadh go ndéanfaí beag is fiú anois de nithe a chur déistean ar dhaoine dhá scór bliain ó shin! Seans, mar shampla, gur ráiteas clúmhillteach a bhí ann le linn na 1960í a rá go raibh duine ag úsáid coiscíní (a bhí in éadan an dlí ag an am) ach is cinnte nach mbeadh aon ní contúirteach ag baint leis in Éirinn na linne seo.

## Leabhal in Éirinn

- Ní bhíonn an bua ag na meáin chumarsáide ach in aon chás amháin as gach scór cás leabhail a phléitear i gcúirt oscailte.

- Is san Ard-Chúirt os comhair Breithimh agus Giúiré nó sa Chúirt Chuarda os comhair Breithimh amháin a éistear cásanna leabhail in Éirinn ach réitítear 80% díobh sula dtéann siad chun trialach. Tá dliteanas achomhairc ag an Chúirt Uachtarach.

- De réir dlíthe leabhail na hÉireann glactar le focal an ghearánaí a deir nach fíor a bhfuil ráite nó scríofa faoi go dtí go gcruthaíonn an t-iriseoir a mhalairt don chúirt. Ciallaíonn sé seo go gcaithfidh an t-iriseoir bealaí a aimsiú lena thuairisc a chosaint. Caithfidh sé a chruthú go raibh foilsiú nó craoladh na tuairisce slán ó thaobh an dlí. Is é seo an t-aon ghné de dhlí sibhialta na tíre ina gcaithfidh an cosantóir a chruthú go bhfuil sé neamhchiontach.

- Beidh an bua ag an ghearánaí i gcás leabhail fiú nuair a bhí na líomhaintí ina choinne fíor, mura dtig leis an iriseoir a chruthú go bhfuil siad fíor.

- Níl oiread tábhachta ag baint le *bona fides* an iriseora i gcaingean leabhail nó leis an rud a bhí ar intinn aige a bhaint amach ina thuairisc. Is í an éifeacht a bhí ag an tuairisc sin ar chlú duine an tslat tomhais go príomha.

- Is é an gearánaí is mó a thuigeann an bhfuil cás maith aige ó tharla gur aige atá na fíricí ar fad. Is minic, áfach, go mbíonn sé róthógtha faoin cheist agus leas pearsanta aige inti, rud a chuireann as dá chumas breithiúnas fuarchúiseach a dhéanamh ina leith.

- Is beag bá a bhíonn ag giúiréithe leis na meáin chumarsáide, bíodh is gur ar threoracha an Bhreithimh a fheidhmíonn siad.

I gcás ráiteas clúmhillte a chraoltar, d'fhéadfadh freagracht a bheith ar an stáisiún teilifíse/raidió, ar Cheannasaí an stáisiúin, ar láithreoir an chláir, ar an iriseoir agus ar an léiritheoir. I gcás ábhair chlóite, is féidir an dlí a chur ar an fhoilseachán, ar an eagarthóir, ar údar an ailt, ar an chlódóir agus ar lucht a dháilithe. Ní haon áibhéil a rá go bhféadfadh cás leabhail páipéar réigiúnach nó stáisiún raidió áitiúil a dhruidim, ach tá bealaí ann é sin a sheachaint.

## Míchruinneas

Tuairisceoireacht mhíchruinn ar shonraí an scéil idir lámha, is cúis le cuid mhór de na gearáin a dhéantar faoi na meáin chumarsáide in Éirinn. Ní hionann sin le rá gur gá go mbeadh clúmhilleadh déanta ar dhuine de bharr mhíchruinnis i dtuairisc. Ach ní bheadh sé míréasúnta ina leithéid de chás go n-éileodh an gearánaí go gceartófaí nó go ndéanfaí soiléiriú ar an bhotún a rinneadh. Bíonn drogall ar na meáin leithscéal a ghabháil ar eagla go mbreathnófaí air mar admháil go bhfuil éagóir déanta acu. Má mheasann iriseoir go bhfuil sé mar aidhm i ndáiríre ag an té atá ag lorg leithscéil caingean leabhail a thionscnamh, níor mhór dó comhairle dlí a fháil láithreach.

## Caillteanas gnó

B'fhéidir nach mbeadh aon chlúmhilleadh i gceist le tuairisceoireacht mhíchruinn ach go bhféadfadh go gcaillfeadh comhlacht airgead nó gnó de bharr botúin a craoladh nó a foilsíodh. Ní gá caillteanas gnó nó eacnamúil a chruthú le cás leabhail a thionscnamh murab ionann agus cás béadchainte nuair a bhíonn gá leis.

## Foinsí seachtracha

Ní haon chosaint i gcaingean é a mhaíomh nach raibh an t-iriseoir ach ag tuairisciú líomhaintí a bhí luaite i meán eile. Ó thaobh an ghearánaí de níl ansin ach athrá ar an chlúmhilleadh a rinneadh air agus méadú ar an mhasla. I bhFeabhra 2007 bronnadh €50,000 ar óstóir as Port Láirge, Vincent O'Toole, de bharr ailt in *The Sunday World* ina ndearnadh cur síos ar fhoclóir nua de nathanna cainte Déiseacha a bhí ar fáil ar an idirlíon. Díol suntais nár chuir sé an dlí ar an té a chuir an foclóir le chéile ach ar an nuachtán a rinne tuairisc faoi! I measc na sainmhínithe a bhí ar an suíomh dúradh gur tugadh 'Maryland' ar áit ina mbeadh striapaigh ar fáil. B'in ainm óstáin O'Toole agus mhaígh sé gurb ionann sin le rá agus go raibh drúthlann á reáchtáil aige. D'aontaigh an giúiré leis.

Má tá sé i gceist ag iriseoir úsáid a bhaint as tuairisc a bhí i gcló nó a craoladh in áit éigin eile agus mura bhfuil sé i gceist tuilleadh taighde a dhéanamh faoi nó agallamh a chur ar na daoine atá i gceist, is faoi féin atá sé cinneadh a dhéanamh faoi cé chomh hiontaofa is atá an t-iriseoir a bhí ag plé leis. I ndeireadh an lae, is ceist breithiúnais ghairmiúil atá ann. Má mheastar go bhfuil easnaimh áirithe léirithe sa tuairisc nó go bhfuil roinnt fíricí ag teacht salach ar a chéile, níor cheart é a úsáid. É sin, nó ba cheart don iriseoir a chuid fiosrúchán féin a dhéanamh faoin ábhar.

## ' a líomhnaítear..'

Ní haon chosaint i gcaingean leabhail iad na focail 'a líomhnaítear' a úsáid mar aguisín i ndiaidh rud tromchúiseach a chur i leith duine. Níl aon tábhacht dhlíthiúil ach chomh beag le nathanna cainteanna ar nós 'tá raflaí ag dul sa timpeall,' 'de réir béadáin', 'más fíor' nó 'tá a fhios ag madraí an bhaile'. Má mhaítear rud éigin clúmhillteach go neamhdhíreach nó go slítheanta deir an dlí gurb amhlaidh go gcreidfidh daoine áirithe an líomhaint. Níl baol ar bith ann mar sin go nglacfadh aon chúirt in Éirinn le mana an dlíodóra neamhscrupallaigh, Lionel Hutts, sa chlár scigmhagúil *The Simpsons*: 'Hearsay, Innuendo and Rumour are KINDS of evidence your honour'.

## Mothúcháin láidre

Ba cheart d'iriseoir a bheith thar a bheith cúramach faoi thuairisciú focal ar fhocal a dhéanamh ar an mhéid a deir daoine i ndiaidh tubaistí móra ar nós ionsaithe, cásanna cúirte, timpistí, agus díshealbhaithe. De bharr déine a gcuid mothúchán, bíonn claonadh ag daoine rudaí clúmhillteacha a rá faoi dhaoine eile ar ócáidí den chineál seo. Níor mhór a bheith cúramach fosta gan tátail chríochnúla a bhaint as ócáid thragóideach róluath. Bíonn go leor teoiricí ar fáil, mar shampla, nuair a leagtar buama nó nuair a fheallmharaítear duine; ach d'fhéadfadh nach mbeadh bunús ar bith leo. Tiocfar ar níos mó eolais in imeacht ama.

## Débhríochas

Caithfidh an t-iriseoir a bheith ar an airdeall i gcónaí nach bhféadfaí brí eile a bhaint as an mhéid a deir sé. San áit nach raibh ar bun aige ach caint nádúrtha gan urchóid, thiocfadh le dlíodóir a mhaíomh go ndearnadh ionsaí mailíseach ar a chliant. Ní hionann i gcónaí an bhrí a bhaintear as rud a scríobhtar nó a deirtear agus an rud a léitear nó a chloistear.

B'fhéidir gur le teann measa a thabharfadh agallaí 'duine le Dia' ar laoch mórchroíoch dá chuid ach go mbainfí an chiall is coitianta as; is é sin gur gealt bhuile atá ann. Seanduine é 'an fear críonna' i gCiarraí, duine ciallmhar é i gConamara ach sprionlaitheoir, gortach é i dTír Chonaill! Ar an bhonn céanna, d'fhéadfadh 'fear millteanach' a bheith ina ghaiscíoch nó ina bhligeard cruthanta agus d'fhéadfadh 'duine mealltach' a bheith tarraingteach nó cealgach, ag brath ar an léitheoir nó ar an éisteoir.

## Pictiúir

Má tá contúirt ag baint leis an bhrí a bhaintear as focail, is amhlaidh an cás do ghrianghraif agus do phictiúir. Ba cheart don iriseoir teilifíse a chinntiú i gcónaí go mbíonn an script a bheas á léamh aige ag teacht leis na seatanna a bheas á léiriú ar an scáileán. Bheadh an chontúirt ann go mbeadh duine le feiceáil ar an scáileán fad is atá líomhaint thromchúiseach nach mbaineann leis in aon chor á léamh ag an iriseoir.

Ar an dóigh chéanna, caithfear a bheith an-chúramach nuair a bhaintear úsáid as pictiúir chartlainne. Ní bheadh sé róchiallmhar, mar shampla, sean-seatanna de na Gardaí i mbun cainte le tiománaí a úsáid i bpacáiste faoi dhaoine ar rugadh orthu de bharr a bheith ag tiomáint is ag ól. Caithfidh ceamradóirí agus grianghrafadóirí an-chúram a ghlacadh de phictiúir a tharraingíonn siad lasmuigh de theach na cúirte ar eagla go gcuirfí coir thromchúiseach i leith duine go héagórach.

Ní leor i gcónaí ach an oiread aghaidh duine a dhúchan ná a ghlór a chur as a riocht le nach n-aithneofaí é i dtuairisc. Go deimhin sa bhliain 2006 ghlac beirt dheartháireacha, Alan agus Wayne Bradley, cás cúirte in éadan an nuachtáin *Star Sunday* maidir le halt faoi dhíorma coiriúil i mBaile Átha Cliath. Níor ainmníodh ceachtar den bheirt fhear ach foilsíodh grianghraf díobh, ina raibh a n-éadan scriosta amach, faoin fho-theideal: 'The Fat Heads. Pictured this week by *Star Sunday*, the brothers, aged 25 and 31, are responsible for a series of lucrative armed raids over the past four years.' Mhaígh an bheirt fhear go bhféadfaí iad a aithint ón phictiúr agus ón chur síos a rinneadh orthu ach chinn an giúiré nach ndearnadh clúmhilleadh orthu. Mar sin féin, níor mhór a bheith cúramach nach mbeadh daoine le haithint nuair a dhéantar dúchan ar phictiúir.

Thiocfadh fosta go mbeadh sárú príobháideachais i gceist le pictiúir. Bronnadh €6,500 ar Richard Sinnott as grianghraf de a d'fhoilsigh *The Carlow Nationalist* i Meitheamh, 2005. Ba ag imirt peil Ghaelach a bhí Sinnott nuair a glacadh an grianghraf agus bhí a chuid magairlí le feiceáil go soiléir ann.

## Tarraingt na gcos

Níor cheart neamhaird a dhéanamh riamh de ghearán a thagann i do threo. Murab ionann is formhór na n-éileamh dlíthiúla eile, d'fhéadfadh go gcaillfí na mílte euro de bharr moilleadóireachta i gcás den chineál seo. Má dhéantar clúmhilleadh ar dhuine, agus mura bhfuil aon chosaint ag an iriseoir, ba cheart go ngabhfaí leithscéal leis an ghearánaí a luaithe agus is féidir. Níor mhór a leithéid a bheith réamhaontaithe sula bhfoilseofaí nó a chraolfaí é agus is iondúil go mbíonn go leor cur is cúitimh i gceist ó thaobh na foclaíochta de.

Mura mbíonn teacht ag iriseoir ar chomhairle dlí ar an toirt ba cheart é sin a chur in iúl don ghearánaí. Fiú má mheastar nach bhfuil mórán bunús leis an ghearán, ba cheart don iriseoir dreach réasúnta a chur air i gcónaí agus é ag plé leis. Má bhíonn árachas gairmiúil ag an nuachtán nó ag an stáisiún cumarsáide, ba cheart aon litir ina bhfuil bagairt ar éileamh i leith chlúmhilleadh a chur faoina mbráid láithreach. D'fhéadfadh go mbeadh soláthar sa pholasaí árachais a thugann díolúine don chomhlacht árachais ó shlánú a thabhairt sa chás go raibh siléig á dhéanamh ag an iriseoir maidir le hiad a chur ar an eolas faoin ábhar gearáin. Uaireanta bíonn leisce ar na meáin a leithéid a thuairisciú go dtí go dtiteann an crú ar an tairne ar eagla go méadófaí an phréimh árachais dá bharr.

## Taifead

Níor mhór don iriseoir taifead cruinn a choinneáil den réamhthaighde uile a rinneadh sular cuireadh an tuairisc i dtoll a chéile. Níor mhiste ach go háirithe, go mbeadh an t-iriseoir ábalta teacht ar shonraí maidir lena fhoinse. Cuimhnigh mura bhfuil aon fhinné ag an iriseoir gur dócha nach bhfuil aon chosaint aige ach an oiread!

## Agallamh beo

Tá sé thar a bheith práinneach i gcás craoladh beo, go gcuirfí an t-iriseoir ar an eolas faoin bhaol go ndéarfadh an té atá faoi agallamh rud éigin clúmhillteach má cheistítear é faoi ábhar áirithe. Má bhíonn aon amhras faoin té atá i gceist d'fhéadfaí réamhthaifeadadh a dhéanamh ar an agallamh. Má cheaptar le linn agallaimh bheo go bhfuil clúmhilleadh déanta ba cheart don chraoltóir iarracht a dhéanamh láithreach an ghoimh a bhaint den díobháil. D'fhéadfadh an t-iriseoir iarraidh ar an duine an ráiteas a chruthú nó a tharraingt siar agus fad a chur idir é féin agus a bhfuil ráite.

Sa bhliain 2007, dhíol RTÉ suim €250,000 leis an chomhairleoir caidrimh phoiblí, Monica Leech, as ráiteas a dúradh le linn díospóireachta beo ar an chlár *Liveline*. Bhí fiosrúcháin ar bun ag an am faoin lámh a bhí ag an Aire Comhshaoil, Martin Cullen, i mbronnadh conarthaí luachmhara de chuid na Roinne ar Leech – iar-chomrádaí polaitiúil dá chuid. Thug fear a ghlaoigh ar an chlár le fios gur tugadh na conarthaí úd di de thairbhe caidreamh collaí rúnda a bheith aici leis an Aire Cullen. Chuir láithreoir an chláir, Joe Duffy, críoch leis an ghlaoch láithreach agus ainneoin gur ghabh sé leithscéal ar an toirt, b'éigean do RTÉ teacht ar shocrú airgeadais le Leech lasmuigh den Ard-Chúirt.

Ach theip ar chás a ghlac Monica Leech in éadan *The Irish Independent* de bharr ailt a rinne cur síos ar an eachtra a tharla ar *Liveline*. Mhaígh sí go ndearnadh athrá ar an chlúmhilleadh san alt. Mhaígh an chosaint, áfach, gur tuairiscíodh gur cuireadh deireadh leis an chomhrá lom láithreach agus gurbh éigean don chraoltóir leithscéal a ghabháil as ar dúradh. Rialaigh an giúiré nach bhféadfaí an bhrí a bhaint as an alt dá bharr sin go raibh gnéas ag Leech leis an Aire Cullen ar mhaithe leis na conarthaí úd a fháil. Chuir an cinneadh seo seanphrionsabal leabhail in aimhréidh, is é sin, nár cheart athrá a dhéanamh riamh ar ráiteas clúmhillteach.

## Clúmhilleadh ar Iriseoir

Caithfidh eagarthóirí a bheith ríchúramach, agus iad ag gabháil leithscéil le duine, nach ndéanfaidís clúmhilleadh ar an iriseoir a bhí ag plé leis an scéal. D'fhéadfadh go gcaithfeadh foclaíocht áirithe amhras ar éifeacht nó ar ghairmiúlacht an iriseora, mar shampla. Arís eile, níor mhiste go mbeadh an leithscéal réamhaontaithe leis an iriseoir, chomh maith céanna leis an ghearánaí, agus níos tábhachtaí fós le daoine eile a bhí páirteach sa scéal.

Rogha amháin atá ag eagarthóir (ag brath ar thromchúis an ábhair chlúmhilltigh) ná iarracht a dhéanamh an prionsabal a ghéilleadh, ar an mhéid is lú díobhála don fhoilseachán agus don iriseoir, trí cheartúchán mar mhalairt ar leithscéal a thairiscint.

## Na príomh-mhodhanna clúmhillte

Tá cúpla dóigh inar féidir clúmhilleadh a dhéanamh ar dhuine.

### (a) Aithint

Níl aon chás leabhail ag duine mura dtig leis a léiriú gurb é a bhí faoi chaibidil sa ráiteas clúmhillteach a tugadh. Bíonn sé seo simplí i gcásanna áirithe mar go n-ainmnítear an duine. I gcásanna eile, déantar mionchur síos ar an duine sa dóigh is gur léir cé atá i gceist.

Cuir i gcás, dá mbeadh alt i nuachtán an tráthnóna faoi dhuine agus nár ainmníodh é ach go raibh an t-alt bunaithe ar thuairiscí ó pháipéir na maidine, tráth ar ainmníodh é. D'fhéadfadh an gearánaí an dlí a chur ar nuachtán an tráthnóna agus a mhaíomh go raibh sé so-aitheanta san alt.

Níor mhór cuimhneamh fosta gur féidir clú duine a mhilleadh fiú mura n-ainmnítear é. Ar an 18 Feabhra, 1996, maraíodh Edward O'Brien, ball den IRA nuair a phléasc buama a bhí á iompar aige ar bhus i Londain. Cailleadh beirt phaisinéirí eile de thoradh na buamála, agus gortaíodh go leor eile, ina measc fear óg as Éirinn, Brendan Woolhead. Bhí na póilíní in amhras go raibh baint aige leis an eachtra ag an tús, ach ba ghearr gur cruthaíodh nach raibh aon bhaint aige leis, beag ná mór. Cé nár ainmníodh é, chuir meáin áirithe i leith Woolhead gur sceimhlitheoir de chuid an IRA a bhí ann agus bhí ceannlíne fhíorghránna ag *The Sun* faoi: 'One IRA man dead: one sadly clings to life.' (Fágadh an focal 'sadly' ar lár as eagrán na hÉireann den nuachtán!)

Chuir Woolhead an dlí ar roinnt nuachtán agus tháinig a bhformhór acu ar shocrú gasta leis. Níor ghéill *The Sun*, áfach, agus thug siad na cosa leo nuair a cailleadh an gearánaí cúpla mí ina dhiaidh sin de bharr taom plúchta. Óir is prionsabal fadbhunaithe é nach dtig clú na marbh a mhilleadh!

Bhí lámh ag beirt de mhórphearsana liteartha na tíre i gcás cáiliúil clúmhillte den chineál sin. I 1937, chuir Henry Sinclair, uncail leis an drámadóir Samuel Beckett, an dlí ar Oliver St John Gogarty de bharr nithe a dúirt sé faoina sheanathair ina chuid cuimhní cinn a foilsíodh an bhliain sin. Cé nár ainmníodh a sheanathair sa leabhar *As I Was Going Down Sackville Street*, maíodh go raibh sé le haithint ann mar dhuine a bhíodh ag tabhairt iasachtaí airgid do dhaoine agus ag gearradh ráta úis fíor-ard ar na haisíocaíochtaí. Cuireadh fianaise mhionnscríbhinne ó Bheckett faoi bhráid na cúirte a thug le fios gurb é a thuairim siúd gurb é seanathair an ghearánaí a bhí i gceist. Glacadh leis an fhianaise seo agus chaill Gogarty an cás.

Is féidir duine a aithint fosta má ainmnítear an ceantar ina bhfuil sé ag cur faoi nó ag obair ann. I 1989, thug bean agallamh don chlár raidió *Liveline*, ina ndearna sí cur síos ar litreacha a fuair a fear céile, ón Sirriam Ioncaim, go díreach sular chuir sé lámh ina bhás féin. Ní raibh ach triúr Sirriam Ioncaim ag obair sa cheantar a luadh, agus bronnadh £40,000 (nó €50,790), mar aon le costaisí arbh fhiú tuairim is £20,000 (nó €25,395) iad, ar dhuine acu nuair a chuir sé an dlí ar RTÉ.

Níor mhór don iriseoir cuimhneamh i dtólamh gur dócha ná a mhalairt go mbeidh an gearánaí ábalta go leor finnéithe a thabhairt os comhair na cúirte a mhaífeadh go raibh siad 'trína chéile' nó go raibh alltacht orthu faoin mhéid a cuireadh ina leith i dtuairisc nuachta.

## (b) Ráitis atá fíor faoi dhuine amháin ach bréagach i gcás daoine eile

Ní féidir leis an fhírinne a bheith clúmhillteach, shílfeá. Ach fainic amháin: d'fhéadfadh ráiteas a bheith fíor faoi dhuine amháin ach go gceanglófaí é le duine den ainm céanna nach raibh baint dá laghad aige leis an scéal. B'amhlaidh a tharla i gcás clúiteach san Astráil, a d'eascair as iniúchadh poiblí faoi bhreabaireacht i bhfórsa póilíní na tíre sin. I rith an chás cúirte, dúirt duine de na finnéithe: 'First Constable Lee of the motor registration branch accepted a bribe.' Ach is é an rud a scríobh páipéar áitiúil amháin trí thimpiste ná gur ghlac an bleachtaire Lee le breab. Bhí triúr Lee i bpóilíní Mhelbourne: duine amháin i rannóg chlárú an gcarranna agus beirt bhleachtairí. Ní gá a rá gur chuir an bheirt bhleachtairí an dlí ar an pháipéar agus gur bronnadh cnap mór airgid chúitimh orthu.

Is ag an iriseoir féin atá réiteach na faidhbe seo. Ba cheart a chinntiú go mbíonn sonraí pearsanta ar nós ainm, seoladh agus aois an duine atá i gceist go hiomlán cruinn, sa dóigh nach dtig le héinne a bheith in amhras faoi. Tá a leithéid tábhachtach ach go háirithe i gcás na meán Gaeilge mar go mbíonn ainmneacha agus sloinnte faoi leith coitianta sna ceantair Ghaeltachta éagsúla. Is iomaí Pádraig Mac Donncha i gConamara nó Máire Ní Ghallchóir i dTír Chonaill, mar shampla, agus níor mhiste a bheith ríchúramach go n-ainmnítear an duine ceart. Thiocfadh dó go mbeadh beirt nó triúr leis an ainm céanna ina gcónaí sa bhaile fearainn céanna fiú.

Amanna, i gcláir chúrsaí reatha ach go háirithe, cumtar pearsa samhailteach le léargas a thabhairt ar fhadhb faoi leith. Níor mhór a bheith cinnte de nach gceapann daoine gur fíordhuine leis an ainm céanna atá i gceist.

### (c) Grúpleabhal

D'fhéadfadh go mbeadh impleachtaí tromchúiseacha leabhail ag baint le líomhaintí a dhéantar i gcoinne scata daoine. Thiocfadh go gcuirfeadh an grúpa atá i gceist, nó daoine aonaracha laistigh de, an dlí ar an mheán a d'fhoilsigh nó a chraol an líomhaint. Braitheann sé cuid mhór ar líon na ndaoine a bhíonn i gceist, agus má bhíonn daoine so-aitheanta dá bharr mar chuid den treibh! Cuir i gcás, dá ndéarfaí gur 'gadaithe, gan scrupall iad dochtúirí na tíre.' Níl a dhóthain sonraí luaite san abairt sin le go n-éireodh le haon dochtúir faoi leith i gcaingean leabhail. Ach dá ndéarfaí gur 'gadaithe, gan scrupall iad dochtúirí Bhaile Locha Riach', d'fhéadfadh gach dochtúir ar an bhaile an dlí a chur ar na meáin mar nach bhfuil an oiread sin acu ann.

Níl aon riail faoi leith ann maidir le huasmhéid nó le híosmhéid na ndaoine a d'fhéadfadh a bheith i gceist i gcás leabhail. Braitheann sé ar an chás. I gcás faoi leith in Éirinn, bhí 24 monarcha feola luaite mar chomhghearánaithe i gcaingean i gcoinne nuachtáin agus rialaigh an Ard-Chúirt go raibh cás *prima facie* acu uile.

D'fhéadfadh go mbeadh impleachtaí móra i gcaingean den chineál sin do na meáin chumarsáide. Óir ní hiondúil go roinntear an t-airgead cúitimh idir na gearánaithe; is amhlaidh go méadaítear é faoin líon daoine atá i gceist.

### (d) Comhlachtaí agus forais eile

Tá sé de cheart ag comhlachtaí, ceardchumainn, corparáidí agus forais eile cás leabhail a thógáil. Go deimhin, is comhlachtaí a bhíonn i gceist i gcéatadán mór de na caingin chlúmhillte a ghlactar in Éirinn gach bliain.

### (e) Daoine nach bhfuil cónaí orthu sa tír

Meastar go coitianta, nach féidir clú duine a mhilleadh i dtír mura bhfuil cónaí air ann. Ní hamhlaidh atá, áfach. Bíonn fáil ar mheáin na hÉireann, agus na cinn Ghaeilge ina measc, ar an idirlíon nó ar chóras satailíte anois. B'fhiú cuimhneamh fosta go bhfuil i bhfad níos mó eachtrannach ag cur fúthu in Éirinn anois agus go mbíonn teacht níos fusa ag daoine i dtíortha i bhfad i gcéin ar fhoilseacháin na tíre seo. Tá níos mó seans anois fosta go mbeidh an té atá i gceist ábalta teacht ar fhinnéithe óna thír féin a léigh nó a chuala an tuairisc chlúmhillteach. D'fhéadfadh duine cás a ghlacadh sa tír ina bhfuil cónaí orthu i gcoinne eagraíocht chumarsáide de chuid na hÉireann. Lena chois sin, tá lánchead ag eachtrannaigh, nach bhfuil ina gcónaí in Éirinn, cás leabhail a thionscnamh anseo. Seans go mbeadh fir ghnó nó ealaíontóirí ag iarraidh a gclú idirnáisiúnta a chosaint. D'éirigh leis an cheoltóir Dolores O'Riordan, mar shampla, i gcásanna a ghlac sí in Éirinn i gcoinne foilseacháin Shasanacha de bharr líomhaintí éagóracha a rinne siad fúithi.

## Samplaí de ráitis chlúmhillteacha

Ní gá aon fhianaise a chur ar fáil i gcaingean leabhail a chruthaíonn gur milleadh clú gairmiúil duine de bharr rudaí a dúradh faoi. Ní gá ach a chruthú gur dócha go mbeadh níos lú measa ag daoine ar an té atá i gceist de bharr an mhéid a dúradh. Is iomaí uair mar thoradh go n-íoctar suimeanna móra airgid chúitimh le daoine nuair nach mbíonn aon dochar mór déanta dóibh. I léacht a thug an tAbhchóide Sinsir, Éamonn Kennedy, d'iriseoirí RTÉ tugadh na samplaí seo a leanas de líomhaintí a bhféadfadh clúmhilleadh a bheith iontu:

- go raibh bainisteoir stiúrtha comhlachta mí-éifeachtach i mbun airgeadais

- go bhfuil duine ina bhall den IRA

- gur ciontaíodh duine as imeachtaí coiriúla
- go raibh caidreamh 'mí-mhorálta' ag fear/bean le fear/bean eile
- nach raibh bunús dá laghad le halt a scríobh iriseoir áirithe
- go bhfuil níos mó suime ag aisteoir áirithe in airgead ná i gcúrsaí drámaíochta
- go bhfuil duine gairmiúil ag cur a chuid talann amú cionn is go bhfuil sé róthugtha don ól
- gur striapach í bean éigin
- gur gadaí é duine éigin
- go bhfuil dearcadh biogóideach nó ciníoch ag duine
- gur andúileach drugaí é duine.

## Caint bharbartha agus scigmhagadh

Meastar go minic nach féidir caint bharbartha nó scigmhagadh a bheith clúmhillteach mar go ngortaítear bród agus dínit an duine seachas a chlú. Tá dul amú ar aon duine a mheasann a leithéid. Is féidir dul fad áirithe le mionnaí móra ach bíonn sé doiligh a mheas cén uair a bhfuiltear imithe thar fóir nó idirdhealú a dhéanamh idir teanga láidir agus masla.

Bíonn saoirse áirithe ann fosta ó thaobh aoire agus scigmhagaidh de, ach ní haon chosaint é a mhaíomh nach raibh an scríbhneoir ach ag magadh agus nach raibh aon rún aige clú duine a mhilleadh. Má bhíonn an magadh róphearsanta seachas a bheith dírithe ar obair nó ar ról poiblí an duine, thiocfadh go gcuirfí an dlí ar an iriseoir.

Lena chois sin, d'fhéadfadh go mbeadh clúmhilleadh i gceist má dhéantar ceap magaidh de dhuine. I 1988, deonaíodh £50,000 stg (nó €73,500) an duine ar bheirt abhcóide shinsir ó thuaidh – Robert McCartney agus Desmond Boal – tar éis don *Sunday World* alt magúil a fhoilsiú inar dúradh gur éirigh idir an bheirt acu faoi cé aige ba thúisce a chonaic an éadromóg seacláide deireanach i bhfuinneog bhácúis in Ard Mhic Nasca, Co an Dúin.

## Leath-thagairt (innuendo)

B'fhéidir nach mbeadh aon ní clúmhillteach le léamh go díreach as alt nó as tuairisc chraolta ach go mbeadh sé le tuiscint ann go ndearnadh rud éigin as bealach. D'fhéadfadh leath-thagairt a bheith i gceist fiú nuair nach bhfuil aon ní clúmhillteach sa script, go díreach nó go cliathánach. Sa chomhthéacs seo is fiú cuimhneamh ar an chás cáilliúil, Bell V. Northern Constitution, a bhain le fógra bréagach a foilsíodh i nuachtán faoi bhreith linbh. Dúirt an bheirt a bhí luaite mar thuismitheoirí go raibh aithne acu ar a chéile ach nach raibh siad pósta lena chéile ach le daoine eile. Mhaígh siad go bhféadfá an chiall a bhaint as an fhógra go raibh caidreamh gnéis rúnda acu.

D'éirigh le hiarchosantóir le Ruagairí na Seamróige, Johnny Fullam, ina chás chlúmhillte i gcoinne *Associated Newspapers* i 1956. Tugadh le fios in alt nár bhain sé úsáid as a chos dheis riamh ach lena choinneáil ar mheá cothrom. Mhaígh Fullam gurb ionann an ráiteas sin is a rá nach raibh sé maith a dhóthain le bheith roghnaithe d'fhoireann peile na hÉireann.

Caithfear a bheith cúramach faoi theachtaireachtaí ceilte a dhéantar do dhaoine beo in agallaimh agus i ráitis. Bíonn sé furasta go maith don ghearánaí teacht ar fhinnéithe a déarfas go raibh alltacht orthu nuair a léigh siad alt nó nuair a chuala siad faoi ar an raidió nó ar an teilifís.

## Cosaint

Tá roinnt cosaintí ag an iriseoir i gcoinne líomhaintí leabhail:

(a) an fhírinne
(b) imchaint dhlisteanach
(c) pribhléid iomlán agus pribhléid shrianta.

### (a) An Fhírinne

Is í an fhírinne an chosaint is fearr atá ag an iriseoir. Ní leor, áfach, a mhaíomh go bhfuil an líomhaint a rinneadh fíor, caithfear a bheith ábalta a chruthú go bhfuil sé fíor! Ar ndóigh, is fusa i bhfad é sin a rá ná a dhéanamh. Bíonn sé rídheacair an fhírinne a chruthú in amanna agus is minic a bhíonn drogall ar fhinnéithe teacht chun tosaigh chun iriseoirí a chosaint.

Níl sé inmholta, mar shampla, d'iriseoir glacadh scun scan le líomhaintí a dhéanann duine atá ar leaba a bháis mar gur beag seans go mbeidh sé in ann fianaise a thabhairt ar a shon. Is ionann an cás do dhaoine atá ar tí dul ar imirce. Drochsheans ach chomh beag go seasóidh foinse rúnda le tuairisceoir sa chúirt.

Arís eile, beidh an réamhullmhúchán a rinne an t-iriseoir sular cuireadh an tuairisc le chéile tábhachtach don chosaint. Níor mhór nótaí agus agallaimh nár úsáideadh a chur i dtaisce in áit shábháilte. Cuideoidh taifid den chineál seo le dlíodóirí an chostantóra agus léireofar don ghiúiré nach raibh an t-iriseoir faillíoch ina chuid taighde.

Ba cheart iarracht a dhéanamh teacht ar fhoinsí eile a fhíoródh na líomhaintí atá á ndéanamh. Ba cheart fosta na líomhaintí sin a chur faoi bhráid an té atá i gceist agus deis freagartha a thabhairt dó. Deachleachtas iriseoireachta é seo seachas cosaint ar chlúmhilleadh agus tá dualgas reachtúil ar chraoltóirí seirbhíse poiblí ar nós RTÉ, TG4 agus RnaG cothrom na féinne a thabhairt do gach taobh agus iad ag clúdach scéalta nuachta agus cúrsaí reatha. Mura bhfuil iriseoir cinnte faoi fhíricí an scéil atá á chlúdach aige, thig leis scaití sonraí a chinntiú 'as an taifead', ach labhairt leis na Gardaí nó le foinsí iontaofa eile.

## (b) Imchaint dhlisteanach

Baintear úsáid as 'imchaint dhlisteanach', is é sin go bhfuil cead cainte ag duine faoi nithe a bhaineann leis an leas poiblí, mar chosaint i leath de na cásanna leabhail a thionscnaítear sa tír seo. Is annamh a ghlactar leis mar chosaint, áfach. Amanna téann sé dian ar iriseoirí idirdhealú a dhéanamh idir an fhírinne a nochtadh agus barúil a thabhairt.

Tá trí ghné sa chosaint seo:

- Caithfear a chruthú go raibh an ráiteas a dúradh bunaithe ar fhíricí. Arís ar ais, caithfear a bheith ábalta 'na fíricí' seo a chruthú

- D'fhéadfaí a mhaíomh nach raibh aon mhailís, faltanas pearsanta ná *spite* feamainne i gceist leis an ráiteas a rinneadh, is cuma cé chomh dian is a bhí sé

- Caithfear a chruthú gur ar mhaithe leis an leas poiblí a rinneadh an ráiteas. Bheadh sé seo amhlaidh i gcás beocheiste casta atá go mór i mbéal an phobail nó i gcás mórábhar imní. Ach ní hionann 'leas an phobail' agus 'suim an phobail'. B'fhéidir go mbeadh suim ag daoine i scéal suarach faoi shaol pearsanta ceoltóra, mar shampla, ach bheadh sé deacair a mhaíomh gur ar mhaithe leis an leas poiblí a foilsíodh nó a craoladh a leithéid.

Go bunúsach, má bhíonn ráiteas bunaithe ar an fhírinne – agus más féidir leis an iriseoir é sin a chruthú – beidh sé slán is cuma cé chomh láidir is atá an ráiteas sin. Ach má chuirtear suarachas nó mímhacántacht i leith duine go héagórach, ní ghlacfar leis mar imchaint dhlisteanach. Níl eagarfhocail, léirmheasanna ar leabhair, scannáin nó bialanna saor ó leabhal ach an oiread. Chuir úinéirí *The Olive Restaurant* i nGlas Tuathail an dlí ar *The Irish Times* i 1993 de bharr drochléirmheas a d'fhoilsigh siad faoi. Maíodh gur cuireadh áirithintí ar ceal de bharr míchruinneas a bhí san alt. Bronnadh suim £15,000 (nó €19,046) de dhamáistí ar an bhialann ach rinne an nuachtán achomharc chuig an Ard-Chúirt agus cuireadh an dámh (an tsuim a deonaíodh) ar ceal. D'admhaigh an Breitheamh Carney go raibh cuid den alt míchruinn – dúirt an léirmheastóir go raibh 'Sicín *Cordon Bleu*' ar an bhiachlár, rud nach raibh fíor – ach nach dócha go n-ísleodh sé sin stádas na bialainne i súile ball stuama den phobal.

I 2007 bronnadh suim £25,000 stg (nó €36,750) ar úinéir ar bhialann Iodálach in iarthar Bhéal Feirste, Ciaran Convery, as léirmheas diúltach a foilsíodh in *The Irish News* faoi i Lúnasa na bliana 2000. Bhí cáineadh déanta sa léirmheas ar chaighdeán na beatha agus na dí, ar iompar na bhfreastalaithe agus ar an toit a bhí ann. Níor tugadh ach marc amháin as cúig do *Goodfellas*. Mhaígh an nuachtán gur imhchaint dhlisteanach a bhí ann ach mheas an giúiré cúirte go ndearnadh clúmhilleadh ar an bhialann.

Níl litreacha chuig an eagarthóir saor ó chaingean dlí ach an oiread agus caithfear a bheith an-chúramach leo. I nDeireadh Fómhair na bliana 1997, b'éigean do *Foinse* leithscéal a ghabháil ar an chéad leathanach le beirt Ghaeilgeoirí aitheanta i mBéal Feirste, tar éis do scríbhneoir litreach a thabhairt le fios go héagórach go raibh siad báúil leis an IRA.

Bíonn ceannlínte thar a bheith contúirteach fosta sa mhéid is gur minic a bhíonn áibhéil i gceist leo agus nach mbíonn siad ag teacht go baileach in amanna lena bhfuil scríofa san alt. Má thíolacann iriseoir cúram chumadh cheannlínte ar fho-eagarthóir, ba thairbhe an mhaise dó faomhadh a dhéanamh ar a bhfuil cumtha sula gcuirtear i gcló é. Ar an bhonn céanna, caithfidh craoltóirí a bheith cúramach gan ceannlínte clúmhillteachta nuachtáin a léamh ar an aer (agus iad ag déanamh cur síos ar a bhfuil i bpáipéir na maidine cuir i gcás) mar go bhféadfaí an dlí a chur orthu siúd chomh maith céanna.

### (c) Réamhchead

Uaireanta bíonn cead faighte roimh ré ag an iriseoir ón ghearánaí féin an t-ábhar a chur i gcló nó a chraoladh.

### (d) Pribhléid iomlán agus pribhléid shrianta

Bíonn saoirse iomlán ag iriseoirí tuairisceoireacht a dhéanamh ar imeachtaí faoi leith, gan aon bhaol leabhail. Bíonn pribhléid iomlán i gceist i nithe a bhaineann le hOifig an Uachtaráin, le himeachtaí na Dála agus an tSeanaid agus le tuarascálacha a eisíonn siad. Bíonn pribhléid iomlán ann fosta i gcásanna cúirte, fad is go mbíonn an tuairisceoireacht cruinn cothrom agus go bhfoilsítear nó go gcraoltar an t-eolas go comhaimseartha.

Taobh amuigh de na hócáidí sin, bíonn pribhléid shrianta ann i gcás tuairisceoireachta ar imeachtaí i gcomhthionóil logánta ar nós Údarás na Gaeltachta, na Comhairlí Contae, agus na Coistí Gairmoideachais, agus i gcás éisteachtaí i mboird fiosrúcháin ócáideacha. Is é an phríomhshrian a bhaineann leis an chlúdach a dhéantar ar fhóraim dá leithéid ná nach mór don tuairisceoireacht a bheith ionraic agus saor ó ghoimh agus ó mhailís.

### (e) Reacht na dTréimhsí

De réir mír 11 de Reacht na dTréimhsí 1957, ní mór caingean a thionscnamh laistigh de shé bliana ó dháta foilsithe nó craolta i gcás leabhail nó laistigh de thrí bliana ó dháta a tarlaithe i gcás béadchainte.

## Leithscéal

Ní haon chosaint é leithscéal a ghabháil ach chomh dócha lena athrach go n-ísleodh ceann a fhoilsítear ar an chéad deis méid na ndamáistí a bhronntar. Níl aon dabht ach go gcuideodh sé fosta leis na páirtithe éagsúla teacht ar réiteach. Má tá díspeagadh déanta ar dhuine ba cheart é sin a cheartú a luaithe agus is féidir. Go minic tagann gearán isteach ó aturnae an ghearánaí agus bíonn idirbheartaíocht ann maidir le foclaíocht an leithscéil. D'fhéadfadh leath-leithscéal níos mó damáiste a dhéanamh. Ní amharcann giúiréithe go fabhrach ar fhoilsitheoirí nach n-admhaíonn a gcuid cionta nó nach bhfuil sásta freagracht a ghlacadh astu.

I Samhain na bliana 2006, chinn giúire Ard-Chúirte go mbronnfaí €750,000 ar an fhear gnó Denis O'Brien as caingean a ghlac sé i gcoinne *The Irish Mirror* faoi alt a foilsíodh ar an 18 Meitheamh 1998 inar maíodh gur thug sé suim £30,000 (nó €38,092) don iar-Aire Cumarsáide Ray Burke d'fhonn ceadúnas raidió a fháil uaidh don stáisiún 98FM. Ba é seo an méid is mó damáistí riamh a bronnadh i gcás leabhail in Éirinn.

Bhí an scéal bunaithe ar litir gan ainm a tugadh don nuachtán agus ní dearnadh aon iarracht fhónta an fhírinne a phromhadh. Ach bhí deis ag an nuachtán críoch a chur leis an chás go luath tar éis dóibh an t-alt a fhoilsiú. Bhí O'Brien sásta an t-aighneas a shocrú ach leithscéal iomlán a fháil ón nuachtán agus barántas go n-íocfaidís a chuid costas dlí (a bhí íseal go maith ag an am) mar aon le £30,000 a bhronnadh ar charthanacht. Dhiúltaigh *The Mirror* glacadh leis na téarmaí sin, áfach, agus sheas siad go diongbháilte leis an mhéid a foilsíodh. Bhronn giúiré Ard-Chúirte £250,000 (tuairim is €317,000) ar O'Brien i 1999 ach tar éis achomhairc a rinne an nuachtán chuig an Chúirt Uachtarach rialaíodh go raibh an tsuim sin ró-ard. Cuireadh faoi bhráid na hArd-Chúirte arís é agus bronnadh an cnap airgid is mó riamh i gcás leabhail ar an Bhrianach!

Má dhéantar líomhaint gan bhunús (nó nach féidir a chruthú) faoi dhuine éigin eile beo ar an aer ba cheart don chraoltóir an ráiteas a bhréagnú agus a chur ina luí ar an lucht éisteachta go bhfuil an méid a dúradh contráilte. Cloistear go minic leithéidí: 'Ní aontaíonn RTÉ leis an ráiteas sin.' Iarrtar go minic ar agallaí an líomhaint a rinne sé a tharraingt siar. Má leanann an díspeagadh ar aghaidh níor mhór deireadh a chur leis an mhír nuachta sin láithreach.

## Clúmhilleadh ar na mairbh

De réir dlí na tíre seo, níl aon srian le hiriseoirí a rogha rud a rá faoi na mairbh. Nuair a cailleadh an polaiteoir conspóideach, Liam Lawlor, i dtimpiste bóthair i Moscó i nDeireadh Fómhair na bliana 2005, bhí tuairiscí i gcló i nuachtáin áirithe an lá dar gcionn go raibh striapach óg ina theannta sa ghluaisteán. Ní raibh bunús ar bith leis an líomhaint seo mar gur ateangaire ón Úcráin a bhí inti. Cé gur ghoill an scéal go mór ar theaghlach Lawlor in am a mbris, ní fhéadfaidís cúiteamh a lorg. Bhí an t-ateangaire, Julia Kushnir, in ann an dlí a chur ar na nuachtáin, áfach, mar gur cuireadh ina leith go héagórach gur striapach í.

Éileamh pearsanta a bhíonn i gceist le clúmhilleadh agus ní thig le heastát an té a bhásaigh teacht i dtír air is cuma cé chomh mailíseach is a bhí an méid a dúradh. Fiú má bhíonn tús curtha le himeachtaí dlí (mar a bhí i gcás Woolhead thuasluaite), saorfar na meáin ó haon dliteanas má chailltear an gearánaí sula dtéann an cás chun trialach. Dá mbeadh cead ag gaolta na marbh cásanna clúmhillte a ghlacadh, meastar go mbeadh fíor-dhrochéifeacht aige ar an léamh a dhéanann staraithe agus tráchtairí ar imeachtaí poiblí.

## Leasuithe ar an Acht um Chlúmhilleadh

I 2007, cuireadh leasuithe ar an Acht um Chlúmhilleadh 1961, faoi bhráid an Oireachtais. D'eascair a bhformhór ó phlécháipéis a d'fhoilsigh an Coimisiún um Athchóirithe Dlí i 1991. I measc na n-athruithe ar an seandlí atá molta tá:

- Ní mór anois don ghearánaí mionnscríbhinn a chomhadú faoi shubstaint an ábhar gearáin agus is féidir é a chroscheistiú ar a chuid fianaise

- Ní mheasfar tairiscint de leithscéal mar admháil i leith freagrachta as seo amach

- Beidh de dheis ag cosantóirí feasta suim airgid chúitimh a lóisteáil sa chúirt gan freagracht a admháil. Sa lá atá inniu ann, thig airgead a lóisteáil sa chúirt mar éiric ar éileamh an ghearánaí (€10,000 cuir i gcás). Beidh an tsuim seo bunaithe de ghnáth ar mheasúnacht abhcóide áirithe de réir an mhéid a bronnadh i gcásanna eile den sórt céanna. Bíonn an cosantóir thíos leis mar thoradh, sa mhéid is nach mbíonn de chúram ar an chúirt ach tomhas a dhéanamh ar mhéid na ndamáistí atá tuillte ag an ghearánaí. Faoin mholadh nua, beidh airgead mar sin á lóisteáil gan dochar do chearta an chosantóra éirim an éilimh a throid go fíochmhar is go tréan. Is é an éirim atá le lóisteáil ná go mbeadh costais na cúise eile le fearadh ag an ghearánaí ón dáta lóisteáilte amach i gcás go dteipeann ar an tsuim a lóisteáladh a shárú mar dhamáistí

- Beidh de chumhacht ag breithiúna treoir a thabhairt don ghiúiré ar dhamáistí a mheá agus beidh údarás ag an Chúirt Uachtarach méid na ndamáistí a áireamh i gcás achomhairc. Iarracht é seo le dul i ngleic leis an mheascán mearaí a tharla i gcás Denis O'Brien (féach thuas)

- Beidh cosaint úr ag na meáin ar a dtabharfar 'foilsiú réasúnach'. Faoin chosaint seo, beidh na meáin in ann argóint a chur chun tosaigh i gcásanna áirithe gur mír thábhachtach phoiblí a bhí san ábhar a foilsíodh nó a craoladh, ainneoin é a bheith clúmhillteach.

Tá a leithéid de chosaint sa Bhreatain cheana féin, a bhuíochas de chás cúirte a ghlac an t-iar-Thaoiseach Albert Reynolds in éadan *The Sunday Times*. Mhaígh Reynolds go ndearnadh clúmhilleadh air nuair a foilsíodh scéal in eagrán Shasana, na hAlban agus na Breataine Bige den nuachtán a thug le fios gur inis sé bréaga don Dáil. Dúirt *The Sunday Times* mar chosaint, go raibh pribhléid shrianta acu mar gur ábhar a bhain le leas an phobail agus le conspóid pholaitiúil a bhí idir chamáin acu. Níor ghlac an chúirt leis an chosaint sin ach dúradh nach raibh aon mhailís sa tuairisceoireacht. Cé gur rialaíodh go ndearnadh clúmhilleadh ar an iar-Thaoiseach níor bronnadh ach 1p de dhamáistí air!

Lean na himeachtaí cúirte ar feadh cúig bliana ina dhiaidh sin – idir achomhairc agus eile – agus chuaigh *The Sunday Times* fad le Teach na dTiarnaí, an chúirt is airde sa Bhreatain. Rialaigh siadsan go mbeadh sé mar chosaint ag na meáin feasta go ndearnadh tuairisceoireacht fhreagrach ar ábhar a bhí ar leas an phobail, cé nach bhféadfaí na líomhaintí a fhíorú. Dúirt na Tiarnaí go raibh ról ag na meáin, chan amháin mar ghadhair faire ach mar chú fola fosta.

Leagadh síos deich dtosca a bheadh mar shlat tomhais don iriseoir le freagracht na tuairisce a phromhadh. I measc na dtosca úd tá: tromchúis na líomhaintí a dhéantar, nádúr an eolais agus a dtábhacht maidir le leas an phobail, foinse an eolais, na céimeanna a glacadh leis an eolas a phromhadh, práinn an ábhair faoi chaibidil, ton an ailt, na hiarrachtaí a rinneadh ráiteas a fháil ón ghearánaí agus a thaobh sin den scéal a thaispeáint.

## Foinsí

Malcolm, J. 2004. *The Journalist and the Murderer*. Granta Books.

***

## Painéal 1

An taobh tuathail

**Séamas Ó Tuathail,**
Abhcóide Sinsir

Séamas Ó Tuathail, Abhcóide Sinsir
*(Grianghraf: Maxwells)*

**Glactar leis go coitianta go bhfuil Séamas Ó Tuathail, AS, ar na dlíodóirí is údarásaí ar chlúmhilleadh sa tír seo. Tuige nach mbeadh, óir bhí blianta fada curtha isteach aige mar iriseoir sular thosaigh sé ag cleachtadh an dlí. Measann sé go bhfuil dlíthe leabhail na tíre seo sách dian.**

'Cé go n-eascraíonn siad ón mBunreacht agus an ceart atá ag duine a cháil a chosaint, dáiríre déanann dlíthe clúmhillte na tíre seo aithris ar dhlíthe Shasana. Níl an sainmhíniú ar cad is clúmhilleadh san Acht um Chlúmhilleadh 1961 ach tá sé sna cúiseanna dlí a bhí ann leis na céadta bliain. B'iad na huaisle a bhí ag cur an dlí ar a chéile i Sasana na céadta bliain ó shin agus tháinig an córas atá againne ón tréimhse sin. Níor tháinig aon athrú ar na modhanna le réiteach a dhéanamh idir na páirtithe agus dá réir sin bíonn sé deacair go maith ar chosantóir an dochar a chealú.'

**Deir sé go mbíonn baol mór ag baint le cás clúmhillte a thionscnamh.**

'Nuair a bhíonn nuachtán láidir agat a sheasann leis an scéal a d'fhoilsigh siad, bíodh sé sin ceart nó mícheart, caithfidh an té atá ag maíomh go ndearnadh clúmhilleadh air dul sa tseans go gcaillfidh sé na mílte mílte euro. Agus tá seans go dteipfeadh air os comhair giúiré san Ard-Chúirt. Sa chás sin, cailleann sé faoi dhó, más rud é gur laghdaíodh a clú an chéad lá de bharr an scéil a foilsíodh. Tógann sé na blianta cúis a chur tríd na cúirteanna ó thús deireadh. Níl an córas atá ann faoi láthair sásúil don chosantóir nó don ghearánaí. Bíonn sé mall, leadránach agus fíorchostasach.'

**Ba mar thrádálaí sráide i gCearnóg Pharnell a shaothraigh Séamus greim a bhéil i dtús ama. Chaith sé tréimhse ghairid ina dhiaidh sin i mbun teagaisc tar éis dó céim sna healaíona a bhaint amach. Ach ba leis an iriseoireacht a bhí mian a chroí agus chaith sé ceithre bliana ina Eagarthóir ar** ***An tÉireannach Aontaithe*** **(an míosachán Poblachtánach) idir 1967-71. B'ionann a bheith ina eagarthóir ar ndóigh agus sciar mhaith den iris a scríobh agus luigh sé leis an saor-iriseoireacht sna blianta ina dhiaidh sin. Bhí sé i**

**mBéal Feirste ar an 20 Lúnasa na bliana 1971 ag fiosrú scéil don iris *Hibernia*, nuair a gabhadh é mar chuid de ruathar imtheorannaithe Arm na Breataine. Bhí tuairim is 150 géibheannach eile ina theannta i mBóthar Chroimghlinne ag an am agus chuir sé ranganna Gaeilge ar bun dóibh. (I measc a chuid scoláirí, bhí athair Gerry Adams!) Ba dheis iontach a bhí ann teacht ar scéalta faoin dóigh a caitheadh leis na cimí nuair a gabhadh iad. Ba é, mar shampla, a nocht céasadh Phatrick Shivers, duine den chúigear a bhí mar bhunús le cás a ghlac Rialtas na hÉireann i gcoinne na Breataine i gCúirt Chearta Daonna na hEorpa, cás a bhuaigh siad. Chuir an seacht mí a chaith sé i ngéibheann go mór lena chuid dintiúirí iriseoireachta agus fuair sé neart oibre mar thráchtaire ar na nuachtáin, ar an raidió agus ar an chlár chúrsaí reatha *Féach*.**

**Ach thit an tóin as na deiseanna sin nuair a chuir an rialtas ó dheas dlús leis an chinsireacht. Chuaigh sé go Meiriceá i 1975 le post múinteoireachta a ghlacadh in Ollscoil Santa Cruz. Ar fhilleadh abhaile dó, ba go drogallach a thug sé droim láimhe don iriseoireacht:**

'Thuig mé go raibh orm slí beatha nua a fháil mar nach bhfaighinn fostaíocht mar iriseoir, in ainneoin na taithí a bhí agam.'

**D'fhreastail sé ar chúrsa dlí i gColáiste na Tríonóide agus tá sé ag obair mar abhcóide ón bhliain 1980 i leith. D'fheidhmigh sé ar son Raymond Crotty ina dhúshlán cáiliúil in éadan bhunreachtúlacht an Ionstraim Eorpach**

**Aonair, cás a bhuaigh sé. Chaith sé blianta maithe fosta ag léamh profaí *The Sunday Business Post* (1984-2002) agus ag cur comhairle dlí ar an nuachtán. Sa bhliain 2000 tharraing sé go leor cainte nuair a dhiúltaigh sé don nósmhaireacht choilíneach bréagfholt a chaitheamh agus é á insealbhú mar Abhcóide Sinsir, rud a chuir an Príomh-Bhreitheamh, Ronan Keane, sna cearca fraoigh.**

**Deir Séamas nach bhfuil aon amhras ach go gcuireann dlíthe leabhail na tíre seo isteach ar iriseoireacht imscrúdaitheach.**

'Fiú má bhíonn fianaise áirithe ag iriseoirí, caithfidh siad a bheith lánchinnte de agus cúpla foinse a bheith acu. Mura mbíonn cruthúnas glan acu, ní féidir leo líomhaintí a fhoilsiú. Bíonn an dualgas cruthúnais ar an gcosantóir i gcás chlúmhillte murab ionann is cásanna eile nuair a bhíonn an dualgas ar an ngearánaí. Mura bhfuil na fíricí ag an iriseoir, ainneoin gurb ann dóibh, teipfidh air agus caillfidh sé go leor airgid.'

**Luann sé dhá shampla. D'éirigh le Michael Smurfit airgead a fháil ó *The Irish Independent* de bharr scéil faoi dhíol suíomh Johnston, Mooney & O'Brien i nDroichead na Dothra, Baile Átha Cliath ach tháinig sé chun solais blianta ina dhiaidh sin gurbh fhíor an scéal é. Lena chois sin, b'éigean do *Scéala Éireann* tuairisc ó Des Crowley a tharraingt siar. Ba é bunús an scéil ná go raibh Taoiseach an ama, Charles Haughey, i bhfiacha £10m leis an AIB. Rinneadh dochar don iriseoir ag an am ach deich mbliana ina dhiaidh sin fíoraíodh an scéal.**

'Níl iontu sin ach samplaí a léiríonn an bealach a d'fheidhmigh an córas in éadan na fírinne agus in éadan an cineál sin iriseoireachta. Bhí contúirt ag baint le hiriseoireacht imscrúdaitheach riamh. Nuair a bhíonn daoine gairmiúla sásta bréaga a insint, léiríonn sé a dheacra is a bhíonn sé caingean clúmhillte a chosaint.

'I Meiriceá de bharr bhreith *Times v. Sullivan*, is féidir leat rudaí a rá faoi dhaoine nach bhfuil fíor – agus b'fhéidir nach maith an rud é cead mar sin a bheith ag iriseoirí. De réir dlí Mheiriceá ní gníomh chlúmhillte é rud éigin éagórach a rá faoi dhuine mar bhotún murar féidir a chruthú gur le mailís a rinneadh é. B'fhéidir ar ndóigh go ndéarfadh daoine i Meiriceá nach bhfuil an chothromaíocht i gceart acusan ach an oiread.

'Is ceist an-mhór í: cad í an fhírinne. Níl i gcaingean chlúmhillte ach gléas amháin cogaidh idir an dream nach mian leo go dtiocfadh eolas amach agus iad siúd atá ag iarraidh faisnéis a fhoilsiú ar mhaithe le leas an phobail.'

# 9

# Eiticí agus Rialacháin

Awkward, cantankerous, cynical, bloody-minded, at times intrusive, at times inaccurate, and, at times, deeply unfair and harmful to individuals and to institutions.

*(Tuairim faoi nuachtáin a nocht Prionsa Séarlas na Breataine in* ***The Observer*** *29 December, 2002).*

Is iomaí rogha mhorálta a bhíonn le déanamh ag iriseoirí agus ag eagarthóirí. Is minic fiú gur rogha idir maith is olc a bhíonn ann. Ról fíorthábhachtach atá ag na meáin ar na saolta deireanacha seo agus tá neart buanna, suáilcí agus féidearthachtaí ag baint leo. Ach tá freagracht ag baint leis an ghnó fosta. Cumasc den fhéith chruthaitheach agus den fhreagracht a ghabhann leis, atá mar bhunchloch ag an dea-iriseoireacht.

Ainneoin a mhalairt a bheith beachtaithe ina gcuid leabhrán stíle, ní eiseamláirí ceartaiseacha iad na meáin chumarsáide, ná baol air. D'fhéadfadh, mar shampla, go nglacfadh nuachtán líne láidir eagarthóireachta i leith aischur carbóin ach go mbeadh forlíonadh taistil mar aon le fógraí aerlínte acu agus forlíonadh gluaisteán, ina mbeadh cur síos ar *SUV*-anna atá ar díol. Go bunúsach is annamh a dhiúltaíonn nuachtán d'fhógraí mar gur trumpa gan teanga a bheadh iontu, dá n-uireasa. Ní íocann gníomhartha oirirce na billí agus bheadh sé soineanta a cheapadh nach mbíonn mianta eagarthóireachta agus fógraíochta ag síorstreachailt lena chéile sna meáin chumarsáide. An dúshlán atá ann ná teacht ar chóimheá sásúil nach mbeidh ag teacht salach ar éiteas na heagraíochta ach a chinnteoidh go mbeidh bonn maith tráchtála fúithi.

Maítear balla samhailteach a bheith i ngach eagraíocht nuachta a dhealaíonn an taobh tráchtála den teach ón seomra nuachta. Ach níos minicí ná a mhalairt, bíonn tuarastal agus íocaíochtaí bónais lucht eagarthóireachta bunaithe ar rath gnó na heagraíochta seachas ar dhea-chaighdeán na hiriseoireachta. Lena chois sin, is iomaí nuachtán agus stáisiún cumarsáide anois atá i seilbh ilchuideachtaí a bhfuil leas acu san iliomad gné den saol gnó, polaitiúil agus sóisialta. Ní nach ionadh go mbíonn an pobal amhrasach mar sin faoina gcumas tuairisceoireacht oibiachtúil a dhéanamh ar na réimsí sin. Táthar in amhras fosta faoi mhianta an iriseora aonair i bhfianaise chultúir an 'méféineachais' a bhaineann leis an ghairm anois:

> Journalists like to think of themselves as the people's surrogate, covering society's waterfront in the public interest. Increasingly, however, the public doesn't believe them. People see sensationalism and exploitation, and they sense that journalists are in it for a buck, or personal fame, or perhaps worse, a kind of perverse joy in unhappiness.'

*(Kovach & Rosenstiel 2007: 75)*

I gcás na meán Gaeilge, de thairbhe gur craoltóirí seirbhíse poiblí iad TG4, RnaG agus RTÉ, ní mór dóibh cloí le rialacháin áirithe. Níl na laincisí céanna ar eagraíochtaí neamhspleácha ar nós *Foinse, Lá, Raidió na Life* ná *Raidió Fáilte* ach tá dualgas morálta ar gach iriseoir cloí le dea-chleachtais na ceirde. Sa chaibidil seo déanfar beachtú ar an chreatlach eiticiúil trína bhfeidhmíonn iriseoirí na linne seo.

## Sainmhíniú ar eiticí

Baineann eiticí le roghanna morálta; cad ba cheart agus nár cheart a dhéanamh agus an próiseas trína ndéantar cinntí faoin dóigh a iompraíonn duine é féin.

Agus é ina eagarthóir ar *The Sun* sna 1980í chuir Kelvin MacKenzie malairt sainmhínithe chun cinn a d'fhóirfeadh níos fearr don chur chuige tablóideach: 'Ethics is a place to the east of London where the men wear white socks.' (Hargreaves 2005: 111)

## Rialacháin

Ó bunaíodh RTÉ agus ó achtaíodh reachtaíocht craolacháin na bliana 1976, bhí dualgais air a chinntiú: 'go ndéanfar an nuacht go léir a chraolfaidh sé (RTÉ) a thuairisciú agus a fhoilsiú go hoibiachtúil neamhchlaon gan aon tuairimí de chuid an Údaráis féin a chur in iúl.'

Glactar leis gurb é atá i gceist leis an mhír dheireanach den alt sin ná nár cheart go mbeadh tuairimí an iriseora le brath i dtuairisc nuachta. Ba cheart go mbeadh tuairiscí nuachta bunaithe go huile is go hiomlán ar eolas seachas ar thuairimí an tuairisceora. Deir an chuid seo den Acht fosta go bhfuil dualgas ar RTÉ a bheith cothrom le gach aon taobh chomh maith le bheith oibiachtúil agus neamhchlaonta. Feidhmíonn seomra nuachta TG4 agus Raidió na Gaeltachta faoin rialachán sin.

Caithfear na prionsabail seo a chur san áireamh i gcláir eile seachas an nuacht fosta go háirithe nuair a bhíonn ábhair chonspóideacha nó díospóireacht pholaitiúil idir lámha. Is féidir an chothromaíocht chuí a bhaint amach i gcláir eile i sceideal an stáisiúin laistigh de thréimhse réasúnta. D'fhéadfadh, mar shampla, go dtabharfaí níos mó suntais agus ama don taobh eile de scéal nuachta ar an chlár cúrsaí reatha ar TG4 ná ar *Nuacht TG4* nó ar *Barrscéalta* seachas ar *Adhmhaidin* ar RnaG.

## Oibiachtúlacht v. suibiachtúlacht

Ba cheart do gach foilseachán agus meán craolta iarracht a dhéanamh a bheith oibiachtúil ina gcuid tuairiscí. Ní gá go maolófaí faobhar na heagraíochta dá bharr agus bíonn neart deiseanna barúlacha láidre a nochtadh i gcolúin, in eagarfhocail, agus i gcláir cúrsaí reatha. Níl i gceist le hoibiachtúlacht i ndáiríre ach iarracht mhór, ghroí a dhéanamh a bheith neamhchlaonta, cothrom agus ionraic.

Ach ní hionann cothrom na féinne agus cothromaíocht. Ní féidir cothrom na féinne a mheas le staduaireadóir. Ní gá, fiú, go mbeadh cothrom na féinne le fáil i gcothromaíocht ama. Níor cheart go mbeadh sé le rá, mar shampla, go bhfuil claontacht faoi leith le sonrú san ord agus sa dóigh a gcuirtear argóintí i láthair. Lena chois sin, ba cheart go mbeadh cead ag gach aon taobh de scéal a dtuairim a nochtadh. Níor mhiste oiread agus is féidir den chomhthéacs, is a cheadaíonn cúinsí ama agus spáis, a thabhairt.

Os a choinne sin, caithfidh iriseoirí a chinntiú nach gcuirtear an fhírinne as a riocht ar thóir na cothromaíochta. Ar feadh na mblianta fada tugadh an suntas céanna d'eolaithe a bhí glan i gcoinne na dteoiricí faoi théamh domhanda is a tugadh dá gcomhghleacaithe a bhí á gcur chun cinn. Dhealródh sé sin go raibh lucht eolaíochta scoilte ina leath faoin cheist rud nach raibh fíor. B'amhlaidh gur thacaigh formhór mór eolaithe an domhain leis na teoiricí.

Ar ndóigh is é an sampla is measa ar fad de chlaontacht ná neamhaird iomlán a dhéanamh de scéal agus gan spás nó aitheantas a thabhairt dó ar chor ar bith.

Lasmuigh den nuacht fhoirmiúil, thiocfadh go mbeadh aoir nó scigmhagadh míchothrom chomh maith. Glactar leis go mbíonn lánchead ag na meáin fonóid a dhéanamh faoi thuairimí pearsa poiblí ach nár cheart a bheith ag caitheamh anuas ar a gcuma fhisiciúil. Níor cheart a bheith ag magadh ach an oiread faoi chine, faoi chreideamh ná faoi inscne duine.

## Cruinneas

Tá sé léirithe ag neart suirbhéanna le dornán blianta anuas go mbraitheann formhór phobal na hÉireann ar na craoltóirí seirbhíse poiblí le hiad a chur ar an eolas faoi mhórimeachtaí an stáit. Níor mhór mar sin cúram faoi leith a dhéanamh d'fhíricí an scéil agus níor mhiste iad a phromhadh arís is arís eile leis na foinsí éagsúla. Níor cheart go mbeadh ráflaí ná tuairimíocht á gcur i láthair mar shonraí. 'Let the facts speak for themselves,' a deir ceann de na ráitis is fadbhunaithe i saol na hiriseoireachta, ach is *clíché* é arbh fhiú ceann a thógáil de mar sin féin.

Bíonn gach duine ag lorg scúip agus ag iarraidh a bheith chun tosaigh ar a gcuid iomaitheoirí, ach ní bhaineann sé sin ón dualgas a bheith cruinn. Is tábhachtaí i bhfad cruinneas ná luas sa chomhthéacs seo. Níl aon ghá le háibhéil ach chomh beag agus níor cheart beag is fiú a dhéanamh de chumas an léitheora nó an éisteora tábhacht an scéil a thuiscint. Ina theannta sin, ba cheart a bheith cáiréiseach leis na haidiachtaí a mbaintear úsáid astu. D'fhéadfadh aidiacht amháin go leor dochair a dhéanamh do chothromaíocht scéil.

In aitheasc a thug sé do Scoil Shamhraidh Pharnell i 2006, dúirt an tOllamh John Horgan go raibh brú ag teacht ar iriseoirí an lae inniu: 'to change from the traditional journalistic definition of printing something that *must* be true to printing or publishing something that *might* be true.' Bhí sé seo le sonrú ach go háirithe sa chlúdach a rinne nuachtáin áirithe ar bhás an pholaiteora Liam Lawlor, nuair a dúradh go héagórach go raibh striapach ina theannta nuair a bhásaigh sé i dtimpiste bóthair i Moscó i bhFómhar na bliana 2005.

Cuireann scéalta bréagacha inchreidteacht na meán cumarsáide i mbaol. Glacaim leis go mbíonn scéalta maithe tearc go leor le linn 'mhí na marbh' nó 'séasúr na háiféise' (tréimhse chiúin nuachta i rith an tsamhraidh) ach tá an chontúirt ann go mbrisfidh scéalta bréagacha den chineál sin snaidhm na muiníne idir an iriseoir agus an léitheoir nó an éisteoir. Ba é an bunús a bhí leis an tsnaidhm seo ná gur glacadh leis i gcónaí go raibh an t-iriseoir ag déanamh a dhíchill an fhírinne a nochtadh. Ach cén fáth a gcreidfeadh éinne aon scéal eile i nuachtán atá sásta deargchumadóireacht nó míchruinneas den chineál thuas a chur i gcló?

Nuair a d'fhoilsigh *Sun* na Breataine scéalta ar nós *'Freddie Starr Ate My Hamster'* (níor ith!) agus gur chuir Comhairle Bhrent cosc ar mhálaí bruscair dubha mar go raibh siad ciníoch (níor chuir!), thug siad le fios don saol mór nár ghá go mbeadh a gcuid scéalta bunaithe ar an fhírinne. Is baolach go bhfuil an nós seo coitianta go maith in iriseoireacht na tíre seo le dornán blianta anuas. Cuimhnigh go bhféadfadh scéal bréagach amháin na blianta fada de dhea-thuairisceoireacht a chur ó mhaith d'aon ráig amháin!

Is baolach, áfach, go gcaitheann go leor iriseoirí níos mó ama anois ag iarraidh toise úrnua a aimsiú i scéal ná ag promhadh bunfhíricí. Más fíor do theoiric iomráiteach Winston Churchill go mbíonn turas leathbhealach timpeall na cruinne déanta ag bréag sula n-éiríonn leis an fhírinne a chuid bríste a chur air, is cinnte gur gasta fós an próiseas sin in aois seo an idirlín. Is é cruinneas an dúshraith ar a dtógtar gach scéal nuachta agus bíonn dualgas ar gach iriseoir, idir chraoltóirí le hollghréasáin chumarsáide agus bhlagadóirí aonair, sonraí scéil a fhíorú sula bhfoilseofar iad.

## Neamhchlaontacht

Bíonn ar a laghad an dá léamh ar gach scéal, a deirtear, agus níl aon dabht ach gur cheart i gcónaí go dtabharfaí deis freagartha do dhuine nó d'eagraíocht má chuirtear rud éigin ina leith. Níor cheart go gcuirfeadh an tuairisceoir a ladar i dtuairisc nuachta ná go mbeadh a chuid claonta pearsanta le sonrú ag an lucht léite, éisteachta nó féachana. Tá tábhacht faoi leith ag baint leis seo i gcás léitheoirí nuachta nó láithreoirí chláir cúrsaí reatha. Ba cheart dóibh a bheith cothrom agus neodrach i dtólamh agus feidhmiú mar a bheadh moltóirí idir an dá thaobh d'argóint. Mura mbíonn ach taobh amháin i láthair le linn agallaimh d'fhéadfadh an láithreoir seasamh don taobh eile nó a bheith mar eadránaí diúltach. Glactar leis gur féidir leis an leibhéal ceistiúcháin a dhéantar ar pholaiteoirí nó ar dhaoine atá sa saol poiblí a bheith níos géire ná é siúd a dhéantar ar an ghnáthdhuine.

## Príobháideachas

Ceart bunúsach in aon chóras daonlathach é go mbeadh cead ag duine saol príobháideach a bheith aige. Níor cheart iniúchadh a dhéanamh ar shaol príobháideach aon duine gan chúis mhaith a bheith agat. É sin ráite, bíonn forlámhas ag leas an phobail ar chearta príobháideachais aonair. Is minic a dhéantar idirdhealú fosta idir daoine atá sa saol poiblí agus iadsan nach bhfuil – cé go bhfuil cearta príobháideachais ag pearsana poiblí chomh maith.

Ar an drochuair, is iomaí iriseoir a bhíonn ag faire na faille le buntáiste a bhaint as míbhuntáiste nó le míbhuntáiste a bhaint as buntáiste fiú, mar a tharla i gcás Dolores McNamara a bhuaigh €115,436,126 sa chrannchur Eorpach i 2005. Ní túisce an bua fógraithe ach go raibh an chonairt ag tarraingt ar Gharraí Eoin sa tóir ar scéalta suaracha faoina saol pearsanta. B'éigean d'aturnae Dolores, David Sweeney, impí ar na meáin 'spás' a thabhairt di – agus rinne siad amhlaidh. Tugadh spás suntasach di ar gach príomhleathanach tablóideach agus bhí iriseoirí ag baint na sála dá chéile ag iarraidh an focal is tarcaisní ina bpluca a chaitheamh léi.

Chuir *The Star* tús leis an chéasadh faoin cheannlíne *'Lotto Dolores Family Link to Gang War'* agus d'fhoilsigh siad sonraí faoin bhaint a bhí ag nia léi le dúnmharú coirpigh aitheanta i Luimneach. Bhí a shárú le fáil in *The Sun* an lá dár gcionn, tráth a ndearnadh cur síos ar *'Dolores' Thug Son'*. Dúradh go raibh a mac, Gary McNamara, díomhaoin agus gur cuireadh ina leith deich mbliana roimhe sin gur ionsaigh sé úinéir garáiste a cailleadh tamall ina dhiaidh sin. An Domhnach dar gcionn, bhí scéal eisiach ag *Ireland on Sunday* faoin cheannteideal *'Dolores In Dole Probe'*, a thug le fios go bhféadfadh sé go gcuirfí an dlí uirthi as íocaíochtaí leasa shóisialaigh a fháil fad is a bhí sí ag obair i monarcha cógas. Ina theannta sin, bhí trí pháipéar thablóideacha ag ceantáil ar a chéile le haghaidh pictiúr di a ghlac comharsa dá cuid ag ceiliúradh a bua i dteach leanna áitiúil. Maítear gur díoladh €25,000 leis as grianghraif a ghlac sé le ceamara sochaite. Seans 76,000,000/1 a bhí ag Dolores McNamara *Euromillions* a bhaint, ach má bhí, níl seans faoin spéir aici anois saol suaimhneach a bheith aici feasta.

Bhí mórán scéalta suaracha den chineál sin i gcló i nuachtáin na hÉireann le blianta beaga anuas. Bhí neart ceisteanna le freagairt, mar shampla, ag an Aire Iompair, Martin Cullen, faoin dóigh ar bronnadh conradh flaithiúil caidrimh phoiblí ar chomrádaí polaitiúil dá chuid, ach ní raibh bunús dá laghad leis an líomhaint go raibh caidreamh collaí aige le Monica Leech, mar a thug cúpla nuachtán le fios go cliathánach. Chaithfeá an cheist a chur fosta ar chuir an pictiúr de bhean chéile agus d'iníon Ray Burke ag teacht amach as Príosún Mhuinseo a dhath leis an díospóireacht faoi chleachtais chama in oifigí arda. Mhaígh an t-iriseoir is aitheanta in Éirinn, Charlie Bird, ar an chlár raidió *Liveline* go raibh grianghrafadóir ó *Ireland on Sunday* á shíorleanúint agus ag brú isteach air. Rinne díorma iriseoirí ruathar ar Chill Chainnigh le scéal te-bhruite a fháil faoi theip chleamhnas DJ Carey. Is léir mar sin go bhfuil an tuar tagtha faoi thairngreacht an Tiarna Denning: 'scandalous information about well-known people has become a marketable commodity.' (Denning, 1963) Nuair a thig an chaill thig an fhaill.

Is fiú cuimhneamh go bhféadfadh cead dlíthiúil a bheith ag iriseoir scéal a fhoilsiú nó a chraoladh ach nach mbeadh cead morálta aige a leithéid a dhéanamh. Foilsídh alt agus grianghraf sa bhliain 2005 in *Ireland On Sunday* de mhac Malcolm McArthur agus é ag déanamh a bhealach go Coláiste na Tríonóide ar a rothar. Ba shuarach an mhaise é aird a tharraingt ar an scoláire bocht seo nach ndearna a dhath as bealach ach go raibh sé de mhí-ádh air gur mac é le dúnmharfóir brúidiúil. Níl aon amhras ach gur ábhar suime ab ea an scéal seo do chuid mhaith de léitheoirí an nuachtáin sin, ach ní hionann suim an phobail agus leas an phobail.

## Scannail ghnéis

Is cuid de dhlúth is d'inneach ag nuachtán tablóideach iad scéalta a bhaineann le scannail ghnéis. Is iad na scéalta seo a thug beathú dóibh ó aimsir Oscar Wilde anall go Profumo go Bryan McFadden. B'ábhar mór scigmhagaidh iad na ceannlínte faoi mhídhílseacht Chris de Burgh *('My Lady in Bed')* agus Paddy Ashdown *('It's Paddy Pantsdown')*. Maíodh fiú gur ar mhaithe leis an phobal a nochtadh na caidrimh seo. Dúradh mar chosaint ar na tuairiscí faoin chaidreamh a bhí idir iar-Uachtarán Mheiriceá, Bill Clinton, agus Monica Lewinsky, go mbeadh an té a d'imreodh feall ar a bhean sásta feall a imirt ar a thír chomh maith céanna.

Bhíodh dearcadh ceartaiseach againne sa tír seo faoi scéalta dá gcineál. Bhain siad le Sasana nó Meiriceá, tíortha nach raibh na luachanna morálta céanna acu. Dúradh go raibh náire shaolta orainn faoin dóigh ar caitheadh le Charles Stuart Parnell agus go raibh muid i bhfad níos discréidí dá bharr. Ach tá rabharta scéalta conspóideacha foilsithe le blianta beag anuas a dhéanann mugadh magadh den tuairimíocht seo. Ná cuirimis dallamullóg orainn féin; cinsireacht seachas neamhshuim an phobail a choinnigh slacht ar na nuachtáin Éireannacha thar na glúnta. Ná cuirimis dallamullóg orainn féin ach chomh beag go bhfuil brú ar an rialtas dul i ngleic leis an cheist seo, cheal aon chóras féinmhaoirseachta sásúil a bheith ag an tionscal féin. Ina theannta sin, cé gur minic a chuireann daoine a ndéistean in iúl go poiblí faoin chlúdach a dhéantar ar scannail ghnéis, léiríonn figiúirí díolacháin na nuachtán tablóideach go mbíonn cíocras ar an phobal é a léamh!

Níl gar a shéanadh go mbeidh an Phreaschomhairle agus an tOireachtas ag cúngú theorainneacha an phríobháideachais sna blianta beaga amach romhainn. Níl aon dabht ach chomh beag go mbeidh uirlisí na meán úr (an fón póca, an ceamara digiteach, agus suíomhanna idirlín físe) á leathnú!

## Tinneas

Is gné thar a bheith príobháideach í breoiteacht dhuine agus níor mhór a bheith iontach leochaileach faoin dóigh a láimhseáiltear é. Níor mhór go mbeadh an leas a bhainfeadh an pobal as nochtadh tinnis níos tábhachtaí ná an dochar a dhéanfaí don othar. Is annamh a tharlaíonn sé sin, áfach. Agus é fós ina bheatha, pléadh go poiblí, mar shampla, cé acu ar cheart nó nár cheart go dtabharfaí tórramh stáit don iar-Thaoiseach, Cathal Ó hEochaidh. Ar an dóigh chéanna, bhí comharba an Phápa Eoin Pól a Dó á thuar i bhfad sular cailleadh é. Ghabh nuacht RTÉ leithscéal in Eanáir 2007 nuair a tuairiscíodh bás an pholaiteora David Ervine (ón PUP) lá sular cailleadh é!

Sa bhliain 1988, tholg an t-imreoir leadóige, Arthur Ashe, HIV de bharr fuilaistriúcháin truaillithe a tugadh dó le linn obráid chroí. Bhí sé i gceist aige féin agus ag a bhean an scéal a choinneáil faoi rún ach nuair a chuaigh an nuachtán *USA Today* i dteagmháil leis faoi i 1992 b'éigean dó preasagallamh tobann a ghairm inar nocht sé a thinneas don saol mór. Thug sé le fios ag an ócáid sin fosta go ndearna na meáin treascairt ar a shaol príobháideach.

Tharla a mhacasamhail de chás in Éirinn sa bhliain 2005 nuair ab éigean don cheoltóir The Edge urghaire cúirte a fháil le cosc a chur ar *The Sunday World* sonraí faoina iníon a nochtadh, agus í faoi chúram in Ospidéal na Leanaí i gCromghlinn. Ar ndóigh, tharraing an cás cúirte seo tuilleadh airde ar a iníon ach is beag duine nach ndéarfadh gurbh fhiú an tairbhe an trioblóid.

I Márta, 2007 cháin Coimisinéir na nGardaí, Noel Conroy, mar aon le cumainn ionadaíochta an fhórsa, an tuairisciú a rinne roinnt de na meáin ar bhás an tSáirsint Tania Corcoran in Ospidéal Dhroichead Átha agus í ag saolú linbh. Mheas an GRA go raibh ceannlínte *The Evening Herald* agus *The Star* – 'Pregnant Garda Drops Dead' agus 'Cop Dies Giving Birth' fá seach – thar a bheith tuatach.

Nocht roinnt nuachtán fosta gurb é fear céile na mná, an Bleachtaire-Sáirsint Aidan McCabe, a lámhachaigh John Carty tar éis léigir i Mainistir Leathrátha sa bhliain 2000. Mheas Cumann na nGardaí gur sárú ar chearta príobháideachais a bhí i nochtadh an eolais seo in am a mbrise.

## Treoir maidir le príobháideachas

- D'fhéadfadh go mbeadh cearta príobháideachais ag duine fiú agus é in áit phoiblí. Ní gá do chraoltóirí cead a fháil le taifeadadh a dhéanamh ar dhaoine nuair atá siad ar a slí go dtína láthair oibre. Tá cead ábhar a thaifeadadh in áiteanna poiblí cé go gcaithfear a bheith aireach i gcónaí ar threoracha a thugann na Gardaí nó an tArm. Caithfear cead a fháil, áfach, sula ndéanfar taifeadadh ar láthair phríobháideach. Sa chás go ndiúltófaí cead don iriseoir, bíonn rogha aige úsáid a bhaint as láthair phoiblí le taifeadadh a dhéanamh ar dhaoine i láthair phríobháideach. Níl aon riail docht daingean ag baint leis seo ach go gcaithfear breith ghairmiúil a thabhairt de réir na hócáide.

- Tá lánchead ag duine diúltú agallamh a thabhairt nó páirt a ghlacadh i gclár teilifíse nó raidió. Níor cheart ina leithéid de chás a chur ina luí ar léitheoirí nó ar lucht féachana go bhfuil rud ar bith as bealach déanta ag an duine sin. D'fhéadfaí a lua go ndearnadh iarracht labhairt le hurlabhraí ón taobh eile ach nach raibh duine ar fáil. Sa chás nár tugadh mórán fógra do dhuine níor mhiste é sin a chur in iúl.

- Thig eolas príobháideach faoi phearsana poiblí a fhoilsiú nó a chraoladh má bhaineann sé lena gcúram poiblí. Ach níor cheart aon eolas príobháideach faoi fhulangaigh a phoibliú gan cead a fháil uathu roimh ré.

## Tragóidí

Caithfidh iriseoirí a bheith iontach cúramach sa láimhseáil a dhéantar ar thragóidí pearsanta. Cuireann sé go mór le héifeacht na tragóide seatanna agus grianghraif a fháil de thórramh mar shampla, ach d'fhéadfaidís cur go mór le brón an teaghlaigh in am a bhrise, má bhaintear úsáid astu arís is arís eile. Má iarrtar ar chriúnna nó ar ghrianghrafadóirí gan a bheith ag glacadh pictiúr le linn tórraimh ba cheart de ghnáth glacadh leis sin. I gcás ar bith eile, ba chóir an gnó a dhéanamh go gasta, go cúlánta agus gan aird a tharraingt ort féin.

## Taifead faoi choim agus ceamaraí ceilte

D'fhéadfadh go ndéanfaí treascairt ar chearta phríobháideachas an duine trí agallamh a thaifeadadh i ngan fhios dó. Ar an lámh eile, áfach, is cleas an-úsáideach é an ceamara ceilte le gníomhartha coiriúla nó faillíocha a nochtadh. Is deacair a shamhlú go mbeadh an oiread éifeachta ag an scéal a rinne *Primetime Investigates* faoi na dhroch-choinníollacha i dteach altranais Leas Cross i 2006, mura mbainfí úsáid as ceamaraí folaitheacha. Níl cead ag aon iriseoir in RTE, (*Nuacht TG4* san áireamh) taifead faoi choim a dhéanamh gan cead a fháil ón Phríomh-Stiúrthóir roimh ré. Tá roinnt critéar ann le haghaidh an cur chuige seo:

- cleachtas frithshóisialta atá sa rud atá á thaifeadadh
- ba cheart go mbeadh leas an phobail i gceist leis an taifeadadh
- ba cheart a chinntiú gur baineadh úsáid as bealaí eile le teacht ar an eolas.

Ina theannta sin, d'fhéadfadh sé a bheith riachtanach d'iriseoir gan aird a tharraingt ar a cheird. Mar shampla, dá mbeadh sé ag fiosrú cleachtas mí-ionraic i dtionscal na gcarranna agus dá ligfeadh sé air féin gur gnáth-thomhaltóir a bhí ann atá ag iarraidh carr a cheannach, d'fhéadfaí a rá gur ar leas an phobail é a leithéid a dhéanamh. I gcás mar sin, ba cheart insint dóibh siúd a bhí i gceist cén uair a bheas an tuairisc á craoladh nó an t-alt á fhoilsiú agus deis a thabhairt dóibh iad féin a chosaint.

Tá dualgas ar iriseoirí fosta cead a iarraidh roimh ré le taifeadadh a dhéanamh ar chomhrá gutháin.

## Éirí slí nó 'doorstepping'

Cleas dlisteanach iriseoireachta é éirí slí a dhéanamh ar dhuine. Baintear úsáid as nuair a theipeann ar iarratas foirmiúil agallamh a fháil nó má tá duine ag iarraidh ceisteanna a sheachaint. Arís eile, leas an phobail atá mar shlat tomhais don chleachtas seo. Ní raibh an dara suí sa bhuaile, mar shampla, ag iar-chomhfhreagraí Washington RTÉ, Carole Coleman, ach éirí slí a dhéanamh ar John Ruznak i bhFeabhra 2002 nuair a tháinig sé chun solais gur chaill comhlacht de chuid an AIB – Allfirst Bank – €648.4m de bharr calaois a d'imir sé orthu.

Níor mhór gur ar láthair phoiblí a thabharfaí faoin chur chuige seo agus a chinntiú nach gcuirfear ina luí ar an lucht féachana go bhfuil aon ní as bealach déanta ag an agallaí.

Feiniméan a bhaineann leis na meáin úra is ea éirí slí dhigiteach, nó 'digital doorstepping.' Tháinig sé chun solais den chéad uair in Aibreán 2007, tráth ar mharaigh Cho Seung-hui 32 duine in Ollscoil Virginia Tech i Meiriceá. Faoin am a tháinig meáin chumarsáide na cruinne fad leis an champas, bhí an sléacht pléite is athphléite ag finnéithe súl ar shuíomhanna ar nós Facebook, Flickr, MySpace agus Twitter. Ní mó ná sásta a bhí go leor de na blagadóirí faoin rabharta iarratas a tháinig ina dtreo ó na meáin fhadbhunaithe agus iad ag iarraidh iontaofacht na bhfíseán is na dtuairiscí a phromhadh. Maíodh go raibh éirí slí á dhéanamh ar a gcuid doirse digiteacha. Os a choinne sin, níor mhór a mheabhrú gur áiteanna poiblí iad na blaganna seo, ina bhfoilsíonn daoine a gcuid tuairimí agus eolas as a stuaim féin. Ní thig mar sin comparáid dhlisteanach a dhéanamh idir ceisteanna a phostáil ar shuíomh idirlín agus cnag a bhualadh ar dhoras duine. Lena chois sin, bheadh sé neamartach, agus soineanta fiú, don iriseoir gairmiúil glacadh scun scan le tuairiscí físiúla agus scríofa ó fhinnéithe súl gan a mbarántúlacht a fhiosrú ar dtús.

## Eagarthóireacht ar agallaimh

Níor cheart go gcuirfeadh an eagarthóireacht a dhéantar ar agallamh éirim na cainte as a riocht. Mar gheall ar chúinsí ama, caithfidh agallaimh theilifíse agus raidió a bheith measartha gonta ach caithfear a bheith cúramach nach n-athraítear bunús an méid a deirtear. Go minic ní bhaintear úsáid as na ceisteanna a cuireadh in agallamh agus cuirtear réamhrá nó mír isteach ina n-áit. Ba cheart a chinntiú go mbíonn sé seo dílis don cheist a cuireadh. Ar an dóigh céanna, níor cheart freagraí a bhaint as comhthéacs riamh. Caithfidh craoltóirí a chinntiú nach mbainfear úsáid as a gcuid pacáistí nuachta nó agallamh i gcomhthéacs difriúil nó nach n-athchraolfar iad tamall maith i ndiaidh an taifeadta, nuair a bheadh athrú intinne tagtha ar an agallaí seans de bharr forbairtí úra sa scéal. Is ionann an cás i leith ábhar clóite ón chartlann a úsáid.

## Vox Pop

Baintear úsáid as *vox pop* go minic le meon an phobail a léiriú faoi cheist áirithe. Cur chuige bailí é fad is nach ndéantar iarracht an toradh a chur as a riocht san eagarthóireacht. Níl ann ach slisín den saol agus níor cheart riamh a thabhairt le fios i mír isteach thuairisc teilifíse nó raidió go bhfuil aon stádas eolaíoch ag baint leis. Caithfear a bheith cúramach freisin nach mbaintear leas as *vox pop* le tosaíocht a thabhairt do thaobh amháin den scéal nuair is léir go bhfuil a mhalairt de thuairim ann fosta. Is ionann an cás nuair a iarrtar ar lucht féachana lámh a chur in airde faoi rud éigin ar chlár cúrsaí reatha. Is fiú é a dhéanamh ó am go chéile ach gan a thabhairt le fios gurb ionann tuairim thromlach an lucht féachana agus tuairim thromlach mhuintir na hÉireann.

## Foréigean

Caithfear an t-am craolacháin a chur san áireamh nuair a bhíonn clár nuachta ag cur tuairiscí amach ina bhfuil radhairc fhoréigneacha le feiceáil iontu. Bíonn eagarthóirí cúramach gan radhairc mar seo a chraoladh ar fheasacháin a bhíonn sáite idir cláir do pháistí.

D'fhéadfadh go mbainfeadh an foréigean a thaispeántar ar an nuacht croitheadh as an lucht féachana. Maítear fiú go bhfuil an baol ann go spreagfadh sé tuilleadh foréigin. Ar an lámh eile, táthar ann a bhraitheann go mbeadh iriseoirí ag cur dallamullóg ar an phobal gan cnámh lom na fírinne fuiltí a thaispeáint dóibh. Os a choinne sin, maítear go ndí-íograítear daoine nuair a éiríonn siad ró-chleachtaithe le radhairc den chineál seo. Níor cheart, áfach, pictiúir fhoréigneacha a chraoladh gan chúis nó ar mhaithe le siamsaíocht. Lena chois sin, thiocfadh dó gurb é an ceamara féin a spreagann an foréigean mar a mhaígh daoine áirithe le linn cuid de na hagóidí a reáchtáladh i nGaeltacht Mhaigh Eo i 2006 le cur i gcoinne an chríochfort gáis a bhí beartaithe ag Shell don cheantar.

Bíonn claonadh fosta ag iriseoirí áirithe barraíocht suntais a thabhairt do ghortuithe agus d'fhuil. Ba cheart go ndéanfaí cur síos don lucht airdill ar na ciallachais a bhaineann lenar tharla in áit a bheith tógtha suas go hiomlán leis an fhoréigean féin. Níor mhiste ach an oiread don léitheoir nuachta a thabhairt le fios go bhféadfadh go gcuirfeadh roinnt de na radhairc i dtuairisc ar leith isteach ar an lucht féachana.

Tá traidisiún seanbhunaithe iriseoireachta ann nach dtaispeántar bomaite an bháis. Cé gur craoladh radhairc de chrochadh iardheachtóir na hIaráice, Saddam Hussein, ar fud na cruinne i 2007, mar shampla, is beag cainéal a thaispeáin an nóiméad baileach a d'éag sé.

I 1986 cúisíodh an polaiteoir Meiriceánach Budd Dwyer as breab den luach $300,000 a ghlacadh agus é ina Chisteoir Stáit ar Phennsylvania. Ar an 22 Eanáir 1987, ghairm sé preasagallamh agus ceapadh go coitianta go bhfógródh sé go raibh sé le héirí as oifig. Ach leathbhealach tríd an agallamh tharraing sé .357 magnum óna phóca agus scaoil sé é féin. Taispeánadh radhairc ón fhéinmharú an mhaidin sin ar fud an stáit ach tharla go bhfaca cuid mhór páistí é mar bhí na scoileanna druidte an lá sin de bharr stoirm shneachta. Rinne eagarthóirí fhormhór na stáisiún cinneadh ina dhiaidh sin gan ach cuid den phreasagallamh a thaispeáint (sular chuir Dwyer lámh ina bhás féin) ach bhí sé ar fáil ó shin ar an idirlíon agus i scannán Mhichael Moore *Bowling for Columbine*.

## Dallamullóg

Nuair a iarrtar ar dhaoine teacht ar chláir teilifíse nó raidió níor cheart dallamullóg a chur orthu faoin ábhar a bheas faoi chaibidil ná faoin chineál cláir atá i gceist. Is ionann an cás nuair atá scéal nuachta á scríobh.

## Gáirsiúlacht

Má táthar le muinín an phobail a chothú, níor mhór d'iriseoirí a bheith cúramach gan iad a mhaslú gan chúis. Níor cheart, mar shampla, go mbeadh aon gháifeachas i scéalta a bhaineann le gnéas. In earnáil na teilifíse, maítear nár cheart go gcraolfaí aon ní gáirsiúil ná go mbainfí úsáid as eascainí roimh thairseach a naoi a chlog. Sna meáin Ghaeilge, níl a leithéid de shlat tomhais ag *Foinse* ná *Lá Nua* ach níor mhór d'eagarthóirí a gcomhairle féin a dhéanamh maidir le cuibhiúlacht an ailt atá i gceist. Níor mhór a bheith cúramach fosta faoin téarmaíocht a úsáidtear go háirithe nuair a bhíonn an t-iriseoir ag tagairt don lucht siúil, d'eachtrannaigh nó do dhaoine aeracha. Baineann formhór na meán Gaeilge úsáid as téarmaíocht uile-inscne anois – deirtear altra in áit banaltra mar shampla – agus moltar gan 'cailíní' a thabhairt ar mhná atá os cionn 18 bliain d'aois.

## Páistí

Caithfear a bheith fíorchúramach nuair atá agallamh le páistí le bheith ar chlár nuachta. Moltar do nuacht-eagraíochtaí na gcraoltóirí seirbhíse poiblí gur cheart cead a fháil óna dtuismitheoirí nó ó chaomhnóir sula gcuirfear agallamh ar pháiste atá faoi bhun 18 bliain d'aois. Deirtear gur cheart cead a fháil uathu chomh maith má bhíonn ceamaradóir nó grianghrafadóir ag glacadh pictiúr i seomra ranga nó i gclós na scoile. Cuireann sé seo go leor laincisí ar iriseoirí agus is minic anois nach mbíonn ach cosa páistí le feiceáil i dtuairiscí teilifíse faoi chúrsaí oideachais. Glactar leis ar bhonn neamhfhoirmiúil, áfach, go bhfuil cead agallamh a chur ar pháiste atá os cionn 16 bliain d'aois más rud é nach bhfuil ábhar conspóideach faoi chaibidil.

Cé go n-íoctar miontáillí ó am go chéile le daoine fásta, níor cheart a leithéid a thairiscint do pháiste riamh. Is minic nach mbeadh drogall ar pháistí a bheith páirteach i dtuairisc nuachta ach is ar an iriseoir féin a thiteann sé teacht ar bhreithiúnas faoin tionchar a bhféadfadh a rannpháirtíocht sa scéal a bheith ar pháiste amach anseo. Caithfear a leithéid a chur san áireamh, beag beann ar chead a bheith faighte ó thuismitheoir agallamh a chur ar an pháiste. Sa chás go mbeadh gníomhartha mídhleathacha a bhaineann le páistí á n-iniúchadh – striapachas nó mí-úsáid drugaí cuir i gcás – níor mhiste ball d'eagraíocht sheachtrach a bhíonn ag plé lena leithéid a bheith i dteannta an iriseora.

Tá sé furasta páistí a threorú in agallamh ach bheadh a leithéid ag teacht salach ar gach riail eitice agus deachleachtais a bhaineann leis an iriseoireacht. Níor cheart iad a spreagadh le rudaí a rá nó focail a chur ina mbéal. Caithfear a bheith aireach fosta nach mbíonn áibhéil sa mhéid a deir siad, mar is dual do pháistí óga. Níor cheart ach an oiread go n-iarrfaí orthu tuairimí a nochtadh faoi nithe nach dtuigeann siad nó faoi nithe a bhaineann le stádas an teaghlaigh.

Maidir le cásanna cúirte, ní cheadaítear ainm, seoladh baile, seoladh scoile, pictiúir nó aon eolas cuí eile a fhoilsiú nó a chraoladh nuair a bhíonn páiste faoi bhun 17 bliain d'aois os comhair na cúirte, fiú mura mbíonn sé ach ag tabhairt fianaise i gcás. Ba le Cúirt na Leanaí amháin a bhain an cosc seo go dtí Márta 2007, tráth ar druideadh an lúb ar lár sa reachtaíocht. Díspeagadh cúirte é anois ainm páiste atá ag dul os comhair aon cheann de na cúirteanna a fhoilsiú nó a chraoladh. Maidir le cásanna sibhialta agus cásanna cúitimh, caithfidh iriseoirí iad a mheas as a stuaim féin agus an cheist a chur an ar leas an phobail é an páiste a ainmniú. Ainmníodh scoláire sé bliana déag d'aois i gColáiste Raithín, Bré go forleathan sna meáin i gcás Ard-Chúirte sa bhliain 2001 inar rialaíodh nach raibh aon chead ag príomhoide na scoile, Gearóid Ó Ciaráin, é a chur ar fionraí. Admháil an ghasúir go raibh sé ag caitheamh cannabais ar thuras scoile go hÁrainn ba chionsiocair leis an fhionraíocht. Níor cheart go n-ainmneofaí páistí a ghlacann páirt i gcásanna gnéis, nó fiú páistí atá marbh ó shin, ar eagla go bhféadfaí daoine eile a aithint ón tuairisc. Lena chois sin, caithfear a bheith cúramach faoi dhuine a chiontaítear a ainmniú ar eagla go mbeadh páiste a bhí luaite sa chás so-aitheanta. Sa chás go n-ainmnítear duine atá ciontaithe as ionsaithe gnéis níor cheart an téarma 'ciorrú coil' a úsáid mar go mbeadh an fulangach inaitheanta.

## Féinmharú

Ábhar bailí iriseoireachta é féinmharú in Éirinn na linne seo, cé nár cheart riamh tuairisciú a dhéanamh ar chásanna aonair. Go deimhin, tá polasaí daingean leagtha síos ag an NUJ agus ag RTÉ gan a leithéid a dhéanamh. Nuair a bhíonn iriseoirí ag plé leis an ábhar ar bhonn ginearálta, caithfear a bheith an-leochaileach maidir le mothúcháin ghaolta na marbh agus a bheith cúramach nach spreagfar daoine eile le lámh a chur ina mbás féin de bharr a bhfuil sa tuairisc nuachta. Níor cheart buille faoi thuairim a thabhairt riamh faoi smaointe duine sula gcuireann sé lámh ina bhás féin. Ba cheart mionchur síos ar an dóigh a dhéantar an gníomh a sheachaint chomh maith agus a bheith aireach faoin am a chraoltar an mhír nuachta. Maítear go mbíonn daoine a bhfuil claonadh an fhéinmharaithe iontu, an-íogair ag amanna ar leith den bhliain, tráth na Nollag agus na hathbhliana go háirithe. Is minic a thugtar sonraí teagmhála eagraíocht chabhrach ag deireadh tuairisce.

## Buntáiste á bhaint as na meáin

Le linn na dtrioblóidí ó thuaidh, baineadh úsáid as na meáin chumarsáide ó am go chéile le foláireamh faoi bhuama a chraobhscaoileadh. Thugtaí códainm aitheanta lena chur ina luí nach cur i gcéill a bhí ann. Tarlaíonn sé corruair go mbuailtear bob ar na meáin chumarsáide trí fholáirimh bhréagacha a thabhairt dóibh.

Ach caithfear déileáil i ndairíre le haon fholáireamh, is cuma cé chomh háiféiseach is atá siad. Is í sábháilteacht an phobail an ní is tábhachtaí agus is den phráinn é na Gardaí a chur ar an eolas faoin bhagairt a luaithe agus is féidir. Níor cheart barraíocht airde nó poiblíochta a tharraingt ar fholáirimh bhréagacha, áfach, ar eagla go dtabharfaí uchtach do dhaoine a bhíonn ag gabháil den ealaín sin.

## Craoltóirí seirbhíse poiblí

Séard atá i gceist le Craoltóir Seirbhíse Poiblí ná eagraíocht neamhthráchtála atá ag craoladh le ceadúnas agus leas an phobail i gcoitinne mar phríomhchuspóir aige. Is iondúil go ndéantar airgeadú ar chraoltóirí den chineál sin trí chóras ceadúnais. Tá dualgais reachtúla ar RTÉ, RTÉ RnaG agus ar TG4 raon fairsing clár a chur ar fáil mar aon le leas an phobail a dhéanamh i gcónaí. Seirbhís shaorchraolta atá á cur ar fáil agus é mar sprioc acu freastal ar éagsúlacht chultúr, réigiúnda agus teanga mar aon le mianta ghrúpaí mionlaigh.

## Neamhspleáchas eagarthóireachta agus urraíocht

Tá sé tábhachtach go mbeadh muinín ag an phobal as iriseoirí nach bhfuil aon leas pearsanta acu san ábhar atá idir lámha acu. Ó tharla gur craoltóirí seirbhíse poiblí iad RTÉ agus TG4 níor cheart go mbeadh aon ionchur ag comhlachtaí tráchtála in éiteas na n-eagraíochtaí. Níor cheart go gceapfadh an lucht féachana go bhfuil ábhar na nuachta á stiúradh ag comhlachtaí seachtracha. Cuirtear cosc glan dá bharr sin ar shuíomh táirgí agus caithfidh craoltóirí a chinntiú nach dtarlódh a leithéid agus iad ag cur agallaimh ar imreoirí spóirt i ndiaidh cluiche, mar shampla.

Cé go bhfuil cead duaiseanna a bhronnadh a chuireann comhlachtaí tráchtála ar fáil, bíonn rialacha dochta ag craoltóirí seirbhíse poiblí i leith an cur síos a dhéantar orthu. Níl cead ag láithreoir píosa adhmholtach a léamh amach faoin duais nó an comhlacht a bhronn é a mholadh go crannaibh na spéire. Caithfidh ton an láithreora a bheith neodrach agus níor cheart go mbeadh an chuma ar an scéal go bhfuil sé ag cur an táirge chun cinn. Ba cheart a bheith aireach fosta nach mbaintear úsáid as duaiseanna le fógraíocht a sheachaint.

De bharr ról poiblí iriseoirí sa tsochaí, bheadh sé furasta poiblíocht a thabhairt nó a shéanadh d'earra agus fabhar a thabhairt d'eagraíochtaí faoi leith nó iad a cháineadh go géar. Tá sé fíorthábhachtach mar sin go mbeadh iriseoirí ábalta idirdhealú a dhéanamh idir a gcuid dualgas iriseoireachta agus a ngnóthais phríobháideacha agus nach mbeadh aon choimhlint leasa i gceist. Lena chois sin, bíonn riail ag formhór na meán Gaeilge gan glacadh le bronntanais thar luach áirithe. Is féidir iad a thabhairt ar ais nó a bhronnadh ar eagraíochtaí carthanachta. Os a choinne sin, is annamh a léitear drochléirmheas ar leathanaigh taistil na hÉireann ó tharla turais saor in aisce a bheith bronnta ar iriseoirí. I ndeireadh ama, is ceist eagarthóireachta í seo agus tá an baol ann gurb iad na nuachtáin féin a bheas thíos leis mura mbíonn muinín ag a gcuid léitheoirí as na léirmheasanna a chuirtear i gcló.

## Bradaíl liteartha agus cóipcheart

Meastar gur in Éirinn a tharla an chéad chás de bhradaíl liteartha. De réir an tseanchais, tharla achrann eaglasta de bharr cóip a rinne Naomh Colm Cille de shailm a bhí i seilbh Naomh Finín i mBun an Phobail, Co Dhún na nGall. Rialaigh Diarmuid, Ard-Rí na hÉireann, gur cheart do Cholm Cille an chóip a thabhairt ar ais d'Fhinín: 'Do gach bó a lao, agus do gach leabhar a cóip.' Deirtear gur de bharr na breithe seo a chuaigh Naomh Colm Cille ar deoraíocht go hOileán Í na hAlban.

Is in olcas a chuaigh cúrsaí ó shin. Tá a leagan féin de 'Lá Breithe Sona Duit', mar shampla, cumtha ag bialanna ar nós TGI Friday ar eagla go mbeidís ag sárú cóipchirt. (Maítear go bhfuil cead an t-amhrán a cheol sa bhaile ach go mbeadh ceadúnas de dhíth ó áit phoiblí ar nós bialainne!) Óir tá cosaint dhlíthiúil ag amhráin, leabhair, scannáin, agus drámaí sa lá atá inniu ann, a chinntíonn nach bhfuil cead iad a thaispeáint, a sheinm nó a atáirgeadh ar dhóigh ar bith gan cead a bheith faighte roimh ré. I bhFeabhra na bliana 2007, fuair scoláirí in Ollscoil na hÉireann, Gaillimh blas ar a dhéine is a bhítear ag faire ar chúrsaí cóipchirt anois, nuair a bhagair Disney caingean dlí orthu dá leanfaidís lena bplean dráma a bhí bunaithe go scaoilte ar *Sister Ac*t a chur ar an stáitse. Sampla ab ea é seo den tábhacht a mheasann corparáidí móra a bheith lena gcearta maoine intleachtúla. Deir lucht a cháinte, áfach, gur go flúirseach a tharraing leithéidí Disney as tobar saothair a bhí saor ó chóipcheart ar nós *Snow White and the Seven Dwarfs*, agus *Pinocchio* agus gur cheart dóibh a bheith ní ba dhíscréidí lena gcuid bagairtí.

Ach is fiú cuimhneamh nach chun buntáiste na n-ollchomhlachtaí amháin atá an chosaint seo ach gur ar leas an ealaíontóra é a bhíonn ag saothrú leis ar bheagán cúitimh. Is gá i gcónaí cead a fháil sliocht as dán nó as saothar próis a léamh ar an aer uair ar bith go ceann 70 bliain tar éis bhás an údair. Níl cead ach an oiread an saothar a aistriú go teanga eile ná a chur in oiriúint d'fhormáid nó do *genre* eile. De réir an Acht Cóipchirt agus Ceart Gaolmhar, 2000, gabhann cóipcheart le bhunsaothair chruthaitheacha liteartha, ceoil nó ealaíon; scannáin agus taifid fhuaime; bogearraí ríomhaireachta is bunachair sonraí; agus taispeántais. Is go huathoibríoch a thugtar cosaint do na saothair seo in Éirinn ó am a scríofa nó a dtaifeadta, agus níl aon dualgas ar an ealaíontóir iad a chlárú. De bharr na srianta seo, bíonn an té a chum an saothar i dteideal táille nó ríchíos nuair a athchraoltar nó a athfhoilsítear é. Tá córas leagtha síos ag RTÉ – agus RnaG agus Nuacht TG4 ina measc – go gcaithfidh baill foirne a chinntiú go líontar tuairiscí le haghaidh aon phíosa ceoil a sheinntear. Moltar fosta gur cheart do rannpháirtihe i gcláir teilifíse 'conarthaí ar an láthair' a shíniú sula gcraoltar agallaimh. Ba chóir seiceáil i gcónaí go bhfuil an cead cuí tugtha i scríbhinn ag úinéir an chóipchirt seachas glacadh le focal duine ar bith sa chás seo, na bunúdair san áireamh, mar tharlódh gur ag foilsitheoir nó ag gníomhaire eile atá na cearta dlíthiúla. I gcás amhrais faoi aon ní a bhaineann le cúrsaí cóipchirt, níor mhiste teagmháil a dhéanamh leis an Aisíneacht um Cheadúnas Chóipchirt (**www.icla.ie**), nó leis an Irish Music Rights Organisation (**www.imro.ie**) a fheidhmíonn mar fhoinsí comhairle do na meáin agus do na healaíontóirí araon.

Is é an cineál is measa bradaíola liteartha ná nuair a ghoidtear scéal focal ar fhocal agus gan foinse bhunaidh an scéil a lua. Ach fiú má dhéanann iriseoir athscríobh ar scéal ina fhocail féin is bradaíl liteartha é mura dtugtar creidiúint don té nó don eagraíocht nuachta ag a raibh an scéal i dtús ama. Mar aon le go leor gairmeacha eile, bíonn cuid mhór comhoibrithe ar siúl idir iriseoirí ar fud na meán cumarsáide. Má thugann tuairisceoir faoi scéal gan an chreidiúint chuí a thabhairt don iriseoir a scaoil é, tarraingeoidh sé drochmheas air féin i measc a chuid comhghleacaithe ar an rud is lú. Is minic, áfach, a bhaineann fo-eagarthóirí tagairtí aitheantais ó ailt, de cheal spáis. Níor mhiste i gcás mar sin a mhíniú d'fhoinse bhunaidh an scéil cad a tharla.

Ní gá aitheantas a thabhairt, áfach, má bhíonn an t-eolas ar fáil ag an phobal cheana féin nó nuair a bhíonn iriseoir ag baint úsáide as seantuairiscí cartlainne le cur síos a dhéanamh ar chúlra scéil. Glactar leis fosta nach gá i gcónaí creidiúint a thabhairt do mhórfhoinsí nuachta ar nós *Reuters* nó *Associated Press* má bhíonn táille á ndíol leo cheana féin.

Níor mhór a bheith ríchúramach nach sáraítear cearta maoine intleachtúla ach an oiread. Thig saothar intleachtúil a bheith ina mhaoin chomh maith céanna le hailt atá scríofa nó cláir atá déanta. Thiocfadh dó mar sin go mbeadh údar áirithe ina úinéir ar 'mhaoin intleachtúil' choincheapa agus níor mhór cead a fháil uaidh ar dtús sula bhfoilseofaí alt nó sula gcraolfaí clár bunaithe air. Bheadh na húinéirí i dteideal íocaíochta ina leithéid de chás. Cé gur minic go mbíonn an sainmhíniú ar chearta intleachtúla doiléir, is furasta a chur i leith iriseora go ndearnadh bradaíl ar smaointe. Dá bpléifí ábhar chlár faisnéise, mar shampla, le duine cruthaitheach agus dá mbeadh cuid den chomhrá sin le sonrú sa chlár féin, d'fhéadfaí a mhaíomh gur sáraíodh cóipcheart. Caithfidh iriseoirí teilifíse agus raidió tuairiscí a líonadh faoi aon phíosa ceoil a mbaineann siad usáid as ina dtuairiscí mar gur iondúil go mbíonn táillí cóipchirt nó dleachtanna ag dul don té a chum nó a chas, agus an scéal céanna ar ndóigh i gcás aon sleachta liteartha a chraoltar. Caithfear a bheith ríchúramach ach go háirithe faoin leas a bhaintear as ábhar cartlainne.

## Gearáin

Thig le haon duine atá míshásta le hábhar a chraolann stáisiún teilifíse nó raidió in Éirinn, bíodh sé ina chlár nó ina fhógra, gearán a dhéanamh ina thaobh chuig an Choimisiún um Ghearáin Chraolacháin. (OFCOM a bhíonn ag plé leis seo ó Thuaidh). Déanann an Coimisiún na gearáin a chuirtear faoina mbráid a mheas agus eisítear cinneadh ina dtaobh.

Ní mór an gearán a dhéanamh i scríbhinn laistigh de thríocha lá ó chraoladh an chláir. Níor mhór fosta go mbeadh baint ag an ghearán le sárú ar chód craoltóireachta nó ar mhír éigin den reachtaíocht chraolta. Is féidir le ball den lucht féachana nó éisteachta gearán foirmiúil a dhéanamh má fheiceann nó má chloiseann sé aon mhír chraolta a mheastar a sháraíonn na rialacháin seo a leanas:

- **Impireacht**
  Ní mór gach nuacht chraolta a chur i láthair agus a thuairisciú ar shlí atá oibiachtúil, cothrom gan tuairimí na gcraoltóirí a bheith le sonrú. Ní mór chomh maith cláir chúrsaí reatha a chur i láthair ar shlí a thugann cothrom na féinne do gach páirtí.

- **Toighis & cuibheas, dlí agus ord**
  Tá dualgas ar gach craoltóir gan aon ní a chraoladh a d'fhéadfaí a mheas go réasúnta gurb ábhar déistineach míchuibhiúil atá ann. Níor cheart ach go háirithe ábhar foréigneach nó iompar gnéasach a léiriú ar shlí a spreagfadh coiriúlacht.

- **Príobháideachas an duine aonair**
  Tá dualgas ar chraoltóirí féachaint chuige nach gcuirtear isteach go míréasúnta ar phríobháideachas an duine aonair de thoradh cláir nó mír nuachta a chraoltar.

- **Clúmhilleadh**
  Thig leis an Choimisiún déileáil le gearáin ó dhuine a mhaíonn go ndearna craoltóir eolas míchruinn a chraoladh faoi a d'fhéadfaí a mheas mar ionsaí ar a dhínit, ar a chlú nó ar a onóir.

Is le linn cruinnithe den Bhord a dhéanann an Coimisiún um Ghearáin Craolacháin a gcuid cinntí. Is iondúil go gcuirtear achoimre ar an chinneadh ar fáil don phobal tuairim is coicís i ndiaidh chruinniú an Bhoird. Tugann an idirthréimhse seo deis don Choimisiún na cinntí a dhéantar le linn na gcruinnithe a chur faoi bhráid na ngearánaithe agus na gcraoltóirí lena mbaineann siad.

De réir an Bhille Craolacháin a foilsíodh i 2006 ach nár achtaíodh roimh olltoghchán 2007, moladh go scoirfí an Coimisiún um Ghearáin Chraolacháin, Coimisiún Craolacháin na hÉireann agus Údarás RTÉ agus go dtiocfadh a gcuid feidhmeanna faoi scátheagraíocht úr – Údarás Craolacháin na hÉireann (BAI). Is faoin Údarás seo a thitfeadh sé cinntí a dhéanamh faoi thodhchaí an cheadúnas teilifíse. Lena chois sin, is é a dhéanfadh rialú ar TG4 neamhspleách agus ar RTÉ feasta mar aon leis na stáisiúin eile uilig. Bheadh sé de chumhacht ag an Údarás úr fíneálacha chomh hard le €250,000 a ghearradh ar chraoltóirí a sháródh a gcuid rialachán.

## Preaschomhairle

Ní sa chraoltóireacht amháin atá athruithe móra molta i gcleachtais iriseoireachta na hÉireann. I Nollaig na bliana 2006, d'fhoilsigh Coiste Stiúrtha Thionscal an Phreasa moltaí raidiciúla i leith córas féinmhaoirseachta a bhunú. Ionadaithe ón tionscal féin a bhí ar an choiste stiúrtha seo, idir eagarthóirí, úinéirí is iriseoirí, agus chaith siad dhá bhliain i mbun idirbheartaíochta leis an rialtas sular fhoilsigh siad a gcuid moltaí.

Ba é an moladh ba mhó a rinne siad bunú Phreaschomhairle agus Ombudsman Preasa le próiseáil a dhéanamh ar ghearáin ón phobal i leith alt a fhoilsítear i nuachtáin agus i dtréimhseacháin. Níor mhór don alt atá i gceist a bheith ag sárú Chód Cleachtais na nIriseoirí le nuachtáin is tréimhseacháin a bhí leagtha síos ag an gCoiste Stiúrtha. Tá an cód seo bunaithe ar dheich bprionsabal leathana a bheachtaíonn deachleachtais agus eiticí na hiriseoireachta. I measc na bprionsabal seo tá: fírinne agus cruinneas; cothromaíocht agus macántacht; meas ar chearta bunreachtúla an duine; cearta príobháideachais; cosaint foinsí; an t-idirdhealú a dhéantar idir fíricí agus tuairimíocht; freagracht i leith tuairiscí cúirte agus tuairiscí faoi leanaí agus gan fuath a ghríosadh i leith grúpaí mionlaigh.

Is de réir na bprionsabal sin a dhéanfaidh an Phreaschomhairle agus an Ombudsman na gearáin a mheas. Caithfear an gearán a dhéanamh laistigh de thrí mhí ón dáta foilsithe. Chan ionann is gearáin a dhéantar chuig an Choimisiún um Ghearáin Chraolacháin, níor mhór sa chás seo go mbeadh tionchar diúltach éigin ag an alt ar an ghearánaí go pearsanta. Maítear go mbeadh sé d'aidhm ag an Phreaschomhairle teacht ar shocrú síochánta idir na páirithe gan dul i muinín na gcúirteanna. Roimhe sin, ní raibh sé de rogha ag daoine a bhí míshásta faoin mhéid a dúradh fúthu in alt ach leithscéal a iarraidh ón eagarthóir nó an dlí a chur ar an fhoilseachán.

Trí bhall déag atá luaite leis an Phreaschomhairle agus seo á scríobh (Bealtaine 2007) ach is ceapacháin neamhspleácha lasmuigh den tionscal iad seachtar acu siúd (an Cathaoirleach, ina measc). Coiste Ceapacháin neamhspleách atá i mbun na gceapachán seo. As an leathdhosaen comhalta eile, roghnófar duine amháin as earnáil na n-irisí, ainmneoidh Ceardchumann na nIriseoirí duine eile agus déanfar ionadaíocht fosta ar úinéirí nuachtán agus ar iriseoirí. Níor mhór na hainmniúcháin seo a chur faoi bhráid na Comhairle um Cheapacháin sula nglacfar leo.

Is é an tionscal féin a mhaoiníonn Oifig an Ombudsman Preasa. Luaitear é ag feidhmiú mar idirghabhálaí agus é mar aidhm aige teacht ar réiteach gasta i leith na ngearán a dhéantar, trí leithscéal nó soiléiriú a fhoilsiú seans. Má theipeann ar a chuid iarrachtaí eadrána thig leis an Ombudsman moladh a dhéanamh i bhfabhar nó i gcoinne an ghearánaí. Thig leis a éileamh, mar shampla, go bhfoilseoidh aon nuachtán nó iris a sháraíonn an Cód Cleachtais, leithscéal leis an ghearánaí in áit shuntasach. Cuirfear gearáin níos tromchúisí faoi bhráid na Preaschomhairle. Deir lucht a cháinte gur beag fiacla atá ag an Ombudsman ná ag an Phreaschomhairle ó tharla nach bhfuil sé de chumhacht acu fíneálacha a ghearradh ar fhoilseacháin. Bheadh ar an nuachtán nó an iris atá i gceist, áfach, an breithiúnas ina choinne a fhoilsiú ina iomláine.

Tá argóintí á ndéanamh le blianta, sa dlínse seo agus in áiteanna eile, nach leor go mbeadh a leithéid de chóras 'féinrialaithe' ann agus gur gá comhairlí agus ombudsman preasa a bheadh iomlán neamhspleách agus cumhachtaí reachtúla acu déileáil le géaráin an phobail i leith na meán.

## Foinsí

Denning, A. 1963. *Report*. HMSO.

Hargreaves, I. 2005. *Journalism: A Very Short Introduction*. Oxford University Press.

Kovach, B. & Rosenstiel, T. 2007 *The Elements of Journalism*. Three Rivers Press.

MacGill, P. 2001. *Children of the Dead End*. New Island Books.

## Painéal 1

An cur chuige tablóideach mo rogha féin

**Paul Drury,**
Eagarthóir Feidhmitheach,
*The Irish Mail on Sunday*.

Paul Drury, Eagarthóir Feidhmitheach
*The Irish Mail on Sunday*

**Tá aistear fada iriseoireachta siúlta ag Paul Drury. Tá tréimhsí caite aige ina chomhfhreagraí talmhaíochta, ag obair d'áisíneacht nuachta sa Bhruiséil agus ina eagarthóir ar thrí cinn de na nuachtáin tablóideacha is mó ráchairt sa tír – *The Star, The Evening Herald* agus *Ireland on Sunday*. Ach is ar an dá bhliain a chaith sé mar eagarthóir ar *Amárach* (1980-82) is mó a chuimhneofar air i saol na Gaeilge.**

'Frustrachas an mothúchán is mó is cuimhin liom faoin tréimhse sin; easpa airgid, easpa foirne, deacrachtaí clódóireachta agus priondála, deacrachtaí dul i bhfeidhm ar an bpobal Gaeltachta taobh amuigh de Chonamara,' a deir sé. 'Ach ag an am gcéanna, tá mé bródúil i gcónaí gur éirigh linn os cionn 4,000 cóip den pháipéar a dhíol gach seachtain – a bhformhór siúd sa nGaeltacht agus an tromlach i gConamara. Go deimhin, bhíodh sé de ghaisce againn gur dhíol muid an oiread céanna cóipeanna i gConamara agus a dhíol an *Connacht Tribune* ag an am – éacht nár éirigh le haon pháipéar Gaeilge a bhaint amach roimhe sin nó, go bhfios dom, ina dhiaidh. Cúlchaint, neart pictiúr agus cásanna cúirte na trí bhunchloch ar ar tógadh an díolaíocht sin, dála an scéil – cosúil le haon pháipéar áitiúil maith in aon teanga.'

**Admhaíonn sé gurb iomaí athrú atá tagtha ar ghort na hiriseoireachta Gaeilge san idirlinn:**

'Tá i bhfad níos mó airgid á chaitheamh uirthi, tá i bhfad níos mó daoine ag plé léi agus, thar rud ar bith eile, a bhuíochas do TG4, tá glacadh i bhfad níos forleithne léi i measc phobal an Bhéarla (i.e. ní bhreathnóidh duine cam ar iriseoir má deir sé go bhfuil sé ag obair do *Foinse* nó do *Lá Nua*). Ach in ainneoin go bhfuil páipéar náisiúnta laethúil agus páipéar seachtainiúil ann atá i bhfad níos sofaisticiúla ná aon cheo a chuaigh rompu, creidim go bhfuil titim ar an méid daoine a léann nuachtáin Ghaeilge go rialta. Níor éirigh le haon pháipéar an bhearna a d'fhág *Amárach* ina dhiaidh (i.e mar pháipéar áitiúil don Ghaeltacht) a líonadh – agus an locht sin i mo thuairimse, i measc cúiseanna eile, ar an ndualgas a cuireadh orthu freastal ar phobal níos leithne.'

**Is mar Eagarthóir Feidhmitheach ar *The Irish Mail on Sunday* atá Paul fostaithe anois. Is é atá freagrach as gach gné den eagrán Éireannach (scéalta nuachta, gné-altanna, eagarfhocail, agus spórt). Thart ar scór duine atá ar a fhoireannn (idir thuairisceoirí, ghrianghrafadóirí, agus fho-eagarthóirí). Cé go mbíonn fáil acu ar ábhar as an eagrán Sasanach, cuirtear an t-eagrán Éireannach le chéile go huile agus go hiomlán in Éirinn agus is é Paul agus a fhoireann a dhéanann na cinntí ar fad ina leith.**

**Ainneoin gur chaith sé blianta fada ag obair ar nuachtán mórbhileogach *The Irish Independent*, b'fhearr leis go mór a bheith ag plé le páipéar tablóideach.**

'Mar eagarthóir, bíonn scil i bhfad níos mó ag teastáil chun páipéar tablóideach a chur le chéile. Mar shampla, is féidir pictiúir a úsáid ar bhealach i bhfad níos éifeachtaí agus is féidir a bheith i bhfad níos cruthaithí le ceannlínte. Agus, dála an scéil, cé gur iomaí iriseoir a thosaigh le páipéar tablóideach agus a bhain clú agus cáil amach ina dhiaidh sin le páipéar mórbhileogach, is beag duine a chuaigh an bealach eile!'

**Deir sé go mbíonn páipéar tablóideach maith ábalta scéalta troma a phlé ar bhealach tarraingteach agus scéalta éadroma a phlé ar bhealach dáiríre. Agus cad iad na scileanna atá de dhíth ar an iriseoir tablóideach?**

'Gontacht, beocht, greann. Caithfidh an scéal a bheith gonta – níl an léitheoir ag iarraidh dhá chéad focal nuair a dhéanfaidh fiche focal cúis. Caithfidh an stíl a bheith beo: focail bheaga, an modh díreach, gan mórán aidiachtaí. Ba cheart greann a úsáid nuair a bhíonn sé feiliúnach, go háirithe nuair is féidir postúlacht a phléascadh. Le sampla ón litríocht a úsáid, tá muid ag iarraidh Mickey Spillane in áit Henry James!

'Tá bun-jab ag iriseoir ar pháipéar tablóideach – an t-eolas a thabhairt don léitheoir ar bhealach chomh simplí, scioptha agus is féidir. Níl aon áit ann do dhuine atá ag iarraidh gaisce a dhéanamh as a chumas scríbhneoireachta. Molaimse i gcónaí don scríbhneoir óg: cuimhnigh ar an léitheoir – duine óg ar an mbus isteach chuig an obair b'fhéidir nó seanleaid cois tine. Tá tú ag scríobh dhóibh siúd agus ní d'ollamh ollscoile, a deirim leo. Murar féidir leo thú a thuiscint, tá teipthe ort.'

**Ní dóigh leis go raibh an ceart ag Bertie Ahern nuair a dúirt go raibh 'rás i dtreo na hísleachta' ar siúl ag nuachtáin áirithe in Éirinn.**

'Le rófhada, ní raibh sé de mhisneach ag na meáin anseo déileáil le cuid de na mórscannail a bhí timpeall orainn – éigniú gnéis, mí-iompar sa chóras pleanála, Charlie Haughey agus a chuid airgid. Agus ní raibh sé seo sláintiúil – bhí a fhios ag iriseoirí go raibh na scéalta seo ann ach níor bhac siad le dul ina ndiaidh. Níor cuireadh na ceisteanna crua. Is iad na páipéir tablóideacha a bhris an múnla sin – a bhuíochas sin, pé acu an dtaitneodh sé linn nó nach dtaitneodh, leis an dlúthcheangal a bhí againn le máthartpháipéir i Sasana. Is cinnte go ndeachaigh cuid againn thar fóir in amanna agus sin an fáth go bhfuil an oiread de ghá le Preaschomhairle sa tír seo.

'Ach is fearr i bhfad preas atá misniúil, conspóideach, ceisteach – agus, is ea, gáirsiúil, ceanndána, tuatach agus páistiúil in amanna – ná an rogha eile, peata de chuid na mboc mór. Mura ndéanann na páipéir tablóideacha ach an deighilt sin idir an Ceathrú hEastát agus na hEastáit eile a mheabhrú don saol mór ó am go ham, tá siad ag déanamh éachta!'

# Painéal 2

Ceacht eitice d'iriseoir Gaeltachta

**Patrick MacGill**

Patrick MacGill, Údar, file agus iriseoir

**Seans gurb é Patrick MacGill ó Ghleann na nGleanntach i dTír Chonaill an chéad fhear Gaeltachta a bhain a bheatha i dtír le nuachtán tablóideach i Sráid Fleet, Londain. Ba bheag oideachas a fuair MacGill agus chaith sé blianta tosaigh a shaoil ag spailpíneacht in Albain. Ba ag obair ar dhamba i gCeann Loch Lìobhain a bhí sé nuair a sheol sé alt faoi dhroch-chúinsí maireachtála an náibhí chuig *The Daily Express* i 1911. Bhí eagarthóir an nuachtáin, AC Pearson, chomh tógtha sin leis an alt gur thairg sé post iriseoireachta do MacGill. Tá cur síos ar an tréimhse ghairid a chaith an t-údar i Sráid Fleet – agus é mar 'a writer among navvies, and a navvy among writers' – le fáil ina shaothar dírbheathaisnéise *Children of the Dead End* (1914). 'Unskilled labour of a new kind,' a thug sé ar a phost úr.**

**Ba é an chéad dualgas a tugadh do MacGill ná alt a scríobh faoi thine a tharla in Holborn, Londain an lá sin, ach thit sé faoi anáil iriseora shinsearaigh darbh ainm Barwell a thug lom láithreach go dtí an teach leanna é. Dúirt sé le MacGill go mbeadh sé ag cur a chuid ama amú ag dul go láthair na tine agus nach raibh le déanamh aige ach na tuairiscí a bhí sna nuachtáin an tráthnóna sin a athscríobh ina chuid focal**

**féin. Ní bheadh de dhíth ach peann luaidhe agus leabhar nótaí le tabhairt faoina cheird úr: 'Beyond a little tact and plenty of cheek you require nothing else. A conscience and a love of truth are great drawbacks.' (MacGill 1914: 288)**

**Tugadh comhairle dó fosta faoin stíl scríbhneoireachta ba mhó a d'fhóirfeadh don alt: 'The opening sentence must be crisp and startling: and never end your sentences with prepositions.'**

**Fad is a bhí MacGill ag scríobh a thuairisce faoi thine nach raibh feicthe aige, bhí Barwell ag déanamh léirmheasa ar leabhair nach raibh léite aige: 'It's bad policy to read a book before you review it. It is apt to give rise to prejudice.' D'inis sé dó gur ó pheann cara leis an eagarthóir a tháinig ceann amháin de na saothair agus nár mhór dó dá réir é a mholadh go crannaibh na spéire. Cháinfí an dara leabhar ó tharla gur ball aitheanta den Pháirtí Liobrálach a scríobh é agus gur páipéar caomhach é an *Daily Express*. Nuair a d'fhiafraigh MacGill de faoina bharúil phearsanta faoi na leabhair, tugadh freagra giorraisc dó: 'What the devil do I need with an opinion of my own?' (289)**

**Ansin, thug Barwell ceacht in eitic na hiriseoireachta don Chonallach:**

> The public is a crowd of asses and you must interest it. You are paid to interest it with plausible lies or unsavoury truths. An unsavoury truth is always palatable to those whom it does not harm. Our readers gloat over scandal, revel in scandal, and pay us for writing it. Learn what the public requires and give it that. Think one thing in the morning and another at night; preach

what is suitable to the mob and study the principle of the paper for which you write...A paper's principle is a very subtle thing, and it must be studied. Every measure in parliament affects it, it oscillates to the breezes of public opinion and it is very intangible....Fleet Street is the home of chicanery, of fraud, of versatile vices, and un-numbered sins. It is an outcome of the civilisation which it rules, a framer of laws which it afterwards destroys or protects at caprice; without conscience or soul it dominates the world. Only in its falseness is it consistent. Truth is further removed from its jostling rookeries than the first painted savage who stoned the wild boar in the sterile wastes of Ludgate Circus. (290-91)

**Ní nach ionadh b'fhéidir gur fhill MacGill ar a sheansaol!**

# 10

## Na meáin úra

'Freedom of the press is limited to those who own one.'

*A.J. Liebling (Doull 1997: 273)*

Ba go caithréimeach a fógraíodh don domhan mór ar chasadh na bliana 2007 gur crochadh Saddam Hussein, duine de na ceannairí ba bhrúidiúla san fhichiú haois. Mhaígh rialtas na hIaráice gur léirigh a bhás go raibh an báire curtha ar an iardheachtóir agus a chuid comrádaithe mallaithe. Craoladh an scannán oifigiúil den bhású ó cheann ceann na cruinne agus foilsíodh pictiúir éadrócaireacha de Saddam agus snaidhm reatha ar a mhuineál. Ach laistigh de cheithre lá tháinig claochlú ar thuairim roinnt mhaith de phobal na cruinne agus iad den bharúil nach gníomh cóir a bhí sa chrochadh ach linseáil sheicteach an daoscarshlua.

Tháinig an t-athrú meoin seo de bharr fístéipe a tógadh ar phictiúrfón agus a léirigh go raibh na gardaí slándála ag fonóid faoi Saddam agus á náiriú bomaití beaga sular crochadh é. Bhíothas ag scairteadh ainm Moqtada al-Sadr leis – an cléireach raidiciúil de bhunadh na Shia ba chúis le bás na mílte daoine san Iaráic. Seachas a bheith ina 'chlochmhíle thábhachtach' i ndaingniú an daonlathais san Iaráic, mar a mhaígh Uachtarán SAM, George W. Bush, b'amhlaidh gur bronnadh stádas an mhairtírigh ar Saddam tríd an scannán gairid seo, nár mhair ach 156 soicind.

Bhí ciallachais nach beag ag 'snuff video' Saddam do na meáin chumarsáide. Léirigh an fhístéip nach raibh smacht eagarthóireachta a thuilleadh ag na meáin fhadbhunaithe ar scaipeadh na nuachta. Léirigh sé fosta nach bhféadfadh na húdaráis nó foinsí seachtracha scaoileadh eolais a rialú ar a rogha bealaigh. In aois seo na bhfón póca agus suíomhanna físe idirlín is beag is fiú a bheith ag díospóireacht faoi chúinsí eitice agus pé acu ar cheart nó nár cheart na pictiúir a thaispeáint. Bhreathnaigh beagán le cois cúig mhilliún duine ar an fhístéip seo ar an chéad lá a raibh fáil air ar an idirlíon agus tháinig athrú ó bhonn dá bharr ar an chéad mhórscéal nuachta i 2007. Léirigh an fhístéip nach bhfuil teorainn le fiosracht an phobail agus nach bhfuil rud ar bith ródhéisteanach le cur ar an idirlíon. Léirigh sé fosta gur beag smacht is féidir a choinneáil ar na meáin úra agus nach bhfuiltear ag feidhmiú laistigh den chomhthéacs eitice céanna is atá na meáin fhadbhunaithe.

Ar an lámh eile, thiocfadh leat a mhaíomh go raibh an leagan idirlín den fhístéip níos gaire don fhírinne. Ach is cinnte go raibh paraiméadair chraobhscaoilte na nuachta athraithe ó bhonn. Mar a scríobh Richard Woodward sa *Wall Street Journal* ag an am: 'We better get used to living without visual boundaries – and with the curiosity and flexible morality of the viewer as the only limit on what we can see – from now on.'

Ach is é an scaoilteacht seo agus an easpa rialacháin seo a thugann tábhacht agus ardán do na meáin úra. Níl aon smacht ag an tionscal, ná ag foinsí seachtracha, ar a nochtar iontu. Lena chois sin, tugtar deis don ghnáthdhuine a bheith gníomhach i gcumadh na nuachta agus é féin a chur in iúl mar iriseoir. Pléitear an borradh atá faoi na meáin úra sa chaibidil seo, na féidearthachtaí atá iontu don phobal agus na dúshláin a thugann siad do na meáin mhóra.

Is léir, mar shampla, go bhfuil an tóin ag titim as ról fadbhunaithe na hiriseoireachta traidisiúnta mar gheatóirí a dhéanfadh cinneadh faoi na míreanna nuachta agus faoi na tuairimí ba cheart a chur faoi bhráid an phobail. Go deimhin is iomaí tuairisceoir a mheasann go bhfuil blagadóirí ag iarraidh bunaíocht na hiriseoireachta a bhaint dá boinn. Ach is fada blagadóirí agus iriseoirí in adharca a chéile. Le linn toghchán Uachtaránachta SAM i 2004 cheistigh rabharta blagadóirí iontaofacht scéal faisnéise a bhí ag an fhear ancaire cáiliúil, Dan Rather, ar an chlár *60 Minutes*. Chuir sé seo iar-Leas-Chathaoirleach CBS, Jonathan Klein, sna cearca fraoigh. Tuairiscítear go ndúirt sé: 'You couldn't have a starker contrast between the multiple layers of check and balances (at CBS), and a guy sitting in his living room in his pyjamas writing.' B'as sin a d'eascair an téarma dóibh siúd a bhíonn gafa lena leithéid de ghníomhaíocht ar líne – *pyjamahadeen*.

Tá dúshláin nach beag do na meáin fhadbhunaithe sa bhorradh atá faoi na bealaí cumarsáide úra seo. Tá meath leanúnach tagtha ar fhigiúirí díolacháin na nuachtán ar fud na cruinne le scór bliain anuas, mar shampla. Is iomaí buntáiste atá ag seirbhísí ar líne nach bhfuil ag an nuachtán clóite – idirghníomhaíocht agus cuardach cartlainne ina measc. De bharr an tiomántán crua atá ar ghléasanna dvd anois agus de bharr seirbhísí ar nós SkyPlus, níl aon ghá go mbreathnódh aon duine ar chláir ag am a gcraolta a thuilleadh agus beidh impleachtaí móra aige seo don teacht isteach a fhaigheann na stáisiúin teilifíse ó fhógraíocht feasta. Tá todhchaí na dtréimhseachán i mbaol fosta de bharr a líonmhaire is atá a macasamhail dá saineolas ar fáil ar an idirlíon agus gan fadhbanna dáileacháin ag baint leo.

Ach táthar ann a deir go mbeidh nuachtáin linn i gcónaí go dtí go gceapfar scáileán go dtig a chrapadh faoi d'ascaill, sceallóga a bhurláil ann agus tine a lasadh leis! Bíodh sin mar atá, tá fianaise ann lena léiriú go bhfuil teacht aniar áirithe sna meáin fhadbhunaithe. Is cuid de dhlúth is d'inneach na meán anois é an suíomh idirlín agus na deiseanna fógraíochta a théann leis. Bíonn seirbhísí idirghníomhacha á n-úsáid go flúirseach ag na cainéil teilifíse uile. Seachas a bheith báite ag an teilifís, tá borradh agus fás faoi sheirbhísí raidió agus iad ar fáil tríd an ríomhaire, teilifís dhigiteach, satailít agus fón póca. Thig nuachtáin a phriondáil in iliomad láithreacha anois seachas a bheith á seachadadh ar thraenacha nó leoraithe ó aon lárionad amháin. Laghdaíonn sé sin an costas dáileacháin agus tugann sé níos mó deiseanna dóibh eagráin faoi leith a fhoilsiú do réigiúin éagsúla. Ina theannta sin, is iomaí nuachtán anois a bhíonn ag soláthar físeán ar a gcuid suíomhanna idirlín. Go deimhin, is ar cheamaraí físe amháin a bhíonn grianghrafadóirí de chuid nuachtáin áirithe i SAM ag glacadh a gcuid pictiúr anois. Cuirtear frámaí socair i gcló sa nuachtán agus bíonn an físeán le feiceáil ar an suíomh idirlín.

Mar thoradh ar dhul chun cinn i gcumarsáid na satailíte agus i gcórais eagarthóireachta digiteacha thig le hiriseoirí a gcuid tuairiscí teilifíse a tharchur go gasta ó achan chearn den domhan. Cuidíonn ceamaraí níos lú agus trealamh níos éadroime le soghluaisteacht an tuairisceora teilifíse. Lena chois sin, tá uirlisí taighde úra ar fáil anois d'iriseoirí trí chnaipe a bhrú, ach úsáid shiosmaideach a bhaint astu.

Dornán beag de bhlianta tar éis chéadcheapadh an phodchraolta – comhaid fuaime digiteacha a chuirtear ar fáil do ghairis éisteachta ar nós an iPod ina dtig linn a roghnú cad leis ar mhaith linn éisteacht agus cá huair – tá na stáisiúin raidió uile in Éirinn nach mór ag soláthar na seirbhíse sin. Go deimhin, tá nuachtáin áirithe – *Lá Nua* ina measc – ag tairiscint podchraoladh fuaime óna gcuid suíomhanna idirlín. I gcás na Gaeilge de, is áis iontach foghlama iad na podchraolta seo siocair go dtig leat foghraíocht na bhfocal a chluinstin fad is atá tú á léamh.

Thiocfadh leat a rá gur ar chúrsaí nuachta ba mhó a chuaigh teacht an idirlín i bhfeidhm. Tá glúin úr tagtha i méadaíocht in Éirinn a bhíonn ag dréim go mbeadh nuacht ar fáil ar líne am ar bith den lá saor in aisce. Dea-scéal é seo dóibh siúd le cíocras mór i gcúrsaí reatha ach cothaíonn sé neart fadhbanna don tionscal féin.

Ba iad na meáin chumarsáide ba thúisce a tháinig i dtír ar an éileamh seo agus is nós coitianta anois é leathanaigh phearsanta agus blaganna a chumadh. Is éard is *weblog* nó blag ann ná dialann phearsanta nó pholaitiúil ina ndáiltear eolas agus ina dtugtar cuireadh do dhaoine eile a mbarúil a nochtadh faoina bhfuil ann. Cúis bhróid don bhlagadóir é eolas te-bhruite a bheith ar fáil ar a shuíomh. Bíonn sé de bhuntáiste acu nach mbaineann na srianta agus na rialacháin leo lena bhfeidhmíonn na meáin fhadbhunaithe. Foinse úsáideach eolais iad mar sin in aimsir chogaíochta nó ansmachta. Glactar leis, mar shampla, nach bhfuil na meáin ag feidhmiú mar is ceart san Iaráic faoi láthair ach sáraítear an bhearna eolais le blaganna, bíodh siad ó shaoránaigh den uile fhaicsean nó ó bhaill den arm forghabhála.

Suíomhanna idirghníomhacha iad den chuid is mó ach in amanna bíonn easpa inchreidteachta acu, de cheal córas ceart leis an eolas a phromhadh. Ní shin le rá, áfach, nach mbíonn a gcuid córas rialaithe féin ag cuid acu. Is mó de thábhacht atá le dinimic shóisialta an bhlaig ná leis an ábhar atá faoi chaibidil. Is i mbun comhrá a bhíonn lucht blagadóireachta agus cé go bhfuil cead ag gach mac máthar páirt a ghlacadh sa chomhrá sin, éilítear méid áirithe dea-iompair ar uairibh. Amharctar ar bhlaganna mar a bheadh seomra i dteach, ina dtugtar cuireadh do dhaoine teacht isteach le dreas comhrá a dhéanamh. Má thosaíonn duine ag screadaíl agus ag tabhairt íde na muc is na madraí sa seomra sin, caitear amach iad!

Is geall le seomra ranga, seachas seomra suite, iad blaganna i dteangacha neamhfhorleathana ar nós na Gaeilge. Deir

Diarmaid Mac Mathúna (2006), léiritheoir/stiúrthóir i réimse na heolaíochta, go léiríonn an lucht leanúna díograiseach atá ag suíomhanna blagadóireachta ar nós *An tImeall* go bhfuil:

> a lán daoine le Gaeilge timpeall an domhain ag lorg áiseanna ilmheán chun cabhrú leo an teanga a chleachtadh. Is iontach an rud é go bhfuil na teicneolaíochtaí is nua ar fad in úsáid chun an comhluadar Gaelach a neartú ar an idirlíon – bímis ag blagadóireacht ar son na cúise!

Ceann de na tionchair is mó atá ag an bhlag ar na meáin chumarsáide ná go bhfuil sé níos deacra anois idirdhealú ceart a dhéanamh idir iriseoireacht ghairmiúil agus amaitéarach. Fístéipeanna amaitéaracha don chuid is mó a bhí le feiceáil sna tuairiscí ón tsunami tubaisteach a mharaigh os cionn 200,000 i ndeisceart na hÁise i ndeireadh na bliana 2004. Pictiúr le smál de dhaoine ag éalú ó charráiste lán deataigh agus a glacadh le fón póca a bhí ar an íomhá ba mhó chuimhne den scrios a rinne buamálaithe féinmharfacha ar thraein agus busanna Londan ar 7 Iúil, 2005. Nuair a mharaigh Cho Seung-Hui 32 dá chomhscoláirí i Virginia Tech in Aibreán 2007, ba ar bhlaganna a bhí an cur síos ab uafásaí den slad agus iad ag cur thar maoil le físeáin agus grianghraif fón póca. Tar éis do Mhatt Drudge an scéal a scaoileadh ar an idirlíon go raibh caidreamh collaí ag Uachtarán SAM, Bill Clinton, le hintéirneach sa Teach Bán, Monica Lewinsky, dúirt sé go raibh tréimhse úr i ndán do na meáin ina mbeadh macalla na milliún glórtha beaga le cluinstin go hard.

Mhaígh iar-eagarthóir *The Washington Post*, Ben Bradlee, tráth gurb iad na hiriseoirí a scríobhann an chéad dréacht den stair. Is léir anois, áfach, go bhfuil an fhaill is an acmhainn ag an ghnáthdhuine tabhairt faoi chomh maith. Óir de bharr dul chun cinn sa teicneolaíocht tá bosca uirlisí cumarsáide ag an saoránach anois le go dtig leis feidhmiú mar iriseoir ar bhonn domhanda agus ar bheagán costais. Ní gá gur tomhaltóirí nuachta iad an lucht léitheoireachta nó éisteachta a thuilleadh ach táirgeoirí atá in inmhe a gcuid tuairiscí féin a bhailiú is a chur le chéile. Níl aon ghá le heagarthóir, le húinéir ná le cárta NUJ anois le do leagan féin de cheird na hiriseoireachta a chleachtadh.

Is minic lucht blagadóireachta níos oilte ina réimse saineolais féin ná na hiriseoirí a bhíonn ag plé leis ó am go chéile. Siocair gurb iondúil go mbíonn páirt dhíreach acu sa scéal atá faoi chaibidil, bíonn teacht acu ar fhoinsí eolais nach mbeadh ag an iriseoir. Is minic ar ndóigh go mbíonn clár oibre dá gcuid féin acu agus caithfear a bheith faichilleach faoina údarás. Ní bheifí ag dúil ach an oiread le hoibiachtúlacht, cothromaíocht nó luachanna an chraoltóra seirbhíse poiblí uathu.

Ach os a choinne sin, d'fhéadfadh go mbeadh stíl scríbhneoireachta níos fearr acu agus go mbeadh sé de chumas acu a scéal a chur ar líne i bhfad ní ba ghasta ná an té atá fostaithe ag comhlacht cumarsáide. Ina theannta sin, de thairbhe saineolas faoi leith a bheith acu ar réimse faoi leith den saol, bíonn blagadóirí ábalta díriú ar sciar áirithe den lucht airdill. Tá sé mar a bheadh cumann díospóireachta domhanda ann! Samhlaigh dá mbeadh cúig mhilliún déag sain-iriseoir ag soláthar tuairiscí gan phá do nuachtáin saor in aisce nach raibh aon fhógraí ann, agus gheobhaidh tú blaiseadh beag d'éifeacht an bhlagaisféir!

## Nuacht pobail

Ar 3 Meitheamh, 2006 ghlac Nuacht RTÉ/TG4 céim raidiciúil i dtreo coincheap 'an saoránach ina iriseoir' nuair a craoladh feasachán nuachta beo as Gaeltacht Uíbh Ráthach i gCiarraí Theas. Ach ní gnáthchlár nuachta a bhí ann agus ní raibh anáil an tseomra nuachta le sonrú rómhór ar an ábhar a bhí faoi chaibidil. Óir is é pobal an cheantair féin a chuir na tuairiscí i dtoll a chéile agus a chuir i láthair iad. Reáchtáladh comórtas oscailte ar fud na tíre ag lorg iarratas ó ghrúpaí éagsúla – pobail tuaithe, uirbeacha, forais oideachais nó eagraíochtaí eile den sórt sin. Ní pobail ina maireann daoine amháin a bhí i gceist. Roghnaíodh ceantar Uíbh Ráthach de thoradh an chomórtais sin.

Sna seachtainí beaga sular craoladh *Nuacht Pobail*, cuireadh oiliúint san iriseoireacht, sa taifeadadh, san eagarthóireacht agus sa chur i láthair ar bhaill de bhunadh na háite a bhí ag iarraidh páirt a ghlacadh sa chlár. Ar an tslí sin bhí an pobal ábalta a gcuid scéalta féin a roghnú agus iad a insint ar a mbealach féin le cabhair, tacaíocht agus stiúir áirithe ó iriseoirí gairmiúla. Craoladh *Nuacht Pobail*, beo ar RTÉ One agus TG4 agus bhí scéalta suimiúla ann faoi theorainneacha na Gaeltachta agus faoi phoist a cailleadh de cheal sholáthar leathanbhanda sa cheantar. Ba gheall le blag físiúil a bhí ann! Go deimhin, ba thionscnamh ceannródaíoch a bhí ann i stair chraoltóireachta na hÉireann ó thaobh ardán a thabhairt do ghuth phobail bhig sa Ghaeltacht ar imeall an Atlantaigh. Cruthúnas cinnte ab ea an clár ar theoiric Mhatt Drudge faoi mhacalla na milliún glórtha beaga a bheadh le cluinstin go hard!

## Athruithe móra

Tá athruithe móra i ndán do chúrsaí craoltóireachta na Gaeilge sna blianta beaga amach romhainn. I bhfianaise a tugadh don Chomhchoiste um Chumarsáid, Mara agus Acmhainní Nádúrtha in Eanáir 2007, dúradh nach ionann an teilifiseán a thuilleadh agus bosca i gcúinne an tseomra suite. Meastar sa todhchaí go mbeidh an teilifíseán ag feidhmiú mar a bheadh bialann ghreim gasta ann agus é de chumas ag daoine amharc ar a rogha clár am ar bith a fhóireann dóibh. Beifear ábalta leas a bhaint as teicneolaíocht shoghluaiste agus digiteach ar nós PDAs, an iPhone, BlackBerry agus gairis eile nach ann dóibh fós, le cláir a íoslódáil lom láithreach pé áit ina bhfuiltear. Ba mhinic a cuireadh i leith an bhosca sa chúinne san am a chuaigh thart gurb é ba chúis le meath an teaghlaigh. Má leanfar leis an loighic chéanna cuirfear i leith na teicneolaíochta digití gurb í a chuir deireadh leis an teilifíseán sa seomra suite! Méadóidh an iomaíocht ghéar idir an teilifís agus an t-idirlíon sna blianta beaga amach romhainn. D'ainneoin sin, thug Conor Hayes, Príomh-Oifigeach Airgeadais RTÉ, le fios don Chomhchoiste go bhfuil teilifíseán ag 99% de thithe na hÉireann agus gurb é a bheas mar chéad phointe rochtana go ceann i bhfad eile!

Cibé rud a tharlóidh san am atá le teacht, is cinnte go mbeidh rogha stáisiún teilifíse agus raidió i bhfad níos fairsinge ar fáil in Éirinn sna blianta beaga amach romhainn. Tá raidió digiteach ann cheana féin agus meastar go mbeidh deireadh go huile is go hiomlán leis an tarchuradóireacht analógach teilifíse faoin bhliain 2012. Is faoin Roinn Cumarsáide, Mara, agus Acmhainní Nádúrtha atá an fhreagracht maidir le polasaí na hÉireann a dhréachtú maidir le dáileadh chomharthaí craolacháin digiteacha. Beifear ag cur san áireamh a laghad den rath agus a bhí ar ardáin dáilithe i dtíortha áirithe eile agus an dóigh ar theip orainn Teilifís Dhigiteach Trastíre a bhunú in Éirinn sna blianta beaga roimh chasadh an chéid. Níor mhór do na meáin Ghaeilge ról lárnach a ghlacadh i gcur chun cinn beartas náisiúnta maidir le dáileadh craolacháin. Caithfear glór na Gaeilge a chluinstin fosta sa díospóireacht chorparáideach (i gcás seirbhísí RTÉ) agus san earnáil sheachtrach maidir lena bhfuil i ndán don teicneolaíocht dhigiteach. Is faoi úinéireacht phoiblí atá RTÉ, TG4 agus RTÉ RnaG agus táthar éagsúil go maith lena gcuid iomaitheoirí, atá faoi úinéireacht chomhlachtaí iasachta den chuid is mó.

Is é an dúshlán is mó a bheas le sárú ag meáin chraolta na Gaeilge ná a chinntiú nach gcaillfidh siad an sciar beag dílis den mhargadh atá acu nuair a thiocfaidh rabharta cainéal breise teilifíse agus raidió ar an aer tríd an chóras digiteach. Níor mhór do na meáin Ghaeilge a bheith ceannródaíoch maidir le modhanna seachadta clár agus an deis a thapú teacht ar lucht éisteachta/féachana úr agus caidreamh idirghníomhach a bheith acu leo.

Luaim é seo mar go mbraithim nach bhfuil cúram ceart á dhéanamh againn den ghné idirghníomhach i gcomparáid lenár gcomhghleacaithe sna meáin Bhéarla. I 1945 nuair a thug státseirbhísigh le fios don Taoiseach, Éamon de Valera, nach mbeadh aon éileamh ar stáisiún raidió Gaeltachta cionn is nach raibh gléas raidió ach ag 10% de thithe Gaeltachta, mhol de Valera go ndáilfí gléasanna raidió saor in aisce ar phobal na Gaeltachta. Ní gá dúinn céim chomh raidiciúil sin a ghlacadh ach b'fhéidir go bhfuil sé in am againn anois an margadh a thabhairt chuig an phobal agus bealaí cruthaitheacha idirghníomhacha a aimsiú leis an fhocal a scaipeadh. Óir tá an chontúirt ann gur mó caint a dhéanfaidh muid faoin phobal ná *leis* an phobal. Níor mhór cuimhneamh i gcónaí gur ar mhaithe le pobal na Gaeilge agus na Gaeltachta atá na meáin Ghaeilge ag feidhmiú seachas ar mhaithe leis na hiriseoirí nó le grúpa sainspéise ar bith eile.

Tá tréimhse chinniúnach roimh na meáin Ghaeilge agus iad ag tabhairt faoi dhul chun cinn millteach i gcúrsaí teicneolaíochta agus faoi mhargadh ina bhfuil géariomaíocht. Tá athrú ag teacht fosta ar riachtanais an lucht léitheoireachta, éisteachta agus féachana. Níor mhór do na meáin Ghaeilge ról a imirt lena bhfuil i ndán a mhúnlú, seachas ról fulangach ag freagairt dó. Deis iontach atá sa réimse casta dúshlán le barr feabhais a chur ar an táirge atá á sholáthar acu.

## Foinsí

Doull, M. 1997. 'Journalism into the twenty first century,' in Bromley, M. and O'Malley, T. (eds.) *A Journalism Reader*. Routledge.

Mac Mathúna, D. 2006. 'Na Blagadóirí Abú!', in *Beo!*, Bealtaine.

# Painéal 1

Eagarthóir fíorúil

**Éamonn Ó Dónaill,**
Eagarthóir *Beo!*

An tAire Éamon Ó Cuív ag bronnadh gradam Oireachtais 'Nuachtóir na bliana' ar Éamonn Ó Dónaill, Eagarthóir *Beo!* i 2007

**Is fada meáin chlóite na hÉireann ag gearán faoi fhadhbanna dáileacháin agus ar a dheacra is a bhíonn sé spás suntasach a fháil dá dtáirge ar sheilfeanna siopaí. Ní bhaineann aon cheann de na gearáin sin leis an iris idirlín Beo!, áfach. Nuair a thit an tóin as an iris *Cuisle*, chuir Stiúrthóir Oideas Gael, Liam Ó Cuinneagáin, agus a chomh-Chonallach, Éamonn Ó Dónaill, iarratas faoi bhráid Fhoras na Gaeilge le maoiniú a fháil do thionscadal idirlín. Sé seachtaine ina dhiaidh sin bhí an chéad eagrán ar fáil ar 1 Bealtaine 2001.**

'Bhí sé mar pholasaí againn ón tús réimse leathan alt a chur i gcló as gach cearn den domhan agus, cé go mbíonn ailt againn faoi chúrsaí Gaeilge, déanaimid iarracht gan bheith de shíor ag plé ceisteanna ag baint leis an teanga, galar atá coitianta go maith i saol na Gaeilge. Tuairimíocht a bhíonn i gceist i gcuid mhór de na hailt a chuirimid i gcló agus déarfadh go leor daoine gur sin locht an-mhór a bhaineann leis an iris. Ní bhíonn iriseoireacht iniúchach i gceist mar gheall ar easpa acmhainní – ní féidir linn, mar shampla, duine a íoc le taighde cuimsitheach a dhéanamh agus cúpla seachtain a chaitheamh ag tochailt le teacht ar fhíricí.

> 'Mar sin féin, measaim go bhfuil éirithe linn ailt atá ar chaighdeán ard a fhoilsiú sna sé bliana atáimid ar an fhód. Seolann daoine ailt chugam go rialta as gach cearn den domhan ach ní chuirtear i gcló ach céatadán an-bheag de na hailt sin.'

**Measann Éamonn, a bhuaigh gradam an Oireachtais mar Nuachtóir na Bliana i 2007, go bhfuil Beo! ina áis luachmhar ag foghlaimeoirí agus múinteoirí Gaeilge, ní hamháin in Éirinn ach ar fud na cruinne.**

> 'Tá a fhios agam go n-úsáideann go leor leor múinteoirí a bhíonn ag plé le foghlaimeoirí fásta an iris mar áis sa seomra ranga agus go mbaineann na foghlaimeoirí sult as bheith ag léamh faoi thopaicí nach bpléitear go minic trí mheán na Gaeilge – seirbhísí déanta coinní ar líne, cuir i gcás, nó tábhacht an daorchluiche i saol na Meiriceánach.'

**Tá buntáistí nach beag ag Beo! thar irisí traidisiúnta na Gaeilge:**

> 'Chomh luath is a bhíonn an iris críochnaithe agam, brúim cnaipe agus bíonn sí le feiceáil ar fud an domhain láithreach. Ní bhíonn orm bheith ag pé le dearthóirí agus le clódóirí atá ar nós cuma liom faoin Ghaeilge (mar a tharla agus mé i m'eagarthóir ar an iris *Comhar* sna hochtóidí) agus ní bhíonn fadhbanna dáileacháin ag Beo! riamh. Níl fiú oifig ag an iris – déanaimse an obair eagarthóireachta ar fad i m'oifig féin i mo theach cónaithe

i lár na cathrach i mBaile Átha Cliath. De bhrí go bhfuil córas bainistíochta inneachair againn anois, is féidir liom an iris a chur ar líne ó ríomhaire ar bith ar domhan atá ceangailte leis an idirlíon. Chuir mé eagráin le chéile agus mé i Milano agus i gCalifornia roimhe seo agus is iontach an rud é sin.'

**Tá neart forbartha tagtha ar Beo ó am a bhunaithe agus tuilleadh le teacht sna blianta beaga amach romhainn.**

'Táimid i ndiaidh fuaim a chur le roinnt alt le tamall anuas agus measaim go bhfuil na fadhbanna tosaigh a bhí ann ar fad réitithe. Ba bhreá liomsa dá ndéanfaí taifeadadh ar cheithre alt ar a laghad gach mí agus go mbeadh na léitheoirí, fiú iadsan nach mbeadh rótheicniúil, ábalta éisteacht leo gan stró.

'Ní dhéantar an iris a athnuachan ach uair sa mhí faoi láthair agus b'iontach an rud é dá mbeadh ábhar nua le fáil ar an suíomh gach lá – ceannlínte na Gaeilge, cuir i gcás. Ní tharlóidh sé sin, áfach, agus eagarthóir ag obair go páirtaimseartha don iris.'

**Tá Éamonn den tuairim nach bhfuil na meáin Ghaeilge idirghníomhach go leor.**

'Tá an teicneolaíocht ann chun cur ar ár gcumas bheith idirghníomhach ach nílimid ag teacht i dtír uirthi. Is iontach an rud é go bhfuil cuid clár TG4 le fáil ar shuíomh an stáisiúin anois ach measaim go bhféadfadh an stáisiún níos mó úsáide a bhaint as an teicneolaíocht atá ann chun bheith níos idirghníomhaí agus deis labhartha a thabhairt do phobal na Gaeilge i ngach cearn den domhan. Bheadh an tuairim chéanna agam faoi Raidió na Gaeltachta – tá an úsáid atá á baint ag an stáisiún sin as an nua-theicneolaíocht teoranta faoi láthair.

'Tá Beo! idirghníomhach go pointe; tá Clár Plé againn ach caithfidh mé a admháil go mbíonn deacrachtaí leanúnacha ag baint leis mar go meallann sé gealta a deir rudaí maslacha agus mí-oiriúnacha. Ba cheart go mbeadh níos mó béime ar an ghné idirghníomhach, gan amhras. D'fhéadfadh údar a bheith ar fáil beo ar líne ar feadh uair an chloig sa mhí, mar shampla, agus deis a bheith ag na léitheoirí ceisteanna a chur air nó uirthi. D'fhéadfaí deis a thabhairt do na léitheoirí ceisteanna a sheoladh isteach roimh ré le cur ar an té a bheadh faoi agallamh i bpríomhagallamh na míosa. Tá go leor féidearthachtaí ann ach an maoiniú agus an fhoireann a bheith ar fáil.'

***

## Painéal 2

Máistir Gréasáin

**Peadar Ó Flatharta,**
Feidhmeannach Córais Eolais/Stiúrthóir Gréasáin TG4

Peadar Ó Flatharta, Feidhmeannach Córais Eolais/Stiúrthóir Gréasáin TG4

**Áis iontach é an t-idirlíon gur féidir le stáisiúin theilifíse ar nós TG4 a úsáid le teacht ar lucht féachana nua, dar le Peadar Ó Flatharta.**

'Is féidir féachaint ar TG4 beo **(www.tg4.tv)** anois díreach, aon áit ar fud an domhain. Úsáideann muid comhlacht i mBaile Átha Cliath chun cláir TG4 a thógáil ó chóras satailíte Sky agus é a ionchódú mar fhís sruthaithe *(streaming video)* agus ansin é a chur ar fáil tríd an suíomh idirlín. Ní thógann an próiseas ach am gearr agus dá bhrí sin bíonn TG4 le fáil ar an ngréasán cúpla soicind tar éis dóibh a bheith craolta.'

**Thosaigh Peadar ag obair le TG4 i mí Bealtaine 2002.**

'Bhí suíomh idirlín corparáideach ag an stáisiún ach theastaigh suíomh cainéal teilifíse uainn, suíomh eolach, siamsúil agus idirghníomhach.'

**I measc na gcúram a thiteann air, bíonn sé ag dearadh agus ag ríomhchlárú suíomh idirlín TG4, ag obair le léiritheoirí chun micreashuíomhanna a chothú do chláir éagsúla ar TG4, ag cothabháil ríomhaire freastalaí gréasáin agus ag plé le pleanáil straitéiseach do thodhchaí an idirlín.**

'Tá an t-idirlíon riachtanach d'fhorbairt straitéiseach TG4, tá sé lárnach chun an lucht féachana taobh istigh agus taobh amuigh den tír a mhealladh agus a choinneáil. Tá dhá chineál lucht féachana i gceist as seo amach – muintir an oileáin seo agus chuile dhuine eile agus is é an t-idirlíon an t-aon bhealach atá againn faoi láthair chun an dá thrá a fhreastal. Ach ní bhíonn na rudaí céanna uathu. Bíonn an lucht féachana sa mbaile ag iarradh breathnú ar chláir teilifíse nuair atá sé feiliúnach dóibh – *catch-up service* – chomh maith le chuile chineál eolas faoi na cláir a thaitníonn leo. I gcás an lucht féachana idirnáisiúnta, bíonn siad ag iarraidh breathnú ar chláir Ghaeilge in amchrios difriúil agus tá siad ag iarraidh chuile chineál eolais faoi na cláir a thaitníonn leo.

'Is féidir le suíomh idirlín TG4 é seo ar fad a dhéanamh faoi láthair agus tá go leor forbairtí eile ar an mbealach chun an tseirbhís a neartú.'

**Deir Peadar go mbíonn os cionn 4 mhilliún amas ar shuíomh TG4 sa mhí agus bíonn níos mó ná 500,000 leathanach íoslódáilte. Breathnaíonn cuairteoirí an tsuímh ar os cionn 100,000 fís-sruthú go míosúil agus tá na figiúirí seo ag méadú gach lá. Tagann formhór den trácht idirnáisiúnta chuig an suíomh ó na Stáit Aontaithe. Ansin tagann An Bhreatain, An Ísiltír agus An Astráil – seo iad na tíortha is mó ina bhfuil Éireannaigh ina gcónaí agus is iontu is mó a labhraítear Gaeilge lasmuigh d'Éirinn.**

Tugadh aitheantas d'obair Pheadair nuair a bhuaigh TG4 an tSeirbhís Leathanbhanda is fearr sna *Golden Spider Awards*, na gradaim idirlín is aitheanta in Éirinn.

## Painéal 3

An t-iriseoir ina cheamradóir

**Irene Ní Nualláin,**
físiriseoir le Nuacht
RTÉ/ TG4

Irene Ní Nualláin, Fís-iriseoir le Nuacht TG4

**I 2005 ba í Irene Ní Nualláin an chéad fhísiriseoir a d'fhostaigh seomra nuachta RTÉ. Tá dornán maith ceaptha acu ó shin agus meastar gur i dtreise a bheidh a líon san am atá le teacht. Tugtar físiriseoir nó 'video journalist' ar iriseoir a dhéanann a chuid oibre taifeadta féin le scéal teilifíse nuachta a chur le chéile.**

'De ghnáth, úsáidtear ceamara Mini DV leis an obair seo a dhéanamh, ceamara beag atá deas éadrom le hiompar. An buntáiste is mó a a bhaineann leis an gcineál seo iriseoireachta ná go bhfuil smacht iomlán agam féin ar an scéal atá idir lámha agam, ó thús deireadh. Tar éis scéal a aimsiú agus taighde a dhéanamh ar chúlra an scéil, caithfidh mé cinneadh a dhéanamh faoi na seatanna éagsúla a bheas ag teastáil don scéal, agus daoine a roghnú le cur faoi agallamh. Dé ghnáth, déantar an méid seo a plé leis an eagarthóir sula mbuailim amach ar an mbóthar leis an obair thaifeadta a dhéanamh.

'Ceann de na dúshláin is mó a bhaineann le hobair an VJ ná agallamh a thaifeadadh. Fágtar an ceamara ar thríchosach, agus caithfear a chinntiú go bhfuil an fhuaim agus an pictiúir i gceart sula ndírítear ar na ceisteanna atá le cur ar an té atá faoi agallamh. Seasaim ar thaobh amháin den cheamara le linn an agallaimh. Glacann sé níos mó ama ormsa agallamh a thaifeadadh le duine ná mar a ghlacann sé ar an ghnáthiriseoir. Ciallaíonn sé seo gurb iondúil nach bhfuil sé ar mo chumas scéal nuachta a chur le chéile in aon lá amháin. Dá bharr sin, tugtar breis ama dom scéalta nuachta a chur le chéile, idir lá go leith agus dhá lá.'

**Cháiligh Irene le céim ealaíon i nGaeilge agus i gceol ó Ollscoil na hÉireann, Má Nuad agus MA sa Nua-Ghaeilge in Ollscoil na hÉireann, Gaillimh. Tar éis na hollscoile, d'fhoghlaim sí a ceird faoi oiliúint le *Foinse* idir 2001 agus 2004. Chuaigh sí ag obair mar shaoririseoir ansin agus bhí sí ag obair don chlár nuachta *Seachtain* ar RTÉ 1 le linn an ama sin. B'as sin a fuair sí an post mar fhísiriseoir le Nuacht TG4 i 2005.**

'Ní gnách dom mórscéal an lae a chlúdach toisc go nglacann sé níos mó ama orm scéal a chur le chéile. Ach, tá buntáistí eile ag an VJ a fheileann scéalta áirithe. Mar shampla, ceann de na buntáistí a bhaineann leis an gcineál seo iriseoireachta ná nach mbíonn oiread faitís ar an ngnáthdhuine roimh an gceamara beag. Bíonn sé níos fusa ar VJ an taobh pearsanta nó daonna de mhórscéal an lae a aimsiú.'

**An molfadh sí d'iriseoirí eile tabhairt faoin chúram?**

'Is obair dhúshlánach a bhíonn ar bun ag an VJ, agus d'fhéadfadh an obair seo a bheith uaigneach go maith toisc go mbíonn tú ar an mbóthar i d'aonar. Ach tá buntáistí eile ag an VJ thar an ngnáthiriseoir. Is minic go mbíonn pacáistí an VJ an-fhísiúil, de bharr go bhfuil smacht iomlán aige ar na pictiúir atá le roghú don phacáiste nuachta.'

# Gluais

**An tAcht um Shaoráil Faisnéise (ASF):** Leagtar amach san Acht um Shaoráil Faisnéise 1997 agus san Acht um Shaoráil Faisnéise (Leasuithe) 2003 córas a thugann cearta do bhaill ar bith den phobal teacht a bheith acu ar eolas áirithe atá ar chomhaid i gcoda ar leith den státchóras. Tá an córas leis an eolas a lorg beachtaithe sa reachtaíocht agus tá srianta áirithe i gceist. Sa bhreis air sin ceadaítear táille a ghearradh ar phróiseáil an eolais agus bunaítear córas le hathbhreithniú a dhéanamh ar chinntí nuair a diúltaítear eolas a sholáthar. Tagann ranna stáit, ollscoileanna, údaráis áitiúla, RTÉ, TG4, agus comhlachtaí poiblí eile faoi scáth na reachtaíochta agus leasaítear liosta an gcomhlachtaí sin trí rialacháin ó am go chéile.

**Áisíneachtaí Nuachta:** Is comhlachtaí iad áisíneachtaí nuachta a fhostaíonn foirne nuachta in áiteanna éagsúla ar fud na cruinne le nuacht agus eolas eile a bhailiú agus a ullmhú le soláthar ar conradh do mheáin chumarsáide, nuachtáin, irisí, raidió agus teilifís ar fud an domhain. Is iondúil go soláthraítear an tseirbhís ar cheangal leictreonach nó satailíte. Tá Reuters agus AP ar chuid de na háisíneachtaí nuachta is aitheanta ar fud an domhain.

**Avid:** Déantóir threalamh digiteach eagarthóireachta.

**Blag:** Is éard is *weblog* nó blag ann ná dialann phearsanta nó pholaitiúil ina ndáiltear eolas agus ina dtugtar cuireadh do dhaoine eile a mbarúil a nochtadh faoina bhfuil ann.

**Bunábhar:** Seatanna amha nach bhfuil curtha in eagar.

**Cartlann:** Sna meáin chraolta is ann a choinnítear cóipeanna de chláir raidió agus teilifíse tar éis a gcraolta lena n-úsáid d'athchraoltaí nó mar fhoinse phictiúr/fuaime. Sna meáin chlóite coinnítear cóipeanna d'ailt ar chomhad mar fhoinse eolais.

**Ceannlíne:** Achoimre ghairid ar scéal.

**Ceist agus freagra:** Cleachtas iriseoireachta a cheadaíonn agallamh a chur ar thuairisceoir le deis a chruthú lena gcuid eolais a roinnt leis an phobal faoi scéal ar leith.

**Ciú:** Réamhrá tuairisce. Léann an láithreoir nuachta an ciú sula gcraoltar an scéal.

**Claonbholscaire:** Saineolaí caidreamh poiblí a fhostaíonn polaiteoirí, lucht gnó, comhlachtaí, carthanachtaí agus eagrais eile le comhairle a chur orthu i dtaca le dul i bhfeidhm ar an phobal.

**Clár doiciméide:** Clár ina ndéantar anailís dhomhain ar bhealach cruthaitheach ar ábhar aonair ar leith.

**Clár-Eagarthóir:** Post sinsearach teilifíse. Is air a bhíonn an fhreagracht i leith gach gné den fheasachán nuachta a chuirtear ar an aer.

**Clár faisnéise:** clár ina ndírítear ar ábhar ar leith agus a thugann léargais éagsúla ar an téama sin.

**Clár-Reachtaire:** Iriseoir a fheidhmíonn mar láithreoir, tuairisceoir nó léiritheoir le RTÉ Raidió na Gaeltachta. D'fhéadfadh clár-reachtaire a bheith freagrach as gach gné d'ullmhú agus craoladh cláir ar leith nó sraith clár.

**Cloigne cainte:** Téarma tarcaisniúil de mhír do chlár nó clár iomlán raidió nó teilifíse ina mbíonn tuairimí tura le cluinstin ó chainteoirí éagsúla gan aon samhlaíocht nó fís ag baint leis an bhealach ina gcuirtear an t-ábhar i láthair. Is minic gur tuairimí ó shaineolaithe a bhíonn i gceist ar dócha gur léir roimh ré cén seasamh atá acu seachas tuairimí gnáthdhaoine.

**Clostéip dhigiteach (DAT):** Meán taifeadta digiteach.

**Cluasáin:** Áis theicniúil a thugann deis do láithreoir cláir raidió éisteacht le treoracha nó comhairle ó léiritheoir i ngan fhios don lucht éisteachta. **Cluaisín** a thugtar ar a leithéid de ghairis i gcúrsaí teilifíse agus is iondúil nach mbíonn sé le feiceáil go furasta ag an lucht féachana.

**Clúmhilleadh:** Téarma ginearálta é 'clúmhilleadh' a chuimsíonn dhá éagóir: **leabhal** ina bhfoilsítear nó ina gcraoltar focail 'mhaslacha' agus **béadchaint** nuair a labhraítear na focail mhaslacha os ard os comhair duine no daoine eile.

**Cóip:** téacs scríofa a chuireann iriseoir ar fáil.

**Colún:** Spás a chuirtear ar fáil i bhfoilseacháin do dhuine lena thuairim a nochtadh faoi nithe áirithe. Is féidir gur pearsa aitheanta a bheadh sa cholúnaí agus d'fhéadfadh conspóid a bheith ag baint lena thuairim. D'fhéadfadh fosta gur grinn-anailís a bheadh i gceist. Bíonn ráchairt mhór ar cholúin phearsanta i nuachtáin áirithe anois.

**Comhdháil Nuachta:** Cruinniú ina bpléann léiritheoirí agus eagarthóirí na scéalta a mbeifear ag díriú orthu agus an cur chuige a úsáidfear.

**Craoltóirí Seirbhíse Poiblí:** Eagraíocht neamhthráchtála atá ag craoladh le ceadúnas agus leas an phobail mar phríomhchuspóir aige. Is iondúil go ndéantar airgeadú ar chraoltóirí den chineál sin trí chóras ceadúnais.

**Na cúig C:** Moltar go hiondúil go gclúdófaí 'na cúig C' in aon alt nuachta: Cé a bhí i gceist san eachtra? Cad a tharla? Cén uair a tharla sé? Cá háit? Cén fáth ar tharla sé?

**An dialann:** Áis iontach réamhphleanála a choinnítear i ngach seomra nuachta, bíodh sé ar pháipéar nó mar fhillteán ar ríomhaire.

**Díspeagadh Cúirte:** Is coir é seo agus d'fhéadfaí go ngearrfaí fíneáil nó go gcuirfí iriseoir chun príosúin dá bharr. Bíonn baol díspeagadh cúirte ann má sháraítear na rialacha a bhaineann le cásanna *sub judice*, le cúirteanna iata agus má dhiúltaítear foinsí a nochtadh.

**Eagarfhocal:** Alt ina mbeachtaítear cén seasamh atá ag nuachtán i leith ábhar spairne éigin.

**Eagraí an lae:** Fostaí ar leith de chuid RTÉ RnaG a mbíonn ról comhordaithe aige nó aici le trasnaíl sa sceideal a sheachaint agus le cinntiú go mbaintear an leas is fearr as acmhainní na heagraíochta le hábhair a sholáthar do chláir éagsúla.

**Físiriseoir:** Tuairisceoir teilifíse a dhéanann a chuid scannánaithe agus eagarthóireachta féin.

**Fo-eagarthóir:** Níor mhór don fho-eagarthóir tuairiscí a shimpliú nó a shoiléiriú más gá, gramadach agus litriú a cheartú, ábhar míchruinn a fhágáil ar lár agus ailt a ghiorrú de réir riachtanais. Bíonn a leithéid i gceist sna meáin chlóite agus chraolta. Is iondúil gurb iad a chumann na ceannlínte nuachtáin, i gcomhar leis an eagarthóir, agus a dhéanann leagan amach ar leathanaigh nuachtáin.

**Foinse:** Duine a thugann leide nó eolas eile d'iriseoir a bheadh ag fiosrú scéil. Braitheann an suntas a thugtar don eolas ar iontaofacht na foinse.

**Fortheideal:** Tugtar fortheideal ar ainm nó teideal duine a fhorshuítear go leictreonach ar an scáileán teilifíse.

**Fothú:** Caithfear aon phacáiste teilifíse nó raidió nach gcuirtear in eagar sa cheannáras a sheoladh síos an líne chuig an stáisiún.

**FX:** Maisíochtaí fuaime no físe.

**Gearrthóg:** Blaiseadh gairid d'agallamh.

**Giotán cainte:** Ráiteas gairid a mbaintear úsáid as i bpacáiste nuachta.

**Guthú:** Tuairisc chraolta ó iriseoir ina mbíonn a ghuth le cluinstin ach nach mbíonn a éadan le feiceáil ar an scáileán. In iriseoireacht na Gaeilge is iondúil gurb aistriúchán ar thuairisc a rinne iriseoir eile trí mheán an Bhéarla a bhíonn i gceist.

**Irischlár:** Clár raidió nó teilifíse ina mbíonn meascán d'ábhair éagsúla gan téama aonair amháin. Is minic go mbeadh ceol nó siamsaíocht eile sa bhreis ar agallamh/díospóireacht/caint.

**ISDN:** Línte teileafóin ardchumhachta a bhfuil caighdeán craoltóireachta acu.

**Lán-chosc:** Cuirtear dáta agus am ar bharr phreasráitis a chuireann cosc ar fhoilsiú nó ar chraoladh an eolais roimhe sin.

**Leátán:** Nuair a shíothlaítear pictiúr amháin fad is a ghealltar pictiúr eile ag an am chéanna.

**Léiritheoir:** An té atá i gceannas ar léiriú nó ar chraoladh clár teilifíse nó raidió.

**Mealltóg:** Ceannlíne ghairid i dtús fheasachán nuachta nó roimh an bhriseadh le go mbeadh an lucht airdill ag iarraidh tuilleadh a fháil amach faoi.

**Meánseat:** Bíonn an t-ábhar agus méid áirithe den chúlra le feiceáil ann.

**Meascthóir:** Trealamh stiúideo le fuaimeanna éagsúla a mheascadh.

**An mhír isteach:** Seo é an achoimre ghairid den scéal a léann an láithreoir teilifíse sula gcraolfar an tuairisc. Ní bhíonn ann go hiondúil ach trí nó ceithre líne agus ba cheart go mbeadh croí an scéil le sonrú ann d'fhonn suim an lucht féachana a chothú. Tugtar ciú air i gcúrsaí raidió.

**Miondiosca:** Gaireas taifeadta fuaime.

**Mono:** Foinse fuaime aonair.

**Montáiste:** Nuair a insítear scéal trí ábhar taifeadta (glórtha, fuaim, nó ceol) a chur taobh le taobh, gan naisc chainte ón iriseoir.

**NATS:** Fuaim nádúrtha, a chuireann go mór le héifeacht phacáiste nuachta.

**OB:** Craoladh seachtrach lasmuigh den stiúideo.

**Ord reatha:** Plean nó liosta ábhar nó aíonna atá beartaithe do chlár raidió nó teilifíse. Is iondúil go mbíonn ainmneacha na ndaoine, uimhreacha teagmhála, fad míreanna, tús agus deireadh téipeanna, agus eolas tráthúil eile san ord reatha.

**Pacáiste nuachta:** Tugtar 'pacáiste nuachta' ar thuairisc réamhthaifeadta teilifíse nó raidió.

**Painéil:** Is minic a bhaineann nuachtáin úsáid as painéil le scéal fada a bhriseadh ina chodanna, le scéal tánaisteach a chur i láthair nó chun comhthéacs níos leithne a thabhairt do scéal. Tá brí eile leis chomh maith, is é sin bailiúchán daoine le tuairimí éagsúla le dul i mbun díospóireachta ar chlár raidió nó teilifíse.

**Peanáil:** Teicníc ceamradóireachta ina mbogtar an ceamara go cothrománach leis an ábhar a leanúint.

**An phirimid inbhéartaithe:** Struchtúr a úsáidtear nuair atá scéal nuachta á chur le chéile. Tugtar tús áite do na gnéithe is tábhachtaí den scéal agus cuirtear na pointí nach bhfuil chomh tábhachtach sin isteach de réir mar a bhíonn an t-iriseoir ag déanamh forbartha ar an scéal.

**Píosa le Ceamara (PLC):** Seo í an áit ina mbíonn an t-iriseoir teilifíse le feiceáil i bpacáiste nuachta. Ba cheart go dtabharfadh an PLC léargas faoi leith don té atá ag breathnú ar an nuacht ar eolas atá bailithe ag an iriseoir trína bheith ag labhairt le saineolaithe nó le finnéithe súl. Thig leis a bheith ag tús, lár nó deireadh an phacáiste.

**Podchraoladh:** comhaid fuaime digiteacha a chuirtear ar fáil do ghairis éisteachta ar nós an iPod. Cuireann siad ar ár gcumas roghnú a dhéanamh ar na cláir ar mhaith linn éisteacht leo agus cá huair.

**Preasoifigeach:** Duine a bhfuil cúram air feidhmiú mar theagmhálaí idir duine/eagraíocht agus na meáin chumarsáide. Is iondúil go mbeadh dualgais ar phreasoifigeach maidir le hullmhú preasráitis, eagrú preasagallaimh agus soláthar seirbhísí eolais eile.

**Preasráitis:** Tugtar preasráiteas ar eolas a chuirtear ar fáil do na meáin chumarsáide ar bhealach a bhíonn furasta a úsáid. Nótaí bolscaireachta a bhformhór, ach baintear úsáid astu fosta le soiléiriú a dhéanamh ar scéal atá i mbéal an phobail cheana féin nó chun nóta a chur sa dialann faoi imeachtaí a bheas le teacht.

**Pribhléid shrianta:** Tá cead ag iriseoirí líomhaintí nó ráitis a dhéantar sa chúirt nó i dtithe parlaiminte a thuairisciú gan a bheith buartha faoi chúrsaí leabhail fad is go mbíonn an cur síos cruinn, cothrom agus comhaimseartha.

**Ráiteas ar an taifead:** Bíonn ráiteas ar an taifead nuair a aontaíonn an fhoinse gur féidir an t-eolas ar fad a thugann sé nó sí don iriseoir a úsáid agus a gcuid ainmneacha a lua leis.

**Ráiteas as an taifead:** Ní féidir eolas a thugtar don iriseoir as an taifead a úsáid ar chor ar bith mura bhfaighidh sé an t-eolas sin ó fhoinse eile chomh maith. Go hiondúil, tugtar don iriseoir é le go mbeadh tuiscint níos fearr aige ar an scéal atá idir lámha nó sa dóigh is nach ndéanfaí drochbhotún ann.

**Ráiteas gan ainm:** Seo ráiteas 'non-attributable' nó ráiteas gur ceadmhach an t-eolas ann a úsáid ach nach ceadmhach an fhoinse a lua leis. Thig eolas a thugtar don iriseoir ar an dóigh sin a úsáid gan é a phromhadh le foinse eile ach ní thig an bhunfhoinse a bheith luaite leis a bheag nó a mhór.

**Reachtaire craolacháin:** Oibrí fuaime a bhíonn freagrach as na gnéithe teicniúla de chraoltaí beo nó taifeadta ar RTÉ RnaG. Glacann an Reachtaire craolacháin treoracha ón léiritheoir le linn an chraolta.

**Saoririseoir:** Iriseoir nach bhfuil fostaithe go lánaimseartha ag aon nuachtán nó seirbhís chraolta ar leith ach a shaothraíonn a bheatha as a chuid seirbhísí mar iriseoir a dhíol le fostóirí éagsúla sna meáin. Is féidir go mbeadh saoririseoir ina shaineolaí ar réimse ar leith nó go mbeadh cumas aige déileáil le cuid mhór réimsí éagsúla.

**Scáileán gorm:** Baintear úsáid as scáileán gorm le léargas a thabhairt ar staitisticí loma a bheadh an-deacair ag an lucht féachana a shú isteach le linn pacáiste nuachta. Tagann grafaic ar an scáileán agus míníonn an t-iriseoir atá ina sheasamh in aice leis cén bhrí atá leis.

**Scéal cóipe:** Scéal a léitear ar an raidió nó ar an teilifís ach nach mbíonn aon phictiúr nó fuaim ag dul leis.

**Sceideal:** An leagan amach atá beartaithe ag seirbhís raidió nó teilifíse ar iomlán a gcuid clár ag aon am. Déantar iarracht éagsúlacht a chur sa sceideal ar mhaithe le freastal ar mhianta difriúla an phobail.

**Scríbhneoireacht dhaite:** Scríbhneoireacht bheoga ina dtugtar níos mó suntais d'atmaisféar ná do bhunfhíricí an scéil.

**Seat bunaidh (GV):** Seat a léiríonn suíomh scéil.

**Seat fada:** Seo a thugtar ar seat ina dtugtar léargas leathan ar ábhar.

**Seat sméidte:** Seat den tuairisceoir ag claonadh a chloiginn nó ag éisteacht go cúramach.

**Seat scoite:** Seat a chuirtear i sraitheog pictiúr leis an eagarthóireacht a cheilt.

**Seat teann:** Bíonn mionghnéithe ar nós éadain is lámha le feiceáil i seat teann.

**Seomra ionchuir:** Is anseo a ghlactar leis na pacáistí teilifíse atá á bhfothú.

**Slug:** An t-ainm lena gcláraítear tuairisc teilifíse nó raidió. D'fhéadfadh gur 'Fatal' a bheadh mar theideal ar scéal faoi bhás dhuine, mar shampla.

**Spriocam:** Is é nádúr na hoibre é go mbíonn spriocam le sásamh ag gach tuairisc. Caithfear cloí go dílis leis nó beidh fo-eagarthóir, léiritheoir nó clár-eagarthóir ag teacht i do dhiaidh le huirlis mhaol!

**Sraitheoga:** Tugtar sraitheoga ar shraith pictiúr a chuirtear i ndiaidh a chéile i gcúrsaí teilifíse le go mbeadh leanúnachas físiúil ag baint le scéal.

**Stiúrthóir:** An té atá freagrach as riar teicniúil a dhéanamh ar chlár teilifíse agus a chinntíonn go gcuirtear an t-ábhar ar fad le chéile go foirfe agus go snasta.

**Sub judice:** Deirtear go mbíonn cás *sub judice* sa tréimhse sin idir tús agus deireadh na n-imeachtaí dlí. Níl aon chead ábhar a chur i gcló le linn an ama seo a bhféadfadh tionchar mí-chuí a bheith aige ar dhearcadh an ghiúiré cúirte nó an bhreithimh.

**Súmáil:** Teicníc ceamradóireachta ina mbogtar an ceamara ó léargas leathan go teann.

**Taighdeoir:** Duine ar a gcuirtear an dualgas buneolas a bhailiú nó teagmháil a dhéanamh le daoine mar réamhullmhúchán cláir.

**Teach foilsithe:** Ábhar coimisiúnaithe ó chomhlachtaí léiriúcháin neamhspleácha is mó a chraoltar ag teach foilsithe ar nós TG4 murab ionann is teach léirithe a dhéanann formhór a gcuid clár féin.

**Teileafón ar aer:** Córas a cheadaíonn agallaimh nó comhrá le duine a chraoladh go poiblí ar raidió den chuid is mó. Ceadaíonn sé teagmháil shaor agus ghasta le duine nó daoine in aon áit ar fud an domhain.

**Toise nuachta:** Mír de scéal nuachta a mbeartaíonn an t-iriseoir béim faoi leith a chur air. D'fhéadfadh gur cor úr a bheadh ann, nó toise áitiúil ina ndíreofaí ar phointe a mbeadh suim ag lucht airdill logánta ann.

**TX:** Tarchur.

**Uaithleideoir:** Gléas óna léann an láithreoir teilifíse a chuid scripteanna beo ar an aer.

**Urlabhraí:** Duine a bhfuil sé de chúram air labhairt go poiblí leis na meáin chumarsáide thar ceann duine nó eagraíochta le dearcadh oifigiúil a thabhairt.

**Vox Pop:** Bunaithe ar na focail Laidine 'vox populi' nó 'glór na ndaoine.' Agallaimh sráide a mbaintear úsáid astu le tuairim chuid bheag éigin den phobal faoi cheist ar leith a mheas.

# Innéacs